Erhard Fischer

Wahrnehmungsförderung

Handeln und Sinnliche Erkenntnis bei Kindern und Jugendlichen

Erhard Fischer

Wahrnehmungsförderung

Handeln und Sinnliche Erkenntnis bei Kindern und Jugendlichen

---

borgmann

2. Aufl. 2000
Gesamtherstellung: Löer Druck GmbH, Dortmund

Bestell-Nr. 8126 ISBN 3-86145-164-6

Inhalt

1. Wahrnehmen und Handeln – einführende Überlegungen

„Das Wahrgenommene ist nicht das Wesen der Dinge,
es spiegelt das Wesen des wahrnehmenden Geistes wider.“

E. Fromm

Sich selbst und seine Umwelt wahrnehmen zu können ist Grundlage für die Fortbewegung, für Handlungs- und Denkprozesse, für zwischenmenschliche Kontakte und Verständigung, für den Aufbau von Selbstbewußtsein und -vertrauen und stellt somit eine notwendige Voraussetzung für die Lebensbewältigung in der sozialen und dinglichen Umwelt dar.
Dies gilt besonders für Kinder und Jugendliche mit Behinderungen und Entwicklungsbeeinträchtigungen, über die vielfach die Auffassung vertreten wird, daß sie neben allgemeinen Beeinträchtigungen in ihrer Lernfähigkeit und in verschiedenen Persönlichkeitsbereichen, also in motorischen, kognitiven, sprachlichen und sozial-emotionalen Leistungen, auch spezifische Sinnes- und Wahrnehmungsschwächen bzw. – störungen aufweisen.

- So werden mehrfach und schwerstbehinderte Kinder als umfänglich sinnes- bzw. wahrnehmungsbeeinträchtigt eingeschätzt (vgl. Fröhlich 1977a, 1977b, 1978; Heidingsfelder/Fröhlich 1977; Hulsegge/Verheul 1989, Strothmann 1991).
- Bei Kindern und Jugendlichen mit geistiger Behinderung spricht Bach (1974 a, 33) von „Seh- und Hörstörungen sowie ... Störungen des motorisch-taktilen Erfassens“, Josef (1974, 129) von Beeinträchtigungen im „Aufnehmen, Verarbeiten und Wiedergeben“, Theile (1974, 64) hält es für möglich, daß bei Geistigbehinderten „Reizleitung oder Reizverarbeitung“ defekt ist, Liljeroth/Nimeus (1973, 15) sprechen von dem Unvermögen, „in geordneter und sinnvoller Weise auf Reize zu reagieren“ und Scholz (1972, 69-102) kommt bei der Zusammenfassung der Ergebnisse testpsychologischer Untersuchungen bei hirngeschädigten Kindern zu dem Schluß, daß Differenzen zwischen hirngeschädigten und vergleichbaren gesunden und zum Teil emotional gestörten Kindern sowohl bei relativ einfachen Wahrnehmungsfunktionen (Unterscheidungsfähigkeit, Wahrnehmungstempo, Tonhöhenunterscheiden, Richtungshören, Wahrnehmung des Körperschemas u.a.) als auch bei komplexeren Leistungen (Figur-Grund-Gliederung, Übertragungen von Informationen von einem zum anderen Sinnesgebiet) bestehen. Er spricht in diesem Zusammenhang bei hirngeschädigten Kindern von „Wahr-

nehmungsstörungen“, gesteht aber ein, daß deren Wesen und Ursachen in vielen Fällen nicht hinreichend geklärt sind.

- Bei Grundschülern werden als Ursachen für Lern- und Verhaltensstörungen häufig vermutet
  - nicht erkannte Wahrnehmungsschwächen in der Figur-Grund-Wahrnehmung, in der Koordination von motorischen und sensorischen Leistungen, in der Wahrnehmung von Konstanzen sowie in der Wahrnehmung der Raumlage und räumlicher Beziehungen (Frostig/Horne/Miller 1974; Reinartz 1973),
  - Schädigungen bestimmter Hirnregionen (Thomas 1974; Ball o.J.; Cruickshank 1981; Ebersole/Kephardt/Ebersole 1976; Schweizer/Prekop 1991),
  - Dysfunktionen in der Integration sensorischer Informationen in Verbindung mit Defiziten in basalen Sinnesleistungen (Ayres 1979; 1992; Augustin 1986; Albrecht 1979; Doering/Doering 1990; Kesper/Hottinger 1993; Wischmeyer/Nonn 1994).

Die Annahme, behinderte Kinder und Jugendliche seien überwiegend oder teilweise sinnes- bzw. wahrnehmungsgestört, hat in der Sonderpädagogik zur Folge, daß spezielle Lehrziele und Methoden zur Förderung von Wahrnehmung aufgestellt und zahlreiche didaktische Materialien und Programme für diesen Bereich entweder aus der Frühförderung und Vorschulpädagogik übernommen oder eigens entwickelt wurden.

Eine nähere Analyse dieser Ziele, Methoden und Materialien zur Wahrnehmungsförderung zeigt, daß sich diese in erster Linie auf das Unterscheidenlernen von sogenannten „figural-qualitativen“ Merkmalen (Holzkamp 1976, 26), d.h. Eigenschaften von Gegenständen, Personen und Sachverhalten (Form, Farbe, Größe, Oberflächenbeschaffenheit, Tonhöhe, Lautstärke u.a.), oder den Aufbau von sensomotorischen Fertigkeiten und formalen Wahrnehmungsqualifikationen (Figur-Grund-Wahrnehmung, Wahrnehmung von Raumbeziehungen) beziehen. Weiterhin fällt auf, daß solche Übungsvorschläge häufig isoliert und ohne Bezug zu sinnvollen und konkreten Lebenssituationen dastehen und in der schulischen Unterrichtspraxis oder in therapeutischen Fördermaßnahmen als reines Funktionstraining durchgeführt werden.

Vernachlässigt bzw. häufig gar nicht gesehen wird bei dieser Art von Wahrnehmungsförderung der Aspekt, daß Gegenstände, die wir sehen, oder Laute, die wir hören, nicht nur die oben erwähnten „äußeren“ Eigenschaften aufweisen, sondern auch eine Bedeutung haben. So sehen wir gewöhnlich nicht ein figürliches, farbiges und ausgedehntes Etwas, sondern einen Gegenstand oder eine Person, d.h. wir sehen das vor uns liegende Buch, das wir lesen wollen, oder den neben uns sitzenden Freund, mit dem wir uns unterhalten können. Man erfaßt beim Hören eines Glockentons gewöhnlich nicht bewußt dessen Tonhöhe und Lautstärke, sondern entnimmt ihm – in Abhängigkeit von einem situativen Kontext – eine bestimmte Bedeutung: die Ankündigung des Mittagessens, einer Person an der Tür, einer herankommenden Straßenbahn oder das Ende der Pause. Wenn wir einen Gegenstand in der Hand halten, unterscheiden wir gewöhnlich nicht bewußt dessen Form, Ausmaß oder Oberflächenbeschaffenheit, sondern erkennen bzw. identifizieren ihn als Apfel, Banane, Bleistift oder als ein anderes konkretes Objekt. „Die menschliche Wahrnehmung ist gegenständlich und sinnerfüllt. Sie läßt sich nicht auf eine nur reizmäßige Grundlage reduzieren. Wir nehmen nicht Empfindungsbündel und nicht 'Strukturen' wahr, sondern Gegenstände, die eine bestimmte Bedeutung haben. Praktisch ist für uns gerade die Bedeutung des Gegenstandes wesentlich, weil sie seine Verwendbarkeit kennzeichnet: Die Form hat keinen eigenständigen Wert. Sie ist in der Regel nur wichtig als Merkmal für das Erfassen seiner Beziehungen zu anderen Dingen und seiner Verwendbarkeit. Wir können im allgemeinen sofort sagen, welchen (d.h. einen wie gearteten) Gegenstand wir wahrnehmen, obwohl wir Mühe hätten, genau seine einzelnen Eigenschaften, etwa seine Farbe oder seine exakte Form anzugeben" (Rubinstein 1977, 319).

Die Feststellung, daß in Theorie und Praxis der Wahrnehmungsförderung der Aspekt der Bedeutungserfassung vernachlässigt bzw. oft nicht gesehen wird, überrascht nicht, wenn man feststellt, daß auch heute noch innerhalb der psychologischen Wahrnehmungsforschung große Auffassungsunterschiede über Funktion und Struktur der Wahrnehmung vorliegen und daß auch hier das Problem des Sinnbezugs bisher wenig Beachtung fand.
In dieser Arbeit wird daher der Versuch unternommen, nach einer kritischen Sichtung von traditionell verfolgten Zielen und praktizierten Methoden zur Sinneserziehung ein Konzept von Wahrnehmung zu erstellen, dessen Wesen aus einer phänomenologischen Sicht die Erfassung sinnlich vermittelter Bedeutungen darstellt, deren Entwicklung sich als" Bedeutungslernen" vollzieht und das den Einfluß von Motivationen, Emotionen, Einstellungen und kulturellen Gegebenheiten berücksichtigt. Auf der Grundlage dieser Ergebnisse wird dann untersucht, was unter „Wahrnehmungsstörungen" zu verstehen ist und unter welchen Bedingungen und „Be-Hinderungen" solche entstehen können. Schließlich werden Wege und Möglichkeiten entwickelt und aufgezeigt, Wahrnehmung in einem Verständnis von sinngebender Verarbeitung von Reizen zu fördern.

Dieser Gegenstandsbereich unterliegt einer überaus komplexen Wirklichkeit, die nur unter bestimmten zu definierenden Gesichtspunkten zu erfor-

schen bzw. zu untersuchen ist. Diese Gesichtspunkte schlagen sich in den folgenden Fragen nieder. Den so eingegrenzten Erziehungsausschnitt gilt es zum einen zu beschreiben, darüber hinaus aber auch zu erklären, d.h. Ursache-Wirkungs-Beziehungen aufzudecken und die Einzelphänomene zu einem übergreifenden theoretischen Zusammenhang zu verbinden.
Folgende Einzelfragen sollen im Laufe dieser Abhandlung verfolgt und beantwortet werden:

1. Über welche Sinnesorgane und -modalitäten verfügt der Mensch und wie funktionieren diese?
2. Was ist unter „Wahrnehmung" eigentlich zu verstehen, in Unterscheidung der Begriffe Empfindung, Perzeption und Apperzeption?
3. Wie wird der Vorgang der Wahrnehmung in der Psychologie erklärt? Handelt es sich hierbei um einen autonomen Vorgang, bei dem allen Menschen ein gleiches und objektives Bild der Wirklichkeit vermittelt wird? Oder um einen Prozeß, bei dem Wirklichkeit vom einzelnen Individuum situationsbezogen und im Rahmen aktueller Tätigkeiten subjektiv geschaffen bzw. konstruiert wird? Welche Ansätze bzw. Theorien liegen vor und durch welche Gemeinsamkeiten bzw. Unterschiede zeichnen sich diese aus?
4. Welche Rolle spielt der Aspekt der „Sinngebung" bzw. „Bedeutungszuweisung" und welcher Stellenwert kommt diesem in der Literatur zur Wahrnehmungsförderung zu?
5. Welche Einflüsse aus Persönlichkeitsbereichen des Individuums wie Motorik, Einstellungen, Motivation, Emotionen und Sprache und welche aus dem gesellschaftlichen Umfeld beeinflussen die sinngebende Verarbeitung von Reizen?
6. Wie vollzieht sich die Entwicklung der Wahrnehmung unter diesem Gesichtspunkt?
7. Welche Faktoren und Einflüsse aus dem körperlichen Bereich einerseits und aus dem sozialen und gesellschaftlichen Umfeld andererseits können menschliches Wahrnehmen beeinträchtigen und was ist demzufolge unter Wahrnehmungsbeeinträchtigungen bzw. Wahrnehmungsstörungen zu verstehen?
8. Was ergibt sich für die Förderung der kindlichen Wahrnehmung, wenn der Schwerpunkt auf dem Aspekt der Sinnerschließung liegt? Welche Möglichkeiten ergeben sich für eine Beurteilung und ein ganzheitliches Verstehen von in ihrer Wahrnehmung beeinträchtigten Kindern?
9. Was leisten traditionelle Ansätze zur Sinnes- bzw. Wahrnehmungsförderung?
10. Wie muß eine Förderung von Wahrnehmung beschaffen sein, die darauf abzielt, Umwelt über alle Sinne zu erschließen und eine Orien-

tierung in der Alltagswirklichkeit zu ermöglichen? Welche Ziele und Inhalte sollten dabei im Vordergrund stehen? Welche Methoden als „Praxis der Interaktion und Kommunikation" bieten sich dafür an?

Bezüglich des Menschenbildes orientieren sich diese Fragestellungen und Untersuchungsziele an einer anthropologisch-phänomenologisch ausgerichteten, subjektorientierten Pädagogik bzw. Heilpädagogik (vgl. Mattner/Gerspach 1997). Diese versucht eine erkenntnis- bzw. wissenschaftstheoretische Haltung zu überwinden, der folgende Probleme anhaften:

- Aus einer positivistischen Perspektive wird im Rahmen einer kritisch-rationalen, technologischen Wissenschaftstheorie empirisch und deskriptiv vorgegangen und versucht, objektiv verifizierbare Fakten und Zusammenhänge zu erforschen.
- Ethisch-moralische Probleme und Werturteile werden weitgehend ausgeklammert.
- Im Rahmen eines defizitären Menschenbildes werden individuelle Besonderheiten als Abweichungen bzw. Beeinträchtigungen im wesentlichen als kausal-linear zu erklären und objektiv zu definieren und zu klassifizieren versucht.
- Wahrnehmungs- und Verhaltensbeeinträchtigungen des Menschen werden im Rahmen einer „Mängelzentrierung" bzw. Verdinglichung und „Ontologisierung" im wesentlichen als Folgen eines organisch bedingten Defizits bzw. insuffizienter cerebraler Steuerungs- und Verarbeitungsprozesse, bzw. als „pathologische Ausformungen eines irrenden Gehirns" (Mattner/Gerspach 1997, 7) begriffen. Einem biologistisch konstituierten Normalitätsbegriff wird ein davon „abzugrenzender unerwünschter, 'irrsinniger', letztlich verhaltens'behinderter' Seinsbereich gegenübergestellt, der differentialdiagnostisch verifiziert, terminologisch etikettiert und verwaltungstechnisch verortet wird" (33).
- Dem Individuum wird die Fähigkeit abgesprochen, Reize der Umwelt angemessen zu verarbeiten und darauf sinnvoll zu antworten; nicht angemessene Verhaltensweisen werden in einer monokausalen Zugangsweise unter Verwendung von Begriffen wie „Behinderung", Störung" oder „Syndrom" als krankhaft bzw. unsinnig ein- bzw. abgestuft bzw. entwertet; nach besonderen Lebensumständen, nach sinnkonstitutiven Momenten einer individuellen Entwicklung und Biographie wird nicht gefragt. Die hinter solchen „Störungen" stehenden Bedeutungsmomente werden nicht in ihrem „Signalverhalten" (Wolff 1978; Fischer 1996) erkannt.
- Die Förderung ist funktionalistisch ausgerichtet, d.h. die Programmangebote richten sich auf vorab diagnostizierte und angenommene Defizite in einem speziellen Verhaltensbereich, ohne lebenswelt- und situati-

onsbezogene, sinnausgerichtete Vorerfahrungen des Individuums ausreichend zu berücksichtigen. Eine Förderung der Wahrnehmung wird dann mit „nackten", aus dem Lebenszusammenhang und sozialen Bezügen herausgerissenen und für das Kind wenig interessanten, weil bedeutungslosen Stimuli betrieben, in der Hoffnung auf positive, „heilende" Effekte in der Verarbeitung, Koordination bzw. Integration der zugrundeliegenden cerebralen Felder.

Im Rahmen einer paradigmatischen Wende stehen bei einer anthropologischen Sichtweise vielmehr im Vordergrund

- ein offenes Menschenbild, das sich an einem auf Sinnerschließung ausgerichteten Subjekt orientiert, dessen Handeln nicht durch äußere Stimuli der Umwelt, sondern intentional und subjektbezogen durch persönliche Interessen und Wertstrukturen bestimmt wird,
- eine phänomenologische Sichtweise, bei der die menschliche Subjektivität als ein „sinnvolles zusammenhängendes Gebilde" begriffen wird und bei der als Folge alle Äußerungen, auch sonderbar und von der Norm abweichend erscheinende Verhaltensweisen in bezug zum Ganzen des Menschen als „phänomenale Erscheinung" für sich sinnhaft und subjektiv berechtigt erscheinen (vgl. Mattner/Gerspach 1997, 50) sowie
- eine hermeneutisch-dialogische, sinnerschließende Analyse des einzelnen Subjekts, als Versuch des Verstehens der Lebenswirklichkeit eines wie auch immer beeinträchtigten Menschen bzw. dessen subjektiven Seinsentwurfs und eine Unterstellung von Sinnhaftigkeit und Bedeutungshaltigkeit auch von unverstandenen Äußerungen.

Als methodisches Mittel zur Erkenntnisgewinnung wird vor allem auf eine ausführliche Literaturanalyse sowie auf eigene Erfahrungen mit der Förderung behinderter Kinder und Jugendlicher zurückgegriffen. Die Sichtung, der Vergleich und die Wertung der herangezogenen Veröffentlichungen erfolgt nach hermeneutischen Kriterien, wie sie in den geisteswissenschaftlich orientierten Sozialwissenschaften üblich sind.

„Hermeneutik" als „Methode des Deutens, Auslegens und Verstehens" wurde ursprünglich auf Texte angewandt (z.B. Bibelauslegung; Geschichtsforschung) und zielte darauf ab, widersprüchliche Stellen und Unklarheiten zu beseitigen und wesentliche Zusammenhänge „verstehend" zu erschließen. In der Psychologie ist die Hermeneutik um die Jahrhundertwende als „verstehende Psychologie" wirksam geworden, in der Philosophie und Pädagogik stellt sie die methodologische Grundrichtung der „Geisteswissenschaften" dar (vgl. Dilthey 1966). Der „Text", den es in der Pädagogik mit diesem Verfahren gewissermaßen auszulegen und zu interpretieren gilt, stellt die in der Praxis vorfindbare pädagogische Wirklichkeit mit ihren vielfältigen

Erziehungsaufgaben und -einrichtungen dar. Als Grundlage dieser Methode gilt der hermeneutische Zirkel: „Einzelnes kann man nur in seiner Beziehung zum ganzen Text verstehen, diesen aber nur durch eine angemessene Auslegung des einzelnen. Dieser Zirkel kann nur auf Grund eines Vorverständnisses durchbrochen werden. Irgend etwas über das im Text behandelte Thema muß man schon wissen, wenn man an den Text überhaupt herangehen will. Auf dieser Grundlage versucht man zunächst eine vorläufige Deutung, arbeitet mit ihrer Hilfe den Text erneut durch, ergänzt oder korrigiert die Deutung, bis man dann nach mehrmaligem Durchlaufen des Zirkels ein befriedigendes Verständnis erreicht hat" (Sommer 1984, 443). Das Kriterium der wissenschaftlichen Überprüfung erfolgt gegenüber empirischen Untersuchungen nicht durch Veri- oder Falsifizieren von Aussagen, sondern durch eine logische Überprüfung als „logische Stimmigkeit und Konsistenz der rationalen Begründung" (Bleidick 1975, 56).

Eine Kritik der Hermeneutik setzt häufig an der Beliebigkeit von „Be-Deutungen" an, daß nämlich ein und derselbe Sachverhalt aufgrund gesellschaftlich vermittelter persönlicher Wertvorstellungen oder gar Vorurteilen „subjektiv" unterschiedlich verstanden und ausgelegt werden kann und daß eindeutige Kriterien zur Aussonderung unangemessener Deutungen (wie das der „Falsifikation" bei der empirisch-analytischen Wissenschaftstheorie im Rahmen des kritischen Rationalismus) fehlen.
Damit im Zusammenhang steht die Gefahr, daß eine bloße Beschreibung einer bestimmten Erziehungswirklichkeit – im Sinne einer „naiven" deskriptiven Pädagogik – gesellschaftliche bzw. in diesem Fall erzieherische Verhältnisse stabilisiert. Dieser Gefahr aber kann begegnet werden, wenn bedacht und genutzt wird, daß ein hermeneutisches Vorgehen auch kritische Funktionen zu übernehmen und Veränderungen zu bewirken in der Lage ist. Brezinka (1978, 59 ff.) weist auf die generelle Notwendigkeit hin, sich nicht nur auf die Untersuchung und Beschreibung der pädagogischen Wirklichkeit in ihren Mitteln zu beschränken, sondern vielmehr auf die „Zweck-Mittel-Beziehungen als Ganzes...(und) als den zentralen Gegenstand der Erziehungswissenschaften" zu konzentrieren. Diese haben für ihn vor allem „teleologischen" bzw. finalen Charakter, „weil man von den durch den Willen von Personen oder Gruppen vorgegebenen Zielen oder Zwecken ausgehen muß. Die Arbeit an ihr ist *kausalanalytisch* orientiert (vom lateinischen 'causa' = Ursache), weil Kausalbeziehungen erforscht werden müssen, um Möglichkeiten des Eingreifens oder Einflußnahme durch erzieherisches Handeln aufzufinden". Die Hauptaufgabe erziehungswissenschaftlicher Forschungen liegt für ihn also darin, „ob die jeweils angewendeten Mittel tatsächlich geeignet sind, die gesetzten Zwecke zu erreichen, und welche anderen, bisher vielleicht noch nicht angewendeten Mittel eventuell

besser dazu geeignet sein könnten" (62). Dies bedeutet für die hier konzipierte Untersuchung, ob die in der (Sonder-)Pädagogik verbreiteten Ansätze und Programme zur Wahrnehmungsförderung erfüllen und halten, was sie versprechen, ob sie dem Wesen menschlicher Wahrnehmung in seinen theoretischen Grundlagen gerecht werden und in der Praxis die Kriterien erfüllen, die im theoretischen Grundlagenteil hinsichtlich einer handlungsbezogenen, auf sinnliche Erkenntnis zielenden Wahrnehmungsförderung entwickelt werden.

2. Physiologische und psychologische Grundlagen

Zunächst gilt es, die im Eingangskapitel aufgestellte Behauptung: „Sich selbst und seine Umwelt wahrnehmen zu können ist Grundlage für die Fortbewegung, für Handlungs- und Denkprozesse, für zwischenmenschliche Kontakte und Verständigung und den Aufbau von Selbstbewußtsein und -vertrauen und stellt somit eine notwendige Voraussetzung für die Lebensbewältigung in der sozialen und dinglichen Umwelt dar" näher zu belegen. Warum kann der Mensch auf Reize aus dem eigenen Körper bzw. aus der ihn umgebenden Umwelt nicht verzichten? Was passiert, wenn er über längere Zeit einem totalen Entzug von Reizen unterworfen würde?
Unter dieser Fragestellung wurde unter der Leitung des Psychologen Hebb zwischen 1951 und 1954 an der kanadischen McGill Universität folgendes Experiment durchgeführt. College-Studenten hatten nichts weiter zu tun, als zwei bis drei Tage und Nächte auf einem bequemen Bett zu liegen, das sich in einem schallarmen, schwach beleuchteten Raum befand; sie trugen eine Spezialbrille aus Milchglas, so daß sie keinerlei Konturen erkennen konnten, sondern ein völlig gleichförmiges Gesichtsfeld hatten. Zur Verminderung von Berührungsreizen waren Hände und Arme bis zum Ellenbogen mit Spezialhandschuhen bedeckt. Jede Art von Umgebungsgeräusch wurde ausgeschaltet durch ein ständiges, vollkommen gleichförmiges „weißes Rauschen", ein Gemisch aus allen Tönen, so wie Licht aus allen Farben besteht. Der Reizentzug war damit natürlich noch keineswegs vollkommen; es handelte sich eigentlich nur um eine Reizsituation ohne Abwechslung für die Wahrnehmung.
Dennoch hatte diese Situation für die an dem Experiment teilnehmenden Personen gravierende Folgen: Zunächst versuchten sie sich mit Gedanken mit irgend etwas zu beschäftigen, hatten mit der Zeit aber immer größere Schwierigkeiten, sich auf etwas zu konzentrieren, ließen ihre Gedanken treiben, fühlten sich dann aber zunehmend stimmungslabil und verwirrt. Viele hatten Trugwahrnehmungen und Halluzination und erhebliche Schwierigkeiten, sich nach Beendigung des Experiments in ihrer Umwelt wieder zu orientieren (vgl. Legewie/Ehlers 1972, 49 ff.).

Aus der Deprivationsforschung gibt es zahlreiche weitere Untersuchungen mit ähnlichen Ergebnissen (vgl. Langmeier/ Matèjcek 1977), wobei solche Situationen allerdings individuell unterschiedlich verarbeitet werden.

2.1 Sinnesphysiologische Grundlagen

Bevor die verschiedenen Möglichkeiten bzw. Modalitäten und Funktionsweisen menschlicher Wahrnehmung dargestellt werden, sollen zunächst die Grundlagen dafür, nämlich der Bau und die Funktion einer Nervenzelle und im weiteren Abschnitt die Funktion des menschlichen Gehirns bzw. des Zentralnervensystems beleuchtet werden (vgl. Bayrhuber u.a.1989; Faller 1995). Dies erscheint notwendig, um der falschen Vorstellung entgegenzuwirken, die Sinnesorgane lieferten in unserem Kopf ein verkleinertes, aber objektives Abbild unserer Umwelt, indem jede Rezeptorzelle über eine Nervenzelle mit bestimmten Ganglienzellen im ZNS verbunden sei. Vielmehr gilt es deutlich zu machen, daß Wahrnehmung aus physiologischer Sicht ein komplexer Vorgang der elektrischen und chemischen Energieübertragung und -umwandlung (Transformation) ist, bei dem erst im Gehirn eine Codierung der Information erfolgt, und zwar, wie sich später herausstellen wird, als psychischer Prozeß der Sinnstiftung bzw. Bedeutungszuweisung. Weiterhin können diese Informationen wertvolle Hilfe leisten, wenn es später darum geht, sog. Wahrnehmungs*störungen* zu verstehen und kritisch auf ihre „Existenzberechtigung" zu überprüfen.

Alle Zellen zeigen elektrische Eigenschaften, aber nur die Sinnes- und Nervenzellen sowie die Muskelfasern sind in der Lage, diese zu verändern und zur Aufnahme, Weiterleitung und Verarbeitung von Informationen zu nutzen. Die elektrischen Erscheinungen in Organismen beruhen auf der Beweglichkeit und der unterschiedlichen Verteilung von Ionen in wässrigen Lösungen bzw. in den Flüssigkeiten in und zwischen den Zellen. Es handelt sich hier um positiv geladene Kationen (z.B. Na^+; K^+) und negativ geladene Anionen (z.B. CL^-). Die unterschiedliche Verteilung dieser Ionen wird durch einen aktiven Transportmechanismus erzeugt, bekannt unter der Bezeichnung „Natrium-Kalium-Pumpe".

Zwischen dem Inneren einer Zelle und der sie umgebenden Zwischenflüssigkeit, dem Außenmedium, liegt eine elektrische Spannung, die je nach Zelltyp zwischen -20 und -150 mV (Millivolt) beträgt und sich mit Hilfe zweier Elektroden messen läßt. Die Außenseite enthält mehr Ionen mit positiver Ladung, ist also positiv, das Zellinnere relativ zur Umgebung negativ geladen. Da die beiden Ladungen nur durch die Zellmembran getrennt sind, bezeichnet man diese Spannung als Membranspannung oder *Membranpotential.* Diese Spannungsdifferenz – in unerregtem Zustand – wird als *Ruhepotential* bzw. -spannung bezeichnet und beträgt ca. -70 mV.

Sinnes-, Nerven- und Muskelzellen können nun das Membranpotential aktiv verändern bzw. erregen. Dann verliert die Membran kurzfristig die Fähigkeit, die Natrium-Ionen draußen zu halten und das Innere der Zelle wird bis zu 30 mV positiv geladen (Depolarisation), in Abhängigkeit von der Reizstärke. Wenn bei starker Reizung ein kritischer Schwellenwert überschritten wird, breitet sich die Erregung aus und läuft auf dem Axon wie eine Welle entlang. Während dieses Vorgangs bleibt die Zelle unerregbar (Refraktärphase).

Grundbausteine des Nervensystems sind die Nervenzellen (*Neuronen*). Sie bestehen aus einem Zellkörper und mehreren Fortsätzen verschiedener Form und Länge. Die *Dendriten,* die aus dem Zellkörper hervorgehen, sind kurz und stark verästelt.

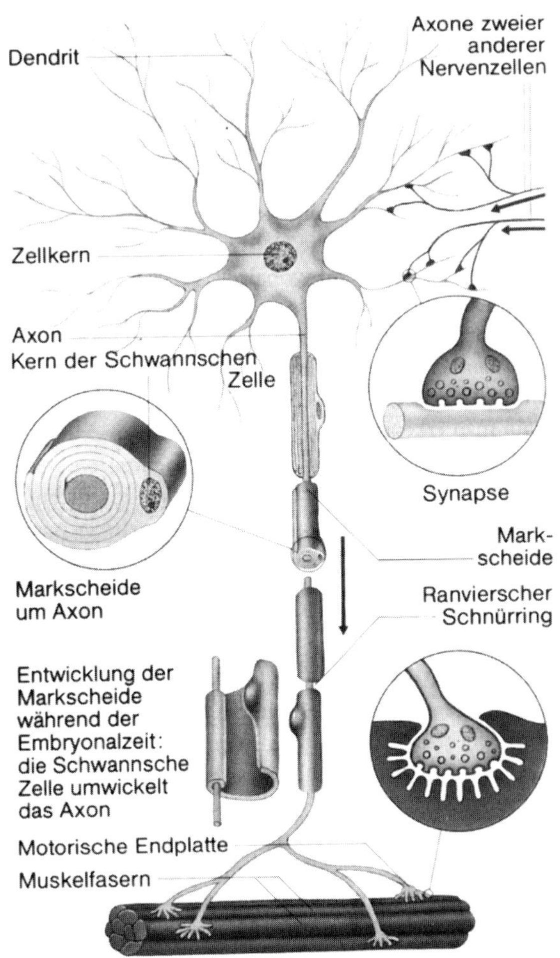

Abb. 1: Schema eines Neurons (Bayrhuber u.a. 1989, 207)

Einer der Fortsätze kann als Nervenfaser (bzw. *Neurit* oder *Axon)* sehr lang sein und dient der Weitergabe von Erregung an andere Zellen. Er wird häufig von vielen hintereinanderliegenden Schwannschen Zellen umhüllt, die auch als *Markscheide* oder Myelinscheide bezeichnet werden. Von markhaltigen Nervenfasern wird Erregung wesentlich schneller geleitet als von marklosen.
Die Berührungsstellen zwischen zusammengeschalteten Nervenzellen sowie zwischen Nervenzellen und Muskelfasern und Drüsenzellen heißen *Synapsen.* Sie übertragen Erregung von einer Zelle auf die andere.
Ein *Nerv* besteht aus Bündeln parallel laufender Neuriten. Die einzelnen Bündel und der ganze Nerv sind von Bindegewebszellen umhüllt. Die Gesamtheit aller Nervenzellen wird zusammen mit den umgebenden Zellen und Geweben als *Nervensystem* bezeichnet. Über komplizierte elektro-chemische Prozesse und Spannungsänderungen (Aktionspotential) leiten die Nervenfasern Erregung weiter, je nach Art und Dicke der Fasern unterschiedlich schnell.
Die Enden eines Axons sind oft sackartig erweitert und legen sich an den Zellkörper oder die Dendriten eines anderen Neurons oder einer Muskelfaser an. Es entsteht ein Synapse. Zwischen dem Endkopf eines Axons und der Membran der folgenden Nerven- oder Muskelzelle ist ein schmaler, flüssigkeitsgefüllter synaptischer Spalt von ca. 20 nm ($=20 \times 10^{-9}$ m). An einem Neuron (einer Nervenzelle) enden in der Regel Axone außerordentlich vieler Nervenzellen, sein Axon bildet andererseits Snynapsen mit vielen anderen Zellen (ihre Anzahl kann auf dem Zellkörper und den Dendriten einer einzigen Gehirnnervenzelle 500.000 betragen).
Bei einer Synapse wird zwischen einem präsynaptischen, vor dem Spalt liegenden, und einem postsynaptischen, hinter dem Spalt liegenden Teil unterschieden. Die Synapsen zwischen Nerven- und Muskelfasern, auch als motorische Endplatten oder neuromuskuläre Synapsen bezeichnet, sind größer als die zwischen zwei Neuronen. Am Ende des Axons gibt es synaptische Bläschen, die Acetylcholin als Überträgerstoff (Transmitter) enthalten. Beim Erreichen eines Aktionspotentials am Endkopf wird über ein komplexes chemisches Zwischenspiel (kurzzeitiges Öffnen von Calciumporen, Freigabe von Ca^{2+}-Ionen, Verschmelzen eines Teils der synaptischen Bläschen mit der Zellmembran infolge des Ansteigens der Ca^{2+}-Ionen-Konzentration; Entleerung ihres Inhalts in den synaptischen Spalt, chemische Bindung der Ca^{2+}-Ionen, so daß ihre Konzentration wieder absinkt und keine weiteren synaptischen Bläschen mehr ihren Inhalt ausschütten können) Acetycholin als Transmitter freigesetzt und diffundiert in ca. 0,1 ms über den Spalt. In einem ähnlich komplexen chemischen Prozeß im postsynaptischen Teil wird schließlich beim Erreichen eines Schwellenwertes in der Umgebung der Endplatte ein Aktionspotential ausgelöst, das sich

über die Muskelfaser, in der gleichen Weise wie in der Nervenfaser, ausbreitet und sie zur Kontraktion veranlaßt.

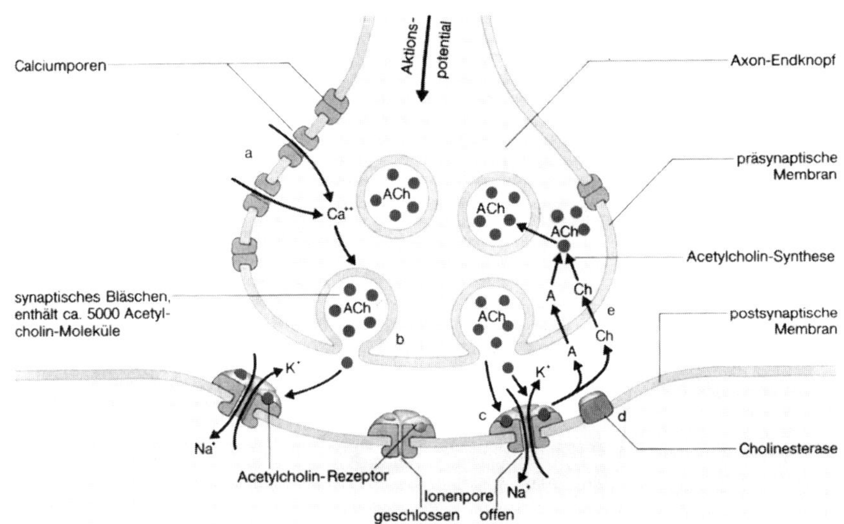

Abb. 2: Energieübertragung an der Synapse (Bayrhuber u.a. 1989, 213)

Die Synapsen zwischen zwei Nervenzellen (interneuronale Synapsen) arbeiten im Grunde wie die oben beschriebene motorische Endplatte. Als Überträgerstoffe fungieren Acetylcholin, Noradrenalin, g-Aminobuttersäure, Dopamin, Serotonin u.a.

Die Erregungsübertragung in einer Synapse kann an verschiedenen Stellen durch chemische Substanzen gestört werden, z.B. durch verschiedene Giftstoffe.

- Curare, ein Pflanzengift der Indianer, blockiert die Acetylcholinrezeptoren der motorischen Endplatten und führt zum Tod durch Atemlähmung.
- Atropin, ein Gift der Tollkirsche, blockiert die Acetylcholinrezeptoren in Synapsen des Herzens, der Eingeweide und der Irismuskeln im Auge und bewirkt einen Atemstillstand.
- Das Gift der „schwarzen Witwe“ (Spinne) bewirkt eine schlagartige und irreparable Entleerung der synaptischen Bläschen und führt ebenfalls zu einer Atemlähmung.

- Botulinumgift, das von Bakterien der Art Clostridium botulinum in verderbendem Fleisch erzeugt wird, führt zu einer Hemmung der Acetylcholinausschüttung und hat ebenfalls eine tödliche Atemlähmung zur Folge.
- Muskarin, Gift des Fliegenpilzes, und Nikotin aus Tabakpflanzen wirken wie Acetylcholin und werden von Cholinesterase nicht abgebaut (diese binden Acetylcholinmoleküle, führen zu deren Aufspaltung in Acetat-Ionen und Cholin und verhindern eine Dauererregung).

Neben den erregenden gibt es auch *hemmende* interneuronale Synapsen. Deren Überträgerstoffe erhöhen das Membranpotential der nachfolgenden Nervenzellen (indem sie weitere Kaliumporen in der postsynaptischen Membran öffnen; Hyperpolarisation). Damit wird die Auslösung eines Aktionspotentials am Ursprung des Axons erschwert. So verhindert z.B. das Gift des Tetanusbazillus die Freisetzung des hemmenden Transmitters an gewissen hemmenden Synapsen im Rückenmark und führt zu Starrkrampf.

Wie kommt es nun zur Übertragung und Verarbeitung von Informationen? Da nur die Axone über spannungsgesteuerte Natrium- und Kaliumporen verfügen, bilden sich auch nur dort Aktionspotentiale, während Spannungsänderungen an den Synapsen der Dendriten und des Zellkörpers sich durch Ausgleichsströmchen über die ganze Zelle bis zum Ursprung des Axons ausbreiten müssen, wobei es zu einer Abschwächung kommt. Im allgemeinen kann die Tätigkeit einer einzigen erregenden Synapse das Membranpotential von Zellkörper und Dendriten nur geringfügig verändern und auch das Membranpotential des Axonursprungs nicht bis zum Schwellenwert erniedrigen. Da an einer Nervenzelle aber viele Axone mit erregenden Synapsen enden, kommt es zu einer Summierung der Wirkungen, wenn eine Anzahl davon gleichzeitig erregt wird. Dadurch sinkt das Membranpotential des Zellkörpers und damit auch das des Axonursprungs stark ab. Bei Erreichen des Schwellenwertes am Axonursprung entsteht dort ein Aktionspotential, das über das Axon wandert. Jedes Potential, das an einer Synapse ankommt, setzt eine bestimmte Menge Überträgerstoff frei. Ist die Frequenz der Aktionspotentiale (d.h. die Zahl der Impulse pro Zeiteinheit) hoch, wird viel Überträgerstoff abgegeben und dadurch das Membranpotential der Folgezelle stark herabgesetzt. Je höher die Impulsfrequenz, desto stärker ist die Wirkung der Folgezelle.
Außer den erregenden liegen an den Dendriten und dem Zellkörper eines Neurons auch hemmende Synapsen, wobei die Wirkung dieser beiden Synapsenarten sich überlagern. Der Zellkörper verrechnet dabei die an den verschiedenen Synapsen einlaufenden Impulsfrequenzen. Überschreitet die Summe den Schwellenwert, entstehen am Axon dieses Neurons ebenfalls Aktionspotentiale, deren Frequenz um so höher liegt, je weiter die Schwelle überschritten wird. Erhöhen die ersten an einer Synapse eintreffenden Ak-

tionspotentiale die Wirkung nachfolgender Potentiale, wird von „*Bahnung*“ gesprochen.
Ein Axon kann zwar Impulse nach beiden Seiten leiten, unter natürlichen Bedingungen aber werden diese nur in eine Richtung geleitet, da die Informationsübertragung in den Synapsen nur in eine Richtung erfolgen kann (Gleichrichter). Im Körper werden deshalb afferente Nervenfasern von efferenten (motorische Fasern) unterschieden. Die afferenten leiten die Erregung von den Sinnesorganen zum Zentralnervensystem, die efferenten umgekehrt vom ZNS zu den peripheren Organen (Muskeln).

Die Nervenzellen bzw. das Nervensystem stellt wie ein Computer ein informationsverarbeitendes System dar. Da die Informationen aber durch den Abstand zweier Aktionspotentiale oder durch die Veränderung des Membranpotentials codiert werden, und dies gleichzeitig in außerordentlich vielen Nervenzellen, handelt es sich um ein analoges, nicht um ein digitales System (in dem einzelne Operationen zwar mit großer Geschwindigkeit, allerdings nacheinander durchgeführt werden).

All dies ist auch Grundlage für die Aufnahme und Verarbeitung von Sinnesreizen: **Sinneszellen** sind in der Lage, Reize in Nervenerregung umzuwandeln. Sie reagieren dabei

- auf bestimmte Arten von Reizen, bzw. für jede Reizart existiert ein bestimmter, spezifischer Sinneszellentyp (für radioaktive Strahlung z.B. existieren keine adäquaten Sinneszellen, also werden sie auch nicht wahrgenommen),
- auf verschiedene Reizstärken (laute/leise Töne; helles und schwaches Licht) und
- auf verschiedene Einwirkungszeiten.

Beim Auftreffen eines adäquaten Reizes auf einer Sinneszelle sinkt das Membranpotential ab (die Differenz zum Ruhepotential wird als Rezeptorpotential bezeichnet). Die ist um so höher, je stärker der Reiz ist (ist bei vielen Sinneszellen proportional zum Logarithmus der Reizintensität, manchmal aber auch proportional zur dieser). Das Rezeptorpotential breitet sich von der gereizten Stelle über Ausgleichsströmchen über den Zellkörper bis zum Beginn des Axons aus. Wird dort der Schwellenwert unterschritten, entsteht ein Aktionspotential, das über das Axon wandert. Die primäre Sinneszelle verhält sich also wie eine normale Nervenzelle. Die Frequenz der weitergeleiteten Aktionspotentiale ist proportional zum Rezeptorpotential (und meist proportional zum Logarithmus der Reizintensität).

Es werden verschiedene Typen von Sinneszellen unterschieden. Bei

- den phasischen fällt die Impulsfrequenz bei gleichbleibender Reizung schließlich auf Null ab,

- den tonischen ändert sich bei Dauerreizung die Impulsfrequenz fast gar nicht und
- den phasisch-tonischen (den häufigsten) ist die Frequenz zu Beginn der Reizung hoch und fällt dann bei gleichbleibender Intensität auf einen niedrigeren, konstant bleibenden Wert.

In den weiterleitenden Nervenfasern (Axonen) führen alle Reize zu gleichartigen Aktionspotentialen (unabhängig davon, ob es sich um Licht-, Tonoder Druckreize handelt). Welche Empfindungen dadurch ausgelöst werden, hängt ab von dem Zusammenspiel mit den ihnen zugeordneten Gehirnzellen.

Auch die sensorische Ausstattung des Menschen, des höchstentwickelten Lebewesens, erfaßt aber nur einen Teil der Reize der es umgebenden Umwelt. So nehmen wir Schallwellen nur in einem Bereich zwischen 16 und 20000 Hertz wahr, verarbeiten beim Sehen nur Wellenlängen zwischen rund 400 und 700 nm, unterscheiden warm und kalt nur innerhalb eines eng begrenzten Temperaturbereichs oder nehmen gegenüber vielen Tierarten Gerüche nur sehr schlecht wahr.
Selbst dieser eingeschränkte Informationsbereich wird im Gehirn weiter gefiltert, da nur der bedeutsame Teil der Informationen in unser Bewußtsein gelangt. Andere Lebewesen verfügen über Sinnesrezeptoren, die uns gänzlich fehlen. So kann z.B. die Grubenotter Wärmestrahlen „sehen“, manche Fische können elektrische Felder wahrnehmen und manche Insekten oder Vögel Magnetfelder orten. So wundert es nicht, daß andere Lebewesen ihre eigenen bzw. anders strukturierten Vorstellungswelt bzw. Wirklichkeiten entwickeln, so wie z.B. der Hund eher in einer Riechwelt, die Fledermaus in einer Hörwelt oder die Spinne in einer Tastwelt zu Hause ist.

Das **Nervensystem** verarbeitet die von den Sinnesorganen kommenden Informationen und kontrolliert die Tätigkeit von Muskeln und Drüsen. Milliarden von Nervenzellen sind zu komplizierten Netzwerken verknüpft. Ihre Eigenschaften werden nicht nur durch die Neurone selbst, sondern auch durch die Art ihrer Verknüpfung bestimmt, ohne daß die funktionalen Wechselbeziehungen bisher ausreichend bekannt sind.
Gehirn und Rückenmark werden als *Zentralnervensystem (ZNS)* bezeichnet. Die Verbindungen zu den inneren Organen werden von dem *vegetativen*, die zu den Skelettmuskeln von dem *somatischen Nervensystem* hergestellt. Den *Gliazellen*, hierbei handelt es sich um Bindegewebszellen mit strahlenförmigen Fortsätzen, kommt die Aufgabe zu, die Nervenzellen zu schützen und zu isolieren und für ihren Stoffwechsel zu sorgen.

Beim *vegetativen Nervensystem* liegen die Zellkörper derjenigen Nervenzellen, die Informationen von den inneren Organen dem ZNS zuleiten (affe-

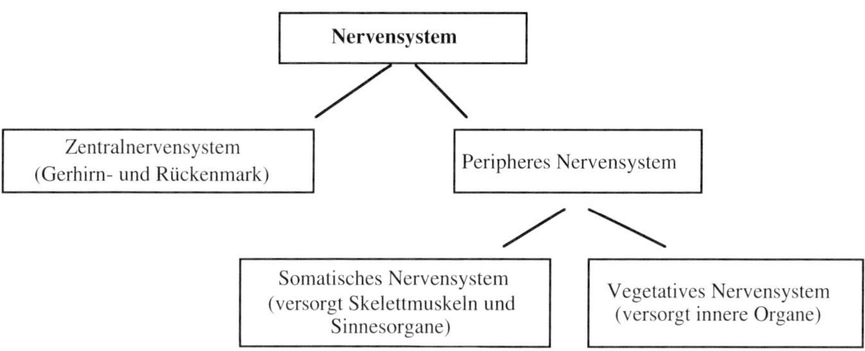

Abb. 3: Das Nervensystem

rente Neuronen), in den Spinalganglien innnerhalb der Wirbelsäule, während die Zellkörper seiner efferenten Neuronen außerhalb des ZNS in sog. vegetativen Ganglien liegen und ihre Befehle vom ZNS erhalten.
Im efferenten Teil des vegetativen Nervensystems können zwei Teile unterschieden werden: das sympathische und parasympathische Nervensystem, die gemeinsam dafür sorgen, daß die inneren Organe zusammenarbeiten und sich den wechselnden Belastungen des Organismus anpassen. Der *Sympathikus* steigert die Tätigkeit des Blutkreislaufs, hemmt die Eingeweidetätigkeit und erhöht damit die Bereitschaft des Organismus zu Angriff, Verteidigung und Flucht. Der *Parasympathikus* dagegen fördert Vorgänge, die der Erholung des Organismus dienen.
Die **sympathischen Ganglien** liegen in je einer Reihe zu beiden Seiten der Wirbelsäule und sind untereinander verbunden. Ihre Neurone empfangen Befehle, die aus dem Rückenmark kommen, während die Axone zur (glatten) Muskulatur aller inneren Organe (Blutgefäße, Eingeweide, Ausscheidungsorgane), zum Herzmuskel und zu den Drüsen führen. Der Überträgerstoff in den dortigen Synapsen ist Noradrenalin, das auf die Muskulatur der Eingeweide und Ausscheidungsorgane sowie auf die Verdauungsdrüsen hemmend, auf die übrigen Organe aber erregend wirkt.
Für Noradrenalin wie auch für das ähnlich gebaute und wirkende Adrenalin existieren auf der postsynaptischen Seite zwei Arten von Rezeptormolekülen (α- und β-Rezeptoren). Im allgemeinen findet sich in einem Organ nur einer der beiden Rezeptorarten. Diese lassen sich über bestimmte Pharmaka blockieren, so daß die Wirkung des Sympathikus gehemmt werden kann, wie beim Herzen, in dem sich durch Verabreichung von β-Blockern eine Verminderung der Frequenz und Schlagintensität und damit eine Blutdrucksenkung herbeiführen läßt.

Die **parasympathischen Ganglien** liegen verstreut in der Nähe der von ihnen versorgten inneren Organe, beziehen ihre Befehle vom ZNS (oder über den Nervus vagus oder das Rückenmark). Mit Ausnahme der Blutgefäße werden alle auch vom Sympathikus beeinflußten Organe innerviert. Die Überträgersubstanz ist das Acetylcholin, mit einer umgekehrten Wirkung wie die Transmittersubstanz der sympathischen Fasern.
Anhaltende seelische und körperliche Belastungen (Streß) können über das vegetative Nervensystem Einfluß auf körperliche Funktionen nehmen und auf Dauer zu Organerkrankungen (Schädigungen von Herz und Kreislauf) führen.
Das gesamte **Gehirn** wird von mehreren schützenden Hüllen umgeben. Es verfügt beim Menschen über ca. 13 Milliarden Nervenzellen, bei denen es sich fast ausschließlich um Interneuronen handelt. Mit einem Elektroencephalogramm (EEG) lassen sich an der Kopfhaut der Schädeldecke mit Elektroden Spannungsschwankungen messen, die aus Überlagerungen der Aktivitäten der Neuronen in der Hirnrinde entstehen (Hirnstromkurve).
Ein Längsschnitt durch das Gehirn ergibt folgende wesentliche Hauptabschnitte:

- Groß- oder Vorderhirn (die beiden cerebralen Hemisphären),
- Zwischenhirn (Limbisches System, Hypothalamus u.a.),
- Hirnstamm (Medulla, Pons, Mittelhirn) und
- Kleinhirn (Cerebellum).

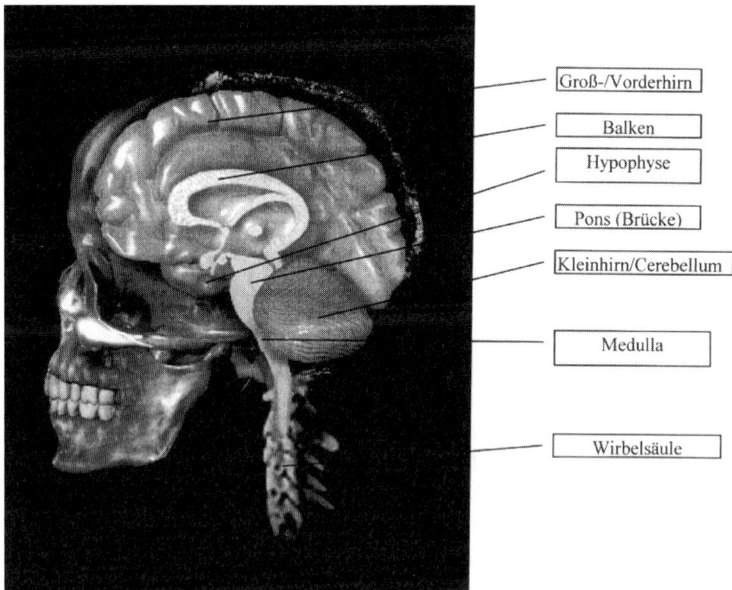

Abb. 4: Längsschnitt durch das Gehirn des Menschen (Body-Works 5.0)

Im **Großhirn** ist eine graue Substanz (mit Zellkörpern) im inneren basalen Bereich des Vorderhirns und in der gesamten Rinde von einer weißen zu unterscheiden, die im wesentlichen Nervenfasern enthält, welche die einzelnen Teile der Großhirns miteinander und mit anderen Teilen des Nervensystems verbinden. Es besteht weiterhin aus zwei Hälften, den *Vorderhirnhemisphären*, deren Oberfläche stark gefurcht ist (zwei Drittel sind in den Furchen verborgen). Die starke Verbindungsbahn zwischen den beiden Hemisphären wird als *Balken* bezeichnet. Das Großhirn ist der Ort des Bewußtseins, während die als Stammhirn bezeichneten anderen Abschnitte (Nach-, Mittel- und Zwischenhirn) Funktionen ausüben, die beim Menschen unbewußt und unwillkürlich ablaufen.

Einblick über die neuronalen Grundlagen des Verhaltens und das Wissen über die Funktionen der einzelnen Felder stammt insbesondere aus folgenden Quellen:

- dem Studium von Ausfallerscheinungen nach Verletzungen oder Zerstörungen einzelner Felder,
- dem Ergebnis elektrischer oder chemischer Reizungen sowie
- modernen bildgebenden Verfahren und Markierungstechniken wie z.B. der magnetischen Resonanz- oder Kernspin-Tomographie.

Die **motorischen** Regionen steuern willkürliche Bewegungen der Skelettmuskulatur über zwei Leitungswege im Rückenmark, direkt über die beiderseits ohne Unterbrechung verlaufenden Nervenfasern der *Pyramidenbahnen* und indirekt über mehrere auf jeder Seite verlaufende *extrapyramidale* Bahnen (die über eine oder mehrere Synapsen in anderen Gehirnabschnitten unterbrochen werden).
Die **sensorischen** Regionen nehmen die Informationen aus den Sinnesorganen auf und verarbeiten diese. Eine davon ist z.B. die optische Region, deren Verletzung zu Blindheit trotz intakter Sinnesorgane führen kann (Rindenblindheit).
Eine wichtige Aufgabe der **Assoziationsregionen** besteht darin, Meldungen aus Sinnesorganen miteinander und mit Informationen aus anderen Gehirnteilen zu verknüpfen. Daß die einzelnen Regionen ineinander übergehen, wird aus der Struktur der Pyramidenbahn deutlich, deren Fasern zwar besonders dicht in der als „motorisches Zentrum“ bezeichneten Stelle entspringen, vereinzelt aber auch in den dahinterliegenden sensorischen Regionen und in den davorliegenden Assoziationsregionen. Die sensorischen und motorischen Regionen der rechten Körperseite liegen in der linken Hemisphäre und umgekehrt.
Viele höhere Gehirnleistungen bedürfen des Zusammenspiels verschiedener Teile der Großhirnrinde und der „niedrigeren“ Gehirnteile. Weiterhin können Ausfälle bestimmter Teile der Assoziationsregionen zumindest teil-

weise durch andere übernommen werden.

Das **limbische System** an der Basis des Großhirns ist dem Hypothalamus übergeordnet und bildet eine Art „vegetatives Gehirn“, da Reizungen in diesem Gebiet Einfluß ausüben auf

- Organe, die vom vegetativen Nervensystem versorgt werden,
- die Hormonproduktion der Hypophyse,
- die verhaltenssteuernden Triebe und
- emotionale Tönungen (Angst, Wut, Gefühl von Geborgenheit u.a.). Da der Erinnerungswert eines Eindrucks auch emotional getönt ist, ist auch das Kurzzeitgedächtnis an die Funktionstüchtigkeit dieses Systems gekoppelt.

Kognitive Leistungen wie Gedächtnis und Lernfähigkeit sind nur schwer bestimmten Assoziationsregionen zuzuordnen. Was motorische Abläufe betrifft, scheinen bestimmte Synapsen die für die zu übenden Bewegungsabläufe notwendigen Erregungen leichter passieren zu lassen als vorher in ungeübtem Zustand. Dadurch werden bestimmte Schaltkreise geschaffen (Bahnung).

Sprachliche Leistungen und das Bewußtsein sind offensichtlich an die linke Gehirnhemisphäre gebunden. Schädigungen einer bestimmten Region dieser Hemisphäre führen zu motorischer Aphasie. Der Patient mit normalem Sprachverständnis kann die Sprachmuskulatur zwar bewegen, spricht bzw. artikuliert aber nur eingeschränkt und mühsam. Bei der sensorischen Aphasie ist eine andere Region dieser Seite geschädigt, mit der Folge, daß das Verständnis von Sprache stark gestört ist. Die Vorherrschaft der linken Hemisphäre bei sprachlichen Leistungen wird besonders deutlich bei Patienten, bei denen die Verbindung zwischen den beiden Hemisphären durchtrennt ist.

Die rechte Großhirnhälfte ist nur zu bescheidenen sprachlichen Leistungen in der Lage, ist der linken aber überlegen

- beim Erkennen von Formen,
- dem räumlichen Vorstellungsvermögen und
- dem Musikverständnis.

Ob bestimmte Gebiete im Gehirn für bestimmte Aufgaben zuständig und lokalisierbar sind (Lokalisationstheorie) oder aber ob von einer holistisch-ganzheitlichen Funktionssichtweise auszugehen sei (Holismus), ist eine alte Streitfrage. Anhand der Broca-Aphasie wird das Problem deutlich gemacht: Der Mediziner Broca hatte 1906 einen teilweise geschädigten Bereich von der Größe eines Hühnereis in der linken Hemisphäre (Broca- Zentrum) als Ursache für Sprachprobleme identifiziert; ein anderer Neurologe allerdings fand weiterreichendere Beschädigungen als die eng begrenzten von Broca. Heute gilt es als sicher, daß Verhalten von der Funktionstüchtigkeit anatomisch oft weit auseinanderliegender Nervennetze abhängig ist, deren Verbindungen, Überträgerstoffe und morphologischer Aufbau äußerst heterogen sein können. Daher wird heute nicht mehr von einem „Hirnzentrum", sondern von „dynamischen Knotenpunkten" für ein bestimmtes Verhalten (Luria 1970) bzw. von „neuronalen Ensembles" (neuronal assemblies) gesprochen (Birnbaumer/Schmidt 1990).

Das **Zwischenhirn** besteht im wesentlichen aus dem Thalamus und Hypothalamus. Der **Thalamus** bildet die Hauptumschaltstelle zwischen den Sinnesorganen. In ihn münden Nervenfasern von allen Sinnesorganen mit Ausnahme der Geruchsinnorgane, die vom Großhirn direkt versorgt werden. Jedem Sinnesorgan ist ein bestimmter Teil des Thalamus zugeordnet, in dem bereits Auswertungsprozesse erfolgen und von dem die Erregung zu den sensorischen Regionen der Großhirnrinde weitergeleitet wird.
Der **Hypothalamus** dient als Steuerzentrum für das vegetative Nervensystem, und zwar über Nervenimpulse wie über Hormone. Das limbische System ist ihm übergeordnet. Von hier aus werden u.a. geregelt:

- die Körpertemperatur,
- der Wasserhaushalt des Gewebes,
- die Nahrungs- und Flüssigkeitsaufnahme und
- der Sexualtrieb.

Das **Mittelhirn** hat beim Menschen bzw. bei Säugetieren nur eine untergeordnete Bedeutung (während es bei den niederen Wirbeltieren als Hauptumschaltstelle zwischen den Sinnesorganen und der Muskulatur dient).

Die graue Substanz des Rückenmarks setzt sich als Filz von Neuronen ins Gehirn, als **Formatio reticularis,** fort. Aus ihren Teilen fließt ständig ein aktivierender Strom von Erregung zum Großhirn, deren Höhe die Bewußtseinslage steuert und bei deren Unterbrechung der Organismus in Schlaf bzw. in einen schlafähnlichen Zustand fällt. Weckamine (z.B. Pervitin) erhöhen ihre Aktivität, Schlafmittel (z.B. Barbiturate) setzen sie herab.

Das **Kleinhirn** wird über alle Meldungen von und nach den motorischen Regionen der Großhirnrinde informiert, empfängt Meldungen aus den Sinnesorganen, die die Gelenkstellungen messen sowie Meldungen aus den Bogengängen, den Schwersinnorganen und den Augen, ist also jederzeit über die Stellung des Körpers im Raum, die Lage der einzelnen Glieder zueinander sowie über die gerade auslaufenden Bewegungsbefehle orientiert. Es gibt seine Befehle an die motorischen Regionen der Großhirnrinde oder an die Schaltstellen des extrapyramidalen Systems weiter (bei „ausgeschaltetem" Kleinhirn wirken die betroffenen Personen ungelenk, produzieren ungleichmäßige, wenig koordinierte und schwerfällige Bewegungsabläufe und können schnell aufeinanderfolgende Bewegungen (Klavierspielen) gar nicht ausführen. Hier führt Funktionsunfähigkeit also nicht zum generellen Ausfall von Bewegungen, wohl aber zur einer Störung der Koordination und Geschwindigkeit derselben.

Das **Nachhirn** ist eine Übergangsstelle zwischen Rückenmark und Gehirn. Hier entspringen Nerven, die die Kopfregion motorisch und sensorisch innervieren sowie der Nervus vagus als Schalt- und Durchgangsstelle aller vom Gehirn zum Rückenmark und umgekehrt ziehenden Nervenbahnen. Es ist ebenfalls Sitz vieler Zentren für lebenswichtige Reflexe wie Kauen, Speichelfluß, Schlucken, Erbrechen, Husten, Atmung und Kreislauf.

2.2 Einteilung der Sinnesorgane und -modalitäten

Sinne werden meist gleichgesetzt mit Sinnesorganen und definiert als „spezialisierte physiologische Aufnahmeapparate (Rezeptoren) der höheren Tiere und des Menschen, die es gestatten, Reize ... aus der äußeren Umwelt und aus dem Inneren des Organismus aufzunehmen und deren Energie in Nervenimpulse umzuwandeln, die über die afferenten Nervenbahnen der Hirnrinde zugeleitet werden und hier unter bestimmten Bedingungen zur Entstehung von Empfindungen und Wahrnehmungen führen“ (Klaus/Buhr 1972, 982). In den Wahrnehmungsprozeß gehen sehr viel mehr Sinne ein, als die klassische Einteilung in Gesicht, Gehör, Geruch, Geschmack und Gefühl wiedergibt. So unterscheiden Legewie/Ehlers (1972, 60) zwischen elf Sinnesmodalitäten und -qualitäten, während Stadler/Seeger/Raeithel (1975, 80-81) in ihrer Tabelle sogar 13 Sinnesgebiete angeben.

Es gibt eine Reihe von Einteilungsgesichtspunkten und Ordnungsversuchen der Sinnesorgane. So orientierte sich der Physiologe Sherrington laut Stadler/Seeger/Raeithel (1975) an der Lage und Wirkungsrichtung der Rezeptoren und unterschied zwischen

Interorezeptoren:	Organempfindungen
Propriorezeptoren:	Stellungssinn, Spannungssinn, Lage-, Bewegungs- und Drehbewegungssinn
Exterorezeptoren:	Diese befinden sich an der Hautoberfläche und werden unterteilt in
• Kontaktrezeptoren:	Tastsinn, Geschmackssinn, Druck- und Berührungssinn, Temperatursinn, Schmerzsinn
• Distanzrezeptoren:	Gesichtssinn, Gehör- und Geruchssinn.

Abb. 5: Einteilung der Sinnesorgane hinsichtlich Lage und Wirkung

Eine andere Möglichkeit besteht darin, die Sinnesorgane und Rezeptoren hinsichtlich ihrer spezifischen Energieform zu klassifizieren (vgl. Klaus/Buhr 1972, 984; Bayrhuber 1989):

- Mechanorezeptoren oder taktile Rezeptoren, die auf mechanische Einwirkungen wie Druck, Stoß, Erschütterung reagieren (Haut- und Schmerzsinn, Raumlage- bzw. Gleichgewichtssinn, Drehsinn);
- Thermorezeptoren, die auf Temperaturveränderungen reagieren;
- Chemorezeptoren, die auf chemische Stoffe reagieren (Geschmacks- und Geruchssinn);
- Akustische Rezeptoren, die auf Schallwellen reagieren (Gehör);
- Optische Rezeptoren, die auf elektromagnetische Wellen reagieren (Lichtsinn) und
- Schmerzrezeptoren, die auf mechanische, chemische und Temperatureinwirkungen reagieren und bei einer bestimmten Intensität der Reizeinwirkung Schmerzempfindungen hervorrufen.

2.2.1 Taktiler Bereich: Tasten

Der Tastsinn als Nahsinn unterrichtet über Gegenstände, mit denen wir in Berührung kommen. In der Haut sitzen unterschiedliche und getrennte Sinnesrezeptoren bzw. -organe für folgende Reize:

- Wärme
- Kälte
- mechanische Berührung und
- Schmerz.

Funktionell können drei unterschiedliche Typen unterschieden werden:

- Phasisch-tonische Sinnesorgane, die Stärke und Dauer eines Tastreizes anzeigen,

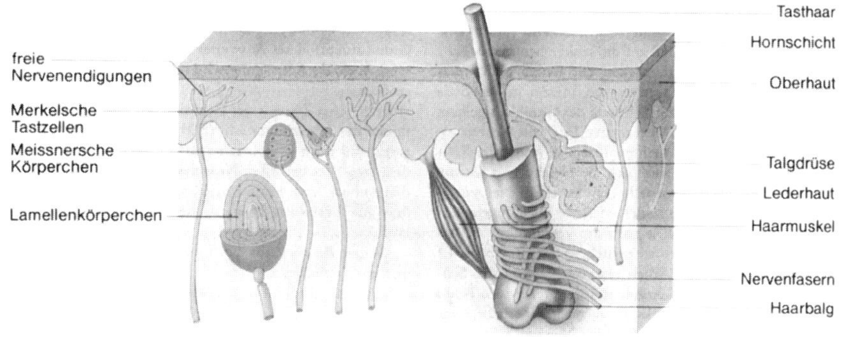

Abb. 6: Tastsinnesorgane der Haut (Bayrhuber u.a. 1989, 232)

- Phasische Sinnesorgane, die die Geschwindigkeit der Verformung der Haut messen und
- Phasische Sinnesorgane mit sehr schnellem Erregungsabfall, die auf Deformationen der Haut nur mit einem einzigen Aktionspotential ansprechen.

Unterschiedliche Tastsinnesorgane wie Merkelsche Zellen, Meissnersche Körperchen, Lamellenkörperchen u.a. sind in den verschiedenen Teilen der Haut unterschiedlich dicht anzutreffen, am dichtesten an den Fingerkuppen, so daß mit diesen feine Strukturen am besten ertastet werden können (haptische Wahrnehmung).
Die Merkelschen Zellen messen die Intensität und Dauer eines Druckreizes. Auf eine Auslenkung der Tasthaare reagieren die Nervenfasern meist phasisch, messen also die Geschwindigkeit der Haarbewegung. Die Meissnersche Körperchen registrieren als phasische Sinnesorgane der unbehaarten Haut die Geschwindigkeit der durch einen Druckreiz verursachten Verformung. Die Lamellenkörperchen, mit einer sehr kurzen Abfallzeit der Erregung, sprechen vor allem auf Vibration der Haut an.
Da man Schmerz durch bestimmte Narkosen ausschalten kann, die Tastempfindung dann aber weiterbesteht, kann der Schmerz als eigener Sinn betrachtet werden. Die Reizaufnahme erfolgt vermutlich über freie Nervenendungen nahe der Hautoberfläche, in inneren Organen oder Gelenken. Unempfindich sind Lunge und Gehirn, nicht aber die Gehirnhäute.

Vor allem über die taktile Wahrnehmung, über Berühren und Spüren, erfährt das Kind schon kurz nach der Geburt, daß es nicht nur den eigenen Körper gibt, sondern auch Dinge außerhalb der eigenen Person. Nur so kann die Außenwelt wie auch die eigene Körperlichkeit als real und konkret erlebt werden. Zusammen mit der kinästhetischen Wahrnehmung wird das Kind in seiner Entwicklung über taktile Eindrücke befähigt, seine Bewegungen, z.B. zum Greifen oder Loslassen von Spielmaterialien, zu initiieren, zu kontrollieren und erfolgreich zu Ende zu bringen. Mit den Händen etwas fühlen, das Anpassen der Finger an die Größe des Gegenstandes und die Beschaffenheit des Materials, das „Spüren" von Oberflächenbeschaffenheiten und Ertasten von Ecken, Kanten und Rundungen geht einher mit konkreten Tätigkeiten wie etwas festhalten, einfüllen, herausnehmen oder fallenlassen. Zur Ausführung von Bewegungen ist die taktil-kinästhetische Wahrnehmung daher grundlegender und wichtiger als z.B. die visuelle.
Zudem ist auf den engen Zusammenhang zwischen Haut und Gehirn hinzuweisen und daß die Haut auch auf emotionale und mentale Ereignisse reagiert. Wir werden blaß vor Schrecken, rot vor Aufregung oder Scham oder bekommen eine Gänsehaut, wenn wir uns ekeln. Die Haut als In-

strument der Berührung hat auch die Funktion, Kontakte herzustellen, aber auch sich nach außen „abzugrenzen".

2.2.2 Kinästhetischer Bereich: Wahrnehmen von Bewegungen

Mit kinästhetischer Wahrnehmung (kineĩn=bewegen und aísthēsis=Empfindung) bzw. Kinästhesie ist der Bewegungssinn gemeint, die Fähigkeit, die Körperteile, ihre Stellung zueinander sowie Lage und Bewegungsrichtung derselben wahrzunehmen, zu kontrollieren und zu steuern. Dies geschieht über Proprio(re)zeptoren (lat.: proprius= eigen; eigentümlich), die auf Veränderungen und Zustände im Körperinneren reagieren.
Dazu gehören z.B. die Muskelspindeln, die max. 3 mm lang sind und mit einer Bindegewebshülle fest mit den umgebenden Muskelfasern verbunden sind. In ihrem Inneren liegen einige dünne Muskelfasern, sog. Spindelmuskeln, deren Kontraktionszustand vom Zentralnervensystem über eigene motorische Nervenfasern, den γ-Motoneuronen, verändert werden kann. Während die beiden Endabschnitte der Spindelmuskelfasern kontrahieren können, wird der mittlere, nicht kontraktive Teil von Sinnesnervenzellen umschlungen. Diese messen die Spannung, unter der dieser Teil der Spindelmuskeln steht. Wird der Muskel, z.B. bei einer passiven Dehnung, länger, so wird die Muskelspindel ebenfalls in die Länge gezogen, was die Spannung im Mittelteil erhöht. Die Erregung läuft zum Rückenmark, wird dort auf α-Motoneuronen übertragen, die den Muskel zur Kontraktion veranlassen.

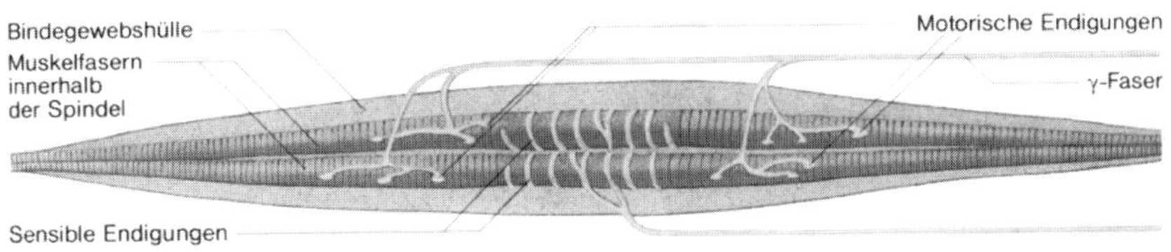

Abb. 7: Kinästhetische Wahrnehmung am Beispiel der Muskelspindel (Bayrhuber u.a. 1989, 253)

Die Wahrnehmung von Bewegungen ist Grundlage für alle motorischen und komplexeren Bewegungen (etwas ergreifen oder festhalten) sowie für die erfolgreiche Ausführung von Handlungen, z.B. das Schälen eines Apfels oder Binden der Schuhe. So überrascht es nicht, daß diese Modalität in Verbindung mit der taktilen Wahrnehmung von manchen Pädagogen bzw. Therapeuten wie J. Ayres oder F. Affolter als Grundlage von speziellen Förderansätzen herangezogen wird (vgl. Kap. 5).

2.2.3 Vestibulärer Bereich: Wahrnehmen der Raumlage

Die Schwerkraft, deren Stärke und Richtung konstant ist, dient als ideale Bezugsgröße, auf die der Organismus seine Lage im Raum beziehen kann. Deshalb spielt das Erfassen der Schwerkraftrichtung und die Bestimmung der Winkel, welche die Körperachsen mit dem Schwerelot bilden, eine grundlegende Rolle bei der Aufrechterhaltung einer bestimmten Körperstellung und ist auch eine Orientierungshilfe bei der Fortbewegung.

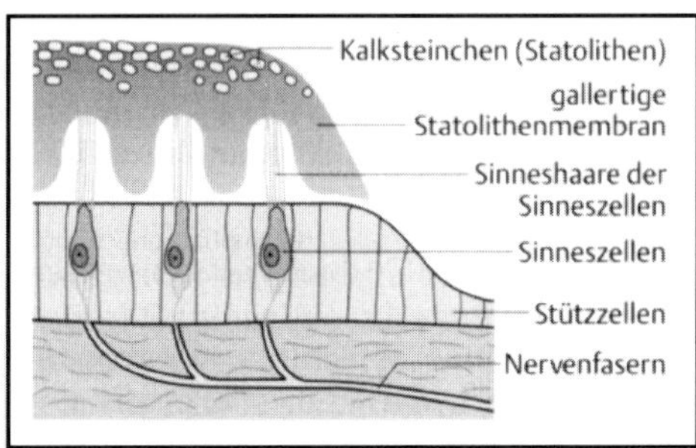

Abb. 8: Vestibulär- bzw. Schweresinnesorgan im menschlichen Labyrinth (Faller 1995, 464)

Die Schweresinnesorgane liegen in einem mit Flüssigkeit gefüllten Hohlraum, der sich durch eine Einschnürung in ein oberes (Utriculus) und unteres Bläschen (Sacculus) teilt. Am oberen Bläschen entspringen drei halbkreisförmige, in das Bläschen zurücklaufende Kanäle (Bogengänge). Im Utriculus und Sacculus befindet sich je ein Schweresinnesorgan, von dem jedes am Boden ein Polster von Haarsinneszellen trägt, die wiederum am Ende eine größere Anzahl von „Härchen" besitzen. Eines davon ist wie eine typische Geißel gebaut (Kinocilie) und steht an einem Ende der Zelle, während die anderen Härchen (Stereocilien) einfacher gebaut sind. Abbiegen der Cilien in Richtung zum Kinocilium hin erregt (depolarisiert) sie, Abbiegen in die andere Richtung hemmt (hyperpolarisiert) sie. Im unerregten Zustand schütten die Haarsinneszellen kontinuierlich Transmitter aus, so daß die ableitende Nervenfaser eine spontane Entladungsfrequenz zeigt. Depolarisation erhöht und Hyperpolarisation vermindert die Transmitterausschüttung und verändert entsprechend die Entladungsfrequenz in der ableitenden Nervenfaser.

Die Cilien der Haarsinneszellen tauchen in eine Gallerte ein, in der zahlreiche winzige Kalkkörperchen liegen. Die Gallertmasse wirkt als Statolith (als Schwerekörperchen) und läßt sich nur parallel zur Oberfläche des Sinnesepithels bewegen. Dabei werden die Sinneshaare gebogen.

Die Macula des Utriculus liegt in normaler Kopfhaltung waagerecht, die Macula des Sacculus senkrecht. Da in einem Maculaorgan die Sinneszellen unterschiedlich räumlich orientiert sind, kann jede beliebige Neigung des Kopfes registriert werden. Da diese auch auf andere linear beschleunigende Kräfte reagieren, vermitteln sie auch die Wahrnehmung des Fallens und Steigens.
Dem Erleben vestibulärer Reize kommt gerade in der heutigen Zeit eines oft exzessiven visuellen Fernseh- und Videokonsums und des Verbringens langer Zeiten vor dem Computerbildschirm eine große Bedeutung zu. Vor allem Jean Ayres (1979; 1992) widmet sich in ihren Arbeiten der homöostatischen und integrierenden Funktion dieser basalen Wahrnehmungsmodalität und thematisiert in ihrer „sensorischen Integrationstherapie" Fragen einer gestörten vestibulären Wahrnehmung in ihren Auswirkungen auf andere Sinnesbereiche und auf höhere kognitive Leistungen (vgl. Kap. 5.7).

2.2.4 Der Drehsinn

Jedes der beiden Labyrinthe enthält Drehsinnesorgane. Sie bestehen aus den drei mit Flüssigkeit gefüllten Bogengängen, die in drei zueinander liegenden senkrechten Ebenen liegen. Jeder Bogengang weist nahe der Einmündung in das obere Bläschen eine Anschwellung (Ampulle) auf, deren Boden mit Haarsinnzellen besetzt sind, deren lange feine Sinneshaare in einer Gallertzunge (Cupula) eingebettet sind, welche in die Flüssigkeit im Inneren der Erweiterung hineinragen. Ihre Wirkungsweise beruht auf dem Beharrungsvermögen dieser Flüssigkeit: Dreht man beispielsweise den Kopf nach rechts, bleibt die Flüssigkeit in den waagerechten Bogengänge in Ruhe, während die Wandlung der Bogengänge mitsamt der Cupula bewegt wird, so daß die Sinneszellen gereizt werden.

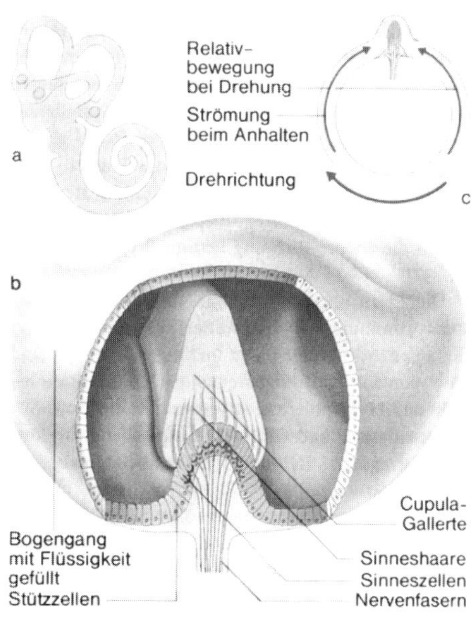

Abb. 9: Drehsinnesorgan in der Anschwellung eines Bogengangs (Bayrhuber u.a. 1989, 234; a Lage, b Bau, c Beeinflussung durch Drehung)

2.2.5 Gustatorischer Bereich: Schmecken

Die entsprechenden Organe liegen auf der Zunge und im Inneren der Mundhöhle. Als sekundäre Sinneszellen liegen 4-20 solcher Zellen zusammen in einer Geschmacksknospe, die wiederum seitlich oder an der Spitze von Schmeckpapillen angebracht sind.

Eine Geschmacksknospe enthält neben Sinneszellen auch noch Stütz- und Basalzellen. Die Sinneszellen reichen mit einem „Geschmacksstiftchen" in einen mit Flüssigkeit gefüllten Raum hinein, der durch eine Öffnung mit der Mundhöhle verbunden ist.
Ein erwachsener Mensch besitzt ca. 2000 Geschmacksknospen, kann aber nur vier Arten von Geschmacksreizen unterscheiden: salzig, sauer, süß und bitter. Zusammenhänge zwischen der chemischen oder physikalischen Natur eines Stoffes und seiner Geschmackswirkung konnten bisher nicht nachgewiesen werden. Empfindlichkeiten sind wie folgt verteilt:

- bittere Stoffe werden vor allem am Zungenrand,
- saure und salzige an den Rändern und
- süße an der Zungenspitze registriert.

Eine Geschmacksinnzelle hat nur eine Lebensdauer von wenigen Tagen und wird dann von einer neuen ersetzt. In einer Geschmacksinnknospe treten etwa 50 Nervenfasern (Axone) ein und jede von ihnen nimmt mit ihrer Dendritenregion Kontakt mit mehreren anderen Sinneszellen auf.
Die einzelne Sinneszelle reagiert im allgemeinen nicht nur auf eine spezifische, sondern auf alle vier Geschmacksqualitäten. Erst im Gehirn wird durch die Auswertung der Aktivitäten einer größeren Zahl von Nervenfaser die Geschmacksqualität bestimmt.

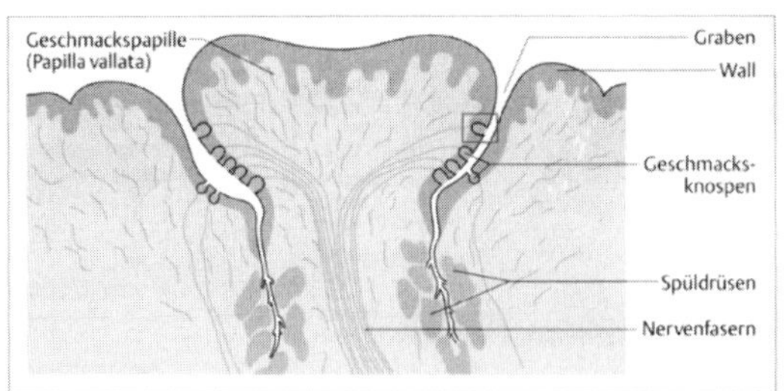

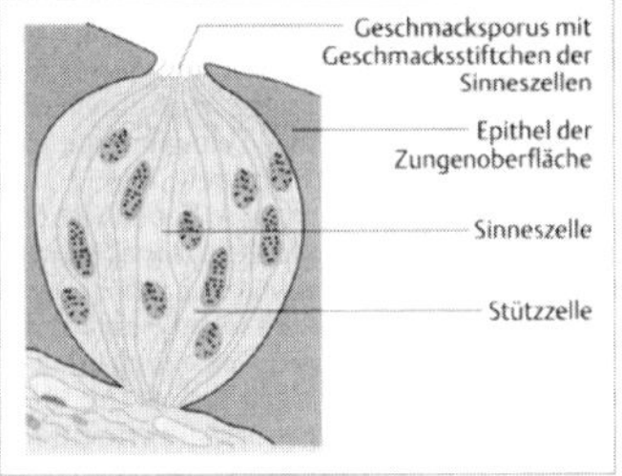

Abb. 10: Schmeckpapille und Geschmacksknospe der menschlichen Zunge (Faller 1995, 466)

2.2.6 Olfaktorischer Bereich: Riechen

Der Geruchsinn ist für die meisten Wirbeltiere, auch für den Menschen, wichtiger als der Geschmackssinn, da er auf eine ungleich höhere Zahl von

Reizen empfindlicher reagiert, also ein hohes Unterscheidungsvermögen besitzt (der Mensch kann ca. 10.000 Arten von Geruchsreizen unterscheiden). Vor allem für die Kontrolle von Speisen und Getränken, die Warnung vor schädigenden Stoffen und die emotionale und soziale Orientierung (Geschlechtsleben) spielen olfaktorische Informationen eine grundlegende Rolle. Duftstoffe, Räucherwerk und ätherische Öle werden vor allem in China schon seit Jahrtausenden eingesetzt. Die Ägypterinnen wußten schon um 2000 vor Christus von der anregenden und aphrodisierenden Wirkung parfümierter Salben. Säuglinge lassen sich beruhigen, wenn sie nur den von der Mutter getragenen Schal im Bett „wittern". Im Rahmen einer Aromatherapie wird versucht, mit aus Anis, Eukalyptus, Geranium, Jasmin, Lavendel, Pfefferminze oder Rosen gewonnenen Ölen gezielt körperliche und seelische Vorgänge zu beeinflussen. Auch in der Werbung werden Gerüche auf ihre emotionalen Auswirkungen hin untersucht und gezielt für Verkaufszwecke genutzt (Jasmin und Zitrone als „Muntermacher").

Der physiologische Ort des Riechens ist die mit Geruchsinnzellen ausgestattete Riechschleimhaut in der Nasenhöhle, die beim Menschen ca. 5 cm^2 groß ist und aus dreierlei Zellen besteht:

- den Sinneszellen
- den Stützzellen und
- den Basalzellen.

Die (primären) Sinneszellen enden in einem Sinneskolben, der über die Oberfläche des Epithels (gefäßfreies Gewebe, das die äußere Oberfläche und inneren Hohlräume überkleidet) hinaus in die Schleimschicht der Riechschleimhaut hineinragt. Der Kolben entsendet in den Schleim feine Härchen, die olfaktorischen Cilien. Die Axone der Geruchsinnzellen bilden den Riechnerv.

Unter der Riechschleimhaut liegen zahlreiche „Spüldrüsen", deren Sekret für die Lösung und Entfernung von Riechstoffen zuständig ist.

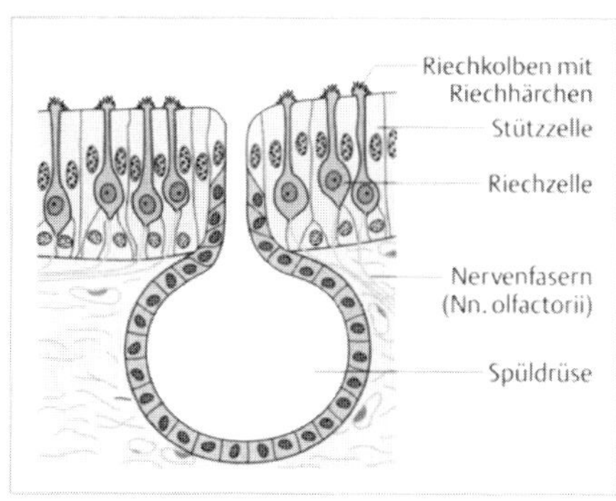

Abb. 11: Schnitt durch die Riechschleimhaut (Faller 1995, 467)

2.2.7 Auditiver Bereich: Hören

Das menschliche Ohr besteht aus drei Abschnitten:

- dem *äußeren Ohr* mit Ohrmuschel, Gehörgang und Trommelfell,
- dem mit Luft gefüllten *Mittelohr* (Paukenhöhle), welches durch die Brükke der Gehörknöchelchen den Schall zum Hörorgan weiterleitet und
- dem flüssigkeitsgefüllten *Innenohr* mit der Schnecke, dem eigentlichen Hörorgan.

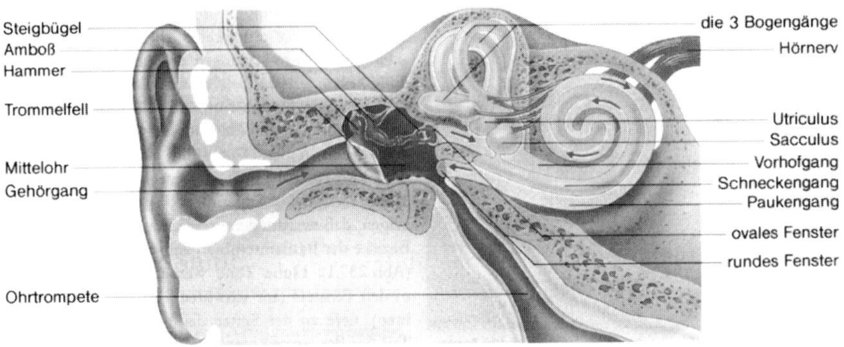

Abb. 12: Bau des menschlichen Ohrs (Bayrhuber u.a. 1989, 235)

Das Trommelfell ist mehr als eine einfach gespannte Membran. Durch den komplizierten Bau und die aufwendige Aufhängung wird erreicht, daß keine Resonanzfrequenzen im hörbaren Schallbereich auftreten. Die Eustachische Röhre oder Ohrtrompete, eine Verbindung zwischen der Paukenhöhle und der Mundhöhle, sorgt bei heftigen Druckwellen für einen Druckausgleich und verhindert eine Beschädigung des Trommelfells.
Drei miteinander verbundene Gehörknöchelchen, Hammer, Amboß und Steigbügel, übertragen die Trommelfellschwingungen auf das Innenohr. Dieses ist in einen spiralig gewundenen Knochengang des Felsbeins, die knöcherne Schnecke, eingelagert, die zusammen mit den Hohlräumen für die drei Bogengänge und für Utriculus und Sacculus das knöcherne Labyrinth bildet. Zur Schallwahrnehmung dient ein Teil des häutigen Labyrinths, das so an Bändern aufgehängt ist, daß zwischen ihm und der Knochenumhüllung noch flüssigkeitsgefüllte Räume frei bleiben.
Die Windungen der knöchernen Schnecke werden in drei Räume aufgeteilt: den oberen Vorhofgang, den mittleren, von der häutigen Schnecke gebildeten Schneckengang und den unteren Paukengang. Der Boden des

Schneckengangs wird von einer Basilarmembran gebildet, auf der, von Stützzellen getragen, Haarsinnzellen sitzen. Darüber liegt eine sie berührende Deckmembran. Der adäquate Reiz besteht in einer Abbiegung der Sinneshaare durch ein Bewegung der Deckmembran relativ zur Basilarmembran. Außer zum Hören dient das Ohr auch zur Orientierung im (Schall-)Raum. Ein von links kommender Schall erreicht zunächst das linke und dann das rechte Ohr. Über den registrierten Zeitunterschied, auch wenn dieser noch so klein ist, kann die Richtung der Schallquelle festgestellt werden. Zum Richtungshören ist daher die Funktionstüchtigkeit beider Ohren erforderlich.
Die Bedeutung des Hörens für die kindliche Entwicklung wird deutlich, wenn Beeinträchtigungen und Ausfälle die Orientierung im Alltag, z.B. im Verkehr, erheblich erschweren oder die zwischenmenschliche Verständigung über Sprache verzögert oder weitgehend verhindern.

2.2.8 Visueller Bereich: Sehen

Die Lichtstrahlen, die von einem Gegenstand in das Auge einfallen, werden so auf die Netzhaut projiziert, daß dort ein umgekehrtes und verkleinertes Bild entsteht. An der Lichtbrechung sind sowohl die Hornhaut, also der vorgewölbte und durchsichtige Teil der harten Augenhaut sowie die Linse beteiligt. Diese wird von einem Ciliarkörper in ihrer Lage festgehalten, und deren Muskeln flachen die Linse bei der Ferneinstellung des Auges ab und führen beim Betrachten naher Gegenstrände zu einer Entspannung und „Akkomodation“ des Auges, d.h. durch die Kontraktion der Fasern des Ciliarmuskels kann sich die Linse, ihrer natürlichen Elastizität folgend, wieder ihrer Kugelform nähern, was ihre Brechkraft vergrößert.

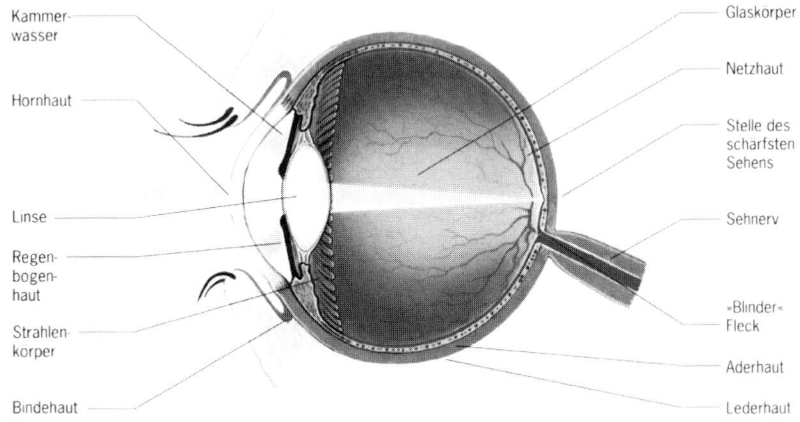

Abb. 13: Schnitt durch ein Auge (Corazza u.a. 1990, 272)

In der Netzhaut, die die Sinneszellen enthält, fallen zwei Stellen besonders auf. Im „gelben Fleck“ (Fovea centralis), eine flache Einsenkung in der Mitte des Augenhintergrundes, stehen die Sinneszellen besonders dicht, so daß sich hier die Stelle des schärfsten Sehens befindet. Der „blinde Fleck“ befindet sich an der Austrittsstelle des Sehnervs, an der sich keine Nervenzellen befinden. Daß wir dennoch in unserem Gesichtsfeld kein „Loch“ empfinden, liegt daran, daß der fehlende Bildteil im Gehirn ergänzt wird.
In der Netzhaut sind die Sinnes- bzw. Sehzellen in einer komplexen Struktur mit Nervenzellen verknüpt. Die Sehzellen selbst liegen dabei am weitesten vom Glaskörper, also dem Licht abgewandt, entfernt. Es folgen mehrere Schichten von Nervenzellen, die die Lichtreize bereits in der Netzhaut verarbeiten. Zunächst haben mehrere Sinneszellen mit je einer Bipolarzelle Kontakt, die wiederum von einer Ganglienzelle zusammengefaßt wird. Darüber hinaus bestehen weitere Querverbindungen (Horizontalzellen und Amakrine Zellen), so daß jede Nervenzelle Meldungen von einer größeren Zahl von Sehzellen erhält. Die Neuriten (Axone, es sind insgesamt ca. 1 Million) der Ganglienzelle bilden den optischen Nerv (Sehnerv), der zum Gehirn führt.
Auf jedem Quadratmillimeter der Netzhaut befinden sich ca. 400.000 Sehzellen, insgesamt etwa 125 Millionen. Diese bestehen im Verhältnis 18:1 aus zwei Arten, den Stäbchen und Zapfen und sind unterschiedlich auf der Netzhaut verteilt. Im Bereich des gelben Flecks kommen nur Zapfen vor, in seiner Umgebung sind Stäbchen und Zapfen durchmischt und die Randteile enthalten nur Stäbchen, von denen es nur eine Sorte gibt. Sie sind besonders lichtempfindlich und dienen vor allem dem Sehen in der Dunkelheit, nicht aber dem Unterscheiden von Farben. Das Zapfen-Sehsystem, aus drei verschiedenen Arten bestehend, kann dagegen Farben unterscheiden, spricht aber wegen einer geringen Lichtempfindlichkeit nicht in der Dunkelheit an.
Bezüglich der Auswertung optischer Informationen ist es nicht so, daß ein Erregungsmuster der Sehzellen einfach und unmittelbar ins Gehirn projiziert wird, daß also ein Gegenstand so vom ZNS wahrgenommen wird, wie er auf der Netzhaut abgebildet wird. Denn bereits dort finden Auswerteprozesse statt, die bestimmte Gestaltmerkmale erfassen oder wenigstens hervorheben (Prinzip der gegenseitigen Hemmung bzw. lateralen Inhibition; Gruppierung von Sehzellen zu rezeptiven Feldern).

Aus der Vielfalt möglicher Reizgebilde lernt das Kind mit der Zeit, von einem diffusen Umfeld bzw. Hintergrund bestimmte Gestalten, Figuren und Muster als konkrete Gegenstände hervorzuheben (Figur-Grund-Gliederung). Wie später noch gezeigt werden wird, ist dieser Prozeß nicht abhängig von einer zu erwerbenden allgemeinen und autochthonen Fähigkeit zur „Figur-Grund-Wahrnehmung“, sondern von bereits erworbenen und gespeicherten Erfahrung- und Erinnerungsbildern im Zusammenhang mit der Bedeutung, die etwas in einer ganz bestimmten Situation im Rahmen von aktuellen Handlungsplänen und Bedürfnissen gewinnt (vgl. Kap. 2.4). Weiterhin lernt das Kind, daß Wahrgenommenes in seiner materiellen bzw. stofflichen Beschaffenheit in Form, Größe, Lage, Farbe und Helligkeit eine gewisse Beständigkeit aufweist, ganz gleich, unter welchen Bedingungen wir es sehen (Wahrnehmungskonstanz).

Wie in den bisherigen Ausführungen deutlich wurde, lassen sich physiologische Vorgänge der Wahrnehmung mit Forschungsmethoden der Biologie experimentell verfolgen und objektiv nachweisen. Wenn wir z.B. ein rot gefärbtes Blatt Papier betrachten, absorbiert – physikalisch gesehen – das Blatt von den auftreffenden elektromagnetischen Wellen des Sonnenlichts einen Wellenbereich bestimmter Frequenz, ein anderer Teil des Lichts wird reflektiert und trifft auf die Netzhaut des Auges. Über phyikalisch-chemikalische Vorgänge wird dann der Lichtreiz in den Sinneszellen in ein raumzeitlich geordnetes Erregungsmuster von Aktionspotentialen umgesetzt, das über den Sehnerv in die Nervenzellen des Sehzentrums im Gehirn einläuft. Nunmehr kommt es bei der betroffenen Person zu dem Wahrnehmungseindruck „rot", als Bewußtseinsvorgang, ohne daß dieser Eindruck experimentell nachgeprüft und erklärt werden kann, denn Bewußtseinseindrücke haben außer der Dauer keine physikalischen Eigenschaften mehr: Sie nehmen keinen Raum ein, haben keine Masse, Energie oder Ladung.

Wenn wir uns an relevanten Umweltreizen orientieren und generalisierte Sinneserfahrungen bzw. -erkenntnisse ausbilden, scheint in der alltäglichen Wahrnehmung zunächst ein direkter Kontakt mit der Umwelt zu bestehen und scheinen unsere Sinnesorgane als „Tore des Gehirns zu Welt" die Umwelt im Rahmen des biologisch und physiologisch Möglichen korrekt und objektiv abzubilden.
Eine solche „sinnesphysiologische Perspektive" (Roth 1987b, 231 ff.) allerdings ist aus konstruktivistischer Sicht abzulehnen, wenn Wahrnehmung nicht vom Standpunkt der Sinnesorgane, sondern des Gehirns untersucht wird. Die spezifische Modalität der Sinnesorgane, daß also das Auge bzw. Photorezeptoren nur von Licht eines ganz bestimmten Wellenlängenbereichs oder Geruchsrezeptoren nur von einem speziellen Typ von Molekülen aktiviert werden, ist nämlich hinter den Sinnesorganen verschwunden. Die durch die sensorische Reizung entstehende neuronale Erregung ist vielmehr unspezifisch: So ist auf einem Oszillographen nicht erkennbar, ob eine neuronale Erregung durch akustische, optische oder taktile Reizung hervorgebracht wurde. Zwar fungieren die Sinnesrezeptoren als Verbindung zur Welt, allerdings liefern diese dem Nervensystem lediglich elektrische Impulse, ihre Sprache ist, wie von Foerster (1987, 138) bildhaft sagt, nur „klick, klick,

klick". Dies bedeutet nach dem Prinzip der undifferenzierten Codierung: „Die Erregungszustände einer Nervenzelle codieren nur die Intensität, aber nicht die Natur der Erregungsursache (Codiert wird nur: 'So- und -so viel an dieser Stelle meines Körpers' aber nicht 'was'"; 139). Bei diesem Übersetzungsprozeß geht das „Orginal" gleichermaßen verloren.
Die Nicht-Spezifizität der Nervenpotentiale läßt sich u.a. dadurch nachweisen, daß sich durch künstliche elektrische Reizung verschiedener Gehirnregionen unterschiedliche sensorische Halluzinationen hervorrufen lassen. Daraus läßt sich folgern, daß „der Ort im Gehirn, an dem eine neuronale Erregung eintrifft und weiterverarbeitet wird, die Modalität der Sinnesempfindungen (Sehen, Hören u.a.), aber auch ihre Qualität (bestimmte Farbe, bestimmter Klang und Geschmack) bestimmt und daß die Impulsfrequenz meist nur die Intensität der Empfindung bestimmt" (233). Die „unspezifische" Übersetzung in eine neuronale „Einheitssprache" ist biologisch eine notwendige Voraussetzung für die Kommunikation bzw. die integrativen Leistungen von sensorischen und motorischen Komponenten des ZNS.
Die Sinnesorgane machen demnach das Gehirn nur für Umweltgegebenheiten und -ereignisse empfänglich, die Reizeindrücke bzw. Empfindungen allerdings entstehen hinsichtlich ihrer Modalität und Qualität im Gehirn aufgrund einer Bedeutungszuweisung, und zwar nach topologischen Kriterien, d.h. nach dem Ort ihrer Verarbeitung: Ein neuronaler Impuls z.B. im Hinterhauptscortex führt zu einem Seheindruck und in einem bestimmten Ort dort zu einem Farbeindruck. In diesem Sinn ist das Gehirn ein in sich abgeschlossenes System, das nach eigenentwickelten Kriterien neuronale Signale deutet, über deren Herkunft und Bedeutung es nichts Verläßliches weiß.
Dabei stellt sich aber die Frage, wie das ZNS in seiner Abgeschlossenheit von der Welt ein Verhalten erzeugt, das dem Organismus ein Überleben ermöglicht? Von Vertretern des radikalen Konstruktivismus (Maturana 1987; Roth 1987a; 1987b; Schmidt 1987; Maturana/Varela 1991) wird das Gehirn beschrieben als ein funktional und semantisch selbstreferentielles oder selbst-explikatives System, mit der Eigenschaft, mit den eigenen Zuständen rekursiv oder zirkulär zu interagieren. Dabei sind die Zustandssequenzen nicht von außen steuerbar, sondern selbstbestimmt und autonom. Semantisch selbstreferentiell oder selbstexplikativ ist es, weil es seinen eigenen Zuständen Bedeutungen zuweist, die nur aus ihm selbst genommen sind (es entscheidet also selbst, ob ein bestimmter Erregungszustand ein Außenweltereignis oder einen körperlichen Zustand signalisiert). Wie aber kann ein derartiges System über lebensfördernde und -erhaltende Kenntnisse über die Umwelt gelangen? Roth (1987b, 242 ff.) weist, in Analogie zu einer Person, die in einem fremdem Land mit Hilfe eines Dolmetschers die Korrektheit von Informationen über den richtigen Weg nach Hause über-

prüfen kann, auf drei Möglichkeiten hin:

- Die Zuverlässigkeit des Übersetzers: Beim Gehirn scheint die Zuordnung von Sinnesorganen zu bestimmten Hirnzentren bzw. Sinnesqualitäten zu bestimmten lokalen Erregungsmustern durch die lange Stammesgeschichte und durch prägungsartige, ontogenetisch frühe Lernprozesse mehr oder weniger zuverlässig zu gelingen.
- Eine „parallele Konsistenzprüfung“: Mitteilungen werden über verschiedene Sinnesareale (Dolmetscher) verglichen, was z.B. bei der Wahrnehmung der Körperhaltung über vestibuläre, kinästhetische u.a. Reizverrechnungen geschieht.
- Eine „konsekutive Konsistenzprüfung“: Hierbei werden die gelieferten Übersetzungen nacheinander auf Stimmigkeit verglichen, ob also das, was vermittelt wird, „Sinn“ macht und keine internen Widersprüche aufweist.

Das Gehirn muß also in seiner kognitiven Abgeschlossenheit mit Hilfe der Einwirkungen von außen aus der einförmigen Sprache der Neuronen die Vielfalt der äußeren Welt konstruieren. Dabei handelt es sich nicht um eine Re-konstruktion, denn dazu müßte das Gehirn ja das Original kennen. Gegen die kognitive Abgeschlossenheit könnte eingewendet werden, daß eine Kontrolle durch die Praxis erfolgt, denn die Ergebnisse der Konstruktionen werden ja häufig motorisch in Handlungen umgesetzt. Roth allerdings weist darauf hin, daß es auch hier wieder das Gehirn ist, das die Folgen von Handlungen und erforderliche Korrekturen überprüft. Hinsichtlich der räumlichen Orientierung z.B. kann durch das Tragen von horizontal oder vertikal invertierender Prismen belegt werden, daß das Gehirn fundamentale Störungen ausgleichen und eine innere Konsistenz erzeugen kann.
Die Frage ist, warum das Gehirn überhaupt einen selbstreferentiellen Charakter hat bzw. warum es sich nicht direkten Zugang zur Welt verschafft, so wie ein offenes Reflexsystem, das starr an spezifische Umweltreize gebunden ist und in dem einem bestimmten Reiz eine bestimmte Reaktion fest zugeordnet ist. Für Roth handelt es sich hier nicht um ein Versehen der Evolution oder ein Übel in der Organisation des Gehirns, sondern vielmehr um die notwendige Voraussetzung für eine wesentlich wirksamere Bewertung von Informationen und eine erfolgreiche Bewältigung komplexer Umwelten, auf der Grundlage kognitiver Leistungen wie bewußte Wahrnehmung, Abstraktion, Invariantenbildung u.a. So verwundert es nicht, daß sich die primäre Sensorik während der Evolution der Wirbeltiere kaum gesteigert hat, die des menschlichen Gehirns und vor allem die der Verarbeitungsregionen aber erheblich zugenommen hat.

Die Frage nun, wie bzw. über welche psychischen Leistungen aus den über physiologische Vorgänge vermittelten Reizinformationen Bewußtseinseindrücke entstehen, wie für den Menschen die Wirklichkeit erfahrbar und entschlüsselt wird, wie ein Lichtstrahlen reflektierendes gegenständliches Etwas zu einer vertrauten Kaffeetasse oder zum Gesicht einer geliebten Bezugsperson wird, ist das Forschungsfeld der Sozialwissenschaften, vor allem der Psychologie. Die folgenden Kapitel sollen darüber schrittweise Aufschluß geben.

2.3 Empfinden und Perzeption

In der Psychologie und Sonderpädagogik tauchen im Zusammenhang mit den Begriffen Wahrnehmung und Wahrnehmungsförderung weitere Termini auf, die häufig unklar und unzureichend definiert sind, sich gegenseitig widersprechen und Verwirrung stiften. Im folgenden wird daher versucht, wichtige Begriffe wie Sinne, Empfindung, Perzeption, Apperzeption und Wahrnehmung in ihrer Bedeutung zu beschreiben und voneinander abzugrenzen.

Empfindung wird häufig definiert als Teil bzw. „Baustein" der Wahrnehmung. Hehlmann (1968, 114) beschreibt sie als „einfachster und elementarer Bestandteil der Wahrnehmung, der durch Zergliederung nicht weiter zurückführbar ist". Empfindungen entstehen durch Einwirkung äußerer Reize auf Sinnesorgane oder durch im Körper ablaufende innere Zustände und sind „Hinweise für das Erleben von Eigenschaften der Dinge; auf niederen Bewußtseins- und Entwicklungsstufen haben sie vorwiegend Signalcharakter zur Auslösung lebenswichtiger Reaktionen und sind mehr oder minder gefühlsartig".
Hajos (1972, 15) definiert Empfindungen „als die elementarsten, weiter nicht mehr zerlegbaren Einheiten des Bewußtseins mit den Eigenschaften der Qualität (Modalität), Intensität (selten: Quantität) und Extensität (raumzeitliche Ausdehnung)". Sie sind für ihn nützliche, aber „akademische" Abstraktionen. Holzkamp (1976, 23) lehnt die Annahme von Empfindungen als Inbegriff von Bausteinen des Bewußtseins, „die von dem wirklichen Ding als Wahrnehmungsgegenstand zu trennen sind", ab. „Wenn der Empfindungscharakter von Wahrnehmungsgegenständen als das sensibilitätsbedingte Minimalkennzeichen ihrer sinnlichen Präsenz bestimmt ist, so genügt es nicht, Empfindungsmomente lediglich als Qualitäten aufzufassen. In der wirklichen Welt, die der Mensch wahrnimmt, gibt es keine Qualität 'Grün' als solche, es gibt lediglich Gegebenheiten, die die Eigenschaft haben 'grün', zu sein. Die Qualitäten erscheinen mithin von vornherein als notwendig gebunden an Tatbestände, die in irgendeinem Sinne oder Grade eine 'Form', bestimmte 'Grenzen' etc., also figurale Eigenschaften haben" (1976, 23 f.).

Während einige Autoren **Perzeption** mit Wahrnehmung gleichsetzen (vgl. Arnold u.a.1976, 753 oder Hehlmann 1968, 412), kennzeichnen andere Perzeption als einen Teilprozeß der Wahrnehmung, „der die Bewußtseinsschwelle nicht überschreitet" (Klaus/Buhr 1972, 923). „Perzeption ist schlichte Wahrnehmung, wobei kognitives Auffassen, Einordnen in den Erfahrungsbestand und Bedeutungserfassung eines Wahrnehmungsinhaltes nicht ins Spiel kommen. Man kann etwa einen Satz klar und deutlich hören oder lesen, Mienen, Gesten und Gebärden unserer Mitmenschen sehen, also perzipieren, ohne daß wir deren Bedeutung auch nur annähernd verstanden hätten" (Katzenberger 1970, 574).

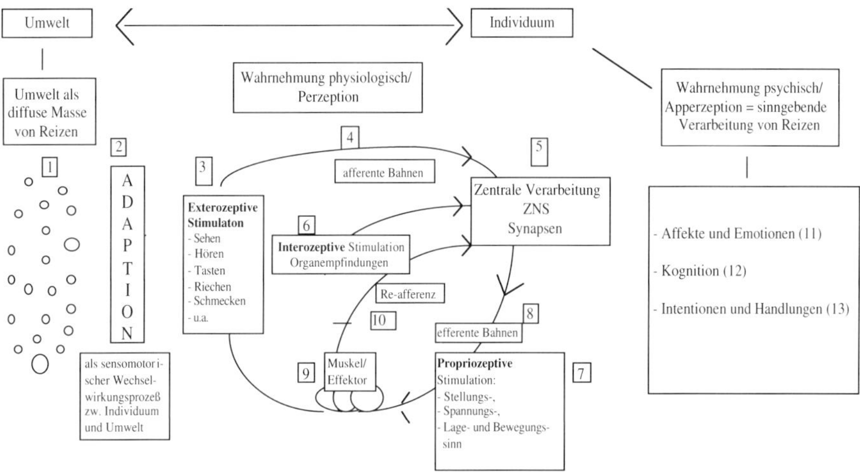

Abb. 14: Physiologische und psychologische Komponenten der menschlichen Wahrnehmung

Die gegenständliche und soziale Umwelt (1) eröffnet ein überaus reiches Potential an möglichen Reizen, die über die äußeren, an der Hautoberfläche befindlichen Sinnesrezeptoren bzw. Exterozeptoren (3) sowohl das Individuum affizieren als auch von diesem aktiv gesucht werden. Das Individuum reagiert nicht passiv, sondern senso-motorisch mit den sich bewegenden aktiven Sinnen auf die Umweltreize und leitet sie auf zuleitenden afferenten Bahnen (4) als bioelektrische bzw. biochemische Nervenimpulse über die zugleich aufnehmenden, auswählenden wie weiterleitenden Synapsen (5) ins Zentralnervensystem weiter, wo hauptsächlich in der Hirnrinde die zentrale Verarbeitung der Stimuli stattfindet. Ziel ist die Herstellung eines Gleichgewichts (Adaption, 2) mit der Umwelt.

Ähnlich werden Stimuli der inneren Organe des Körpers (interozeptive Wahrnehmung bzw. Organempfindungen, 6) und Stimuli der eigenen Muskeltätigkeit über die Propriozeptoren (7) zum ZNS geleitet. Dieses koordiniert und verarbeitet alle Impulse, die über die extero-, intero- und propriozeptive Tätigkeit aufgenommen werden. Dabei kommt es zu einem engen Wechselspiel zwischen rein sensorischen und motorischen Prozessen. Manche Stimuli, z.B. ein Haut- bzw. Juckreiz durch eine auf dem Arm sitzenden Mücke, werden, nachdem sie über die afferenten Bahnen das ZNS erreicht haben, über entsprechende Synapsen direkt zu den efferenten (wegführenden) Bahnen (8) geleitet und führen zur Auslösung einer entsprechenden Muskeltätigkeit (9), hier zu einem kurzen, ruckartigen Zucken des Armes. Dieser Prozeß wird zwar psychisch erlebt, aber nicht willkürlich gesteuert, so daß von einem Reflex gesprochen werden kann. Von der Muskeltätigkeit wiederum wird gleichsam ein Kopie gemacht, die auf dem Wege der Re-Afferenz (10) an das ZNS zurückgeschickt wird, damit eine Verarbeitung und Steuerung hinsichtlich Erfolg oder Mißerfolg der Handlung erfolgen kann.
Ähnlich, allerdings noch wesentlich komplizierter und vielfältiger, laufen willkürliche und gesteuerte Wahrnehmungsprozesse ab. Beim Anblick eines Apfels z.B. werden über die afferenten Bahnen visuelle, sofern er bereits in der Hand gehalten wird, auch taktile Reize zum ZNS geleitet und bewirken, je nach Bewertung und Interesse des Individuums, über die efferenten Bahnen bei den entsprechenden Muskelgruppen den Impuls, die Hand mit dem Apfel zum Mund zu führen und hineinzubeißen. Alle Handlungen bzw. Teilhandlungen werden wiederum zurückgemeldet (Afferenz-Re-Afferenz-Prinzip), was im Einzelfall zu einem komplexen Zusammenspiel von sensorischen und motorischen Prozessen führt. Das Ganze stellt einen sensomotorischen Akt dar.

Aus all dem wird allerdings noch nicht deutlich, wodurch ein Stimulus ins menschliche Bewußtsein vordringt, warum er nicht nur von einem Rezeptor aufgenommen, sondern auch verarbeitet und weitergeleitet wird und bestimmte Handlungen nach sich zieht, während viele andere Umweltgegebenheiten als potentielle Reize ohne Wirkung bleiben.

Wie später noch ausführlicher herausgearbeitet werden wird, ist dies abhängig einmal von elementaren Affekten (11), ob etwas als angenehm oder unangenehm erlebt wird, Wohl- oder Mißbehagen auslöst oder mit bestimmten Gefühlen verbunden ist, aus denen heraus der Stimulus in seiner Bedeutung wahrgenommen wird (Trauer, Ablehnung oder Freude, Sympathie und Zustimmung). Entscheidend ist, wie der Reiz bzw. die Reizgestalt kognitiv (12) in der jeweiligen Situation und im Rahmen einer übergreifenden Handlung und eines gerade bestehenden Interesses (intentionaler Aspekt,

13) bewertet wird. Das So- oder So-Wahrnehmen bzw. Erleben ist ein Akt psychischer Verarbeitung. Die Stimuli-Komplexe werden in einem Akt der Sinnstiftung bzw. Bedeutungszuordnung als etwas Bestimmtes, d.h. in einer bestimmten Bedeutung erfaßt.

2.4 Apperzeption und sinnliche Erkenntnis

Der „Erkennungsakt im Wahrnehmungsprozeß" (Hajos 1972, 16), bzw. „das bewußte, aktive und kognitive Aufnehmen und Einordnen eines Wahrnehmungsinhaltes in die Gesamtheit des begrifflich geordneten Erfahrungsbestandes" wird von manchen Psychologen als Apperzeption bezeichnet. „Einordnen kann gleichgesetzt werden mit Sinnerfassung; denn nur wenn man den Sinn, die Bedeutung erfaßt hat, vermag man richtige Einordnungen zu vollziehen" (Katzenberger 1970, 205).
Bei Klaus/Buhr (1972, 93-94) ist Apperzeption derjenige Teil der Wahrnehmung, „in dem aus dem Angebot an Informationen seitens der Projektionszentren (und der zugehörigen sekundären Felder) die Auswahl der bewußtzumachenden Information erfolgt". Die Apperzeption hat die Perzeption zur Voraussetzung. Es werden immer ungleich weniger Informationen apperzipiert, d.h. über die Schwelle des Bewußtseins (Apperzeptionsschwelle) gehoben, als perzipiert. So verhält sich die Kanalkapazität der Apperzeption zu der der Perzeption höchstens wie 1 : $1o^6$. In der Apperzeption kommt die Abhängigkeit der aktuellen Wahrnehmung von früheren Wahrnehmungen und Erfahrungen, vom gesamten Wissensstand des Subjekts, seinen theoretischen Kenntnissen, seiner weltanschaulichen Haltung, seinem psychischen Zustand usw. zum Ausdruck. Sie bewirkt, daß zwei Menschen ein und dasselbe Objekt, ein und denselben Prozeß verschieden wahrnehmen können.
Katzenberger (1970, 1371) definiert Wahrnehmung in Anlehnung an Rohracher (1971, 115) als eine aus externen Sinnesdaten und internen Komponenten (Erfahrung, Motivation) bestehende „komplexe psychische Erscheinung, deren Inhalt im Raum lokalisiert wird und dadurch zur Auffassung von Gegenständen der Außenwelt führt". Dabei kann Wahrnehmung gegenüber Empfindung hypothetisch abgegrenzt werden als Deutung eines Reizkomplexes, der bestimmte Gegenstände oder Sachverhalte repräsentiert. „Wahrnehmung wäre demnach gleich Empfinden plus Beziehen oder Objektivieren, d.h. Empfindung bezeichnet den syntaktischen Aspekt und Wahrnehmung den semantischen Aspekt der Informationsaufnahme des Bewußtseins" (Stadler/Seeger/Raeithel 1975, 22). Wahrnehmung umfaßt also – auf der Grundlage der Funktionstüchtigkeit der verschiedenen Sinnesorgane – als komplexer psychischer Prozeß die bisher beschriebenen Teilprozesse. Sie ermöglicht uns die Kenntnisnahme von Objekten und so-

zialen Gegebenheiten der Außenwelt und ihren Veränderungen, informiert uns über den Erfolg des Handelns und entwirft ein objektives Abbild der Umwelt. In diesem Sinne stellt sie eine Form der Erkenntnis, „sinnliche Erkenntnis“ dar.

Folgendes Beispiel von Rohracher (1971) macht diesen Zusammenhang deutlich: „Wenn ein Kind einen Apfel sieht, so ist er – vermutlich – die ersten Male nichts anderes als ein gelblich-rötlicher Fleck; er muß betastet werden, und dabei gesellt sich die Empfindung des Rundlichen und Glatten zu derjenigen des Gelblich-Roten. Dann wird er in den Mund gesteckt; neuerlich entstehen die Empfindungen 'glatt' und 'rundlich', ferner 'hart', und beim Abschlecken 'geschmacklos'. Hat sich dies mehrere Male wiederholt, so ist der Apfel für das Kind nicht mehr nur ein gelblich-rötlicher Fleck, sondern bereits ein 'Ding', mit dem es allerdings nichts anzufangen weiß; es hat in der Welt des Kindes noch keine besondere 'Bedeutung'.
Bekommt es einen geschälten Apfel in die Hand, so ist dieser nach der Untersuchung durch Tasten und durch den Mund zunächst einmal ein ganz neues Ding, das zu dem früher untersuchten keine Beziehung hat: es ist

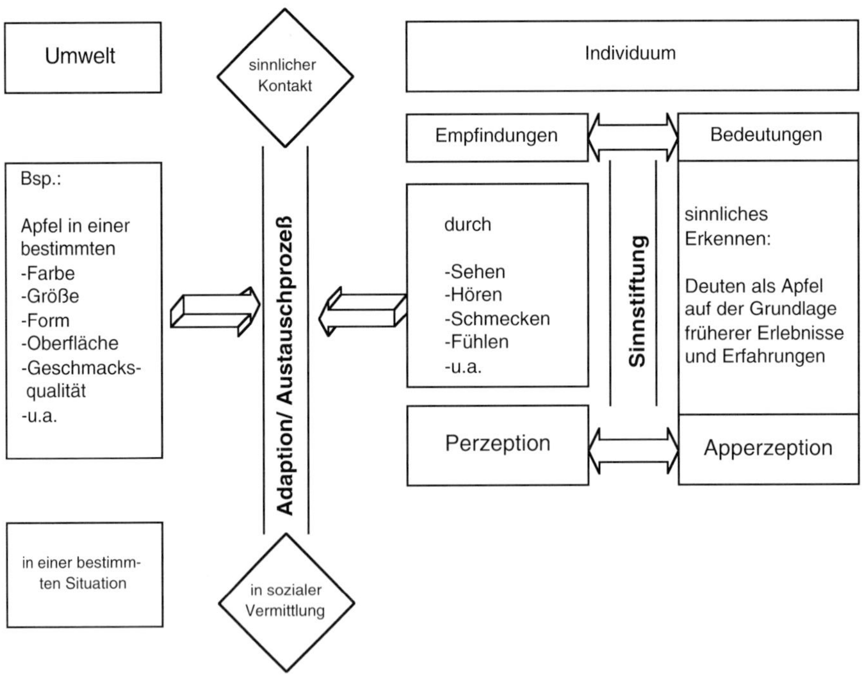

Abb. 15: Sinnliche und sinnhafte Komponenten in der Wahrnehmung

durch die Empfindungen 'rundlich', 'feucht', 'abgenagt', 'süß' charakterisiert. Erst wenn es einmal gelungen ist, einen Apfel mit Schale anzubeißen und festzustellen, daß dadurch aus ihm das 'Feuchte' und 'Süße' wird, wird aus den zwei Dingen ein einheitliches 'eßbares' Ding. Damit ist in der Welt des Kindes der Apfel entstanden – ohne daß es einen Namen dafür hat, weiß es nun, was ein Apfel ist; der runde, gelb-rote Fleck hat eine bestimmte 'Bedeutung' in der Welt des Kindes bekommen. Von nun an kann es nie mehr in seinem Leben beim Sehen des Apfels nur die wenigen Empfindungen haben, die es beim ersten Anblick hatte; treten die Empfindungen auf, welche durch seine Wirkung auf die Netzhäute erzeugt werden, so vereinigen sie sich sofort zu dem ganzen Komplex von Seh-, Tast-, und Geschmacksempfindungen, der die Wahrnehmung 'Apfel' ausmacht" (Rohracher 1971, S. 133 f.).

Als abschließende Übersicht über die Möglichkeiten, über die Sinne zu Informationen und Erkenntnissen über den eigenen Körper und die uns umgebende Umwelt zu gelangen, dient die folgende Zusammenstellung. In den beiden letzten Spalten werden einmal funktionell-formale und zum anderen inhaltlich-semantische Aspekte gegenübergestellt. Dadurch soll deutlich gemacht werden, wozu die einzelnen Sinnesmodalitäten bezüglich der Diskrimination von Reizen rein „formal" in der Lage sind und welche Art von bedeutsamen Informationen sie uns vermitteln (Seite 50 und 51).

Der Unterschied zwischen dem „formalen" Aspekt und dem der inhaltlichen Bedeutsamkeit wird auch in folgenden Selbsterfahrungsübungen deutlich. Nehmen Sie einen Apfel in die Hand. Ohne auf Form und Farbe oder andere äußeren Merkmale bewußt achten zu müssen, werden Sie ihn vermutlich spontan, also ohne lange zu überlegen, und ganzheitlich als etwas Bekanntes, Vertrautes identifizieren und einordnen, und zwar als Apfel. Wenn ihnen dagegen zum ersten Mal in ihrem Leben zufällig ein Lötstein in die Hand kommt – ohne daß sie in der Vergangenheit damit konkrete Handlungserfahrungen sammeln konnten – fallen ihnen zunächst die weiße Farbe, die eckigen Kanten, die glatten Oberflächen und andere äußere formale Eigenschaften dieses Gegenstandes „ins Auge", denn eine inhaltliche Einordnung bzw. Bedeutungszuweisung kann nicht gelingen.

Eine andere Übung: Schließen Sie die Augen und lassen Sie sich von einem Partner Alltagsgegenstände in die Hand reichen. Befühlen Sie diese. Ihre taktile und geistige Aktivität wird darauf gerichtet sein, diesen Gegenstand in ein ihnen bekanntes Gegenstandsschema einzuordnen, ihm eine Bedeutung zuzuordnen. Dagegen werden Sie gewöhnlich nicht darauf achten und unterscheiden, welche Oberflächenbeschaffenheiten dieser Gegenstand im einzelnen aufweist.

Sinnesgebiet	Erkenntnistätigkeit	Unterstützende Aktivitäten	Sinnesorgan	Formale Unterscheidung von	(Inhaltliche) Sinn-Erschließung und Identifikation von
Gesichtssinn	Sehen / visuelle Wahrnehmung	Augen-, Kopf- und Körperbewegungen	Visuelles System - Auge	. Formen, Farben, Größen, . Bewegungen, Richtungen, Entfernungen, Raumlagen, räumliche Beziehungen	Aussehen, Raumlage, Bewegungen und Funktion von • sichtbaren Teilen des eigenen Körpers • Objekten und Personen der Umwelt
Gehör	Hören / akustische Wahrnehmung	Kopfbewegungen	Auditives System - Ohr	. Tonhöhen (Klangfarben) . Lautstärken . Rhythmus . Lokalisation der Raumlage	Gegenständen und Personen, die sich über Geräusche oder Sprache „mitteilen“
Tastsinn	Tasten / taktile Wahrnehmung	Lippen- und Zungenbewegungen Finger-, Hand- und Armbewegungen	Mund und Haut	Oberflächen- und Konsistenzeigenschaften: Härte, Weich- und Glattheit, Rauheit, Dicke, Kantigkeit, Klebrigkeit, Feuchtigkeit u.a.	. räumlich nahen, ertastbaren Objekten und Personen der Umwelt . eigenen Körperoberflächen und -öffnungen
Geruchssinn	Riechen / olfaktorische Wahrnehmung	Inhalieren / Schnüffeln	Nasenhöhle	Geruchsqualitäten und -intensitäten: faulig, fruchtig, würzig, blumig, harzig, holzig, beißend, stechend u.a.	. Speisen und Getränken (Genießbarkeit) . Luftqualitäten (Verunreinigungen, Vergiftungen u.a.) . Personen und anderen, „duftenden“ Gegenständen
Geschmackssinn	Schmecken / gustatorische Wahrnehmung	Zungen- und Kieferbewegungen	Gaumen Zunge	Geschmacksqualitäten und -intensitäten: süß, sauer, salzig und bitter	Eß- und Trinkwaren

Druck- und Berührungssinn	somatische Wahrnehmung	meist keine willkürlichen Bewegungen	Haut	Intensitäten von Berührung, Druck, Kitzel und Vibration	Kontakt des Körpers mit anderen Objekten und Personen
Temperatursinn		"	Haut	Intensitäten von Wärme und Kälte	Außentemperatur (Luft, Klima)
Schmerzsinn		"	Haut, innere Organe	Schmerzintensitäten: bohrend, stechend, ziehend u.a.	Verletzungen und Erkrankungen von Körperteilen und -organen
Organempfindungen	viscerale / coenästhetische Wahrnehmung	"	innere Organe	Hunger, Durst, geschlechtliche Erregung (vegetative Regulation)	Allgemeine Befindlichkeit des Körpers (Wohl- und Mißbehagen)
Stellungssinn	kinästhetische Wahrnehmung	"	Gelenkkapseln und -bänder		Stellung, Ort und Bewegung einzelner Körperglieder
Spannungs- und Kraftsinn	"	"	Sehnen und Muskeln	Gewichts-, Kraft- und Druckintensitäten	. Kraft (Anstrengungen) des eigenen Körpers . Gewicht von Objekten
Lage- / Bewegungs- und Drehbewegungssinn	vestibuläre Wahrnehmung	"	Vestibulärapparat; Bogengänge	Intensitäten von Beschleunigungen und Geschwindigkeiten; Schwindelgefühle	Lage und (Dreh-)Bewegung des ganzen Körpers im Raum (Sicherheit/Unsicherheit)

Abb. 16: Sinnesorgane und Wahrnehmungsmodalitäten (in Anlehnung an Staadler/Seeger/Raeithel 1977)

Oder: Schließen Sie die Augen und hören sie, zu Hause oder bei der Arbeit, einmal genau hin. Sie werden dann in der Regel nicht bewußt Tonhöhen, Lautstärken oder andere akustische Eigenschaften heraushören, sondern auditiv wahrnehmen bzw. als wahr und wirklich erleben, daß Menschen sich unterhalten, jemand im Raum umhergeht, das Fenster öffnet oder schließt oder mit einer Schreibmaschine hantiert.

Die Wahrnehmung bestimmter Objekte unserer Wirklichkeit, d.h., was diese uns bedeuten, wie wir sie sinnlich erleben und kognitiv interpretieren, ist in der Regel nicht Ergebnis der Informationsvermittlung einzelner Modalitäten, sondern in der Alltagswirklichkeit immer Resultat vielschichtiger und vielfältiger Begegnungen, Erlebnisse und Erfahrungen, die wir im Laufe unseres Lebens damit gemacht haben. Wenn z.B. unser Blick auf ein Fahrrad fällt, wird dieses nicht nur optisch in seiner Form, Größe und Farbe abgebildet, sondern in die sinngebende Verarbeitung dieser optischen Reize fließen auch in der Vergangenheit gemachte „körperlich" verhaftete Erfahrungen beim „Radfahren" ein, z.B. vestibuläre und kinästhetische Empfindungen mit der Schwerkraft, der Beschleunigung und Geschwindigkeit, aber auch Gedanken an Schmerzen infolge von Stürzen oder Erinnerungen an als positiv erlebte soziale Begegnungen bei gemeinsamen Ausflügen mit Freunden.
Ausgehend von basalen körperlichen Sinneseindrücken werden Geruchs-, Geschmacks-, Hör- und Seherfahrungen miteinander verbunden, bauen aufeinander auf und werden integriert und zu sinnlichen Voraussetzungen für höhere kognitive und sprachliche Leistungen, so wie ein Baum, der auf ein verzweigtes Wurzelwerk, einen Halt gebenden Stamm, auf stabile Äste und dichtes Blätterwerk angewiesen ist (vgl. Abb. 17, S. 53).

2.5 Theorien der Wahrnehmung

Wie in Kap. 2.1 deutlich wurde, sind Reize chemikalisch-physikalische Energien (z.B. Lichtwellen, Luftschwingungen), die auf die Sinnesorgane einwirken, transformiert und anschließend als elektrische Impulse in den sensorischen Bahnen bestimmter Gehirnzellen zugeleitet werden. Diese physiologische Beschreibung erklärt aber nicht, wieso wir nicht ein Mosaik bzw. ein Abbild isolierter Reize wahrnehmen, sondern stets konkrete Dinge, Personen und Ereignisse. „Diese Kluft zu überbrücken ist das Anliegen der verschiedenen Wahrnehmungstheorien" (Hofstätter 1972, 347).

Die Frage, wie Wahrnehmung und Erkenntnis zustande kommen, ist alt. So wird in der Geschichte der Philosophie seit der Antike die zentrale Frage verfolgt, ob die uns umgebende Welt bzw. Wirklichkeit naturgegeben ist, also in zeitlosen und unveränderlichen Formen bzw. Ideen wahrgenommen

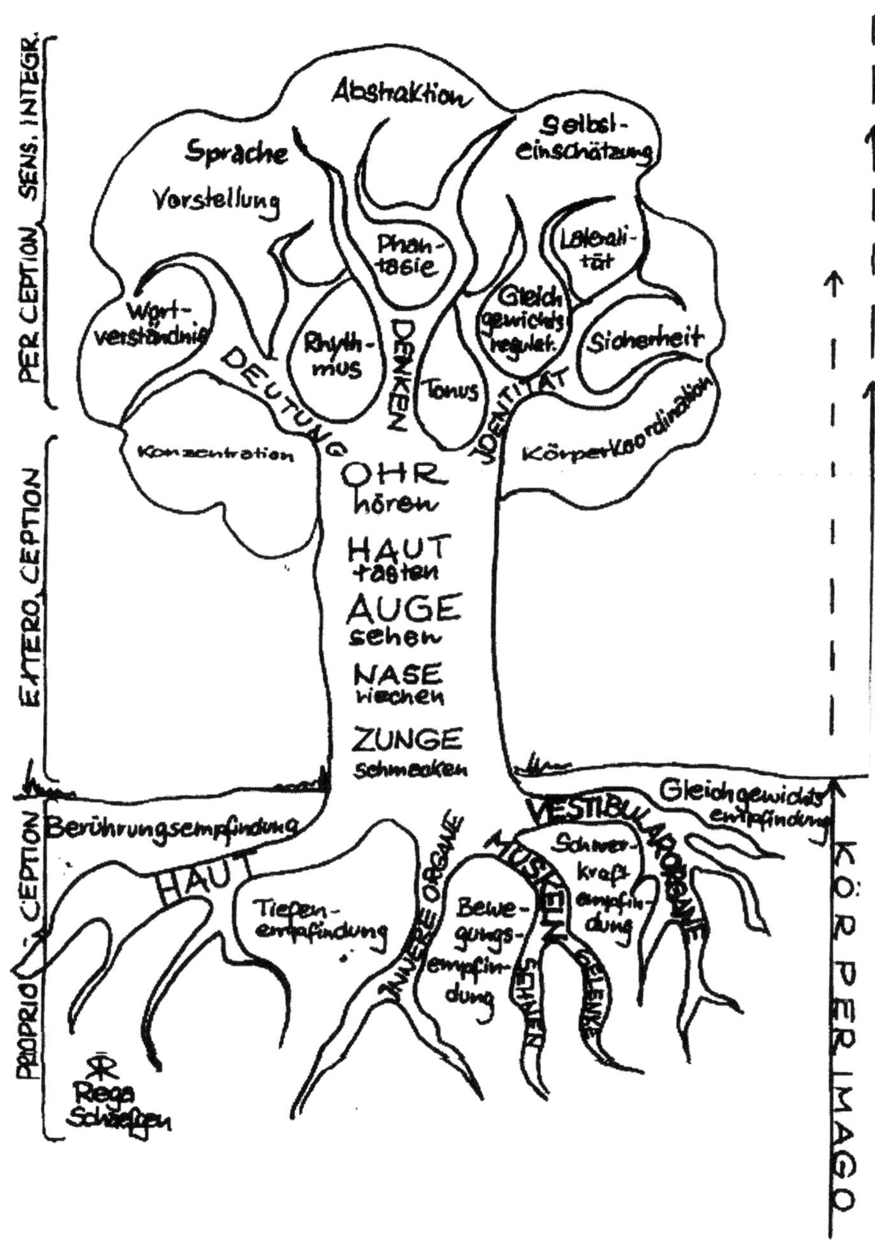

Abb. 17: „Wahrnehmungsentwicklungsbaum“ (Schaefgen in Brüggebors 1992, 32)

wird, oder aber auf sinnlichen und individuellen Erfahrungen beruht bzw. vom Menschen bzw. von der Gesellschaft erst geschaffen wird (vgl. Klaus/Buhr 1972; Kunzmann/Burkard/Wiedmann 1991; Gaarder 1993).
Während Epikur (341-271 v.Chr.) behauptete, daß die Welt ist, wie sie ist und wir sie nur so wahrnehmen können, ging Platon (427-347 v. Chr.) in einer dualistischen Zugangsweise davon aus, daß die Welt sinnlicher Erfahrungen von Trug und Irrungen durchdrungen sei und von einer streng zu unterscheidenden, über die Vernunft zu erschließenden Welt der Ideen zu unterscheiden sei, die von unveränderlichen Ur- oder Musterbildern beeinflußt würde. Diese Behauptung wiederum stellte Aristoteles (384-322 v. Chr.) auf den Kopf und meinte, daß Formen bzw. Begriffe von etwas immer nur als die zuvor wahrgenommenen besonderen Eigenschaften der Dinge selber entstehen und existieren würden. Bereits er traf eine Unterscheidung zwischen „stofflichen", materiellen Eigenschaften von Gegenständen einerseits und ihrem „förmlichen" Gehalt (z.B. die Arteigenschaften eines Huhns zu gackern, zu flattern oder Eier zu legen). Platons vernunftorientierte Erkenntnishaltung wurde im Barock vor allem von Descartes weitergeführt, in einer dualistischen Unterscheidung einer Welt der Materie bzw. der Ausdehnung und einer Welt der Denkens bzw. der Seele. Gegen diese rationalistische Position opponierten in Orientierung an Aristoteles Empiristen wie Locke, Berkeley und Hume. Bezüglich der Frage, ob die Welt wirklich so ist, wie wir sie empfinden, unterschied J. Locke (1632-1704) zwischen primären und sekundären Sinnesqualitäten und beschrieb anschaulich, wie über die Sammlung und Bündelung vielfältiger Sinneseindrücke eine Vorstellung bzw. ein Begriff von etwas entsteht. Hume (1711-1776) wies alle unklaren Begriffe und Gedankenkonstruktionen zurück, die empirisch bzw. sinnlich nicht nachvollziehbar bzw. nachweisbar sind. Er versuchte deutlich zu machen, daß es nicht ein Welt „an sich", sondern nur „für mich" gibt und warnt vor übereilten Schlußfolgerungen in unserer Wahrnehmung und Erkenntnis. Kant (1724-1804) schließlich versucht zwischen einer rationalistischen und empirischen Position zu vermitteln. Seine Synthese lautet, daß wir zwar all unsere Erkenntnisse sinnlichen Erfahrungen verdanken würden, daß diese aber durch universelle Eigenschaften unserer Vernunft bzw. unseres Bewußtseins beeinflußt bzw. geformt würden. Hegel (1770-1831) bestreitet die Existenz allgemein und zeitlos gültiger Gesetze der Erkenntnis und weist auf eine historische und prozeßhafte Dimension hin. Marx (1818-1883) betont den Einfluß der materiellen Basis einer Gesellschaft auf Wahrnehmung und Bewußtsein und Freud (1856-1939) ergründete die Auswirkungen unserer Triebe und unseres Unbewußten.
Die verschiedenen Erklärungsansätze in der Psychologie heute bewegen sich zwischen zwei Polen. Ein extremer objektivistischer Standpunkt hält Wahrnehmung für eine objektive Widerspiegelung der materiellen Welt. Eine

extrem subjektivistische Perspektive dagegen geht davon aus, daß Wahrgenommenes immer eine Konstruktion der wahrnehmenden Person darstellt, als subjektive Vorstellungen von der Realität, die nichts bzw. wenig Objektives aufweist, das allen Menschen gemeinsam ist. So stellen sich u.a. die Fragen,

- warum wir die Dinge so auffassen, wie wir sie auffassen,
- wie es dazu kommt, daß aus der Vielzahl der Informationen nur die für uns bedeutsamen und relevanten entnommen werden und
- ob Wahrnehmung primär angeboren oder gelernt ist und einen subjektiven oder objektiven Charakter hat.

Diese Fragen können hier nicht alle ausreichend behandelt und geklärt werden. Ziel soll vielmehr sein, einen Überblick über einige der wichtigsten Theorien der Wahrnehmung zu gewinnen und daraus grundlegende Aussagen über Wesen und Struktur der Wahrnehmung abzuleiten. Ansätze, die eher (neuro-)physiologische Aspekte der Strukturierung von Reizen behandeln wie das Modell der „Phasensequenz“ (Cell Assembly and Phase Sequence Model) von Hebb (vgl. Hochberg 1977, 82 ff.), die „Sensumotorische Theorie“ (Sensory-Tonic-Field Theory, vgl. Allport 1955, 183 ff.), die „Probabilistische Theorie“ von Brunswik (1934) oder Gibsons „Reiztransformationstheorie“ (1973a, 1973b) werden nicht herangezogen (einen umfassenden Überblick darüber liefert Allport 1955).

2.5.1 Die elementaristische Wahrnehmungstheorie

Die Vertreter der Elementenpsychologie (z.B. die experimentelle Psychologie W. Wundts) glaubten, daß das Psychische am besten durch Zerlegung in einzelne Elemente, wie es die Chemiker mit der Materie getan hatten, zu erforschen sei und daß menschliches Verhalten auf kleine Einheiten wie Assoziationen und Empfindungen zurückzuführen sei.

Die Annahme von Bewußtseinselementen ergab sich für die Sinnesforscher zwangsläufig aus der Tatsache, daß für sie auch die Reizwelt in viele einzelne, voneinander unabhängige Elemente mosaikartig gegliedert war. Da nun auch bekannt war, daß die Schaltstelle zwischen den Reiz- und den Empfindungselementen, die Netzhaut, mosaikartig aufgebaut, d.h. aus vielen einzelnen voneinander unabhängigen Sinneszellen zusammengesetzt ist, lag es für den Sinnesphysiologen des 19. Jahrhunderts nahe, eine Punkt-zu-Punkt-Verbindung zwischen den Reizen der Außenwelt und den Empfindungselementen anzunehmen. Der Elementarismus der Punkt-zu-Punkt-Verbindung fand seine Bestätigung auch in der gerade aufkommenden Photographie, durch die mit Hilfe chemotechnischer und mechanischer Möglichkeiten die objektive Realität in einem sehr feinen Punktmuster auf

vorher nicht gekannte Weise abgebildet und widergespiegelt werden konnte.
Die Elementaristen glaubten nun, zu jedem feststellbaren elementaren physikalischen Ereignis lasse sich ein „spezialisiertes Rezeptor-Neuron (oder ein spezifischer Nervenimpuls) finden, das auf das Ereignis reagiere und das eine entsprechende elementare Beobachtung oder Empfindung hervorrufe. Sie hofften, in der gleichen Weise, in der sich alle möglichen Formen proximaler Reize in verschiedene Kombinationen unterschiedlicher elementarer physikalischer Variablen zerlegen lassen, auch Wahrnehmungen in Kombinationen elementarer Empfindungen auflösen zu können" (Hochberg 1977, 18). Der Wahrnehmung fiel in dieser Theorie also die Koordination elementarer Empfindungen in Vorstellungen und Bildern zu, die dann in höhere Begriffssysteme übergeführt wurden.
Daß aber bei komplexen Gebilden eine konstante Beziehung zwischen Reizvorlage und Empfindungen gar nicht besteht, zeigt eine andere Theorie, die Gestalttheorie, z.B. mit Hilfe der Sinnestäuschungen (vgl. Katzenberger 1967, 20 f; Hochberg 1977, 70 ff.).

2.5.2 Die Gestalttheorie

Sie richtet sich gegen die elementaristische Annahme der Zusammensetzung des Abbildes aus einzelnen Elementen und geht von einer ganzheitlich gestalteten Wahrnehmung aus, bei der Teile aus einem Ganzen oder einer Gestalt ausgegliedert werden. Sie zeigt, „daß es die hypothetisch angenommenen Elemente, die einfachen Empfindungen, gar nicht gibt" (Hofstätter 1972, 348).
Gestalten, die als „von einem Grund sich abhebende, mehr oder weniger geschlossene, in sich gegliederte Ganze mit verschiedener Gewichtsverteilung ihrer Gliedbestände" (Hehlmann 1968, 194) definiert werden können, sind „mehr als die Summe ihrer Teile". Eine Melodie wird auch dann als solche erkannt, wenn sie in einer anderen Tonart oder Tonhöhe wiedergegeben wird, vorausgesetzt, daß die Beziehungen zwischen den Einzeltönen gleichbleiben (Transponierbarkeit). Die Gestalttheorie nimmt an, der wahrnehmende Organismus besitze die Fähigkeit zur autochthonen Gliederung und Strukturierung unverbundener, nebeneinanderstehender Reizelemente. Mit Hilfe von autonomen, dem Menschen innewohnenden Gestalttendenzen sei dieser in der Lage, die Empfindungen zu sinnvollen Ganzheiten zu organisieren. Dabei wird von einer Isomorphie (Gestaltgleichheit) zwischen Wahrnehmungsfeld und Cortikalfeld ausgegangen. Die Eigenschaften des Wahrnehmungsfeldes entsprechen jeweils bestimmten Eigenschaften der Hirnrinde, in der elektrische Spannungsfelder bestehen, die sich in physischen Gestalten organisieren. Aus einer Vielzahl der von der

Gestaltpsychologie angenommenen Gesetze sollen einige wichtige genannt werden:

- *Figur-Grund-Verhältnis*: Gestalten heben sich als abgesonderte, umgrenzte, gegliederte, möglichst einheitliche und geschlossene Bereiche (Figuren) jeweils von einem unstrukturierten „Grund" ab. Die Figur erscheint bestimmt und umgrenzt, an einer ganz bestimmten Stelle lokalisiert und abgehoben von einem Hintergrund. Der (Hinter-)Grund dagegen erscheint formlos, unbestimmt und ungegliedert hinter dem, was zur Figur wurde. Die gemeinsame Grenze von Figur und Grund scheint eher zur Figur als zum Grund zu gehören. In besonderen Fällen (reversible Figuren) kann ein Umkippen von Figur und Grund stattfinden (vgl. Hofstätter 1972, 163), z.B. bei dem „Pokalbild von Rubin", dem Bild „Frau und Schwiegermutter" von Boring oder dem „Würfel" von Neckar.
- *Prägnanztendenz*: Die Wahrnehmung strukturiert die Reizsituation so, daß eine bestmögliche, gute und prägnante Gestalt entsteht. Die Prägnanztendenz gilt als „Dachgesetz" der Wahrnehmungsorganisation, da sich eine Reihe anderer Gruppierungstendenzen unter diesem Aspekt zusammenfassen lassen. Von den insgesamt 114 Tendenzen, die nach Angabe von Hofstätter (1972, 165) Helson schon 1933 in einer zusammenfassenden Darstellung aufzählt, sind folgende herauszuheben:

1. Faktor der *Nähe*: Eng zusammenliegende Teile eines komplexen Reizmusters werden bevorzugt bzw. mit größerer Wahrscheinlichkeit als ganzheitliche Gestalt zusammengefaßt.
2. Faktor der *Ähnlichkeit/Gleichartigkeit*: Ähnliche bzw. gleichartige Teile, also in Größe, Farbe, Gewicht oder Geruch übereinstimmende Reize, treten gegenüber von ihnen verschiedenen eher als Einheit zusammen bzw. werden mit größerer Wahrscheinlichkeit gruppiert.
3. Faktor der *Geschlossenheit*: Ein Gebilde mit einer geschlossenen bzw. vollständigen Kontur wird leichter vor einem Hintergrund als Figur aufgefaßt.
4. Faktor der *Symmetrie*: Symmetrische oder ausgewogene Gruppierungen werden asymmetrischen gegenüber bevorzugt.

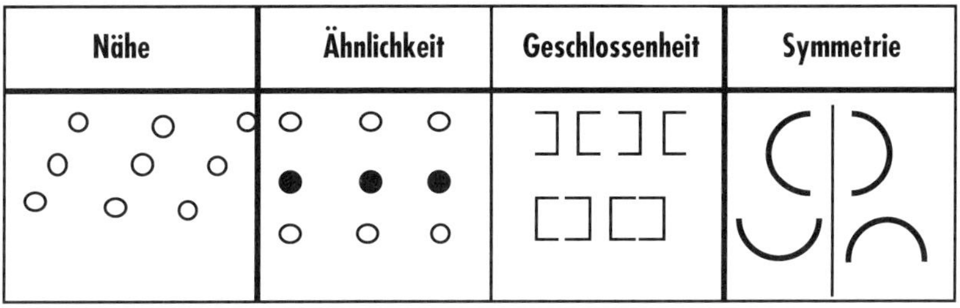

Nähe	**Ähnlichkeit**	**Geschlossenheit**	**Symmetrie**

Abb. 18: Einige Tendenzen zur Strukturierung von Reizen zu „Gestalten"

Die Gestalttheorie versucht, das Problem der Bedeutung bzw. des Sinns von der Gegenstandsseite, von der Sache her zu bestimmen und subsumiert es unter „den des Zusammenhangs“ (Graumann 1960, 99). Metzger (1975) z.B. unterscheidet zwischen einem „inneren“ und „äußeren“ Sinn. Der „äußere“ hat eine Beziehung zu etwas anderem und kann verstanden werden als eine Bedeutungsbeziehung, wie sie zwischen einem Gegenstand und dem zugehörigen Wert besteht, als Mittel-Zweck-Verhältnis, als Gebrauchswert und kann schließlich zu einer „wieder von Fall zu Fall wechselnden, interessen- oder bedürfnisbezogenen Bedeutsamkeit für das jeweilige Subjekt in seiner gerade gegenwärtigen Lage und Verfassung“ (Metzger 1975, 107) werden. Entscheidend für ihn aber ist der „innere Sinn“: „Wenn wir hier sagen, eine Gruppierung sei sinnvoll oder sinnvoller als eine andere, so ist allerdings nicht ein möglicher äußerer Sinn gemeint, sondern etwas wie eine Erfüllung von sachlich Gefordertem durch die Art, wie die Zusammenfassung sich vollzieht“ (107).

Dazu nimmt Graumann (1960, 102) kritisch Stellung, wenn er nach dem Kriterium des sachlich Geforderten fragt: „Doch muß ich im einzelnen Fall nicht wissen, was denn nun sachlich gefordert ist, welches der Zweck eines Gebildes ist? Hängt nicht überhaupt – und nicht in allen Fällen des Widerstreits – aller Sinn von meinem Horizont, meinem Fassungsvermögen ab?“ Der Versuch der Gestalttheorie, Sinn rein sachlich als Kriterium von Konfigurationen zu beschreiben, muß nach seiner Einschätzung als gescheitert angesehen werden. Zwar sehen wir bei einer sinnarmen Reizvorlage gleichartige oder räumlich nahe Elemente eher als zusammenhängende Gestalt, „aber nur, wenn der Sinn dieser Ordnung eben der des Zusammenhangs ist ... Erst wenn einem Punkt eine bestimmte (funktionale) Bedeutung zukommt, sei es als Teil eines Doppelpunktes, Mittelpunkt eines Kreises oder Teil einer punktierten Blatt- oder Gesichtskontur, kann von einer ‘Zugehörigkeit’ eben zur je übergreifenden Sinn-Gestalt die Rede sein“ (1960, 100 f.).

Dies soll grafisch durch die folgende Abbildung veranschaulicht werden:

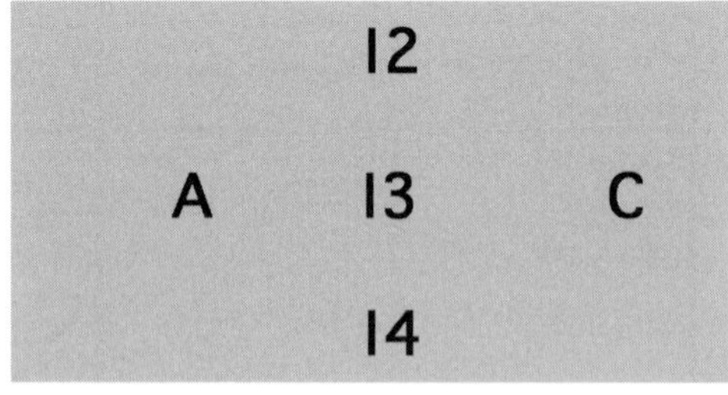

Abb. 19: Welches Zeichen befindet sich in der Mitte?

Es wird deutlich, daß das Zeichen in der Mitte als Ziffer „13" aber auch als Buchstabe „B" wahrgenommen bzw. gelesen werden kann, je nachdem, ob es im Zusammenhang bzw. in Erinnerung mit den anderen Zeichen in einer vertikalen oder horizontalen Reihe gelesen wird. Die Interpretation bzw. Bedeutungszuweisung ergibt sich also nicht automatisch durch die Form oder Struktur des Zeichens an sich, sondern in Abhängigkeit von einem erwarteten Erfahrungshintergrund innerhalb einer Gesamtstruktur mit anderen Wahrnehmungselementen.

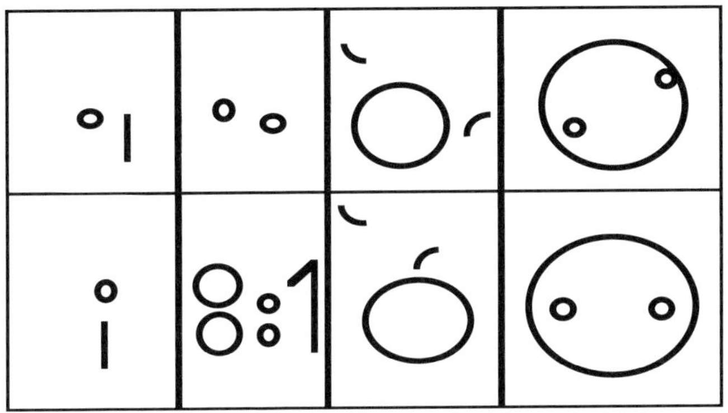

Abb. 20: Die Erfassung von Reizgebilden in Abhängigkeit von Sinnstrukturen

In Spalte 1 im ersten Feld sind ein Kreis und ein Strich zu sehen, in einer bestimmten Entfernung voneinander. Ein inhaltlicher Bezug kann nur schwerlich hergestellt werden. Die beiden Figuren erscheinen für sich getrennt.
Anders im Feld darunter. Kreis und Strich, in einer ähnlichen Entfernung voneinander wie im Feld darüber, werden als zusammengehörig wahrgenommen, weil sie uns etwas bedeuten, zumindest denen, die lesen können und in der Lage sind, das Gebilde als Buchstaben „i" zu identifizieren.
In der zweiten Spalte sind jeweils mehrere Kreise zu sehen. Auch hier wird deutlich, daß als zusammengehörig erfaßt wird, was sich als etwas Bekanntes in ein Bezugssystem einordnen läßt. Gegenüber der darüber liegenden Abbildung werden die beiden kleinen Kreise unten als eine Einheit erfaßt, und zwar als Zeichen für „Teilen" im Rahmen einer Divisionsaufgabe. Auch die beiden größeren Kreise erscheinen uns beim ersten Blick nicht als zwei getrennte runde Figuren, sondern werden unmittelbar als Ziffer „acht" erfaßt.
In der dritten Spalte sind 3 Bilder mit einem großen Kreis und zwei halbrunden Strichen abgebildet. Ein Bezug zwischen einem der Striche und dem

Kreis wird im unteren Bild deutlich, weil bzw. sobald dieses Gebilde als Apfel interpretiert wird.
In der vierten Spalte werden im unteren Bild ein großer und zwei kleine Kreise als zusammengehörig und als Einheit erfaßt, weil diese Reizkonfigurationen als Gesicht gedeutet und erfaßt wird.

So überrascht auch das Ergebnis der folgenden Untersuchung bei vier Monate alten Kinder nicht, denen vier Gesichter mit unterschiedlichen Details und mit unterschiedlicher Wirklichkeitsnähe gezeigt wurden (Mussen/Conger/Kagan 1976, 158 ff.). Die einem Menschenantlitz ähnlichsten Reize (Gesichter) wurden länger betrachtet als die am stärksten konturierten oder elementarreichsten. Auch in einem Vergleich der Betrachtung von bedeutungslosen Schwarz-Weiß-Figuren zum einen und der oben beschriebenen Gesichter zum anderen wurden die letzteren aufmerksamer betrachtet, obwohl die Schwarz-Weiß-Figuren kontrastreicher waren. Daraus wurde richtig gefolgert: Die Bedeutung eines Reizes erscheint für das Fesseln der kindlichen Aufmerksamkeit wichtiger als seine Komplexität.

Auch Church (1971, 4) vertritt diese Auffassung, wenn er die auslösenden Momente für die Aktivierung einer Figur-Grund-Organisation nennt: „Sie wird weder durch Reizintensitäten (außer bei abnorm hohen Kontrastschwellen) noch durch die rein formalen Organisationsprinzipien der Gestalttheorie bestimmt; vielmehr ist es so, daß jene Objekte und jene Eigenschaften von Objekten besonders hervortreten, zur Figur auf dem Grund werden, die für das Kind persönlich relevant sind, sei es als Versprechung, Drohung oder konkrete Handlung ... Für die gellenden Sirenen der vorüberrasenden Feuerwehr ist der Säugling taub, ebenso für das Tosen des Gewittersturmes, das Klingeln des Telephons oder der Türglocke. Dagegen kann er in Weinen ausbrechen, wenn die Mutter im Nebenzimmer niest. Damit wird zweierlei ausgesagt: Das Kind nimmt nur persönlich bedeutsame Objekte wahr, und das, was es wahrnimmt, sind nicht so sehr die Objekte selbst, als vielmehr deren Bedeutungen“.

Auch aus methodischen Gründen scheint der Erklärungsversuch der Gestaltpsychologie gescheitert, „denn was dort über anschauliche Gruppierung und ihre Faktoren ausgesagt werden kann, ist nicht auf komplexere und sinnvollere Gegebenheiten unseres Wahrnehmens zu übertragen“ (Graumann 1960, 102). Stadler/Seeger/Raeithel (1975, 116) weisen darauf hin, daß eine autochthone, im Organismus vorgegebene und determinierte Organisation und Gliederung der Wahrnehmung nur unter den besonderen und reduzierten Bedingungen des Laboratoriums geschehen kann, „nicht aber in der alltäglichen Wahrnehmung möglich und notwendig“ ist. So muß nach ihrer Ansicht der Schluß der Gestaltpsychologie, daß es sich z.B. bei

Ergänzungen von Wahrnehmungsstrukturen um autochthone, quasi-automatisch ablaufende Gliederungsprozesse des visuellen Systems handelt, „als verkürzt angesehen werden, da der aktive Umgang des wahrnehmenden Subjekts mit den Gegenständen, d.h. die individuelle Erfahrungsbildung und die durch die gegenständliche Tätigkeit der Menschen in den Objekten verkörperten Gegenstandsbedeutungen (historisch-gesellschaftliche Erfahrungsbildung) nicht berücksichtigt sind“ (1975, 120).

2.5.3 Soziale Wahrnehmung (social perception)

Die Begriffe „social perception“ oder soziale Wahrnehmung meinen zum einen Wahrnehmung des „Sozialen“ und drücken zum anderen aus, daß Wahrnehmen sozial bedingt ist, d.h. abhängig ist von Motiven, Einstellungen, Emotionen und Erfahrungen. In der folgenden Darstellung wird „social perception“ in der zweiten Bedeutung verwendet, wie sie unter der Bezeichnung des „new look“ im Rahmen des Funktionalismus Gegenstand zahlreicher Untersuchungen amerikanischer Psychologen wurde. Diese richteten ihre Kritik gegen die Psychophysik und Gestaltpsychologie, die die formalen Aspekte in der Wahrnehmung überbetonen und Motive, Gefühle und andere psychische Funktionen nur ungenügend berücksichtigen. Weitere Kennzeichen dieser Richtung sind, daß Wahrnehmung häufig mit wahrnehmendem Verhalten (perceptual behaviour) gleichgesetzt und als Schlüsselprozeß in der Interaktion mit der Umwelt angesehen wird.
Nach Stadler/Seeger/Raeithel (1975, 224 f.) bezeichnen die bekanntesten Vertreter und Förderer dieser Richtung das Konzept der „social perception“ als „directive-state“-Theorie und in ihrer Weiterentwicklung als „Hypothesen“-Theorie. Die „directive-state“-Theorie geht davon aus, daß Motive, Einstellungen und Erfahrungen das Wahrnehmungsgeschehen in eine bestimmte Richtung (directive) lenken und kontrollieren.
In der Erwartungs- oder Hypothesentheorie nehmen Bruner und Postman an, daß Wahrnehmung durch Hypothesen gesteuert wird, wobei Hypothese als „hochgradig verallgemeinerte Bereitschaft selektiv auf Klassen von Umweltgeschehnissen zu antworten“ (Bruner zitiert bei Graumann 1956, 609) definiert ist und gleichgesetzt werden kann mit Erwartung oder Einstellung. Die Stärke einer Erwartung wird bestimmt durch die Wahrscheinlichkeit ihrer Bestätigung auf Grund früherer Erfahrungen und von ihrer kognitiven, motivationalen und sozialen Einbettung. Bruner und Postman unterscheiden im Wahrnehmungsablauf drei Phasen:

- Das Individuum ist zunächst einmal vorbereitet, etwas wahrzunehmen; es geht mit einer bestimmten Erwartung (Hypothese) an seine Umgebung heran und entwickelt eine „perceptual hypothesis“.
- Anschließend nimmt es Informationen über die Sinne auf und gewinnt

Aufschluß über seine Umgebung („input of information from the environment").

- Das sogenannte „checking" fällt dann bestätigend oder ablehnend aus, je nachdem, ob die Informationen mit der Erwartung übereinstimmen oder nicht.

Wahrnehmung kann hier „als eine Art Kompromiß gesehen werden zwischen dem, was der Mensch wahrzunehmen erwartet und dem, was er faktisch an Umweltaufschluß vorfindet" (Graumann 1956, 611).

Als sozial mitbedingte Funktionen des Wahrnehmens, die aber nach Graumann (1956) als rein heuristisch und akzentuierend verstanden werden müssen, ergeben sich aus der Theorie der „social perception" Selektivität, Organisation, Akzentuierung und Fixation. Selektivität besagt, daß das Individuum aus der Fülle möglicher Umweltdaten in Abhängigkeit von mehr oder weniger starken Erwartungen und Motiven die für es relevanten Einzelheiten selektiert. Dies zeigt sich im Alltagsleben in der Weise, daß wir manches, das uns in die Augen zu springen scheint, nicht sehen, während wir andere, scheinbar unauffällige Dinge, sofort erfassen. Die Vertreter der „social perception" unterscheiden dabei drei komplementäre Mechanismen der Selektivität: Sensitivierung, Wertresonanz und Wahrnehmungsabwehr.

Organisation meint, daß – gegenüber der Annahme der Gestaltpsychologie, die Organisation des Wahrgenommenen sei von autochthonen Gestalttendenzen abhängig – verhaltensmäßige Determinanten für die Strukturierungsleistungen verantwortlich sind. Das Gestaltetsein kann dabei als ein „Kompromiß zwischen objektiver Reizgegebenheit und erwartungsbedingtem Erfassungsversuch" (Graumann 1956, 625) aufgefaßt werden.

Die beiden übrigen Funktionen – Akzentuierung und Fixation – sind nur schwer und rein hypothetisch von den eben beschriebenen Faktoren abzugrenzen. Akzentuierung meint, daß bei der Reizaufnahme die relevanten Einzelheiten vergrößert (akzentuiert) wahrgenommen werden. Fixation besagt, daß durch wiederholte Bestätigungen der Übereinstimmung zwischen Erwartungen und dem wirklich Wahrgenommenen die Wahrnehmung Beständigkeit erhält und daß bestimmte Erwartungen fixiert werden.

Die soziale Bedingtheit der Wahrnehmung wurde auch durch Experimente zu belegen versucht. Als Motivationsformen im Sinne experimenteller Variablen wurden u.a. herangezogen: Hunger, Durst, Angst und Bedrohung, Werthaltungen (Interessen), Lohn, Strafe, Erfolg, Mißerfolg, Leistungsstreben etc. Dabei wurde deutlich herausgearbeitet, daß der Wahrnehmung immer motivationale Prozesse bzw. persönliche Interessen zugrunde liegen, wie wesentlich die Aktivität des Subjektes ist und wie die Wahrnehmungstätigkeit durch Selektivität gekennzeichnet ist.

Kritisch ist anzumerken, daß viele der durch die Experimente gewonnenen

Ergebnisse häufig nicht haltbar waren und sich widersprachen. Graumann (1960, 148) weist auf die Problematik des experimentellen Ansatzes hin: Die „Unmöglichkeit, das Ganze einer intentionalen Verhaltenseinheit in all seinen Verweisungen zu erfassen, und die Einsicht in den bestimmten Einfluß des Erlebnisganzen auf einzelne Erlebnis-Züge oder -Momente setzen ein entscheidendes Fragezeichen hinter die Befunde...Deshalb ist auch die – auf den ersten Blick vielleicht überraschende Widersprüchlichkeit der vielen und durchweg in strenger Methodik unternommenen Experimente über die im engeren Sinne perspektivische Wirkung bestimmter Motivationsformen nicht zufällig, sondern notwendig". Stadler/Seeger/Raeithel (1975, 233) kritisieren, daß die Experimente keinesfalls die alltägliche Wahrnehmung untersuchten: „Sie führten zwar die motivationalen, emotionalen, sozialen Bedingungen als Variablen ein und untersuchten sie, in ihren Interpretationen zerstörten sie aber die Bedeutungshaltigkeit der Wahrnehmung, die zu untersuchen sie ja gerade vorgaben: Die funktionalistischen Interpretationen gingen davon aus, daß objektiv die wahrgenommenen Gegenstände keine oder jedenfalls eine zu vernachlässigende Bedeutung haben und so die Wahrnehmenden nur als höchst subjektiv verfahrende Interpretatoren objektiv bedeutungsloser Gegenstände aufgefaßt wurden". Auch Holzkamp (1976, 181) weist darauf hin, daß das Problem der Bedeutung einseitig gesehen wurde: „Da man die Wahrnehmungsgegenstände als objektiv bedeutungslose Reize auffaßte, mußte man die Vorstellung haben, als ob hier ein vom Subjekt ausgehender Prozeß der Verlegung von Valenzen, finalen Qualitäten etc. nach draußen, auf den Reiz vorliegt ... Aber die Versuchspersonen fügen den Dingen keineswegs etwas 'Subjektives' hinzu, sondern eigneten sich lediglich die artifiziell verstärkten und modifizierten objektiven Gegenstandsbedeutungen an".

2.5.4 Wahrnehmung als sinnliche Widerspiegelung

Im Rahmen der Erkenntnistheorie der dialektisch-materialistischen Philosophie wird Wahrnehmung als höhere psychische Leistung beschrieben. Die Grundthese lautet, daß es sich dabei nicht um eine autonome, gar autochthone Bewußtseinsfunktion handelt, sondern um den Prozeß der „Abbildung der objektiven Realität im Bewußtsein" (Stadler/Seeger/Raeithel 1975, 12). In der Absage an die „bürgerliche" Psychologie mit ihren idealistischen Vorstellungen, die höheren psychischen Funktionen seien Äußerungen eines geistigen Prinzips, das von allen übrigen Erscheinungen der Natur unabhängig ist und in der Absage an eine „naturalistische" Betrachtungsweise bzw. Interpretation, nach der Bewußtsein natürlich, d.h. im menschlichen Gehirn angelegt sei, bezeichnet Luria (1970, 48) als den größten Erfolg der modernen materialistischen Psychologie „die Einführung der

historischen Methode, die die höheren psychischen Funktionen als kompliziertes Produkt der sozial-historischen Entwicklung zu erfassen erlaubt".
Da der Mensch in eine Welt von Gegenständen hineingeboren wird, die erst durch gesellschaftliche Arbeit und Praxis geschaffen wurde, und zwangsläufig mit anderen Menschen in eine kommunikative Beziehung tritt, hat auch die psychische Funktion der Wahrnehmung sowohl historischen als auch sozialen Charakter und ist nicht vom realen und wirklichen Leben des Menschen zu trennen.
Wahrnehmung wird als höherer psychischer Prozeß und als komplizierte reflektorische Tätigkeit gesehen, mit deren Hilfe die Widerspiegelung der Realität erfolgt. Dabei erfolgt der Abbildungsprozeß nicht mechanisch, als passives Fotografieren bzw. als Spiegelung des Gegebenen, sondern als aktiver Tätigkeits- und Aneignungsprozeß der Realität. Die gesellschaftlichen Verhältnisse, in denen sich die Menschen befinden, gehen dabei als „Brechungsfaktor" in die Erkenntnis der Dinge mit ein. Durchgehend findet eine „durch die inneren Bedingungen gebrochene, modifizierte Widerspiegelung, eine Abbildung der unabhängig davon existierenden objektiven Realität" (Stadler/Seeger/Raeithel 1975, 70) statt, und zwar in dazu geeigneten materiellen Substanzen, wie z.B. dem menschlichen Hirn. Die Erkenntnisfunktion wird somit als materieller Prozeß verstanden.
Auf Einzelheiten zur Struktur und Entwicklung der Wahrnehmung als sinnliche Widerspiegelung (vgl. Leontjev 1977, 123-152; Stadler/Seeger/Raeithel 1975, 68-75) wird im Verlauf der Arbeit an anderen Stellen noch deutlicher eingegangen (vgl. Kap. 3.7).

2.6 Zusammenfassung

Aus den bisherigen Begriffserklärungen ergibt sich, daß innerhalb der Wahrnehmung hypothetisch unterschieden werden kann zwischen einem sensorischen Aspekt, dessen Gegenstandsgebiete die Biologie, Physik bzw. Psychophysik darstellen und bei dem es primär um die Aufnahme, Umsetzung und Weiterleitung von Reizen geht (Perzeption von Empfindungen) und einem mehr kognitiven Aspekt, „der sich im Erkennen und Benennen von Gegenständen, im Einordnen der Gegenstände in ein Bezugssystem, in bedeutungsverleihenden Akten manifestiert" (Katzenberger 1970, 1371), wobei der letztere Aspekt das Sensorische zur Voraussetzung hat und den Begriffen Auffassung und Apperzeption entspricht. Dabei kann Apperzeption von Perzeption als derjenige Teil der Wahrnehmung unterschieden werden, in dem aus dem Angebot an Reizen die Auswahl der bewußtzumachenden, bedeutungsvollen Information erfolgt.
Wahrnehmung im Rahmen dieser Abhandlung im Sinne von Bedeutungserfassung bezieht sich auf den oben genannten zweiten Aspekt und meint

das, was Oerter (1974, 18) als Erkennen bezeichnet: „Erkennen heißt, den physikalischen Reizen eine Bedeutung geben". Im Mittelpunkt steht ein Prozeß, bei dem das von den Sinnesorganen bereitgestellte Reiz- bzw. Informationsmaterial so verarbeitet wird, daß für das Individuum Sinn und Bedeutung entsteht. Aus konstruktivistischer Sicht handelt es sich dabei um eine Bedeutung für mich bzw. um eine Bedeutung für das einzelne Individuum. Daraus folgt auch, daß nicht eine für alle Menschen gemeinsame objektive Wirklichkeit und ein von allen gleich wahrgenommene Umwelt existiert. Vielmehr konstruiert jeder Mensch durch die jeweils unterschiedliche Qualität der Begegnungen und des handelnden Umgangs mit Gegenständen eine bzw. seine subjektive Wirklichkeit, die sich als Produkt von Bewußtseinvorgängen von einer objektiven Welt unterscheidet. Zu dieser subjektiven Welt existiert kein unmittelbarer Zugang von außen. Es ist allerdings möglich, über Beobachtungen von Handlungen oder Beziehungen, wie also eine Person mit etwas umgeht oder auf etwas reagiert, auf eine solche zu schließen.
Wahrnehmung in diesem Sinne kann vom Begriff des Denkens unterschieden werden. „Im Denken verhalten wir uns zu etwas, das nicht sinnlich-gegenwärtig, beziehungsweise im hier und jetzt gegebenen nicht sinnenfällig zu sein braucht" (Graumann 1971, 20). „Wahrnehmen ist an das Jetzt-und-Hier gebunden, Denken geht tendenziell auf das Immer-und-Überall; Wahrnehmen bezieht sich auf das bloß Faktische, Denken bewegt sich im unbegrenzten Raum des Möglichen" (Holzkamp 1976, 34). Andererseits kommt Wahrnehmung dem, was Denken meint, häufig sehr nahe, wenn man berücksichtigt, daß in den Bereich der sozialen bzw. interpersonalen Wahrnehmung auch allgemein das „Verständnis" einer sozialen Situation fällt. Schließlich ist noch darauf hinzuweisen, daß Wahrnehmung im Sinne von Bedeutungserfassung mit Faktoren wie Einstellungen, Motivationen, Emotionen und Sprache eng verbunden ist (vgl. Kap. 3.6).

An Theorien bzw. Erklärungsansätzen zur Wahrnehmung mangelt es nicht. Allerdings wurde das Problem deutlich, daß die Bedeutungshaltigkeit in der Wahrnehmung unzureichend behandelt wird. Dieses Problem ist nicht neu. Bereits vor über 40 Jahren wies Allport (1955, 537) in dem Kapitel „The Unsolved Problem of Meaning" darauf hin: „Im Bereich der Wahrnehmung scheint die Bedeutung in ihrer wichtigen Rolle als Erkenntnisgegenstand und Situationsmerkmal konsequent vernachlässigt worden zu sein, obwohl nahezu jeder andere Aspekt der Wahrnehmung recht gut ins Auge gefaßt worden zu sein scheint. Psychophysiker studierten Schwellengrößen und die Beziehungen zwischen sensorischen Dimensionen und Reizdimensionen. Gestaltpsychologen erforschten feldähnliche Eigenschaften, Anordnungen und Gruppierungen. Ihre Theorie war zu formal, um sich mit konkreten

Bedeutungen zu befassen. Die Theorie der Phasensequenz beschränkte sich darauf, die Objektwahrnehmung unter dem Aspekt der figuralen Identität zu erklären. Die 'adaption level'-Theorie, 'Sensumotorische Theorie' und der 'Probabilistische Funktionalismus' waren mit meßbaren Eigenschaften beschäftigt, die hinter der Beschreibung, wie das Objekt wahrgenommen werden sollte, zurückblieben. Die 'directive-state'-Theorie war, obwohl sie mit konkreten bedeutungsvolleren Materialien arbeitete, nicht auf das Problem gerichtet, zu erklären, was sich abspielt, wenn jemand einen Randstimulus wahrnimmt, um ihn eher als dieses Objekt denn als ein anderes zu deuten, sondern darauf zu zeigen, wie Werthaltungen oder unangenehme Zustände auf die Dimensionen oder Schwellendauer einwirkten oder darauf, vorherzusagen, welche der verschiedenen möglichen Bedeutungen über die Schwellenstufe gehoben würden. Die 'motor-adjustment'-Theorie und vielleicht die Verhaltenstheorie kamen dem Problem etwas näher, andere Interessen jedoch dominierten; und die Kybernetik mußte es aufgrund der Mechanismus-Postulate dieses Systems auslassen. Die Wahrnehmungstheorien berichten, warum Objekte so groß erscheinen oder warum sie ihre wahrgenommene Form, Helligkeit, Neigung usw. haben. Es gibt Erklärungen darüber, wie schnell und wie prüfbar Dinge wahrgenommen werden, und ebenso über die Konstanzen ihrer verschiedenen Eigenschaften. Aber nirgendwo finden wir eine wahrhaft befriedigende Erklärung darüber, warum sie so erscheinen, wie sie es tun ... man könnte sagen, daß die Theorien einige hervorragend ausgearbeitete Zusammenstellungen für fast alles über die Wahrnehmung eines Apfels geben, bis auf die Tatsache, daß er als ein Apfel wahrgenommen wird" (eigene Übersetzung).

3. Wahrnehmung als sinnliche Erkenntnis und Bedeutungserfassung

Wir nehmen nicht einzelne Empfindungsbündel, Punkte und Farbflecke, nicht Formen und Strukturen wahr, sondern immer von vornherein Gegenstände, „die eine bestimmte Bedeutung haben" (Rubinstein 1977, 319). Diesen Aspekt der Bedeutungshaltigkeit gilt es näher zu untersuchen. Im folgenden geht es darum,

- die Begriffe „Bedeutung" und „Sinn" zu erläutern,
- verschiedene Arten von Bedeutungen zu unterscheiden,
- die Bedeutungshaltigkeit in der Wahrnehmung an unterschiedlichen Beispielen zu veranschaulichen,
- die Struktur der Wahrnehmung in ihrer gegenseitigen Verflochtenheit von figuralen Gestaltqualitäten und den in ihnen verkörperten Bedeutungen aufzuzeigen,
- den Einfluß von Faktoren wie Einstellungen, Emotionen, Motive, Sprache und Kultur zu beleuchten sowie
- die Entwicklung der Wahrnehmung unter dem Aspekt der Bedeutungszuweisung bzw. Sinngebung zu beschreiben.

3.1 Sinn und Bedeutung

3.1.1 Bedeutung bei J. J. Gibson

Unter dem Stichwort „Bedeutungsvolle Wahrnehmung" beschreibt Gibson (1973b, 291 ff.) das Erleben der visuellen Welt: „Es ist in die Entfernung hinein ausgedehnt und in räumlicher Tiefe modelliert, es ist aufrecht, als Ganzes unbewegt, unbegrenzt, farbig texturiert, schattiert und beleuchtet; es ist mit Oberflächen, Kanten, Formen und Zwischenräumen gefüllt. Diese Beschreibung läßt aber die Tatsache außer acht, daß die Oberflächen vertraut sind und die Formen einen Gebrauchswert anzeigen. Wir erfassen ihren Nutzen und ihre Gefahren, ihre befriedigenden oder beunruhigenden Möglichkeiten und die Folgen der auf sie gerichteten Handlungen... In Wirklichkeit werden Oberflächen und Formen als Eis, Apfel, Fell, Zäune, Wolken, Schuhe, Leute usw. gesehen". Dabei kann eine Vielzahl von Bedeutungsarten und -niveaus unterschieden werden:

- „urtümliche" Bedeutungen, die sich entweder aus dem aktiven Erforschen der materiellen Umwelt durch das Kleinkind ergeben oder durch eine solche Handlungsweise angezeigt werden (manche Gegenstände sind z.B. vom Aussehen her greifbar, mit Stacheln behaftet oder zerbrechlich);

- Bedeutungen der Brauchbarkeit oder Bedürfnisweckung, wie sie in Nahrungs-, Spiel- und Werkzeuggegenständen verkörpert sind;
- Bedeutungen von Instrumenten, Geräten, Konstruktionen und Maschinen;
- Werte oder emotionale Bedeutungen von Dingen, so daß diese anziehend oder abstoßend wirken;
- Bedeutungen, durch die ein Gegenstand oder ein Ereignis auf ein anderes hindeutet, das selbst materiell nicht gegeben ist (z.B. heranziehende Wolken als Zeichen für Regen oder das rote Licht der Ampel, das „Halt" signalisiert;
- Symbole, als die dem Menschen eigentümliche Bedeutungsform;
- Bedeutungen wahrgenommener Ereignisse und Aufeinanderfolgen oder
- soziale Bedeutungen wie Gesichtsausdrücke, Gesten, Personen und Aktionen zwischen Personen.

Gibsons Aufzählung endet mit der Feststellung, die visuelle Welt sei von vielerlei Bedeutungsformen durchsetzt und scheine sich „mit jedem Jahr, das wir erleben, weiter mit Bedeutung anzufüllen" (1973b, 292).

3.1.2 Sinn bei C. F. Graumann

In dem Exkurs „Der Sinn-Begriff in der Psychologie" untersucht Graumann (1960, 98-126) kritisch das Sinnverständnis verschiedener psychologischer Schulen und Autoren und erstellt auf deren Grundlage ein eigenes Konzept. Sinn meint bei ihm „die Eröffnetheit eines Horizontes möglichen Verhaltens" (111). In bezug auf Wahrnehmung heißt das, daß sich für den Menschen beim Gewahren von Gegenständen und Situationen unterschiedliche Sinn- bzw. Bedeutungsbezüge ergeben und er sich diesen gegenüber auf verschiedene Weise verhalten kann. Unser Verhalten ist im einzelnen also nicht determiniert, sondern der „Sinn" von „etwas" ermöglicht uns einen Verhaltensspielraum, eröffnet uns immer verschiedene Möglichkeiten des Handelns. „Das Auge, der Gesichts-Sinn, ist noch und sagt noch nichts Bestimmtes über das Wahrnehmen von diesem oder jenem Gegenstand. Er ist reine Möglichkeit zu sehen, das Überhaupt-zu-sehen-Vermögen. Wie im einzelnen ein Verhalten zu etwas sich erfüllt, das bestimmt sich zum einen aus den Möglichkeiten, die uns als sich verhaltenden Individuen auf Grund unserer jeweiligen Struktur, Erfahrung, Gestimmtheit usw. überhaupt eröffnet sind; insofern handeln wir immer auch in 'unserem Sinne'. Zum anderen treten die Möglichkeiten ins Spiel, die dasjenige, auf das wir unser Verhalten richten, einer Erfüllung dieses Sich-Verhaltens bietet" (1976, 113).

Dabei entscheidet über den konkreten Sinn eines wahrgenommenen Gegenstandes oder einer erfaßten Situation „das Verhältnis dieser beiden Möglichkeitsbereiche, der Hinsichten, die wir vermeinend auf etwas richten, und der Aspekte, die etwas unserem Verhalten überhaupt von sich her entgegenbringen kann" (1976, 118). So eröffnet uns z.B. ein erstes Gewahren einer auf dem Fahrdamm laufenden Katze einen umgrenzten Bereich möglichen Verhaltens: Wir können die Katze als unachtsam vor das Auto laufend, als viel zu flink, um noch in Gefahr zu kommen, oder als vielleicht doch noch rechtzeitig anhaltend und umkehrend sehen. „In aber nur einer dieser Hinsichten, wenn nicht in einer ganz anderen, vorher nicht gemeinten Hinsicht, erfüllt sich unsere Wahrnehmungsintention, während unsere nächste (Handlungs-) Intention, eine Kollision zu vermeiden, sich 'im Sinne' einer der genannten Hinsichten haltend, sich bereits als Bremsen, Ausweichen, Verlangsamen oder Durchfahren realisiert (erfüllt) hat" (1976, 111).

3.1.3 Bedeutung bei K. Holzkamp

Für Holzkamp (1976) ist menschliche Wahrnehmung immer eine Form „sinnlicher Erkenntnis". Die Betrachtung von Dingen hinsichtlich ihrer äußeren, figural-qualitativen Merkmale stellt für ihn dagegen eine Abstraktion dar, da die von uns wahrgenommenen Gegenstände, Personen und Sachverhalte immer als solche „bedeutungsvoll" sind, als sachliche, personale und symbolische „Gegenstandsbedeutungen". Bezugnehmend auf Leontjev (1977) sind Ausgangspunkt für seine Überlegungen die naturgeschichtliche und historische Gewordenheit menschlicher Wahrnehmung und die Entstehung gesellschaftlicher Arbeit.

Als entscheidendes Merkmal für die historische Entwicklung des Menschen, das diesen von anderen Lebewesen unterscheidet, bezeichnet er die Fähigkeit zur systematischen Werkzeugherstellung. In dem Maße, wie Gegenstände im Hinblick auf einen bestimmten aktuellen Verwendungszweck zur Schaffung von Werkzeugen ausgewählt und hergerichtet wurden, traten bei den Hominiden in immer höherem Maße neben einfach vorgefundenen, natürlichen Dingen vielfältige Produkte menschlicher Arbeit auf, „in denen jeweils bestimmte verallgemeinerte Zwecke, Gebrauchswerte, vergegenständlicht waren" (1976, 118). Diese Produkte unterscheiden sich von anderen Gegebenheiten darin, „daß in ihnen verallgemeinerte menschliche Zwecke in gegenständlich-sinnlicher Form erscheinen. Gebrauchswert-Vergegenständlichungen sind also in dem Sinne für die menschliche Orientierung 'bedeutungsvoll', daß in ihnen durch menschliche Arbeit Bedeutungen realisiert wurden" (1976, 120). In dieser Herausbildung von Bedeutungsbezogenheit wird für Holzkamp die organismische Perzeption zur eigentlichen menschlichen Wahrnehmung, deren Besonderheit eben „die mehr oder weniger adäquate Erfassung sinnlich eingebundener Gegenstandsbedeutungen ist" (1976, 120).

Gegenstandsbedeutung im Sinne Holzkamps (1976, 25) heißt Bedeutung im Zusammenhang mit der menschlichen Lebenstätigkeit. So ist z.B. ein Hammer nicht nur eine wahrnehmbare Gestalt mit einer bestimmten Form und Farbigkeit, sondern „eine komplexe gegenständliche Bedeutungseinheit, in die eingeht, daß er von Menschen gemacht ist, daß er zum Schlagen da ist, wie man am besten mit ihm trifft, daß man mit ihm vorsichtig sein muß".

Welche Bedeutung aber kommt den Dingen zu, die nicht oder noch nicht von Menschen bearbeitet wurden? Holzkamp (1976, 128) spricht solchen „Welttatbeständen" „mittelbare Gegenstandsbedeutungen" zu, da sie nicht direkte Resultate menschlicher Arbeit darstellen, sondern als abhängig von den Zwecksetzungen anderer Gebrauchswert-Vergegenständlichungen, mit denen sie in funktionalem Zusammenhang stehen, zu sehen sind. So erhält z.B. Wasser in Verbindung mit einer durstigen Person und einem Becher die Bedeutung „Getränk", im Zusammenhang mit einer Turbine innerhalb eines Elektrizitätswerkes wird es als Energiequelle interpretiert und für einen Fischer stellt es die Erwerbs- und Existenzgrundlage dar.
Auch die Entstehung und Spezifik der interpersonalen Wahrnehmung als Wahrnehmung personaler Gegenstandsbedeutungen muß nach Holzkamp im Zusammenhang mit der Entstehung gesellschaftlicher Arbeit gesehen werden, denn diese macht Zusammenarbeit zwischen Menschen nötig, erfordert Kooperation. Die personalen Gegenstandsbedeutungen können somit als „orientierungsrelevanter Aspekt der kooperativen Beziehung zwischen Menschen betrachtet werden" (1976, 141).
Holzkamp weist dabei auf eine enge Verflochtenheit von sachlichen und personalen Bedeutungsmomenten hin. So ist z.B. die Tätigkeit eines Menschen, der eine Axt herstellt oder die Fähigkeit oder Fertigkeit, diese herzustellen – als Möglichkeit, „Tätigkeitsdispositionen in wirklichen Tätigkeiten bestimmter Eigenart und Angemessenheit zu aktualisieren" (1976, 144) – für einen anderen Menschen nur erfaßbar, wenn er dabei die allgemeinen Gebrauchseigenschaften der Axt kennt bzw. miterfaßt. Der „wahrnehmende und der wahrgenommene Mensch sind...miteinander verbunden durch ein Arbeitsprodukt, dessen sachliche Gegenstandsbedeutung als Verkörperung gesellschaftlicher Erfahrungs-Kumulation beide angeeignet haben, wobei der wahrgenommene Mensch seine Tätigkeit gemäß dieser sachlichen Gegenstandsbedeutung gestaltet, die damit personal bedeutungsvoll ist, und der wahrnehmende Mensch die personal-bedeutungsvollen Momente der Tätigkeit des anderen nach Maßgabe der sachlichen Gegenstandsbedeutung in ihrer Eigenart erfassen kann. Interpersonale Wahrnehmung ist demnach von allem Anfang an keine bloße soziale Beziehung zwischen zwei Menschen, sondern impliziert ein allgemeines gesellschaftliches Ver-

hältnis, da sie vermittelt ist über die Gegenstandsbedeutung von Produkten gesellschaftlicher Arbeit" (1976, 142).
Als besondere Bedeutungsform sieht Holzkamp (1976, 147 ff.) die „Symbolbedeutungen" an, die er als „abstraktive Explikationen von durch Arbeit konstituierten Gegenstandsbedeutungen" (1976, 152) bezeichnet. Sie haben repräsentativen Charakter, verweisen auf bestimmte Tatbestände, die sie bedeuten und führen dazu, „daß menschliche Wahrnehmung stets das Erkennen des Allgemeinen im Besonderen ist" und daß ein Ding immer notwendig „durch seinen Begriff hindurch, in Form seines Begriffes" wahrgenommen wird. Mit der zunehmenden Aneignung und Erkenntnis der Bedeutungshaftigkeit der Welt erweitern und differenzieren sich auch die sachlichen, sozialen und symbolischen Gegenstandsbedeutungen. Da diese nicht isoliert nebeneinander stehen, sondern durch die Erfordernisse der menschlichen Lebenstätigkeit aufeinander bezogen sind und somit aufeinander verweisen, verdichten sich die Gegenstandsbedeutungen zu immer differenzierteren „Bedeutungsstrukturen".

3.2 Hinweise auf die Bedeutungshaltigkeit der Wahrnehmung

3.2.1 Die Möglichkeit der Ablösung von Bedeutungen

Gibson (1973b, 298 f.) zeigt an einigen Beispielen, daß es möglich ist, die Bedeutung von Gegenständen von ihrer äußeren Form abzulösen: „Für den Analphabeten, den anderssprachigen und den sehr jungen Menschen sind gedruckte Buchstaben und Wörter bloß Formen (die Schall- und Stimmstrukturen der gesprochenen Wörter waren anfangs bedeutungslos). Im Gegensatz dazu sind für die meisten von uns die Wörter, die wir lesen, bloß Bedeutungen, ihre Formen werden wir kaum gewahr. Wenn aber der Leser fest auf das Wort

Abyssus............................Übel

„Abyssus" starrt, wird er fast augenblicklich bemerken, daß es anfängt, wie eine bloße Form auszusehen. Ein bekanntes Wort wie „Übel" bewahrt bei Fixation seine Bedeutung gewöhnlich länger, aber nach einer gewissen Zeit wird die visuelle Erscheinung führend, die Bedeutung wird irgendwie abgetrennt, und das Wort zerfällt in Üb-el oder Ü-be-l. Schließlich können selbst

die Buchstaben beginnen, fremd auszusehen, und das Wort kann völlig geometrisiert werden. Wenn man das Wort mehrmals schnell vor sich hinspricht, wird auch der Klang bedeutungslos werden, das Ausgesprochene kann zur Auflösung tendieren".
Weitere Beobachtungen Gibsons, die auch durch Experimente seiner Studenten bekräftigt wurden, zeigen, daß eine Ablösung von Bedeutungen bei lang genug andauernder Aufmerksamkeit auch bei anderen Objekten als Wörtern festzustellen ist: „Wenn Sie ein Streichholz lange genug anstarren, dann verschwindet seine Vertrautheit, obwohl es nicht, wie Wörter, in Einzelteile zerbricht. Das gleiche geschieht, wenn man ein Stück Sandpapier monoton mit dem Finger reibt. Vielleicht beginnt jede Szene fremd zu erscheinen, wenn die Augen sie lange genug fixieren. Der Versuch, das eigene visuelle Feld zu beobachten, führt in die gleiche Richtung" (1973b, 299).
Von einem solchen, in Anlehnung an Gibson durchgeführten Versuch berichtet Graumann (1960). Er beschreibt, was er sieht, wenn er seinen Blick frei über die sich vor ihm befindlichen Dinge hinweggehen läßt: ein Arbeitszimmer mit den vertrauten Möbeln, Büchern und anderen Gegenständen, einen rechteckigen Raum, in dem alles stabil, vollständig und konstant ist. „Ich sehe alles so, wie wir in 'natürlicher Einstellung, d.h. im normalen alltäglichen Wahrnehmungsverhalten' zu sehen pflegen...Diese 'natürliche Einstellung' kann ich nun, wenn auch mit Mühe, aufgeben. Bin ich angesichts meiner visuellen Welt ganz auf Gegenständliches und auf Sinngehalte gerichtet, so sehe ich nun davon ab, daß hier ein Stuhl steht und dort eine Wand ist. Vielmehr richte ich mich ganz auf die Gegebenheitsweise meines 'Sehfeldes', so wie ich es auch objektiv nachzeichnen würde, wollte ich darstellen, wie mir die Dinge meiner Umgebung erscheinen. Ich weiß ja – sei es als Psychologe oder als Zeichner – daß sich die anschaulich gegebenen Dinge und ihr Raum, in dem sie sich befinden, auf meiner Netzhaut oder einer anderen frontal-parallelen Fläche nach Maßgabe projektivischer Gesetze projizieren: verkürzt, fliehend, verzerrt. Auf diese projektivische Gegebenheitsweise meiner Seh-Dinge blicke ich hin, wenn ich – in der Terminologie Gibsons – nicht auf meine visuelle Welt, sondern auf ein 'visuelles Feld' gerichtet bin. Die Schwierigkeiten, die diese Umstellung zu Beginn bieten, lassen sich beheben, wenn man sich zeitweilig der Hilfsmittel des Visierens bedient. Bald sehe ich in der Tat, daß der Raum, in dessen Ecke ich sitze, kaum einen rechten Winkel und kaum ädquidistante Parallelen aufweist. Die Vorstellung, man blicke auf eine Darstellung seines eigenen Zimmers, hilft der Umstellung auf die neue Sichtweise wesentlich, wie überhaupt nach einiger Übung der Wirklichkeits-Charakter (Gegenständlichkeit, 'Bedeutung') des Wahrgenommenen völlig zurücktritt, bis man schließlich das der experimentellen Psychologie wohlvertraute visuelle Feld vor sich hat, das sich wohl in jeder wesentlichen Hinsicht von der visuellen Welt

(gleicher objektiver Grundlage) unterscheidet...Gegenüber dem Wirklichkeitscharakter meiner gegenständlichen, sinnvollen Welt setzt sich das etwas unwirklich-scheinhafte visuelle Feld aus Gestalten, Farben und Größen zusammen, die mehr sinnlich zu gewahren als im vollen Sinne des Wortes wahrzunehmen man vermeint" (Graumann 1960, 120 ff.).

3.2.2 Beobachtungen bei hirngeschädigten Menschen mit Agnosien

Die gegenseitige Verbindung von „sinnlichem" und „sinnhaftem" Gehalt in der Wahrnehmung wird besonders in pathologischen Fällen einer vorliegenden Agnosie bzw. in der abgeschwächten From einer Dysgnosie deutlich. Darunter wird eine „Störung des Erkennens trotz intakter Funktionen der Sinnesorgane, der Intelligenz und des Bewußtseins" (Scharfetter in Arnold/Eysenck/Meili 1976, 38), bzw. der „Ausfall der höheren Funktionen des Erkennens auf den verschiedenen Sinnesgebieten verstanden, im Unterschied zu einfachen Wahrnehmungsstörungen (etwa Schwerhörigkeit, Schwachsinnigkeit)" (Zetkin/Schaldach 1974, 28).
Bei der akustischen Agnosie oder auch „Seelentaubheit" handelt es sich um die Unfähigkeit, empfundene Geräusche zu identifizieren. Ein Hundebellen wird „gehört", aber nicht als solches erkannt; oder bestimmte Wörter werden als sinnlose Buchstabenfolge „perzipiert", während ihre semantische Seite in Form einer Entfremdung des Wortsinnes und im Fehlen der Gegenstandsbezogenheit gestört ist. „Wenn man vor einem solchen Kranken, der die Augen geschlossen hat, ein Stück Holz sägt, einen Schlüsselbund schüttelt oder mit einer Fahrradklingel läutet, wird er erklären: 'Ich habe wohl etwas gehört, weiß aber nicht, was es war'" (Delay/Pichot 1973, 62).
Die optische (visuelle) Agnosie oder auch Seelenblindheit ist dadurch gekennzeichnet, daß Dinge und Personen sowie ihre Merkmale und Abbildungen trotz Intaktheit der Sehschärfe nicht erkannt bzw. wiedererkannt werden können. Bei der taktilen Agnosie (Stereoagnosie, Astereoagnosie) oder Tastlähmung können trotz vorhandener Berührungs-, Schmerz-, Temperatur- und Bewegungsempfindung Gegenstände nicht identifiziert werden. Zu dieser Art von Agnosie rechnet Luria (1970, 186) Fälle, „bei denen der Patient zwar einzelne Berührungen anscheinend relativ deutlich empfand, jedoch unfähig war, eine Figur oder eine Ziffer zu erkennen, die man ihm auf die Haut zeichnete, und auch die Berührung nicht deutlich zu lokalisieren bzw. ihre Richtung anzugeben wußte...Wenn man einem solchen Kranken irgendeinen Gegenstand in die Hand gibt, ist er wohl in der Lage, Form, Ausmaße, stoffliche Beschaffenheit usw. genau zu analysieren, aber er kann nicht unmittelbar angeben, um welches Objekt es sich handelt" (Delay/Pichot 1973, 61).

Weitere Hinweise auf spezielle Formen von A- und Dysgnosien und auf mögliche Ursachen sind zu finden bei Luria 1970, 134-186; Delay/Pichot 1973, 59-62 oder Williams 1978, 49-63.

Zusammenfassend ist zu diesen Befunden zu sagen, daß Verletzungen (Läsionen) bestimmter Regionen im Gehirn zu Beeinträchtigungen in der Wahrnehmung und dazu führen können, daß nur noch „äußere" bzw. figurale Merkmale der betreffenden Gegenstände unterschieden werden können, während die Erfassung ihrer Bedeutungen, also der Vorgang der sinngebenden Verarbeitung gänzlich fehlt bzw. mißlingt oder aber stark eingeschränkt ist.

3.2.3 Beobachtungen bei operierten Blindgeborenen und „Wildkindern"

Spitz (1976, 59) berichtet über Untersuchungen und Beobachtungen, die von Senden (1932) an 63 blind zur Welt gekommenen Versuchspersonen machte, die im Alter zwischen neun und dreiundvierzig Jahren an ihrem angeborenen grauen Star operiert worden waren. Es stellte sich heraus, daß die Patienten nach der Operation zwar wieder ihr „Sehvermögen" erlangt hatten, aber dennoch nicht „visuell wahrnehmen", d.h. ihre Umwelt erfassen und verstehen konnten. Bisher hatten sie durch den Gebrauch nicht-visueller Sinnesmodalitäten wie Hören, Fühlen und Riechen „einen reichhaltigen Kode bedeutungserfüllter Sinneseindrücke erworben, das heißt bedeutungserfüllter Zeichen und Signale, mit deren Hilfe sie sich orientieren konnten. Nach der Operation aber strömten auf massive Weise vielfältige und fremde Reize, die nicht in bedeutungsvolle Signale umgewandelt werden konnten, auf die Patienten ein, verwirrten sie und störten beim „Gebrauch des bestehenden sinnvollen Signalkodes, der bis dahin ihre Welt bedeutet hatte".

Diesen Sachverhalt verdeutlicht folgendes Zitat über einen 18-jährigen Mann, von dem von Senden (zit. bei Spitz 1976, 74) berichtet: „Als der Patient am dritten Tag nach der Operation zum ersten Mal die Augen öffnete, fragte ich ihn, was er sähe; er antwortete, daß er ein ausgedehntes Feld von Licht sähe, in dem alles verdreht, durcheinander und in Bewegung erscheine. Gegenstände konnte er nicht unterscheiden". Es zeigt sich weiterhin, daß der Mann wie auch die anderen Patienten in einem mühevollen Prozeß, der sich zeitlich über Monate und Jahre erstreckte, „sehen lernen" mußten. Ähnliche Ergebnisse sind nach Angaben von Lindesmith/Strauss (1974, 195) an Schimpansen und an Ratten gewonnen worden. „Daten dieser Art weisen darauf hin, daß Wahrnehmung die Interpretation von physischen Reizen einschließt. Bedeutungen sind in letzteren nicht inhärent, sondern müssen aus der Erfahrung herauswachsen".

Eine ähnliche Situation wie für operierte Blindgeborene ergab sich vermutlich für sogenannte „Wild"- oder „Waldkinder", die viele Jahre ihres Lebens von der menschlichen Zivilisation isoliert in Wäldern oder in der Wildnis lebten und mit einem Mal vor das Problem gestellt wurden, die „menschliche Welt" wahrnehmen und sich in ihr orientieren zu müssen. Der wohl glaubwürdigste und systematisch am besten beobachtete Fall stellt „Victor, das Wildkind von Aveyron" (Itard 1965) dar. Dieser Junge verbrachte vermutlich viele Jahre völlig einsam, d.h. ohne Beziehungen zu Menschen in Wäldern und wurde erst im Jahre 1800 im Alter von ungefähr elf Jahren unter Menschen gebracht.
Trotz der Ausreifung und Funktionstüchtigkeit der Sinnesorgane war dieser Junge weitgehend unfähig, seine „neue Welt" mit all ihren im Laufe der kulturellen Entwicklung geschaffenen Gebrauchsgegenstände wahrnehmend zu erkennen, obwohl er andererseits ihm aus der Wildnis vertraute Wahrnehmungsgegebenheiten schnell und präzise erfassen und darauf reagieren konnte. Dies veranschaulicht folgender Auszug aus Itards (1965, 45 f.) Beobachtungen über Victors Gehörsinn: „ Er benützte dieses Organ nicht, um die Kombination und Artikulation der Töne zu unterscheiden, vielmehr war es ein einfaches, individuelles Mittel, um ihn vor dem Nahen eines gefährlichen Tieres zu warnen oder das Herabfallen einer Wildfrucht anzuzeigen. Auf diese Dinge beschränkte sich das Gehör ohne Zweifel, wenn man es nach dem beurteilt, wie wenig oder gar nicht er auf Töne und Geräusche antwortete, die ihn nicht interessierten, und die hervorragende Sensibilität, die er andererseits bezeugte für Geräusche, die für ihn eine Bedeutung hatten. Wenn man von ihm nicht gesehen wurde und ganz leise eine Kastanie oder eine Nuß ausschälte, wenn man nur den Schlüssel berührte, mit dem man ihn im Zimmer eingeschlossen hielt, verfehlte er nie, sich brüsk umzudrehen und dorthin zu laufen, wo das Geräusch herkam".
Leider wurde Victors „besondere" umwelt- und erfahrungsbedingte Ausrichtung seiner Wahrnehmung bzw. die Ausbildung individueller Bedeutungsmuster und -strukturen von Itard nicht ausreichend wahrgenommen, gewürdigt und genutzt. Dessen erzieherische Bemühungen waren einseitig darauf gerichtet, den Jungen an die Normen der Gesellschaft anzupassen.

3.2.4 Soziale Wahrnehmung

Auch bei der Wahrnehmung von Mitmenschen und sozialen Handlungsabäufen wird deutlich, daß zwischen dem Erkennen äußerer, figuraler Merkmale wie gestischen und mimischen Ausdrucksqualitäten, Bewegungen, Kleidung, Geschlecht oder Statussymbolen und dem, was sie inhaltlich aussagen und bedeuten, unterschieden werden muß. Die Tatsache, daß eine Person in einer Gruppe das Gesicht zur Seite wendet, ist – isoliert gesehen –

als Wahrnrhmung der Bewegung eines Kopfes von Punkt A nach B zu beschreiben und bleibt als „bloßes" Registrieren einer solchen Bewegung sinnlos, wird aber bedeutungsvoll, wenn man dieses Verhalten als Ausdruck von Desinteresse, Ekel oder „Schutz suchen" vor etwas im Rahmen einer konkreten Situation erfaßt. So kann ein stark geöffnetes Auge – innerhalb eines situativen Kontextes – unterschiedlich interpretiert werden als Ausdruck von Erstaunen und momentaner Freude oder aber von Entsetzen, Angst oder sexuellem Begehren. Dabei lernt der Mensch im Laufe seiner Entwicklung in zahlreichen Interaktions- und Kommunikationsprozessen, solchen „personalen Momenten" Bedeutung zuzuweisen, bzw. solche Merkmale und Merkmalskombinationen bestimmten Ausdrucksschemata zuzuordnen.
Während bei Fröhlich/Drever (1978, 289) soziale Wahrnehmung als „Bezeichnung für die Eigenarten des Wahrnehmens sozialer Gegebenheiten, Mitmenschen oder Gruppen (und) Bezeichnung für das Wahrnehmen von Verhaltensweisen die – Ausdruckserscheinungen ähnlich – etwas über Einstellung, Gefühl oder Absichten eines Menschen erkennen lassen" steht, bevorzugt Jahnke (1975, 11) die Bezeichnung „interpersonale Wahrnehmung". Diese hat „der sozialen Interaktion von Wahrnehmungssubjekt und -objekt Rechnung zu tragen und von der 'Reziprozität der Perspektiven' auszugehen. Beide Interaktionspartner sind zugleich Subjekt und Objekt, auch nehmen sie sich gegenseitig unter diesem Doppelaspekt wahr: Ich erkenne den anderen als einen mich Wahrnehmenden". Bei der interpersonalen Wahrnehmung handelt es sich nach Jahnke daher um das eigentlich relevante Gebiet der Wahrnehmungspsychologie, denn es erscheint ihm „schon vom pragmatischen Standpunkt aus sinnvoller, sich mit der Eindrucksbildung über Personen, mit Urteils- und Vorurteilsforschung u.a. zu befassen, als mit Problemen der Farb- und Formwahrnehmung oder irgendwelchen Konstanzphänomenen" (9).

3.3 Handlungsbezogene und systemische Aspekte

Die Wahrnehmungstätigkeit im Dienst einer Orientierungsaufgabe, der Lösung eines perzeptiven Problems enthält als „suchender und untersuchender Wahrnehmungsvollzug ein Moment der Analyse und Synthese, allerdings nicht in Form losgelöster gedanklicher Operationen, sondern mehr oder weniger gebunden an Akte wirklicher Ortsveränderung, seien es Lokomotionen des Wahrnehmenden, seien es Lageveränderungen der Wahrnehmungsgegenstände zueinander oder in bezug auf die Position des Wahrnehmungsobjektes" (Holzkamp 1976, 29). Wahrnehmung ist also nicht lediglich passives Aufnehmen, sondern vielmehr Bestandteil der aktiven Lebenstätigkeit des Menschen und hat Tätigkeitscharakter [vgl. die Untersuchungen von Jahnke (1975) über „interpersonale“ Wahrnehmung; von Spitz (1973, 1976) über den „Dialog“ und von Piaget (1969; 1974, 1977) über „Sensomotorik“]. Das Individuum ist dabei nicht nur motorisch aktiv, sondern sein Wahrnehmen ist Teil einer umfassenderen Organisation des Handelns. Dies soll durch Äußerungen und Stellungnahmen einer Reihe von Sozialwissenschaftlern belegt werden.

Der Biologe **von Uexküll** (1934) vertrat als erster die Auffassung, daß jedes Lebewesen in seiner spezifischen, subjektiven „Umwelt“ – gegenüber einer physikalisch-chemischen Totalwirklichkeit – lebt. Entsprechend einem „Bauplan“ bzw. der diesem zugehörigen Organe und entsprechend den Lebensnotwendigkeiten der betreffenden Gattung nimmt das Subjekt in der ihr zugehörigen „Merkwelt“ und „Wirkwelt“ nur das für ihn funktional Bedeutsame wahr. Von Uexküll demonstriert anschaulich, wie falsch es wäre, anzunehmen, andere Lebewesen – insbesondere Tiere niederer Ordnung – würden die Welt so wahrnehmen, wie wir dies tun. So schrumpft z.B. die Welt bzw. die Wahrnehmung der Zecke im Rahmen der Selbsterhaltung auf eine Umwelt zusammen, in der insgesamt nur drei Reize bzw. Signale beachtet werden, d.h. bedeutungsvoll sind: als Reaktion auf Lichtsignale klettert die Zecke auf die Spitze eines Astes, der Duft von Buttersäure eines herankommenden Säugetieres wirkt als Reiz, sich herabfallen zu lassen, und wenn sie ihre Beute nicht verfehlt und eine haarfreie Stelle erreicht hat, löst die Wärme der Haut die Reaktion aus, sich in diese einzubohren und voll Blut zu saugen. Alle anderen Merkmale und Gegebenheiten der reichhaltigen Welt bleiben unbeachtet, werden nicht wahrgenommen. In der Welt der Zecke gibt es nur solche bedeutungshaltigen „Zeckendinge“, in der Welt der Libelle gibt es nur „Libellendinge“, in der Welt des Hundes nur „Hundedinge“. Sieht ein Hund z.B. einen Bleistift, so unterscheidet sich diese Wahrnehmung von der des Menschen, insofern der Bleistift nicht in seiner gesellschaftlichen Zwecksetzung als Instrument zum Schreiben aufgefaßt wird, sondern vermutlich als etwas zum Beißen, zum Apportieren oder als Spielding.
Von Uexküll (1934, 95 f.) verdeutlicht am Beispiel einer Eiche, wie ein und dasselbe Subjekt als Objekt in verschiedenen Umwelten wahrgenommen werden kann. So ist in der Umwelt des Försters die zu fällende Eiche nichts anderes als eine „Klafter Holz“, für den Fuchs ist sie zu einem festen Dach geworden, das ihn und seine Familie vor den „Fährnissen der Witterung schützt“, der Eule dienen die Äste als „Schutzwand“, für das Eichhörnchen gewinnt sie einen „Kletterton“ und für den Singvogel einen „Tragton“.

Rothacker (1948, 161) überträgt diese Theorie auf den Menschen, zwar mehr anekdotisch als systematisch, dennoch ergeben sich auch hier aufschlußreiche Gesichtspunkte für das Verständnis menschlicher Wahrneh-

mung. „Wie machen wir es, um dem Stuhl das Sitzen, der Tasse das Trinken, der Leiter das Klettern anzusehen, was in keinem Fall sinnlich gegeben ist? Wir sehen allen Gegenständen, deren Benutzung wir erlernt haben, die Leistung an, die wir mit ihnen ausüben, mit der gleichen Sicherheit wie Form oder Farbe" (1934, 59). Diesen Sachverhalt verdeutlicht von Uexküll durch folgende Begebenheit: „Ich hatte eine jungen, sehr intelligenten und gewandten Neger aus dem inneren Afrikas nach Daressalam mitgenommen. Das einzige, was ihm fehlte, war die Kenntnis europäischer Gebrauchsgegenstände. Als ich ihn aufforderte, eine kurze Leiter zu ersteigen, fragte er mich: 'Wie soll ich das tun, ich sehe nur Stangen und Löcher?'" Sobald ihm das Emporklettern vorgemacht worden war, konnte er es ohne weiteres nachmachen. Von nun an hatten für ihn die sinnlich gegebenen Stangen und Löcher einen „Kletterton" erhalten und wurden überall als Leiter erkannt.
Der Mensch lernt also nach von Uexküll Gegenstände wahrnehmen, indem er die ihnen entsprechenden Leistungen und Handlungen vollzieht, so daß das „Merkbild" des Gegenstandes (sein figuraler Charakter) einen „Wirkton" (eine Bedeutung) erhält. Rothacker (1948, 157) übernimmt – wenngleich in einer kritischen Haltung – von von Uexküll die Entsprechung von „Bauplan" und „Umwelt" und wendet diese in einer modifizierten Form auf den Menschen als „Kulturwesen" an: „Alle Menschen und alle Kulturen leben in ihrer, ihrem Sosein streng korrelativen Umwelt". Diese Auffassung weist auf die Selektivität der menschlichen Sinnesorgane hin, die „eine Auswahl aus dem unerschöpflich reichen Wirklichkeitsstoff" (ders. 1948, 162) treffen und somit für die einzelnen Individuen konkrete Umwelten schaffen. Die Form des Wahrnehmens bzw. die Auswahl von Wahrnehmungsinhalten wird bestimmt durch eine „innere Anteilnahme des Organismus", durch einen „Lebenszug": „Der Organismus wie der Mensch nimmt ausschließlich biologisch oder existentiell Bedeutsames wahr" (ders. 1948, 162). Diese Auffassung wird besonders deutlich ausgedrückt in seinem „Satz der Bedeutsamkeit": „Nur was mich angeht, was mir 'etwas' 'ist', d.h. bedeutet, was mein Interesse weckt, was mein Sein berührt, was mir beachtenswert, dann merkenswert, schließlich der weiteren Schritte sprachlicher und gedanklicher Aneignung wert erscheint, wissenswert und wissenswürdig, das findet überhaupt Eingang über diese erste und elementarste Schwelle in meine Welt. Nur was in den Lichtkegel dieses elementaren Anteilnehmens getreten ist (sei es, daß ich es suche, sei es, daß es meine Beachtung erzwingt), kann im höheren Sinne erkannt und bewußt angeeignet werden" (Rothacker 1934, 99). Der Aufbau der Wahrnehmungswelt und die Korrelation von Mensch und Umwelt ergibt sich für ihn aus der Wechselwirkung, in welcher unser Handeln zu unserer Welt steht. „So handhaben, leben, tätigen wir Welt und erschließen dabei (in den zahlreichen Gradabstufungen

dieses Könnens) von ihr genau so viel, als sich unserer jeweiligen subjektiven Zuständlichkeit eröffnet" (Rothacker 1934, 87).

Gehlen (1950, 1961) stellt in kritischer Absetzung von der von Uexküll aufgestellten These der Umwelt-Gebundenheit des durch angeborene Instinkte weitgehend festgelegten und eingeschränkten Tieres die „Welt-Offenheit" des „nicht-festgelegten Kulturwesens Mensch" entgegen. Diese Weltoffenheit ist u.a. bedingt durch die Sonderstellung des Menschen in der Natur – durch seinen Mangel an Instinktgebundenheit – und hat zur Folge, daß er ein „Kultur- und Lernwesen" (1961, 19 ff.) ist, das sich die Welt erst handelnd aneignen muß. „Der fast völlige Mangel instinktgeladener, hochspezialisierter Organe, die Welt als unbestimmt unendlich offene Sphäre seiner Existenz und die Notwendigkeit, unabhängig wählend und stellungnehmend zu leben, also zu handeln – dies sind nur verschiedene Seiten derselben menschlichen Grundsituation, und diese Welt, die nicht wie die Umwelt des Tieres durch eine höhere Weisheit den Instinkten befreundet ist, muß der Mensch sich ebenfalls in allen Einzelheiten erst deuten, aneignen und tätig aneignen", und dies sind Leistungen, „die die angestrengte Arbeit von Monaten und Jahren des ersten Kindesalters voraussetzen..." (1961, 33). Somit ist unsere Wahrnehmungswelt „durch und durch Resultat menschlicher Eigentätigkeit" (1950, 41). Dabei gewinnen die Eigenschaften von Gegenständen, ihre figuralen Merkmale, den Charakter von „Erfahrungssymbolen", indem sie uns die Verwendbarkeit der Dinge anzeigen und uns somit entlasten „von der Belastung dauernd zu wiederholender Elementarerfahrungen" und uns frei machen „für die Verwendung der Dinge" (1961, 36).

Somit befinden wir uns nach Gehlen (1961, 49) in einer „optisch völlig übersehbaren Welt..., deren Einzelheiten uns zwar durch Gestaltumrisse, Farbwerte, Größendifferenzen, Abschattungen, Verkürzungen usw. angedeutet (symbolisch gegeben) sind, jedoch so, daß uns die Umgangs- und Gebrauchswerte rein optisch mitgegeben werden...".

Auch die Theorie des **„symbolischen Interaktionismus"**, die im wesentlichen auf die Philosophie des amerikanischen Pragmatismus und auf die behaviouristische Sozialpsychologie von G. H. Mead (1980) zurückgeht, versucht soziales Handeln auf der Grundlage eines sinnhaften Wahrnehmens und Denkens der sozialen Wirklichkeit zu erklären. „Interaktion vollzieht sich in Situationen, die von der an ihr Beteiligten definiert werden unter Einsatz der von ihnen geteilten, aber auch von zwischen ihnen nicht geteilten Bedeutungen, und der Ablauf von Interaktion hängt von dem Prozeß der Definition von Situationen ab. Der Handelnde reagiert nicht auf das Handeln anderer wie auf einen Reiz ..., sondern deutet das Handeln des

anderen vor und in seinem Antworthandeln, unter Einsatz des ihm verfügbaren Bedeutungspotentials" (Matthes 1973, 208 f.).
Auch Lindesmith/Strauss (1974, 193 ff.) weisen darauf hin, daß „psychische Prozesse ihrer Natur nach symbolisch und sozial sind. Wahrnehmen und Erinnern entstehen in Verbindung mit der sozialen Erfahrung und sind in ein komplexes Kommunikationsnetz verwickelt. Es sind wesentliche Aspekte menschlichen Handelns....Bisweilen ist die Person wirklich untätig und läßt Reize passiv auf sich eindringen, aber gewöhnlich ist sie in irgendeiner Tätigkeit engagiert. Was bemerkt wird und wie es verstanden wird, wirkt dann wieder auf den Verlauf der Handlung zurück. Indem die Handlung in neue Phasen eintritt, werden neue Arten von Zeichen gesucht und bewertet. Die Richtungen der Aktivität unterliegen einem typischen Wechsel und erstrecken sich über bestimmte Perioden, zum Beispiel wenn ein Individuum damit beschäftigt ist, ein Haus zu kaufen, Urlaubspläne zu machen oder einen Garten anzulegen...Als rein physikalische Ereignisse betrachtet, werden uns Stimuli durch unsere Umgebung präsentiert, und sie verändern sich in keiner Weise, indem sie benannt, klassifiziert oder interpretiert werden. Sie werden jedoch zu Schlüsselreizen, wenn man die Aufmerksamkeit auf sie richtet oder auf sie reagiert. Das Individuum lernt, die Reize auszuwählen und zu verstehen, die für seine Handlungen und Interessen bedeutungsvoll sind, und andere zu ignorieren oder für gegeben zu nehmen".

Aus **phänomenologischer** Sicht erfährt der Aspekt Wahrnehmung einen wichtigen Stellenwert innerhalb der Erkenntnistheorie und der Lehre von Bewußtsein und Sinnstiftung beim Menschen. Für die von dem Philosophen Husserl entwickelte Phänomenologie ist jede Art von Wirklichkeit zunächst Erscheinung für ein intentionales Bewußtsein, also Bewußtsein von etwas im Erleben des einzelnen Menschen. Gegenüber einem kausalanalytischen vorgehenden, wissenschaftlich-rationalen Erkenntniskonzept geht es hier darum, die „präreflexiven Sinnfundamente menschlicher Erkenntnisse zu erhellen..., im teilnehmenden Erkennen ein Verstehen menschlicher Weltverarbeitung (zu leisten)" (Mattner/Gerspach 1997, 62).
Vertreter einer anthropologisch bzw. phänomenologisch orientierten Sonder- bzw. Heilpädagogik (vgl. Pfeffer 1988, Fornefeld 1989; 1995; 1997; Dreher 1996) berufen sich vor allem auf die grundlegenden philosophischen Arbeiten von Merleau-Ponty (1974). Dieser lehnt die objektive Welt des Empirismus, den Glauben „an die 'Welt' als Wirklichkeit an sich" (50) ab und kritisiert eine empiristisch ausgerichtete Erkenntnistheorie und Forschung, die lediglich äußere Prozesse hinsichtlich der Wahrnehmung figuraler Aspekte der Wirklichkeit zu untersuchen und zu beschreiben in der Lage ist, nicht aber zu begründen vermag, wie der Mensch sinngebend wahrnimmt und warum er darauf aufbauend sich auf der Grundlage inten-

tionaler Bezüge und in lebendiger Kommunikation mit und in seiner Welt immer subjektiv sinn- und zweckvoll verhält. Jegliches menschliches Verhalten, auch unsere Wahrnehmung, ist, wie Merleau-Ponty es ausdrückt, durchdrungen „von einem 'intentionalen Bogen', der um uns her unsere Vergangenheit, unsere Zukunft, unsere menschliche Umwelt, unsere physische Situation... entwirft, oder vielmehr es bewirkt, daß wir in all diesen Beziehungen situiert sind. Dieser intentionale Bogen ist es, der die Einheit der Sinne, die Einheit der Intelligenz und die Einheit von Sinnlichkeit und Motorik ausmacht" (164).

„Intentionalität" meint dabei die dialektische Verbindung bzw. Verschränkung von Mensch und Welt, in ihrer gegenständlichen wie sozialen Wirklichkeit. Was mit intentionalem Gegenstand gemeint ist, veranschaulicht Merleau-Ponty (1974,148): „Sowie es Bewußtsein gibt, muß es ein Etwas geben, wovon es Bewußtsein ist, einen intentionalen Gegenstand, und es kann sich auf diesen Gegenstand nur beziehen, indem es sich 'entwirklicht' und ganz in ihn verlegt, wenn es gänzlich aufgeht in dieser Beziehung auf etwas, wenn es reiner Akt des Bedeutens ist. Ist es nicht mehr definiert durch diesen reinen Akt des Bedeutens, so fällt es sogleich in den Zustand des Dinges zurück, des Dinges, das eben das ist, was nicht erkennt, was in absoluter Unwissenheit seiner selbst und der Welt ruht, was folglich kein wahrhaftes 'Sein', nämlich 'Für-sich' ist, sondern allein seine raum-zeitliche Individuation hat, die Existenz-an-sich". Dabei ist der Mensch von Anfang an, also ab seiner Geburt, sobald er der gegenständlichen und sozialen Wirklichkeit begegnet, mit ihr in Kontakt tritt, sinnkonstitutiv tätig, oder wie es Merleau-Ponty (1974, 15) ausdrückt, „verurteilt zum Sinn".

Fornefeld (1997, vgl. auch 1989; 1995; Pfeffer 1988) stellt derzeit in der Sonderpädagogik eine Renaissance und Aktualisierung einer hermeneutisch-phänomenologischen Sichtweise fest, mit einem verstehend-reflektierenden Zugang zu schulischen Phänomenen. Im Mittelpunkt steht der einzelne Mensch, in seinem Gegenübersein zur Welt, in einem einzigartigen Wechselwirkungsverhältnis, in einem dialogischen Geben und Nehmen, in dem „Sinn" eine zentrale Kategorie, ein Existential darstellt. Wahrnehmen wird in der Doppelbedeutung von „Erkenntnis und Wahrnehmung" zugleich betrachtet; in bezug auf schwerstbehinderte Menschen und deren besonderen Abhängigkeit von anderen (Hahn) eröffnen sich für sie Fragen, „wie der Mensch in der Welt Sinn stiftet und wie Sinn durch Erziehung vermittelt wird" (26), wie den uns fremd erscheinenden Verhaltensweisen von Menschen mit schwerster Behinderung Sinn zu entnehmen ist, welcher subjektive Sinn sich dahinter verbirgt und wie eine Lernwelt zu schaffen ist, die zu sinn-entnehmendem Lernen befähigt. Die „Frage nach dem Sinn" beschreibt sie am Beispiel eines kleinen Kindes, das auf vielfältige Art und Weise mit einem Löffel „in lebendiger Erfahrung" hantiert, zweckfrei und im eigenen subjektiven Sinne, noch ohne die Bedeutung des Löffels als Instrument der Nahrungsaufnahme zu erfahren und zu kennen. Dabei korrespondieren „Sinn“ und „Sinne“. Im vielfältigen Umgang verändert sich der Sinn des Löffels, in dem Maße, wie sich der Bezug zum Löffel ändert. Die phänomenologische Betrachtungsweise weist darauf hin, daß Gegenstand und Mensch nicht isoliert einander gegenüberstehen, „sondern daß das Gegenüber des Menschen immer auch ein Gegenüber der tausendfachen menschlichen Zuwendung ist und daß diese Zuwendung das Gegenüber mit bestimmt...Der Sinn ergibt sich aus der Bezogenheit von Mensch und Gegenstand“ (30 f.). Dabei rückt sie die vor-rationalen Bedingungen kindlichen Seins und kindlicher Selbstentfaltung in die pädagogische Diskussion, als ergänzendes und vertiefendes Verständnis z.B. zur Piaget'schen Entwicklungs- und Erkenntnistheorie. Am Beispiel eines blinden, sich selbst stimulierenden, von außen kommende Stimulationsangebote ablehnenden Felix entwickelt sie aus einer phänomenologischen Sichtweise die Bedeutung von „Sinn“. Dieser sei lebensimmanent, Resultat des Verhältnisses zur Welt bzw. Wirklichkeit, unter Maßgabe seiner Leiblichkeit. Verhaltensstörungen beschreibt sie folgerichtig als „seine ureigene Weise, die Welt zu deuten und sich in einer Welt selbst zu bezeugen, die ihm subjektiv gesehen keine andere Möglichkeit der Zuwendung bietet“ (27). Die Schwerstbehindertenpädagogik müsse sich mit der Übernahme subjektiven Sinns seitens der Schüler auseinandersetzen und dies „als zentrale pädagogische Kategorie erkennen“ (28). Voreilige curriculare Angebote von außen würden häufig nur auf eigenen Welterfahrungen und subjektiven Deutungen der Lehrperson beruhen.

Auch der **wissenstheoretische** Ansatz in der Soziologie weist auf einen Sinnbezug von Wahrnehmung und Handeln hin. Hier artikuliert sich die Lebenswelt in kulturell bestimmten und differentiell verteilten Bedeutungszusammenhängen und steht dem einzelnen Individuum nicht einfach gegenüber, sondern ist immer schon eine verstandene, d.h. interpretierte Welt: „..the social world ist not essentially structureless. It has a particular meaning and relevance structure for the human beings living, thinking, and acting therein. They have preselected and preinterpreted this world by a series of common-sense constructs of the reality of daily life, and it is these thought objects which determine their behaviour, define the goal of their action, the means available for attaining them – in brief, which help them to find their bearings with in their natural and sociocultural environment and to come to terms with it“ (Schütz 1967, 5 f.).
Darauf aufbauend zeigen Berger/Luckmann in ihrer Analyse der Alltagswelt und der Auffassungsformen der in ihr lebenden Menschen, daß Wahrnehmung immer gesellschaftlich vermittelt ist, so in ihrer wissenssoziologischen Abhandlung „Die gesellschaftliche Kontruktion der Wirklichkeit“ (1980).

Auf dem unausschöpflichen Hintergrund einer „offenen Welt“ entstehen und existieren eine Vielfalt von Wirklichkeiten, in denen Menschen leben. Dabei richten die Autoren ihr Hauptinteresse auf die Alltagswelt, denn „die theoretischen Definitionen von ‘Wirklichkeit’ beziehungsweise Realität... erschöpfen das nicht, was für den gesellschaftlichen Jedermann ‘wirklich’ ist“ (1980, 16). Diese Alltagswelt breitet sich aus als eine Wirklichkeit, die den Menschen sinnhaft gegenüber tritt. Sie erscheint bereits objektiviert, „das heißt konstituiert durch eine Anordnung der Objekte, die schon zu Objekten deklariert worden waren, längst bevor ich auf der Bühne erschien“ (1980, 24). Diese Objektivierung bedeutet aber nicht, daß die Alltagswelt von allen Menschen gleich wahrgenommen würde, denn diese Wirklichkeit muß erst in Besitz genommen bzw. angeeignet werden. Dies geschieht nach Berger/ Luckmann (1980, 139 ff.) durch den Prozeß der Internalisierung, d.h. durch „das unmittelbare Erfassen und Auslegen eines objektiven Vorgangs oder Ereignisses, das Sinn zum Ausdruck bringt, eine Offenbarung subjektiver Vorgänge bei einem anderen also, welche auf diese Weise für mich subjektiv sinnhaft werden“. Der Prozeß, der dies zustande bringt, ist die Sozialisation, die eine grundlegende und allumfassende Einführung des Individuums in die objektive Welt bzw. Teilwelt einer Gesellschaft darstellt. Die Wirklichkeit, die das Kind auf diese Weise erfährt und wahrnehmen lernt, wird ihm dabei von anderen Personen, denen es anvertraut ist, vermittelt. Diese Vermittlung wiederum hat zwangsläufig eine Kanalisation bzw. Einschränkung seiner Wahrnehmungskompetenz zur Folge, denn seine Bezugspersonen „wählen je nach ihrem eigenen gesellschaftlichen Ort und ihren eigenen biographisch begründeten Empfindlichkeiten Aspekte aus“ (1980, 141).

Geulen (1977) sieht Wahrnehmung im Rahmen und als Teil einer übergreifenden Struktur von Handlungsorientierung und – fähigkeit, wobei die „Wahrnehmung einer Situation“ neben den Schritten der „Zielsetzung“ und „Konzeption der Mittel“ (Denken, Problemlösen, Wissen und kreatives Umstrukturieren) den ersten Schritt in dieser Struktur darstellt. Wahrnehmung wird definiert als das „intellektuelle (kognitive) Erfassen einer objektiv gegebenen Realität“ (177), wobei das, was wahrgenommen wird, strukturiert ist, in bestimmten Beziehungen zueinander steht und eine Bedeutung hat. Dies führt Geulen (1977, 177f.) zur Annahme eines „subjektiven Vorverständnisses“, das er als ein „Verständnis der Situation als Ganzes, aus dem bestimmte Erwartungen über typische Gegenstände und Ereignisse abgeleitet werden“, beschreibt. Dieses subjektive Vorverständnis gliedert sich in die Ebenen des „konkreten Wissens“ (als Erwartungen über bestimmte Wirklichkeitsbereiche) und der „kategorischen Bedingungen“ (mit der Aufgabe der Organisation von Wahrnehmungs- und Wissensdaten) und steht wiederum in Bezug „zu einer zweiten subjektiven Bedingung von Wahrnehmung, der Realitätsprüfung“ des Vorverständnisses. Dieser Zusammenhang soll durch die folgende Skizze veranschaulicht werden:

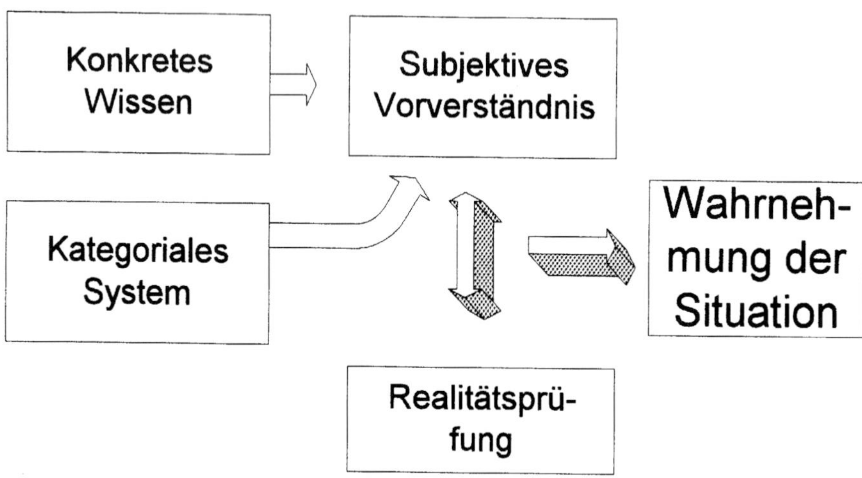

Abb. 21: Wahrnehmung im Rahmen und als Teil menschlichen Handelns (Geulen 1977)

Unter dem kategorialen System versteht Geulen allgemeine Kategorien, die losgelöst von einem vorliegenden konkreten Einzelexemplar eines Gegenstandes prinzipiell unabhängige Qualitäten beschreiben. Die Einordnung eines wahrgenommenen Gegenstands oder Ereignisses in eine solche Kategorie bzw. unter einen Begriff erlaubt es, diesen mit anderen Erscheinungen zu vergleichen und als gleich oder unterschiedlich einzustufen. Sie erfolgt über die Feststellung bestimmter Merkmaldimensionen, wobei zwischen wesentlichen und unwesentlichen Eigenschaften unterschieden werden kann (so ist z.B. die Farbe für die Definition bestimmter Tierarten von größerer Bedeutung als für die Kategorisierung von Kleidungsstücken). Ein besonderes Gewicht kommt dabei der Sprache zu.
Auch das konkrete Vorwissen über einen bestimmten Umweltausschnitt beeinflußt den Prozeß der Wahrnehmung. Wenn man z.B. in einer fremden Stadt ein bestimmtes Gebäude erreichen möchte, reicht die Aktivierung von Begriffskategorien wie Straße, Kreuzung oder Verkehrsmittel zur Orientierung nicht aus. Hier ist es erforderlich, über ein situationsspezifisches Wissen zu verfügen bzw. ein solches einzuholen, wobei die vorhin genannten

Begriffsschemata als Voraussetzung dienen können. Da unser Vorverständnis von Realität nicht immer und in jeder Situation ausreichend und zutreffend ist, hält es Geulen für notwendig, neben den Funktionsbereich des Vorverständnisses den der Realitätsprüfung zu stellen, mit dem Ziel, in einem fortlaufenden Prozeß das Vorverständnis möglichst vollständig der Realität anzugleichen und wenn notwendig zu revidieren. Für die Blickrichtung bzw. für den Verlauf der Wahrnehmung können Interessen und Ziele verantwortlich gemacht werden, die sich in der Regel wiederum aus den übergreifenden Handlungsplänen herleiten lassen.

Auch die Vertreter eines „**radikalen Konstruktivismus**" (Maturana 1987; Schmidt 1987; Richards/von Glaserfeld 1987; Roth 1987a; 1987b; v. Foerster 1996) haben zu einer systemischen bzw. ökologischen Bewußtseinserweiterung beigetragen, die auch Auswirkungen auf das Verständnis menschlicher Wahrnehmung mit sich bringt. Vor allem die beiden Neurobiologen Maturana/Varela (1991) stellen in ihrem die Biologie revolutionierenden Grundlagenwerk „Der Baum der Erkenntnis" ein System elementarer Lebensvorgänge dar, durch die der Mensch zu Wissen und Erkenntnis gelangt. Nach Auffassung der darwinistisch geprägten Biologie überlebte ein Lebewesen nur dann, wenn es sich möglichst vollkommen seiner Umwelt anpaßt, und dies kam einer sklavischen Abhängigkeit von einer objektiven Außenwelt gleich. Für die von Maturana und Varela vertretene Systembiologie gibt es jedoch keine objektive Wirklichkeit. Wenn Grunderfordernisse des Lebens erfüllt sind, haben lebende Systeme, also auch der Mensch, alle Freiheit, sich ihre Welt selbst zu schaffen, anstatt nur auf Vorgegebenes zu reagieren. Das Subjekt ist somit entscheidend an der Schöpfung seiner nur scheinbar objektiven Wirklichkeit beteiligt. Die in der Menschheitsgeschichte vor allem von Mystikern und Philosophen behauptete Einheit von Subjekt und Objekt, die untrennbare Ganzheitlichkeit des Seins, wird hier nur noch mit naturwissenschaftlichen Forschungsergebnissen belegt.

Das menschliche Nervensystem wird als ein selbstreferentielles, strukturdeterminiertes autonomes, eben „autopoietisches" System beschrieben, das über die Oberfläche der Sinnesorgane Reize aufnimmt, die Folgen der Erregung allerdings selbst festlegt. Kognition in diesem Sinne ist dann nicht mehr Verarbeitung von Informationen im Sinne einer durch Bilder und Symbole repräsentierten realen Welt. Erkenntnistheoretisch geht es um die Aufhebung der Irrlehre, Wirklichkeit und Erkenntnis seien voneinander unabhängig. Im Mittelpunkt jeden Verstehens und jeder Realitätsauffassung steht vielmehr der Beobachter – „ein Lebewesen-in-der-Sprache". Realität ergibt sich aus dem erkennenden Tun des Beobachters, der Unterscheidungen trifft und somit den Einheiten seiner Beobachtung Existenz verleiht, eine

Erkenntnis, die vorbereitet wurde durch Gregory Bateson, den Physikern Erich Jentsch und Fritjof Carpra, den Soziologen Niklas Lumann oder Thomas Kuhn.
Maturana/Varela fordern dazu auf, unsere Gewohnheit aufzugeben bzw. nicht der Versuchung der Gewißheit zu erliegen, daß die Dinge die wir wahrnehmen nur so sind wie wir sie sehen. Denn jede kognitive Erfahrung beziehe den Erkennenden in sehr persönlicher, in seiner biologischen Struktur verwurzelten Weise ein. Falsch sei die Annahme, der Organismus würde Informationen aus der Umwelt im Sinne von Abbildungen als Repräsentationen der Wirklichkeit aufnehmen, als gäbe es Tatsachen oder Objekte „da draußen“, die man nur aufzugreifen und in den Kopf tun müsse. Die Erfahrung von jedem Ding „da draußen“ würde vielmehr erst auf eine spezifische Weise durch die menschliche Struktur konfiguriert. Wahrnehmung von Wirklichkeit entstehe erst in einer Zirkularität, in einer Verkettung von Handlung und Erfahrung: „Jedes Tun ist Erkennen, und jedes Erkennnen ist Tun“ (31). Der zweite Kern-Aphorismus lautet: „Alles Gesagte ist von jemandem gesagt“ (32). Zum einen ist Sprache unser Ausgangspunkt und unser Instrument des Erkennens und zum anderen ist jede – sprachlich vermittelte - Reflexion „menschliches Tun eines Anderen an einem besonderen Ort“ (32). Die Autoren beschreiben eine Gradwanderung zwischen den Möglichkeiten, auf der einen Seite die Objektivität einer erkennbaren Welt zu negieren (mit der Folge, ein Chaos völliger Willkürlichkeit, in der alles möglich ist, entstehen zu lassen) und auf der anderen Seite in der Annahme, das Nervensystem funktioniere in einem völligen Vakuum, wo alles gültig und möglich sei (Solipsismus = die klassische philosophische Tradition, die behauptet, daß nur die eigene Innerlichkeit existiert). Die Lösung besteht für sie darin, bei einer klaren „logischen Buchhaltung“ zu bleiben, in Erinnerung, daß alles Gesagte von jemandem gesagt ist. Es sei erforderlich, die Art der Fragestellung zu ändern. Als Beobachter könnten wir eine Einheit nämlich in verschiedenen Bereichen betrachten, und zwar je nach den Unterscheidungen, die wir machen. So können wir ein System einerseits in dem Bereich betrachten, in dem seine Bestandteile operieren, also im Bereich seiner inneren Zustände und seiner Strukturveränderung. Für dieses Operieren existiert die Umgebung nicht, sie ist irrelevant. Wir können jedoch auch eine Einheit betrachten, die mit ihrer Umwelt interagiert und die Geschichte ihrer Interaktionen mit diesem Milieu beschreiben. Für diese Perspektive ist die innere Dynamik der Einheit irrelevant. Es ist der Beobachter, der von seinem distanzierten Standpunkt aus Beziehungen herstellt. Es sei nun erforderlich, diese beiden Perspektiven auseinanderzuhalten bzw. in einem von uns hergestellten, umfassenderen Bereich in Beziehung zu setzen.

Die Autoren veranschaulichen dies mit einer Analogie, mit der Vorstellung, jemand hätte sein ganzes Leben in einem U-Boot verbracht, ohne es je zu verlassen und diese Person hätte den Umgang damit voll erlernt. Wenn wir vom Strand aus das Annähern und Landemanöver beobachten und über Funk dem Steuermann gratulieren würden, mit der Bemerkung: „Glückwunsch, du hast alle Riffe vermieden und bist elegant aufgetaucht; du hast das Boot perfekt manövriert" würde dieser wahrscheinlich erstaunt antworten: „Was heißt denn Riffe und Auftauchen? Alles was ich getan habe war, Hebel zu betätigen und Knöpfe zu drehen – und das in einer vorgeschriebenen Reihenfolge, an die ich gewöhnt bin. Ich habe kein Manöver durchgeführt, und was soll das Gerede von einem „Unterseeboot?" Ausgehend von dem vorhin gesagten dürfen wir die Arbeitsweise des Unterseeboots selbst und die innere Dynamik seiner Zustände nicht mit dessen Verlagerungen und Bewegungen in einem Milieu verwechseln. Die Dynamik von Zuständen des Unterseeboots mit seinem Steuermann, der die Außenwelt nicht kennt, vollzieht sich nie in einem Operieren mit Abbildungen der Welt, die der Außenbeobachter sieht: Sie beinhaltet weder Strände noch Riffe noch Oberfläche, sondern nur Korrelationen zwischen Anzeigen innerhalb bestimmter Grenzen. Entitäten, wie Strände, Riffe oder Oberfläche sind einzig für einen Außenbeobachter gültig.
Dies gilt für alle lebenden Systeme: für die Zecke mit ihrer stark begrenzten sinnlichen Aufnahmefähigkeit, für unter anderen Bedingungen in der Wildnis aufgewachsene Kinder wie Victor von Aveyron und für jeden von uns als menschliches Wesen, auch für Kinder und Jugendliche mit schwerster Behinderung und „auffälligen" Verhaltensweisen, auch wenn diese für außenstehende Beobachter noch so fremd und sonderlich erscheinen mögen.

Im Rahmen der beiden Extreme des repräsentationalistischen Objektivismus und des solipsistischen Idealismus weisen Maturana/Varela darauf hin, daß das Erklären auf der einen, und das erklärte Phänomen auf der anderen Seite verschiedenen Bereichen entstammt. Sie fordern dazu auf, alles was wir tun – ob beim Sehen, Schmecken, Auswählen, Ablehnen oder Sprechen – als eine Welt anzusehen, die wir in Koexistenz mit anderen Menschen hervorbringen. Dabei gibt es keinen festen Bezugspunkt mehr, an dem wir unsere Beschreibungen verankern können. Die Erkenntnis dieser Erkenntnisse verpflichte zu einer Haltung ständiger Wachsamkeit gegenüber der Versuchung der Gewißheit, und dazu einzusehen, daß unsere Gewißheit keine Beweise der Wahrheit sind, daß die Welt, die jedermann sieht, nicht *die* Welt ist, sondern *eine* Welt, die wir mit anderen hervorbringen (263f.).

Darauf aufbauend skizziert Schmidt (1987) Grundzüge einer konstruktivistischen, nicht-reduktionistischen Erkenntnis- und Kognitionstheorie, bei der vom Standpunkt des Gehirns aus Wahrnehmung sich nicht in den Sinnesorganen vollzieht, sondern in spezifischen sensorischen Hirnregionen. „So sehen wir nicht mit dem Auge, sondern mit, oder besser in den visuellen Zentren des Gehirns...Wahrnehmung ist demnach Bedeutungszuweisung zu an sich bedeutungsfreien neuronalen Prozessen, ist Konstruktion und Interpretation“ (Roth 1986, 14). Die Verbindung zur Welt erfolgt über bereichsspezifisch arbeitende Sinnesrezeptoren, die durch Umwelteinflüsse in ihren elektrischen Eigenschaften verändert werden und dem Nervensystem – das als funktional geschlossenes System keinen „offenen“ Zugang zur Wirklichkeit hat – diese Ereignisse in dessen „Sprache“ übersetzen.

Richards/von Glaserfeld (1987) stützen sich vor allem auf einen neuen wahrnehmungstheoretischen Ansatz, der von Kybernetikern im Bereich der Kontrolltheorie entwickelt wurde. Das kybernetische Modell, das sich als gut vereinbar mit dem Entwicklungsmodell der Kognition in der Piaget-Schule erweist, verbindet das Element kognitiver Konstruktion mit dem traditionellen Zweifel des Skeptikers an der Verläßlichkeit der menschlichen Sinne. Dementsprechend wird „Wissen“ so umdefiniert, daß es sich eher auf Invarinaten der Erfahrung lebender Organismen bezieht als auf Entitäten, Strukturen oder Ereignisse in einer unabhängig existierenden Welt. In einer entsprechenden Weise „verändern wir auch die Definition von ‘Wahrnehmung’: Es handelt sich dabei nicht um eine Aufnahme oder Wiedergabe von Informationen, die von außen hereinkommt, sondern um die Konstruktion von Invarianten, mit deren Hilfe der Organismus seine Erfahrung assimilieren und organisieren kann“ (194 f.). Daraus läßt sich folgern, daß es keine unmittelbare, organisationsfreie Wahrnehmung „an sich“ gibt und keine Trennung von Wahrnehmung und Interpretation, denn „die Welt, wie wir sie sehen, ist immer genau das: die Welt: *wie wir sie sehen*“ (215) und „der Akt des Wahrnehmens ist der Akt der Interpretation“ (Richards/von Glaserfeld zitiert in Schmidt 1987, 18). Daraus kann gefolgert werden, daß die objektive Welt immer in perfekter Abstimmung mit dem Standpunkt erscheinen wird, den das Subjekt einnimmt. „Die Welt, so wie sie vor aller Erfahrung sein mag, ist völlig unzugänglich – eine Folgerung, die noch nicht einmal zur Zeit von Parmenides neu war. Die fremde Welt wird unzugänglich bleiben trotz aller rationalen Konstruktionen und Modelle; denn unsere Konstruktionen und Modelle bestehen unvermeidlich aus Elementen und Beziehungen, die die Arten und Weisen unserer Erfahrung widerspiegeln“ (Richards/von Glaserfeld 1987, 222).

3.4 Formale und inhaltliche Aspekte

Äußeren Eigenschaften bzw. figuralen Merkmalen von Gegenständen, Personen und Sachverhalten kommt die Aufgabe zu, deren Bedeutungshaltigkeit zu verkörpern, diese zu repräsentieren, auf sie hinzuweisen. Dabei sind der sinnliche und der sinnvolle Inhalt der Wahrnehmung nicht einander nebengeordnet: „Der eine baut sich nicht äußerlich auf dem anderen auf. Sie bedingen und durchdringen sich wechselseitig. Vor allem stützt sich der Sinngehalt, die Bedeutung des Gegenstandes, auf den sinnlichen Gehalt, geht von ihm aus und ist nichts anderes als die Sinnerfüllung des gegebenen sinnlichen Inhalts" (Rubinstein 1977, 319). Rubinstein weist weiter darauf hin, daß z.B. die Form keinen eigenständigen Wert hat, sondern als Merkmal für das Erfassen des Gegenstandes in seiner Bedeutung, in seiner Beziehung zu anderen Dingen und in seiner Verwendbarkeit fungiert.
Gibson (1973b, 298) spricht davon, daß visuelle Gegenstände Qualitäten (Bedeutungen) „aufgesogen zu haben und mit ihnen völlig aufgefüllt" zu sein scheinen, wobei Gebrauch und Form der Gegenstände nahezu nicht mehr unterschieden werden können, introspektiv allerdings voneinander trennbar sind, wenn ihr Gebrauch erlernt worden ist.
Dieser Sachverhalt wird von Leontjev (1977, 220) an folgendem Beispiel verdeutlicht: „Nehme ich ein Blatt Papier wahr, dann nehme ich eben dieses reale Papier und nicht die Bedeutung 'Papier' wahr. Introspektiv fehlt nämlich in der Regel die Bedeutung in meinem Bewußtsein. Sie setzt zwar das Wahrgenommene oder Gedachte um, wird jedoch selbst nicht bewußt erfaßt oder gedacht". In einer Anmerkung dazu präzisiert er seine Behauptung: „Die Bedeutung kann natürlich auch bewußt erfaßt werden. Das ist jedoch eine sekundäre Erscheinung, der wir begegnen, sobald nicht das bezeichnete Ding, sondern die Bedeutung selbst zum Gegenstand des Bewußtseins wird, wie es zum Beispiel beim Erlernen einer Sprache geschieht" (Leontjev 1977, 220).

Am ausführlichsten geht Holzkamp (1976) auf das Verhältnis zwischen figural-qualitativen Merkmalen und Bedeutungen ein. Auch er verdeutlicht, daß die gegenständliche Bedeutungshaftigkeit nicht von der sinnlichen Präsenz und vom Empfindungscharakter der Wahrnehmungsgegebenheiten zu trennen ist. „Wenn ich die Augen schließe, verschwindet nicht nur ein figural-qualitativ charakterisiertes Ding, sondern es verschwindet der 'Hammer' als Bedeutungseinheit mit all seinen vielfältigen Bezügen. Die Bedeutungshaftigkeit des Hammers ist umgekehrt geradezu das wesentliche Charakteristikum seiner vollen, dinglichen Gegenwärtigkeit: Dies 'ist' ein Hammer, dieser Hammer 'hat' diese bestimmten figural-qualitativen Merkmale. Die Feststellung, daß die Gegenstandsbedeutung nicht zu den figural-qualitativen Merkmalen hinzukommt oder umgekehrt, ist so wörtlich wie möglich zu nehmen. Die figural-qualitativen Eigenarten eines Wahrnehmungsgegenstandes machen vielmehr seine Gegenstandsbedeutung aus. Der Hammer dort ist nichts anderes als eben jenes Ding mit dieser bestimmten figural-qualitativen Beschaffenheit. Die besondere Heraushebung der figural-qualitativen Eigentümlichkeiten ist nicht Ergebnis eines unmittelbaren Hinsehens, sondern Ergebnis einer Abstraktion von der Gegenstandsbedeutung, die gleichwohl der dingliche Träger der figural-qualitativen Momente bleibt" (1976, 26).

Diesen Zusammenhang veranschaulicht er an einem weiteren Beispiel: „Solange eine Kind in dem (weitgehend virtuellen) Stadium der bloßen 'Natürlichkeit' seiner Bewegungen mit einem Gebrauchsgegenstand, etwa dem Löffel, wie mit einem bloß vorgefundenen nicht vom Menschen gemachten Ding umgeht, hat auch seine Orientierungsaktivität lediglich das Niveau der Erfassung figural-qualitativer Eigenschaften des Dinges. In dem Maße jedoch wie das Kind seine Tätigkeit der 'objektiven Logik' des Gegenstandes, den in ihm vergegenständlichten allgemeinen Zwecksetzungen ermißt, werden die figural-qualitativen Eigenschaften des Dinges die sinnliche Verkörperung seiner je besonderen gegenständlichen Bedeutungshaftigkeit, umgekehrt werden die gegenständlichen Bedeutungsmomente sinnliche Träger seiner je besonderen figural-qualitativen Beschaffenheit; indem diesem Ding bestimmte figural-qualitative Merkmale zukommen, ist es ein Löffel; da dieses Ding ein Löffel ist, kommen ihm bestimmte figural-qualitative Merkmale zu" (1976, 192). Dabei scheinen bestimmte Merkmale in höherem Grade kennzeichnend bzw. bedeutungskonstitutiv für bestimmte Dinge und Sachverhalte zu sein als andere, bzw. fordern manche Gegenstandsbedeutungen in höherem Grade bestimmte figural-qualitative Variablen als andere. Die ausgehöhlte Verdickung am Ende eines Stieles verweist z.B. in höherem Grade auf einen Löffel als etwa die Länge des Stieles oder die Farbe des Gegenstandes. Ein Rad erfordert die Kreisform als Konstituens seiner Gegenstandsbedeutung, während diese bei einem Kuchen nur ein untergeordnetes figurales Attribut seiner Bedeutungshaftigkeit darstellt. Daraus folgt, daß vermutlich „objektiv bedeutungsrelevante Attribute in der Wahrnehmung stärker hervortreten, schneller und präziser aufgefaßt, besser behalten werden etc. als bedeutungsirrelevante Attribute" (1976, 193). Die Kompetenz bzw. die Sensibilität für das Erfassen und Unterscheidenkönnen figural-qualitativer Merkmale und ihrer Nuancen scheint durch den konkreten Umgang mit Sachen und Personen zu entstehen, bzw. abhängig zu sein von der Bedeutung, die spezifische Gegenstandsmerkmale als Unterscheidungs- und Orientierungsaspekte in konkreten Situationen gewinnen. So berichtet Holzkamp (1976, 273 ff.) von Untersuchungen sowjetische Psychologen, die ergaben, daß z.B. Weber, die an schwarzen Geweben arbeiteten, Dutzende von Schwarztönen, erfahrene Schleifer mit dem

Auge Abstände von 1/2000 Millimeter zu unterscheiden in der Lage waren, oder daß einer Inspekteur in einer Staubsaugerfabrik allein nach dem Geräusch des laufenden Staubsaugers eine Vielzahl unterschiedlicher Produktionsfehler bestimmen konnte. Auch interkulturelle Wahrnehmungsdifferenzen sind unter diesem Aspekt zu erklären, wenn z.B. ein Eskimo Dutzende von Schneesorten und Rentierfellen, nicht aber verschiedene Automobilmarken auseinanderhalten kann (vgl. Kap. 3.6.4).

Zur Frage, ob bei dieser gegenseitigen Verflechtung figurale Merkmale oder aber Bedeutungen hinsichtlich der Organisation der Wahrnehmung dominieren, muß in Revision zur Gestalttheorie von einem Primat der Bedeutungs- und Sinnhaftigkeit ausgegangen werden. Daß Gestalt, Farbe, Größe, Bewegungsverteilung, Figur-Grund-Verhältnis und Lokalisation je nach der Bedeutung, die das Wahrgenommene für das Individuum gewinnt, verschieden ausfallen, zeigt Graumann (1960, 124 f.) im Hinweis auf eine Reihe von Experimenten, in denen der Sinn, der etwas für einen gewonnen hat, weitgehend über die visuelle Qualifikation des anschaulich Gebotenen mitentscheidet. „Das objektiv Identische in einem anderen Sinne sehen, heißt in allen diesen Fällen, es auch in anderer Gestalt, Entfernung, Bewegtheit, Verteilung sehen. Etwas ausschließlich hinsichtlich seiner Farbe und Form betrachten, d.h. von seinem Gegenstandssinn absehen, heißt es in veränderter Gestalt sehen". Bezüglich einer Figur-Grund-Wahrnehmung entscheiden weniger autonome Gestalttendenzen oder figurale Merkmale, was „zur Figur wird", was uns auffällt, sondern vielmehr die Bedeutungen, die wir den Wahrnehmungsgegebenheiten entnehmen. Binswanger (1964, 290) meint dazu: „Was wir wahrnehmen, das sind 'zunächst und zumeist' nicht Farben, Töne, Gerüche, Geschmacks- und Tasteindrücke, aber auch nicht Dinge oder Gegenstände, sondern Bedeutsamkeiten, die 'uns auffallen', die wir in-Acht-nehmen, beachten oder gewahren". Graumann (1960, 62) folgert im Anschluß an dieses Zitat: „Was der Mensch im alltäglichen Umgang und Verkehr primär wahrnimmt, ist beispielsweise: Das Geschlossensein eines Bahnüberganges, was er an der heruntergelassenen rot-weiß gestreiften Schranke erkennt. Nicht aber nimmt er primär – wie alle mit sogenannten Elementen (Letztheiten) arbeitende Psychologie ansetzt – eine horizontal sich erstreckende, vertikal rot-weiß gegliederte, längliche Gestalt wahr, die sich gegen einen wie immer gearteten Hintergrund abhebt, und die er dann – sozusagen zusätzlich – erfassen kann als geschlossene Bahnschranke, was wiederum die Schlußfolgerung gestattet, daß es sich hier um einen gesperrten Bahnübergang handelt".

3.5 Perspektivität und Situationsbezug

Aufschluß über das Verhältnis zwischen den äußeren, figuralen Merkmalen und den in ihnen verkörperten Bedeutungen gibt ein weiteres Kennzeichen menschlicher Wahrnehmung: ihre perspektivische Gerichtetheit.
Was mit Perspektivität gemeint ist, veranschaulicht eine Bildergeschichte für Kinder von David McKee (1992), in der zwei „wilde Kerle", ein blauer und ein roter, sich gegenseitig beschuldigen, einen Streit entfacht zu haben. Der eine Kerl lebt an der Westseite eins Berges, wo die Sonne untergeht und der andere an der Ostseite, wo diese aufgeht. Durch den zwischen ihnen befindlichen Berg konnten die beiden sich bisher nicht sehen, hatten aber die Möglichkeit, sich durch ein Loch im Berg sprachlich zu verständigen. Eines Tages kam es zu einem gewaltigen Streit über ein von ihnen unterschiedlich wahrgenommenes bzw. interpretiertes Ereignis.

Abb. 22 : Unterschiedliche Perspektiven und ihre Folgen (McKee 1992)

Infolge der besonderen Lebensumstände, der räumlich bedingten unterschiedlichen Wahrnehmungsperspektive, nahmen sie ein und dasselbe Ereignis (es ging um das „Kommen der Nacht“ bzw. „Gehen des Tages“) anders, jeweils aus „ihrer Sicht“ wahr, interpretierten und konstruierten so ihre eigene Wirklichkeit. Erst als nach wüsten Beschimpfungen der sie trennende Berg zerstört war und die beiden sich zum ersten Mal von Angesicht zu Angesicht sahen und nun die Gelegenheit hatten, das Objekt ihres heftigen Streits auch aus der Sicht des anderen wahrzunehmen, wurde der Streit beigelegt und begann eine Zeit der Freundschaft und Kooperation.

Da Wahrnehmung stets von einem bestimmten räumlichen Standort aus geschieht, ist das, was wahrgenommen wird, dem Individuum immer in einer bestimmten Perspektive gegeben. Sehe ich zum Beispiel ein Haus von der Vorderansicht, bleiben mir Rückseite, eventuell auch die Seitenansichten, immer aber die Innenansicht, Größe der Zimmer und ihre Einrichtung verborgen. Im Bewußtsein der Tatsache aber, daß ich einen Gegenstand nur in einer bestimmten Perspektive wahrnehme, wird auf das ganze Ding verwiesen. Graumann (1960, 66) spricht in diesem Zusammenhang von einer „Verweisungsganzheit“ und unterscheidet die Verweisung einer „perspektivisch sich abschattenden Gestalt auf das in ihrem Anblick repräsentierte Ganze eines Gegenstandes“ (1960, 67) von der Verweisung auf das „ihn und andere anschaulich mit ihm koexistente Gegenstände übergreifende Ganze des im Ausschnitt überhaupt Wahrnehmbaren“. Daraus folgt, daß der einzelne Blick noch keine vollständige Wahrnehmung ausmacht, sondern im Verweis auf das Ganze der Situation Motiv für weiteres Blicken ist. Auf diese Weise entsteht ein Wahrnehmungsverlauf, der „nie eine bloß ‘temporale’ Abfolge von Einzelblicken, sondern die im wesenhaften Ungenügen jeder Einzelwahrnehmung einer Sache begründete und damit sachlich motivierte Gerichtetheit unseres Wahrnehmens auf sinnvolle Ganzheiten“ (1960, 71) darstellt. „Denn rein vom ‘optischen’ Reiz her habe ich Gestalten, Farben bzw. Differenzen. Daß ich sie dennoch primär als die Sinnganzen ‘Ding’, ‘Mensch’ usw. sehe und behandele, liegt in der das Nur-Sinnenfällige immer transzendierenden Eigenart unseres Wahrnehmens, die das unmittelbar anschaulich Gegebene mit dem Unanschaulichen, auf das sie verwiesen sein muß, zum sinnvollen Ganzen eines Gegenstandes oder einer Situation vereint“ (1960, 97). Wahrnehmung bewegt sich also immer innerhalb einer Sinnganzheit, und ist abhängig von einer bestimmten Situation, in die sie eingebettet ist. In Anlehnung an Binswanger bringt Graumann (1960, 64) dazu das Beispiel eines Unglückfalles, bei dem sich Passanten, Angehörige, Polizisten und der Arzt am gleichen Ort befinden und alle den Verunglückten sehen, aber jeder zu nicht nur räumlich, sondern dem Sinn nach grundverschiedenen Wahrnehmungen kommt. „Während die Passanten einen 'aufregenden Vorfall' und vielleicht 'Blut rinnen' sehen, sieht der Arzt 'Lebensgefahr' und eine 'Gelegenheit zum helfenden Eingreifen'".

Bei Holzkamp (1976, 146) haben sich die verschiedenen Formen der Gegenstandsbedeutungen zu differenzierten Bedeutungsstrukturen verdichtet. Dabei werden unterschiedliche Bezüge bzw. „gegenseitige Bedeutungsverweisungen" unterschieden:

- von Menschen auf Sachen,
- von Sachen auf Menschen,
- von Beziehungen zwischen Menschen auf Beziehungen zwischen Sachen,
- von Beziehungen zwischen Sachen auf Beziehungen zwischen Menschen.

Sinnliche Gestaltqualitäten von Gegenständen, Personen und Sachverhalten erhalten demzufolge ihre Bedeutungen erst im Bezug zu anderen Wahrnehmungsgegebenheiten; ihnen wird je nach der konkreten Situation (bzw. der sich ergebenden Beziehungs- und Bedeutungsstruktur) eine bestimmte Bedeutung zugeordnet. Denn „in der jeweiligen Perspektive des Wahrnehmenden (ist) nicht nur eine bestimmte Hinsicht der figural-qualitativen Beschaffenheit des Gegenstandes, sondern darin eingebettet, auch ein bestimmter, begrenzter gegenständlicher Bedeutungsaspekt gegeben". Als Beispiele nennt Holzkamp ein Haus, das vom Flugzeug aus gesehen den Bedeutungsaspekt menschlicher Behausung gewinnt oder auf eine Ortschaft hinweist, während das Haus in der Innenansicht im Zusammenhang mit z.B. einem draußen wahrgenommenen Gewitter die Bedeutung „Schutz vor Unwetter" erhält. So kann im konkreten Wahrnehmungsverhalten ein Messer unterschiedliche Bedeutungen annehmen, je nachdem, ob es z.B. auf dem Frühstückstisch liegt und als Gegenstand zu Schneiden von Brot oder Auftragen von Butter aufgefaßt wird oder aber, ob es in einem Streit oder Kampf als Waffe wahrgenommen und verwendet wird.

Insbesondere im Rahmen der interpersonalen Wahrnehmung zeigt sich die Abhängigkeit von einem situativen Kontext. Während die Ausdruckspsychologie mit einem vorwissenschaftlichen und oft spekulativen Charakter versuchte, bestimmten wahrnehmbaren Bewegungen und Ausdruckszeichen eindeutig bestimmte Gefühlszustände zuzuordnen und in ihren Fragestellungen soziale Interaktionsprozesse und Beziehungen kaum berücksichtigte, betont Jahnke (1975, 86) die Wichtigkeit der Kenntnis des situativen Kontextes, die die Identifikation und Unterscheidung von Gefühlszuständen erleichtert. „Ein bestimmtes Verhalten, z.B. 'A schenkt B eine Tafel Schokolade' ist nicht einfach mit 'Großzügigkeit' oder 'Freundlichkeit' gleichzusetzen, die Übersetzungsregeln haben vielmehr syntaktische Struktur, indem einzelne Bedeutungen und Schlußfolgerungen nur aus dem Zusammenhang abgeleitet werden können. So kann das Schenken je nach Situation z.B. an 'Schuldgefühle', 'Herablassung', 'Geiz' denken lassen" (1975, 110).

3.6 Erfahrungs- und Persönlichkeitseinflüsse auf die Wahrnehmung

„'Die Leute haben Sterne, aber es sind nicht die gleichen. Für die einen, die reisen, sind die Sterne Führer. Für die anderen sind sie nichts als kleine Lichter. Für wieder andere, die Gelehrten, sind sie Probleme. Für meinen Geschäftsmann waren sie Gold. Aber all diese Sterne schweigen. Du, du wirst Sterne haben, wie sie niemand hat...'
'Was willst Du sagen?'
'Wenn du bei Nacht den Himmel anschaust, wird es dir sein, als lachten alle Sterne, weil ich auf einem von ihnen wohne, weil ich auf einem von ihnen lache. Du alleine wirst Sterne haben, die lachen können!'" (Saint-Exupéry 1956, 65 f.).

Bei der Wahrnehmungstätigkeit trifft auf unsere Sinnesorgane eine überwältigende Fülle von Reizen, von denen aber nur ein geringer Teil als bedeutsame Informationen erfaßt bzw. apperzipiert wird. Der Prozeß der Filterung hinsichtlich der Auswahl der bewußtzumachenden Reize wird beeinflußt bzw. gesteuert durch „Persönlichkeitsfaktoren" wie Einstellungen, Interessen, Emotionen und Sprache. „Was beim Wahrnehmen ausgewählt und betont wird, ist mit der Perspektive des Beobachters, mit seinem Wertsystem, seinen Interessen, Bedürfnissen und dergleichen verknüpft. Die Wahrnehmung hängt offenbar von vorgängigen Erfahrungen, Interessen und Belangen ab, die wiederum mit dem Beruf, der Klassenlage, dem Alter usw. des Wahrnehmenden – kurz, mit seinem sozialen Hintergrund – in Zusammenhang stehen" (Lindesmith/Strauss 1974, 198).
Bei diesen „Faktoren" allerdings ist kritisch zu hinterfragen, ob es sich dabei zum einen um unabhängige, im Organismus angelegte Vermögen oder Funktionen handelt, die selbständig und „beliebig" darüber entscheiden, worauf ein Individuum seine Aufmerksamkeit lenkt, was es wahrnimmt, und ob zum anderen damit der menschlichen Wahrnehmung ein subjektiver Charakter zukommt, ob sinnliche Erkenntnis beliebig bzw. solipsistisch ist?
Bezüglich der ersten Frage nach der Autonomie bzw. Unabhängigkeit muß in Erinnerung gerufen werden, daß die Wahrnehmung eines Menschen sich immer im Vollzug eines Handelns ereignet, und dies in spezifischen Situa-

tionen bzw. Lebenswelten. Die über die Wahrnehmung als Schnittstelle angeeigneten, auf Sachen und Personen bezogenen Erfahrungen manifestieren sich dann als Einstellungen, Interessen, Emotionen u.a. und wirken bei erneuten sinnlichen Begegnungen auf die Erfassung derselben zurück. Da man immer für „etwas" eingestellt, motiviert ist oder „gegenüber etwas" bestimmte Gefühle hat, sind solche Persönlichkeitsfaktoren immer erfahrungsabhängig, stellen also das Ergebnis vorangegangener sinnlicher Erkenntnis- und Wahrnehmungstätigkeiten dar. Sie spiegeln demnach mehr oder minder stark ausgeprägte Subjekt-Gegenstands-Relationen bzw. Bedeutungsbezüge wider und kennzeichnen die Art und Weise der handelnden Auseinandersetzung mit bestimmten Ausschnitten unserer Wirklichkeit.
In der Hinsicht nun, daß eine Person Gegenstände und Sachverhalte in ihren spezifischen Bedeutungen erschlossen hat und sich gegenüber diesen immer wieder in einer entsprechenden und konstanten Weise verhält, in bestimmten sachlichen, sozialen und emotionalen Bedeutungsbezügen zu ihnen steht, scheint es gerechtfertigt, diese mit eigenen psychologischen Kategorien zu belegen, ihnen sprachliche Begriffe wie Einstellungen, Interessen und Emotionen zuzuordnen und in ihrem Bezug zur Wahrnehmung näher zu analysieren.
Bezüglich der zweiten Fragestellung ist zu bedenken, daß die Welt dem einzelnen Menschen zwar „objektiv" gegenübersteht, allerdings aufgrund des gesellschaftlichen Standortes einer Person, unterschiedlicher Lebenswelten und der bisher gemachten, auf Sinn ausgerichteten Erfahrungen in einer persönlichen Weise angeeignet und transformiert wird. „Der Widerspiegelungsprozeß der Entstehung des psychischen Abbildes im Prozeß der persönlichen Sinngebung ereignet sich im Individuum zwar einzigartig, subjektiv, jedoch zugleich tätigkeitsbezogen, realitätsbezogen, objektiv. Der objektive Inhalt wird sowohl durch allgemeingültige wie auch besondere individuelle Transformationsgesetze subjektiv modifiziert" (Jantzen 1982b, 22 f.).

3.6.1 Interessen, Einstellungen und Wahrnehmung

Graumann (1960, 91) weist darauf hin, daß die „Motivation des Gewahrens" das Blickfeld thematisiert und bewirkt, daß das Relevante primär wahrgenommen wird und der Blick auf das im „Grunde" Gesuchte gelenkt wird. „Diese relative Festlegung des Blickes auf ein Bestimmtes 'greift hinaus', 'betont', 'gliedert' und 'hält fest' dasjenige, worum es geht".
Etwas überspitzt, aber deutlich veranschaulicht wird dieser Sachverhalt in der Anekdote „Der Branntweinsäufer und die Berliner Glocken" von Heinrich Kleist: „Ein Soldat vom ehemaligen Regiment Lignoksky, ein heilloser und unverbesserlicher Säufer, versprach nach unendlichen Schlägen, die

er deshalb bekam, daß er seine Aufführung bessern und sich des Branntweins enthalten wolle. Er hielt auch in der Tat Wort, während drei Tage: ward aber am vierten wieder in einem Rinnstein gefunden, und von einem Unteroffizier in Arrest gebracht. Im Verhör befragte man ihn, warum er, seines Vorsatzes uneingedenk, sich von neuem dem Laster des Trunks ergeben habe? 'Herr Hauptmann', antwortete er, 'es ist nicht meine Schuld. Ich ging in Geschäften eines Kaufmanns mit einer Kiste Färbholz über den Lustgarten; da läuteten vom Dom herab die Glocken: 'Pomeranzen! Pomeranzen! Pomeranzen!' 'Läut, Teufel, läut', sprach ich und gedachte meines Vorsatzes und trank nichts. In der Königstraße, wo ich die Kiste abgeben sollte, steh' ich einen Augenblick, um mich auszuruhen vor dem Rathaus still: da bimmelt es vom Turm herab: 'Kümmel! Kümmel! Kümmel! Kümmel! Kümmel! Kümmel!' Ich sage zum Turm: 'bimmle du, daß die Wolken reißen! – und gedenke, mein Seel, gedenke meines Vorsatzes, ob ich gleich durstig war, und trinke nichts'. Darauf führt mich der Teufel, auf dem Rückweg, über den Spittelmarkt; und da ich eben vor einer Kneipe, wo mehr denn dreißig Gäste beisammen waren, stehe, geht es vom Spittelturm herab: 'Anisett! Anisett! Anisett!' Was kostet das Glas, frage ich? Der Wirt spricht: 'Sechs Pfennig'. 'Geb Er her', sage ich – und was weiter aus mir geworden ist, das weiß ich nicht" (von Kleist zitiert bei Graumann 1960, 151).

Hier wird geschildert, wie ein Mensch mit einem großen Bedürfnis seine Umwelt einseitig wahrnehmen und einem Trugbild verfallen kann, indem er bestimmten aufgenommenen Reizen „in seinem Sinne" Bedeutung verleiht. Die Glocken läuten den Branntwein in dreierlei Gestalt, d.h. der Soldat hört diese ihm vertrauten Klänge im Läuten der Glocken. „Hören ist – wie jedes Wahrnehmen – nicht die bloße Rezeption von akustischen Reizen, denen dann eine (Bedeutungs-)Vorstellung assoziiert wird; Hören ist ursprünglich Sinn-Hören. Um beim Beispiel der Glocken zu bleiben, so hören wir nicht die Reizung unseres 'Schallsinnessystems' durch von schwingenden Körpern ausgehenden Druckwellen von ca. 16.000 – 20.000 Schwingungen pro Sekunde, noch ist unser Hören diese Reizung. Wir hören je nach Situation die Glocke des Domes, den Beginn der Pause am Ende der Vorlesung, Mitternacht schlagen, jemanden an der Haustüre schellen, das erwartete Ferngespräch, d.h. wir sind immer intentional bezogen auf das, was die Glocke (uns) schlägt oder läutet" (Graumann 1960, 153). Binswanger (1964, 371) spricht in diesem Zusammenhang von der „Rolle", die die Wahrnehmung eines Menschen in gewissem Maße vorzeichnet. „Je nach Rolle und Gelegenheit wird anderes 'relevant' für die Wahrnehmung, mit anderen Worten heben sich andere Vor-Teile gewahr. Gelegenheit und Rolle sind nicht nur Gliederungsprinzipien der Wahrnehmung, entscheiden nicht nur darüber, in welcher 'Richtung' und Reihenfolge die Wahrnehmungsschritte erfolgen, sondern sie entscheiden auch über deren Sinn". Für ihn sind daher Wahrnehmungen „rollenhaft bedingte Gelegenheiten zum Eingreifen oder bloßen Feststellen" (Binswanger 1964, 371).

Spricht man von Einstellungen, „wenn unter dem Einfluß mitbewußter Faktoren aus den objektiv gegebenen Erlebnismöglichkeiten nur bestimmte Inhalte bewußt oder wenn diese Inhalte in bestimmten Bedeutungen aufgefaßt werden" (Rohracher zitiert bei Katzenberger 1967, 26), dann verdeutlicht diesen Sachverhalt der Dichter Karl Sandburg mit seiner Kurzgeschichte „Elefanten sind für verschiedene Leute verschieden": „Wilson, Pilcer und Snack standen vor einem Zoo-Elefanten. Wilson sagte: 'Wie heißt er, kommt er aus Asien oder aus Afrika? Wer füttert ihn? Ist es ein Er oder eine Sie? Wie alt ist er? Haben sie Zwillinge? Wieviel kostet sein Futter? Wieviel wiegt er? Wieviel wird ein neuer Elefant kosten, wenn er stirbt? Was werden sie dann mit den Knochen, dem Fett und der Haut machen? Welchen Nutzen hat es außerdem, ihn anzuschauen?' Pilcer hatte gar keine Fragen. Er murmelte vor sind hin: 'Er ist wie ein Haus, mit Mauern und Fenstern. Die Ohren kamen von hohen Kornfeldern, bei Gott. Der Erbauer solcher Beine hatte damit seine Arbeit, bei Gott. Er steht da wie eine Brücke, die über tiefes Wasser führt. Sein Gesicht ist traurig, und seine Augen sind freundlich. Ich glaube, Elefanten sind gut zu kleinen Kindern!' Snack blickte an ihm hinauf und herunter und sagte zu sich selbst: 'Äußerlich ist er ein Mordskerl, und ich wette, man hat ihm ein starkes Herz verpaßt. Ich wette, er ist stark wie kupfergenietete Innenwände eines Boilers...' Drei Männer sahen einen Elefanten dreifach ..." (Sandburg zitiert bei Lindesmith/Strauss 1974, 198).
Katzenberger (1967, 26) nennt in diesem Zusammenhang weitere Beispiele: „Wenn eine Person auf Pilzesammeln eingestellt ist, so wird sie unter den vielen Gegebenheiten des Waldes diejenigen auswählen, die sich auf Pilze beziehen. Unter den Pilzen selbst werden diejenigen vornehmlich aufgefaßt, die eßbar und besonders schmackhaft sind. Für einen Pilzsammler haben Pilze eine völlig andere Bedeutung als für einen Holzfäller, der nur zufällig mal einen Pilz beachtet, wenn er gerade über einen stolpert. Beim Musizieren sind wir auf Vorzeichen und Schlüssel eingestellt. Unter dem Einfluß dieser Zeichen fassen wir gleiche Noten völlig andersartig auf. Das gleiche gilt vom Skatspiel, bei dem sich die Spieler fortwährend neu auf die wechselnden Trumpffarben einstellen und die erforderliche Bedeutungsverleihung mitvollziehen müssen, wenn Fehler vermieden werden sollen".
Wagner (1996, 46 f.) veranschaulicht diesen Sachverhalt am Beispiel „Müll": „Eine Ansammlung von Gegenständen für den Sperrmüll wird von den Anwohnern als Behinderung der Gehwege beklagt, der Natürschützer wird sich Gedanken über die mit der Entsorgung des Abfalls zusammenhängen-

den Probleme machen, der wohnungssuchende Student wird mit einem Blick den Möbelberg nach brauchbaren Gegenständen abgeschätzt haben, Kinder sehen in dem aufgetürmten Sammelsurium die große Chance, nach verborgenen Schätzen zu wühlen." Cyrulnik (1996, 12 f.) bringt ein Beispiel aus dem Sport: „Ich schaue mir etwa im Fernsehen ein Rugby-Match an. Da kommt eine Freundin von mir dazu, und ich frage sie: 'Kannst du mir beschreiben, was du auf dem Bildschirm siehst?' Ihre Antwort lautet: 'Ich sehe einen Haufen dreckverschmierter Männer, die sich in einer Geräuschkulisse von massenhaftem Gebrüll um einen Ball streiten.' Dann stelle ich ihrem Sohn, der Rugbyspieler in seiner Schule ist, dieselbe Frage. Er antwortet: 'Die Prop-Forwards von Toulon stehen wie eine Eins, also hat sich unsere Zehn-Meter-Linie gerade blitzartig Raum gemacht, wodurch der Halbspieler jetzt an seiner Manndeckung vorbei seinen rechten Flügelspieler losschicken kann, der sich schon freigelaufen hat. Wunderschön! Hochelegant! Hör dir nur die Begeisterung der Fans an!'".

Auch wenn wir uns selbst in unserem Verhalten beobachten, zeigt sich, daß wir je nach Intention, Bedürfnis und Einstellung aus einer Vielzahl von Reizeindrücken in erster Linie das erfassen, was mit unseren Interessen übereinstimmt, bzw. was für uns in dieser Situation bedeutungsvoll erscheint. Interessen werden dabei dem Menschen allerdings nicht von außen als „Beweg-Gründe" auferlegt, werden weniger über die Aspekte Leistung und Erfolg durch eine geschickte Motivierung initiiert, sondern vielmehr durch Wertorientierungen und sach- und bedeutungsbezogene Anreize bestimmt. Vor allem Schiefele/Hausser/Schneider (1979, 57) fragen in einer pädagogischen Theorie der Beweggründe und des Interesses nach dem „Wozu?" von Verhalten, Lernen und Leistung und orientieren sich an der selbstverantwortlichen und ihr Leben aus eigener Verantwortung gestaltenden Person. Sie definieren Interessen als „Person-Umwelt-Beziehungen" bzw. „Subjekt-Gegenstands-Relationen", mit folgenden Merkmalen:

- Sie kommen dem Individuum nicht als Eigenschaft oder der Umwelt als Anreiz zu.
- Sie entstehen und wirken ausschließlich gegenstandsspezifisch, sind inhaltsrelevant und bezeichnen eine „besondere Qualität der handelnden Auseinandersetzung mit bestimmten Bereichen des menschlichen Weltverhältnisses" (7 f.).
- Von materiellen, soziokulturellen, gesellschaftlichen Lebensbedingungen hängt ab, welche Interessen in je konkreten Lebenszusammenhängen entwickelt bzw. behindert werden.
- Interesse wird als „zeitspezifisches, situationsrelatives Konzept verstanden. Die Person verwirklicht Interessen im Handeln, bezogen auf den unmittelbar gegebenen Lebensraum. Dieser Begriff ist im Sinne

von Lewin zu verstehen (1969), demzufolge Verhalten eine Funktion subjektiver Persönlichkeitsstrukturen und -prozesse und der vom Individuum erfaßten Umwelt darstellt: V= f (P,U). So verstanden geht 'Interesse' als Wahrnehmungs- und Interpretationsmuster in die von den Individuen zu vollziehenden Konstitutionsakte von Wirklichkeit ein. Physikalisch-materiell und sozial gegebene und immer schon subjektiv wahrgenommene und gedeutete Umwelt konstituieren Alltagssituationen als Handlungsfelder“ (8).

3.6.2 Emotionen und Wahrnehmung

Auch Emotionen „als Zustände des Ich, in denen wir unsere so und so gearteten Beziehungen (Lust-Unlust; Freude-Trauer; Ärger usw.) zu unserer Umwelt und zu uns selbst erleben“ (Katzenberger 1967, 30), wirken selektiv auf das Wahrnehmungsgeschehen ein. So kann eine Person, die ängstlich im Bett liegt und nicht schlafen kann, ursprünglich neutrale Reize wie das Knarren eines Balkens oder eine schwarze Silhouette als bedeutungsvolle, gefährliche und bedrohliche Reize identifizieren, weil diese als Hinweis auf einen Einbrecher interpretiert werden.

Besonders innerhalb der psychoanalytischen Theorie wird auf die Verflochtenheit von Emotionen und Wahrnehmung hingewiesen. So spricht Dührssen (1974, 13) in Anlehnung an Lersch von dem „Anmutungscharakter“ der sinnlichen Wahrnehmung und weist darauf hin, daß die gegenständliche Welt für den erlebenden Menschen bestimmte „Valenzen“ besitzt. „Jede Wahrnehmung, jeder Reizeindruck ist, wie wir wissen, vom Zeitpunkt seines ersten Wirkens an mit einem zugehörigen Affekt, mit einem charakteristischen Gefühlston fast untrennbar verschmolzen“.

Lewis (1970, 47) weist darauf hin, daß „Gefühl und Bestreben, etwas zu tun, als wirksamer, selektiver Einfluß auf die Wahrnehmung des Kindes“ wirken. Oerter (1973, 388) macht auf eine starke Abhängigkeit der kindlichen Wahrnehmung von emotionalen Faktoren aufmerksam: „Figur-Grund-Gliederung zeigt sich .....abhängig von der emotionalen Bedeutung, die bestimmte Merkmale in der Wahrnehmungssituation erhalten ... (Es) werden Lust-Unlust-Erfahrungen mit dem Wahrnehmungsobjekt gemeinsam mit den Merkmalen dieses Objektes kodiert, so daß für angenehme (bzw. später auch für unangenehme) Reizmuster ein Schema entsteht, das bei erneuter Darbietung benutzt wird“. In der Werbung, auf Plakaten, in Illustrierten und im Fernsehen, werden gezielt Signalen eingesetzt, um beim Menschen ein bestimmtes emotionales Verhalten zu provozieren, auffällige Reize, „die beim Beschauer nicht nur die Wahrnehmung dieser Reize, sondern zugleich das Verlangen nach ihnen auslösen sollen“ (Oerter 1974, 13).

Der Einfluß von Emotionen auf die Wahrnehmung zeigt sich besonders deutlich bei Personen, die psychisch gestört sind. So konnte Hauss (1970, 114) bei einer experimental-psychologischen Untersuchung mit depressiven Probanden zeigen, daß diese mehr oder weniger darauf eingestellt sind, Deprimierendes wahrzunehmen. „Die sich aus der Erfahrung und Anschauung konstituierenden psychischen Bezugssysteme werden durch die Depression quantitativ reduziert. Dem Depressiven stehen dadurch nicht nur weniger Bezugssysteme zur Verfügung, sondern er zeigt darüber hinaus die Tendenz, optische Sinnesreize und die ihnen zu entnehmenden Informationen den aus der Depression heraus entwickelten Bezugssystemen zu subsumieren und beispielsweise auch solches Bildmaterial als 'bedrükkend', 'schrecklich', 'tragisch' oder 'traurig' wahrzunehmen, das gar keine entsprechende Inhalte und Themen aufweist".

3.6.3 Sprache und Wahrnehmung

Objekte werden, wie bereits erwähnt, nicht als isolierte Einheiten wahrgenommen, sondern kategorisiert, in Erfahrungsbestände eingeordnet, in zur Verfügung stehende Schemata assimiliert. Sieht man das Verfügen über Sprache als ein wesentliches Merkmal des Menschen an und definiert Begriffe als „Kategorisierungen von Objekten und Ereignissen auf Grund von Merkmalen und Beziehungen, die den Wahrnehmungsgegenständen gemeinsam sind oder vom Individuum so beurteilt werden" (Aebi in Arnold/Eysenck/Meili 1976, 246), verwundert es nicht, „daß sprachliche Bezugsrahmen die perzeptiven Reaktionen organisieren" (Lindesmith/Strauss 1974, 203), daß wir einen Gegenstand „notwendig durch seinen Begriff hindurch in Form seines Begriffes" (Holzkamp 1976, 152) wahrnehmen. „Die Sprache, die im alltäglichen Leben gebraucht wird, versorgt mich unaufhörlich mit den notwendigen Objektivationen und setzt mir die Ordnung, in welcher diese Objektivationen Sinn haben und in der die Alltagswelt mir sinnhaft erscheint. Ich lebe an einem Ort, der geographisch festgelegt ist. Ich verwende Werkzeuge, von Büchsenöffnern bis zu Sportwagen, deren Bezeichnungen zum technischen Wortschatz meiner Gesellschaft gehören. Ich lebe in einem Geflecht menschlicher Beziehungen, von meinem Schachklub bis zu den Vereinigten Staaten, Beziehungen, die ebenfalls mit Hilfe eines Vokabulars geregelt werden. Auf diese Weise markiert Sprache das Koordinatensystem meines Lebens in der Gesellschaft und füllt sie mit sinnhaltigen Objekten" (Berger/Luckmann 1980, 24 f.).
Auf den Einfluß der Sprache auf die Wahrnehmung weisen auch einige Psychologen hin, die sich mit der kindlichen Sprachentwicklung beschäftigen. So sieht Lewis (1970, 51) Wahrnehmung zwangsläufig ab einem bestimmten Entwicklungsabschnitt als symbolisch vermittelt an. Dabei tritt bei

normalen Kindern „die Sprache in diesen Prozeß symbolischer Vermittlung ein, um ihn zu verstärken, zu gestalten und schließlich, um sein hauptsächliches Mittel zu werden". Auch Luria/Judowitsch (1970, 42) sprechen dem Wort eine grundlegende Funktion zu, nicht nur, „weil es ein entsprechendes Objekt in seiner Außenwelt bezeichnet, sondern auch, weil es das notwendige Signal abstrahiert und isoliert, die wahrgenommenen Signale verallgemeinert und auf bestimmte Kategorien bezieht ... Das mit der unmittelbaren Wahrnehmung des Objektes verknüpfte Wort isoliert dessen wesentliche Merkmale. Die Bezeichnung eines wahrgenommenen Dinges mit dem Wort 'Glas' und die Hinzufügung seiner funktionellen Rolle 'zum Trinken' heben die wesentlichen Eigenschaften des Gegenstandes hervor und drängen seine unwesentlichen zurück".

Der Einfluß der Sprache auf die Wahrnehmung betrifft sowohl äußere, figural-qualitative Merkmale als auch sinnvolle Gegebenheiten. Ljublinskaja (1961) führte bei Vorschulkindern einen Versuch durch, in dem es darum ging, eine Differenzierung hinsichtlich der verschiedenen Flügelbezeichnungen sonst gleicher Schmetterlinge vorzunehmen. Dabei zeigte sich, daß, wenn den Versuchspersonen die Möglichkeit der Bezeichnung der Flügelmuster mit einem Wort gegeben wurde, diese das Merkmal schneller erfaßten und mit Hilfe des gegebenen Begriffs den betreffenden Schmetterling von anderen besser unterscheiden konnten. „Diese Vervollkommnung der sinnlichen Unterscheidungsfähigkeit läßt sich nicht nur auf die zweimalige Übung der Wahrnehmung des Schmetterlings zurückführen. Eine wesentliche Rolle spielte dabei auch die Einbeziehung des Wortes, daß heißt des Signals, das die Zeichnung als Charakteristikum und Unterscheidungsmerkmal in einer verallgemeinerten Form bezeichnete" (Ljublinskaja 1961, 282). Luria (1969, 507 f.), der weitere experimentelle Ergebnisse sowjetischer Psychologen referiert, folgert: „In all diesen Fällen erwies sich die Sprache, die das Signalmerkmal aussonderte und fixierte, als wirksames Mittel zur Präzisierung der sensorischen Analyse, das zur Ausarbeitung feinerer und stabilerer Differenzierungen beitrug ... All diese Tatsachen zeigen überzeugend, wie stark ein Wort, das den Reizen Signalbedeutung verleiht und damit faktisch ihre Stärke verändert, die Wahrnehmung verändern kann".

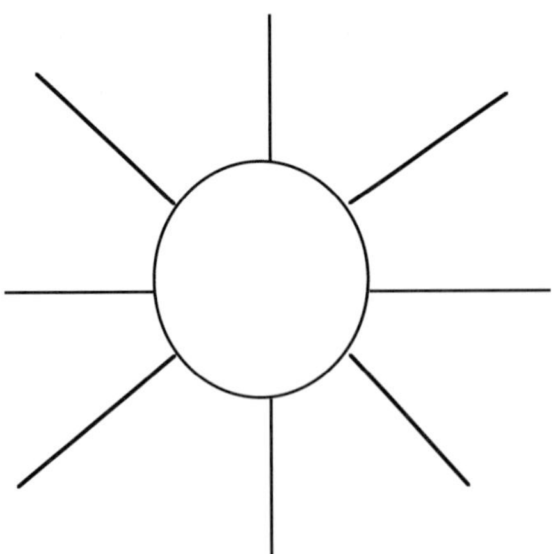

Daß nicht nur einzelne Merkmale, sondern auch die Wahrnehmung ganzheitlicher Reizfigurationen in ihrer Bedeutung sprachlichen Charakter haben können, zeigen eine Reihe experimenteller Arbeiten, von denen die folgende Untersuchung von Carmichael (zitiert bei Lindesmith/Strauss 1974, 203) das experimentelle Vorgehen verdeutlichen soll. Den Versuchspersonen wurden Umrißzeichnungen vorgelegt und ein Wort gesagt, das die gezeigten Zeichnungen kennzeichnete. So wurde die auf Seite 102 abgebildete Zeichnung entweder als „Sonne" oder als „Schiffsrad" bezeichnet. Anschließend mußten die Versuchspersonen aus dem Gedächtnis die wahrgenommenen Bilder zeichnerisch reproduzieren. Es zeigte sich, daß diese Zeichnung je nach dem Wort, das gesagt worden war, Unterschiede aufwies. Nach Angabe von Lindesmith/Strauss (1974, 203) schrieb Carmichael diese Varianten gewissen Prozessen zu, „die das Wort, welches die Wahrnehmung der Zeichnung beeinflußt, in Gang gebracht habe".
Kornadt (1956) führte im Rahmen einer Arbeit über „experimentelle Untersuchungen über qualitative Änderungen von Reproduktionsinhalten" auf der Grundannahme, daß Wahrnehmung „aktive Apperzeption durch Einordnen der gegebenen mannigfaltigen Qualitäten in eine Art von Bezugssystem und unter Anwendung von Erfahrungsbegriffen" (1956, 356) ist, ähnliche, aber differenzierte Versuche durch. Einer Reihe von Versuchspersonen wurden in je einwöchigem Abstand nacheinander drei Serien von je zehn Figuren dargeboten. Um die Einordnungsabsicht zu variieren, wurden verschiedene Instruktionen in den drei Versuchsreihen gegeben: In der ersten Versuchsreihe wurde jeweils die als nächste dargebotene Figur mit einem Namen benannt, in der zweiten Versuchsreihe sollte die Versuchsperson den Namen selbst finden, und in der dritten Versuchsreihe wurde wieder der Name gesagt und zusätzlich der Hinweis gegeben, daß die Versuchsperson sich nicht durch den Namen zu sehr ablenken lassen sollte. Anschließend sollte die Versuchsperson die Figuren zeichnen und einen passenden Namen dazuschreiben. Bei der Auswertung zeigte sich, daß es bei der Namensgebung (und der Wahrnehmung) auf die Art der Beziehung ankam, die zwischen Name und Figur hergestellt worden war. Die Versuchspersonen „ordneten die dargebotene Figur einfach in das durch den Namen gebotene allgemeine Bezugssystem ein, und zur Reproduktion besannen sie sich ebenfalls wieder auf dieses" (1956, 362). Es zeigte sich weiter, daß das Beachten und Behalten von Einzelheiten weitgehend unabhängig war von der figürlichen Struktur. Dagegen war es fast immer zurückführbar auf die begriffliche Einordnung der Figur, die auch den Einzelheiten Bedeutung verlieh. Bei der Beantwortung der Frage, ob dieser Sachverhalt durch die Wirkung früherer Wahrnehmungen oder durch die der figürlichen Struktur innewohnenden Gesetze zu erklären sei, lehnt Kornadt die Annahme einer „Tendenz zur guten Gestalt" ab. „Man wird diese Phä-

nomene nicht befriedigend erklären können, wenn man nicht von dem eigentlichen psychologischen (aus der Selbstbeobachtung stammenden) Tatbestand der Sinnbeziehung ausgeht" (1956, 364).

Die bisher wohl ausführlichste Darstellung und Diskussion experimenteller Untersuchungen zum Thema „Sprache und Wahrnehmung" findet sich bei Ulmann (1975), die u.a. von folgenden Rahmenannahmen ausging:

- Ein bestimmter Begriff kann den Betrachter veranlassen, ein unstrukturiertes Wahrnehmungsfeld so zu organisieren, daß er spezifische, dem Wort bzw. dessen Bedeutung entsprechende Gegebenheiten aus dem Kontext herauslöst und andere, ebenso sichtbare, dieser bestimmten Bezeichnung jedoch nicht entsprechende Sachverhalte unbeachtet läßt.
- Unterschiede zwischen zwei Gegebenheiten sind eher wahrnehmbar, wenn die Gegebenheiten unterschiedlich (spezifisch) bezeichnet werden können, und dementsprechend sind Gemeinsamkeiten zwischen zwei Gegebenheiten eher wahrnehmbar, wenn die Sprache eine auf beide Gegebenheiten zutreffende Bezeichnung enthält.

Nach einer eingehenden Analyse zahlreicher experimenteller Untersuchungen konnten diese Annahmen bestätigt werden, da Wörter einen Einfluß auf die Strukturierung des Wahrnehmungsfeldes ausübten und die Sicht von Wahrnehmungsobjekten modifizierten. Das Bezeichnen eines Wahrnehmungsobjektes konnte die Strukturierung des Wahrnehmungsfeldes so stark determinieren, „daß durch Betrachtung allein, auch wenn sie zeitlich ausgedehnt oder oft wiederholt wurde, keine Korrektur der aufgenommenen Information, der Reduktion und Erweiterung der Sicht, mehr eintrat; durch das Bezeichnen war das Objekt Referent der Bezeichnung geworden und wurde nur noch als solches weiter wahrnehmend differenziert. Eine Umstrukturierung des Wahrnehmungsfeldes, eine andere Sicht des Wahrnehmungsobjektes war am ehesten möglich, wenn neue Bezeichnungen gefunden und zugeordnet werden konnten" (Ulmann 1975, 96). Diese Ergebnisse, wie auch die von Carmichael und Kornadt, müssen allerdings immer mit der Einschränkung bewertet werden, daß hier Sprache auf einzelne Wörter reduziert und daß deren Wirkung auf Wahrnehmungsprozesse unter experimentellen Bedingungen untersucht wurde. Über den Einfuß der Sprache als komplexer Kommunikationsprozeß auf Wahrnehmung, in dem Begriffe je nach der konkreten Situation, in der sie gebraucht werden, unterschiedliche Bedeutungen erhalten können, liegen noch keine Untersuchungen vor.

Zusammenfassend kann festgehalten werden, daß Wahrnehmungstätigkeit zur Verbalisierung des Wahrgenommenen drängt, daß diese Verbalisierung in Form von Begriffen, die ein bestimmtes Spektrum von Bedeutungen repräsentieren, auf die Wahrnehmung zurückwirkt und die Auffassung von

Gegenständen, Personen und Sachverhalten beeinflußt, d.h. selektiert und verfestigt. Dies heißt natürlich nicht, daß wir Dinge so wahrnehmen, wie ihre Begriffe sie in ihrer Bedeutungsvielfalt beschreiben, denn insbesondere für Kinder spiegeln Wörter anfangs lediglich einzelne Bedeutungsaspekte wider und haben oft einen „eigenen" Sinn (vgl. Luria 1969). „Sowohl der jeweils angeeignete Grad der Verallgemeinerung von Gegenstandsbedeutungen als auch die Art der je individuellen Bedeutungsbezüge der Gegenstände, als auch die resultierenden Begriffe und mit ihnen verbundenen Bezeichnungen müssen zu einer individuell spezifischen und von dem erschlossenen Sprach-Ausschnitt determinierten Wahrnehmung führen" (Ulmann 1975, 27).

Aus diesen Ergebnissen läßt sich folgern, daß Kinder um so differenzierter wahrnehmen und ihre Umwelt erfassen können, je differenzierter zum einen ihr Wortschatz ist, und je mehr die einzelnen Begriffe, über die sie verfügen, mit Bedeutung gefüllt sind. „Sie werden leicht ähnliche Dinge für gleich halten, wenn in ihrem Wortschatz nur globale Begriffe (oder nur wenige Worte, die dann notwendigerweise global gebraucht werden müssen) enthalten sind" (a.a. O., 52). Daraus leitet Ulmann (1975, 133) folgenden pädagogischen Ratschlag ab: „Für alle, die im Bereich der Erziehung im weitesten Sinne (also: Therapie, Bildung, Schulung etc. eingeschlossen) Wissen vermitteln wollen, ist 'Sprachverbesserung' – Veränderung der Sprache, damit sie ein adäquates Instrument zum Erfassen des Wesens, des inneren Bewegungsgesetzes des Erkenntnisgegenstandes, sei – keineswegs unwichtig. Durch richtigen Sprachgebrauch kann das, was prinzipiell erkennbar ist, leichter tatsächlich erkannt werden und zu entsprechendem Handeln führen".

3.6.4 Kultur und Wahrnehmung

Bedenkt man, daß Menschen verschiedener Gesellschaften und Kulturen unterschiedliche Daseinsweisen, Lebensstile, Interessen, Einstellungen und Sprachgewohnheiten ausbilden und insofern unterschiedliche Erfahrungen im Umgang mit Gegenständen und Naturgegebenheiten erwerben, überrascht es nicht, daß auch kulturell bedingte Differenzen in der Wahrnehmung vorliegen, die Art des Gewahrens in Abhängigkeit zu Kulturen bzw. „Kulturstilen" steht. Aus diesen Überlegungen heraus führt Rothacker (1934,104) den Begriff der „Kulturschwelle" ein, die der Mensch „neben seinen physiologisch-psychologischen Schwellen" erwirbt.
Solche Unterschiede zeigen sich sowohl in der Beachtung figural-qualitativer Merkmale von Gegenständen als auch im unterschiedlichen Erfassen ganzheitlicher Objekte und sozialer Handlungsabläufe. Nach Angaben von

Krech/Crutchfield (1969, 59) benutzen die Baganda in Afrika, wenn sie Pappstücke verschiedener Form, Größe und Farbe aussortieren sollen, fast niemals Farbe als Kriterium. Lindesmith/Strauss (1974, 199) berichtet, daß nach Feststellung einiger Anthropologen die Farbwahrnehmung von Eingeborenen in Neuguinea von der unseren so verschieden ist, daß sie gelb, olivgrün, blaugrün, grau und lavendel als Varianten einer einzigen Farbe ansehen. Andere Beobachtungen zeigen, daß die Zunis und Navahos andere Farbkategorien haben als die englischsprechende Bevölkerung. Solche Unterschiede im Erfassen figural-qualitativer Merkmale betreffen auch Gehör- und Geschmackswahrnehmung (vgl. Lindesmith/Strauss 1974, 201).
Verschiedene Kulturen unterscheiden sich aber auch stark in der Anzahl verschiedener Varianten innerhalb einer Gegenstandsklasse, die wahrnehmungsmäßig unterschieden werden können. So weisen Krech/Crutchfield (1969, 58) darauf hin, daß westeuropäische und nordamerikanische Kinder mühelos Dutzende Automobilmarken auseinander halten können, während ein Eskimokind, das sich plötzlich auf unseren Straßen finden würde, höchstens allergröbste Unterschiede zwischen den Fahrzeugen wahrnehmen könnte. Weiterhin würde ein westeuropäisches Kind bei dem Chuckleee-Stamm in der Arktis zu seiner Überraschung finden, daß die Einwohner über zwanzig verschiedene Arten von Rentierfellen und verschiedene Arten von Schnee mit Leichtigkeit identifizieren und auseinanderhalten können. Denn für Eskimos ist Schnee „ein wichtiger und häufig gegebener Lebensumstand, und um sich in ihrer spezifischen Umwelt zu orientieren, um die materielle Reproduktion ihrer Gesellschaft abzusichern, ist es für sie notwendig, verschiedene Arten von Schnee zu unterscheiden, auf die unterschiedlichen Eigenschaften des Schnees genau zu achten" (Ulmann 1975, 43). Dagegen wird ein Bewohner der Wüste, der zum ersten Mal mit diesem Phänomen in Berührung kommt und noch keine Erfahrungen damit sammeln konnte, „schneien" vermutlich als Blütenregen oder als sonst ein ihm bekanntes Naturgeschehen zu erklären und einzuordnen versuchen.
Die kulturelle Durchdringung und Bewertung von Wahrgenommenem, daß der implizite Sinn immer die Sinne durchdringt, wird in der folgenden Beschreibung von Wagner (1996, 59 f.) am Beispiel von Tod und Trauer deutlich: „In einer Stadt begegnete ich einem Mann mit der Leiche eines Kindes auf dem Gepäckträger seines Fahrrads, eingehüllt in ein weißes Tuch, auf ein kurzes Brett geschnallt ... Und in Benares/Varanasi reagierten die im Ganges Badenden, als der Wind die weiß umhüllte, von Verwesungsgasen aufgeblähte Leiche eines kleinen Kindes zwischen sie trieb, so unbekümmert, als ob es ein Wasserball wäre ... Sie versetzten ihr einen kleinen Stoß, so daß die Leiche ein Stück weiter trieb, und badeten weiter mit Planschen, Lachen und Spritzen wie zuvor – ohne irgendein Anzeichen von Betroffenheit oder Abscheu. Ich stand entgeistert dabei und merkte erst viel später,

wie diese Vorstellung, dieses einzige Leben zu verlieren ..., den Tod in Deutschland zur Tragödie macht. Im Hinduismus hat der Mensch unzählig viele Leben, und was in diesem nicht gelang, gelingt vielleicht im nächsten. In Deutschland ist mit dem Tod die einzige Chance vertan, die es jemals gegeben hat und nie wieder geben wird". Die Prägung der Wahrnehmung durch die jeweilige eigene Kultur geht laut Wagner (1996, 14) so weit, daß es bei der Begegnung mit einer fremden Lebenswelt mit uns unvertrauten Gegenständen und sozialen Verhaltensweisen zu einem „Kulturschock" kommen kann, als Resultat der Schwierigkeiten, wenn der Mensch „alle gewohnten Zeichen und Symbole des gesellschaftlichen Umgangs verliert". Dies wäre z.B. der Fall, wenn man nicht mehr weiß bzw. sicher ist, was sich bei einer Mahlzeit alles auf dem Tisch befindet und in welcher Reihenfolge und mit welchen Hilfsmitteln dies zu verspeisen ist, wann und wie man auf Leute zugehen und ihnen die Hände schütteln soll oder ob und wieviel Trinkgeld zu geben ist.
Zu vermuten ist in diesem Zusammenhang, daß nicht nur die Zugehörigkeit zu einer Kultur, sondern auch zu einer bestimmten gesellschaftlichen Schicht oder Gruppe bestimmte Wahrnehmungseigenarten bedingt, da eine solche Zugehörigkeit häufig mit einer Reduktion der Erfahrungsmöglichkeiten einhergeht und dazu führt, daß das Kind bzw. der Erwachsene sich nur bestimmte „Bedeutungsausschnitte" aneignen kann. „So wird die gesellschaftliche Welt für das Individuum doppelt gefiltert. Das Kind der unteren Klassen nimmt sie nicht nur aus der Perspektive der unteren Klassen wahr, sondern auch in der Färbung der Abneigungen seiner Eltern oder anderer, die seine Primärsozialisation übernommen haben. Ein und dieselbe Perspektive – die der unteren Klassen – kann Verachtung, Resignation, Ressentiment oder flammende Empörung einflößen. So kann es dazu kommen, daß das Kind der unteren Klassen nicht nur eine Welt bewohnt, die von der der höheren Klassen sehr verschieden ist, sondern daß es sie in einer Weise bewohnt, die wiederum von der des Kindes der unteren Klassen nebenan ganz verschieden ist" (Berger/Luckmann 1980, 141; vgl. auch Holzkamp 1976, 264 ff; Rudolph 1976).

3.7 Die Entwicklung der Wahrnehmung als Bedeutungslernen

Wird Wahrnehmung als Teil eines komplexen Handlungsprozesses definiert, dessen grundlegendes Merkmal die Erfassung von Bedeutungen bzw. das Identifizieren von physikalischen Reizkonfigurationen als sinnvolle Dinge, als Personen oder Situationen ist, so muß die Entwicklung der Wahrnehmung im Sinne von Bedeutungslernen beschrieben werden, als Prozeß, bei dem die das Kind umgebende Wirklichkeit Schritt für Schritt in ihrer Bedeutungshaltigkeit erfahren und erfaßt wird, das „Perzipierte" zunehmend an Sinngehalt gewinnt. Zunächst einige Bemerkungen zu den sinnesspezifischen Voraussetzungen.

Glaubte man noch bis in die Mitte dieses Jahrhunderts, daß der Säugling seine Umwelt noch nicht oder nur konfus oder gleichsam vernebelt wahrnehmen könne, müssen heute vorwissenschaftliche Meinungen den objektiven Daten zahlreicher Untersuchungen weichen und wird in der modernen Entwicklungspsychologie das Bild eines „kompetenten Kleinkindes" (Wilkening/Krist 1995, 488) gezeichnet.
Eine Reihe dieser Leistungen sind laut Verny/Kelly (1981) bereits vor der Geburt ausgebildet. Der Embryo bzw. Fötus

- spürt schon sehr früh Lageveränderungen (vestibuläre Wahrnehmung) und versucht, diese auszugleichen. In der achten Woche z.B. kann er nicht nur Kopf, Arme, Beine und Rumpf bewegen, sondern durch gezielte Püffe und Tritte Vorlieben und Abneigungen ausdrücken, verfügt also über eine einfache Körpersprache. Ab dem 3. Schwangerschaftsmonat reagiert er auf taktile Stimulation, registriert also Berührungen, Druck und Bewegungen. Im vierten Monat kann er die Stirn runzeln, schielen und Grimassen schneiden;
- antwortet ab dem 6. Monat auf extrauterine Geräusche, hört also die Stimme der Mutter, ihre Darmgeräusche und vor allem den rhythmischen Schlag ihres Herzens;
- entwickelt einen hochdifferenzierten Geschmack (die Schluckbewegungen würden sich z.B. verdoppeln, wenn die Fruchtwasser-Ernährung mit Saccharin versetzt wird);
- ist spätestens nach der 16. Woche in utero sehr empfindlich für Licht, spürt, wenn die Mutter sich sonnt, weil die Strahlen bis zu ihm dringen. Er wird durch Licht aufgeschreckt oder dreht sich um, wenn ein intensiver Lichtstrahl direkt auf den Bauch der Mutter gerichtet würde.

Dabei kann allerdings nicht immer von neurophysiologisch gesteuerten und gespeicherten Erfahrungen bzw. Lernprozessen ausgegangen werden. Nach Rauh (1995, 170 ff.) sind nämlich bei Geburt erst 23 % des Gehirnwachstums vollzogen und findet die Verschaltung mit den Sinnesorganen, mit abweichenden Angaben bei verschiedenen Forschern und für verschiedene Sinnesbereiche, erst zwischen der 25. und 37. Gestationswoche statt. Selbst wenn die Sinnesorgane bereits vor der Geburt prinzipiell funktionstüchtig sind, heißt dies nicht, daß sie auch vor der Geburt über externe Stimuli aktiviert werden. Früh auftauchende motorische Bewegungen können auch als Ausdruck der Aktivitätsaufnahme des betreffenden sich gerade entwikkelnden neuronalen Systems gesehen werden, erfüllen Anpassungsfunktionen im momentanen Entwicklungsstadium oder können der intrauterinen

Feinanpassung der Gehirnstrukturen und Synapsen sowie dem Abbau überschüssiger Neuronen und Verbindungen dienen.

Als sicher scheint, daß bereits in den ersten Lebenstagen nach der Geburt die meisten Sinnesreaktionen des Neugeborenen funktionieren (Oerter 1973; Bowlby 1975; Bower 1978; Nickel 1974; Rauh 1995; Wilkening/Krist 1995):

- Eine grundlegende Sensibilität für Schmerz-, Temperatur- und Berührungsreize ist offensichtlich und bedarf keiner wissenschaftlichen Überprüfung.
- Die Geschmackswahrnehmung mit Unterscheidungen von süß und sauer, salzig und bitter läßt sich an unterschiedlichen Gesichtsausdrücken und an der Intensität und Dauer des Saugens an einer Flasche mit unterschiedlichen Flüssigkeiten ablesen. Neugeborene können bereits nach wenigen Tagen die Milch der Mutter unterscheiden und bevorzugen auch bestimmte Geschmacksrichtungen.
- Sie differenzieren zwischen verschiedenen Gerüchen, zeigen z.B. positive Gesichtsausdrücke beim Riechen von Erdbeer-, Bananen- und Vanilleduft und negative als Reaktion auf faule Eier und Fisch. Auch sind sie in der Lage, ihre Mutter am Geruch zu erkennen, eine wichtige kommunikative Voraussetzung für die Anbahnung von Kontakten und die soziale Entwicklung.
- Das Ohr ist voll funktionsfähig und das Richtungshören bereits voll ausgebildet; schon wenige Tage nach der Geburt ist der Säugling in der Lage, eine akustische Reizauswahl zu treffen (vgl. Clauser 1971), und bereits nach wenigen Wochen kann er die Stimme der Mutter erkennen (vgl. Huber 1979).
- Die statisch-kinästhetische Empfindlichkeit ist schon bei der Geburt gut entwickelt.
- Haut und Schleimhäute verfügen über eine funktionelle Reife, so daß dem Haut- und Körperkontakt eine ganz besondere Bedeutung zukommen. Er ermöglicht eine Aufnahme zwischenmenschlicher Beziehungen und kann als Grundlage für (weitere) andere Wahrnehmungserlebnisse und für die Sozialentwicklung angesehen werden (Hellbrügge 1978; Montagu 1974; Renggli 1976).
- Hinsichtlich der optischen Wahrnehmung ist bekannt, daß der Säugling schon in den ersten Wochen seines Lebens die Welt in ihrer dinglichen Gliederung im großen und ganzen richtig wahrzunehmen imstande ist, z.B. auf eine Entfernung von ca. 20-25 cm und bei mittlerer Helligkeit einigermaßen scharf sieht, wobei Muster mit deutlichen Konturen sowie sich bewegende Objekte bevorzugt werden. Keineswegs perzipiert er, wie man früher meinte, die Dinge zunächst „projektivisch", gemäß ihrer Abbildung auf der Netzhaut, sondern gleich in ihrer angenähert richti-

gen Größe und Form (Größen- und Formkonstanz). Weiterhin erfaßt er Tiefenunterschiede und die räumliche Lokalisation der Dinge. Solch frühe Orientierungsleistungen ermöglichen eine „adäquate perzeptive Erfassung figural-qualitativer Eigenschaften der Welt“ (Holzkamp 1976, 176).

Folgt aus all dem, daß eine Identität zwischen physikalischer und psychologischer Umwelt besteht, daß der Säugling bereits wie ein Erwachsener wahrnimmt, lediglich etwas undifferenzierter oder unschärfer? Dies wäre eine irrige Annahme, denn das von ihm Perzipierte kann ja noch keine Bedeutung haben, steht ihm beziehungslos und ohne Erfahrungen gegenüber. Dinge wie ein Bett, ein Schrank oder ein Stuhl in seinem Zimmer oder der „andere“ Mensch in seiner Nähe existieren in ihren komplexen inhaltlichen Bedeutungen und in ihren gegenseitigen Beziehungen zunächst noch nicht. Ergebnisse aus dem Bereich der vergleichenden Verhaltensforschung deuten allerdings darauf hin, daß einige wenige Wahrnehmungsleistungen angelegt sind, daß also das Individuum auch ohne vorher stattgefundene Lernprozesse Bedeutungen erfassen kann, daß bestimmte Reize für ihn Signalcharakter haben können. Tiere z.B. sind in ihrem Orientierungsverhalten vorwiegend durch angeborene Instinkte, die auf bestimmte auslösende Reizbedingungen der Umwelt angewiesen sind, festgelegt. Sie können ohne vorhergehende Lernerfahrungen Artgenossen von Vertretern anderer Arten unterscheiden, Geschlechtspartner oder pflegebedürftige Jungtiere erkennen, Beutetiere oder gefährliche Feinde identifizieren. Diese Leistungen erklärt die Ethnologie durch die Annahme von „angeborenen auslösenden Mechanismen“ (AAMs), die dann vorliegen, wenn ein Lebewesen auf bestimmte Reizsituationen (meist isolierbare Einzelmerkmale) mit einem spezifischen Verhalten antwortet, d.h. über „ein angeborenes, von Erfahrung und Lernen ganz unabhängiges Situationsverständnis (verfügt), so daß ein bestimmtes Verhalten zuverlässig im biologisch richtigen Moment ausgelöst wird“ (Leyhausen 1968b, 49; vgl. Burckhardt u.a. 1966). Solche Beobachtungen legen die Annahme nahe, daß es auch bei Menschen so etwas wie ein „angeborenes Erkennen“ geben könnte: „Sehr wahrscheinlich hat der Mensch für eine große Anzahl weiterer Ausdruckserscheinungen angeborene Auslösemechanismen, d.h. also angeborenes Ausdruckserfassen ... Ganz offenbar spielen angeborene, spezifisch-erfahrungsunabhängige Elemente im Ausdrucksverhalten wie -verstehen des Menschen eine weit größere und tiefergehende Rolle, als dies bisher von der Humanpsychologie angenommen wird...“ (Leyhausen 1968a, 336). Jahnke (1975) hält allerdings die von Leyhausen genannten Beispiele wie das Lorenzsche „Kindchenschema“ oder die Wahrnehmung des Lachens und Imponierens sowie einen Vergleich zwischen tierischem und menschlichem Wahrnehmungsverhalten für fragwürdig. Wie sich allerdings in diesem Kapitel bei den Untersuchungen von Spitz über „coenästhetisches“ Empfinden und bei Piaget über frühe Reflexhandlungen noch herausstellen wird, scheint ein angelegtes „Verstehen“ und Reagieren auf ganz bestimmte sinnliche Reizstrukturen in einigen eng begrenzten Bereichen nicht ausgeschlossen.

Unbeachtet dieser Frage ist festzuhalten, daß der Mensch von Geburt an – auch wenn er Unterschiede zwischen figural-qualitativen Merkmalen von Gegenständen zu unterscheiden in der Lage ist – die gegenständliche und soziale Umwelt noch nicht wahrnehmen kann, nicht in ihrem Bedeutungsreichtum verstehen und erfassen kann, da diese ihm fremd und beziehungslos gegenübersteht. Im Zentrum der Entwicklung der Wahrnehmung muß damit die Aneignung und das Erfassen von sinnlich vermittelten Bedeutungen stehen.

Um so mehr überrascht, daß in vielen Arbeiten aus der Entwicklungspsychologie die Entwicklung der Wahrnehmung als komplizierter Kodierungs-, Differenzierungs- und Strukturierungsprozeß beschrieben wird, bei dem Wahrnehmungsparameter wie Formdominanz, Tiefe und Raum, Bewegung und Kausalität, Konstanz in Farbe, Form, Größe und Helligkeit usw. zur Ordnung der Reizfülle gewonnen und verrechnet werden und sich allmählich stabilisieren. Nur selten dagegen wird der Rolle der Bedeutung, der sinngebenden Verarbeitung von Reizen im Wahrnehmungsgeschehen Beachtung geschenkt, erfolgt eine Beschreibung der Wahrnehmungsentwicklung unter dem Aspekt der Apperzeption bzw. Sinnerfassung. Nur in einigen wenigen Abhandlungen wird dieser Aspekt kurz unter Gesichtspunkten wie „Gegenstandswahrnehmung und Bildauffassung“ (Nickel 1974), Benutzung von „Schemata“ (Oerter 1973), „Ursprünge der visuellen Form- und Objektwahrnehmung“ (Wilkening/Krist 1995), „Identifikation und Kategorisierung“ (Vernon 1971) angesprochen. Die ausführlichste Darstellung findet sich diesbezüglich derzeit bei Vernon (1977).

Holzkamp (1976, 178) nennt eine solche Wahrnehmungslehre, die mehr den Reiz als die bedeutungsvolle Welt berücksichtigt, „formalistisch“ und erkennt den Wert ihrer Ergebnisse nicht an: „Die scheinbaren empirischen Resultate sind in Wirklichkeit Folge des formalistischen Forschungsansatzes, in welchem von der gegenständlichen Bedeutungsbezogenheit menschlicher Wahrnehmung abstrahiert wird und nur die figural-qualitativen Merkmale der Wahrnehmungsgegenstände Berücksichtigung finden“.

Es ist daher erforderlich, unter verschiedenen Gesichtspunkten wichtige Elemente, Zusammenhänge und Abhängigkeiten in der Entwicklung der Wahrnehmung im Sinne von Bedeutungslernen zu untersuchen und aufzuzeigen.

3.7.1 Lerntheoretische Aspekte zur Wahrnehmungsentwicklung

In einem ihrer Aufsätze über Wahrnehmungsentwicklung stellen Gibson/ Gibson (1955; vgl. auch 1969) fest, daß die vielen Theorien, die sich mit Wahrnehmung beschäftigen, zumindest gemeinsam haben, daß sie einen Unterschied zwischen Empfindung (sensorischem Input) und Wahrnehmung (sinnhaftem Gegenstandsmuster) machen. Der Versuch nun, diesen Unterschied zu erklären, führt die Autoren zur Gegenüberstellung zweier Erklärungsansätze bzw. zu der Kontroverse, ob Wahrnehmungslernen ein Vorgang der „Bereicherung" oder der „Differenzierung" darstellt. „Is perception a creative process or is it a discriminative process? Is learning a matter of enriching previously meagre sensations or is it a matter of differentiating previously vague impressions? On the first alternative we might learn to perceive in this sense: that percepts change overtime by acquiring progressively more memory images, and that a context of memories accrues by association to a sensory core ... on the second alternative we learn the elaboration of qualities, features, and dimensions of variation; that perceptual experience even at the outset consists of a world, not of sensation, and that the world gets more and more properties as the objects in it get more distinctive; finally, that the phenomenal properties and the phenomenal objects correspond to physical properties and physical objects in the environment whenever learning is successful ... Perceptual learning, then consists of responding to variable of physical stimulation not previously responded to ... (and) is supposed to be a matter of improvement of getting in closer touch with the environment" (Gibson/Gibson 1955, 34).
Der Unterschied zu früheren Theorien, die Wahrnehmungslernen ebenfalls als einen Differenzierungsprozeß betrachteten, besteht darin, daß hier ein wechselseitiger Bezug zwischen dem Wahrnehmenden und seiner Umwelt betont wird. Dabei scheint die Gesetzmäßigkeit zu gelten, daß, wenn die Anzahl unterschiedlicher Wahrnehmungsmuster, die jemand haben kann, anwächst, auch die Anzahl der unterschiedlichen wahrnehmbaren physikalischen Objekte, denen diese zugeordnet sind, anwachsen. Dies soll durch ein Beispiel verdeutlicht werden: Eine Person kann Sherry, Champagner, Weiß- und Rotwein voneinander unterscheiden, d.h. beim Trinken dieser vier Getränke schmeckt er Unterschiede, während er weitere Getränkesorten nicht mehr differenzieren kann. Er verfügt somit gegenüber einer fast grenzenlosen Bandbreite chemischer Zusammensetzungen (Stimulation) und einer Vielzahl von Unterscheidungsmöglichkeiten lediglich über vier spezifische Wahrnehmungsmuster, während eine andere Person allein Dutzende von Sherrysorten in unterschiedlichen Verschnitten und Feinheiten erkennen kann und somit vielleicht über hunderte von spezifischen Wahrnehmungsmustern verfügt. Was nun unterscheidet die zweite Person

von der ersten, was hat diese „mehr“ gelernt? Gibson/Gibson kommen nun zu der Feststellung, daß die zweite Person gelernt hat, mehr Qualitäten zu schmecken und zu riechen, d.h. mehr Varianten an chemischer Stimulation zu unterscheiden. Dies entspricht auf der Seite der Wahrnehmungsinterpretation, daß eine Kombination von solchen chemischen Stimuli bei der Person eine spezifische Reaktion der Identifizierung oder Benennung hervorruft, während eine weitere Kombination eine andere zugeordnete Reaktion hervorruft, indem z.B. den unterschiedlichen Flüssigkeiten einer Klasse passende Begriffe zugeordnet oder die verschiedenen Eigenschaften beschrieben werden können.

Was das Verhältnis zwischen Wahrnehmungsmustern und den zugehörigen Empfindungen (Stimuli) betrifft, sprechen auch Gibson/Gibson (1975, 35) davon, daß den Eigenschaften der physikalischen Objekte die Funktion von Anzeichen bzw. Informationsträgern zukommt: „Energies do not have cue properties unless and until the differences in energy have correspondingly different effects in perception. The total range of physical stimulation is very rich in complex variables and these are theoretically capable of becoming cues and constituting information. This is just where learning comes in“.

Ein neuerer, ökologischer Ansatz der visuellen Wahrnehmung von Gibson (1982) fußt auf der „umgebenden optischen Anordnung“, davon ausgehend, daß wir im Rahmen eines „natürlichen Sehens“ umherschauen, auf Dinge zugehen, sie von allen Seiten betrachten und uns „von einem Ausblick zum anderen bewegen“. Das visuelle Erfassen ist panoramaartig und kann in Untersuchungen nicht, wie bei einer Lochkamera, auf ein erstarrtes Blickfeld beschränkt werden. Ökologisch ist der Ansatz wegen seiner Fragestellung. „Denn jedes Lebewesen nimmt wahr, um seine natürliche Umwelt, die Lebenswelt und seine Nische handelnd bewältigen zu können; und da das Lebewesen und seine Nische wechselseitig aufeinander bezogen und nicht unabhängig voneinander sind, muß die Information für die visuelle Wahrnehmung dieser Umwelt, ihrer Substanzen, Objekte, Ereignisse und deren Bedeutungen (Angebote) im umgebenden Licht, das durch diese Umwelt strukturiert wird, direkt enthalten sein und vom Lebewesen unmittelbar entnommen werden können“ (Kohler/Lücke im Vorwort, IX). Gibson beschreibt vor allem in Kap. 14 die „Theorie der Entnahme von Informationen und die Folgerungen daraus“ und bricht hier mit den traditionellen Theorien und Annahmen, wie Wahrnehmung zustande kommt, nämlich nicht als bloße Reizung oder Verbindung mit vergangenen Erfahrungen, sondern als ein umweltabhängiger Prozeß der Extraktion von Informationen, als Leistung des Individuums, als ein „Tuchfühlung-Halten mit der Welt, eher ein Erfahrung sammeln, als Erfahrung haben“ (257).

Hinweise, wie dieser Prozeß der Differenzierung bzw. Bereicherung inhaltlich voranschreitet, findet man in den Arbeiten von Kephardt (1977; vgl. auch Strauß/Kephardt 1955; Ebersole/Kephardt/Ebersole 1976). Die Autoren versuchen die Entwicklung des Kindes allgemein und auch die Entwicklung der Wahrnehmung mit Begriffen aus der Lerntheorie zu erklären und zu beschreiben, wobei er allerdings über das zu einfache und zu wenig flexible Stimulus-Response-Konzept hinausgeht und einen dritten Faktor, den „Organismus" bzw. „Integrationsprozeß" zwischen Reiz und Reizantwort miteinbezieht.

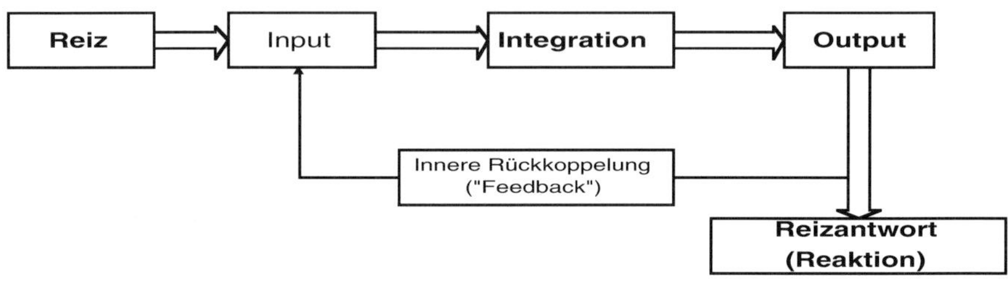

Abb. 23: Differenzierung und Entwicklung in der Wahrnehmung (Ebersole u.a. 1976, 47)

In dem Integrationsprozeß wird ein erster Wahrnehmungseindruck des „Input" ausgewertet. Daneben besteht ein Rückkopplungssystem, mittels dessen die ausgewertete Information während und nach der Integration in das Bewußtsein des menschlichen Organismus gebracht wird, wobei sowohl das Input als auch die ursprüngliche Reizantwort mitbeeinflußt werden. Die endgültige Reaktion auf den ursprünglichen Reiz setzt sich damit aus der jeweiligen Integration und Rückkopplung der Information zusammen; Lernen wird damit zu einem „zyklischen Vorgang" (Ebersole u.a.1976, 48).

Hinsichtlich der inhaltlichen Entwicklung glaubt Kephardt (1977), daß die anfänglichen sensorischen Eindrücke noch unbestimmt, formal und global sind, keine Details haben und nur als Ganzes wirksam sind. Die für die Interpretation von Gegenständen notwendigen Qualitäten, wie Elemente der Formwahrnehmung im visuellen Bereich oder Tonhöhe und Klangfarbe im akustischen Bereich, werden erst durch Lernprozesse identifiziert und Schritt für Schritt aus der globalen Masse herausgegliedert. „Einmal ausgegliedert werden sie dann so integriert, daß anstelle des alten ein neues Ganzes entsteht. Dieses neue Ganze ist ein integriertes Muster von Elementen, das ein Maximum an Information trägt. Die sensorische Differenzierung schreitet soweit fort als notwendig ist, damit das Kind Unterschiede und Ähnlichkeiten sensorischer Darbietungen erkennen kann. Wenn die Umwelt vom Kind viele und genaue sensorische Unterscheidungen verlangt, so kann die Differenzierung ein extremes Ausmaß erreichen, wie z.B. bei einem Musiker, der geringe Tonunterschiede wahrnehmen kann, oder wie beim Endkontrolleuer einer Fabrik, der in kurzer Zeit kleine Fehler des Produkts erkennen muß. Wenn die Umwelt andererseits wenig solche Unterscheidungen verlangt, bleibt die sensorische Differenzierung begrenzt und das Individuum wird nur grobe Unterschiede wahrnehmen können" (Kephardt 1977, 25 f.).

Für die in den ersten Lebenstagen und -wochen vorherrschende undifferenzierte und globale Wahrnehmung des Kindes gebraucht Kephardt (1977, 111) die bildkräftige Vorstellung von „Klumpen", deren Details und figurale Eigenschaften mit der Zeit Signaleigenschaften gewinnen. Wenn beispielsweise der Klumpen „Mutter" beim Erscheinen irgendwie von anderen Reizeindrücken abgehoben wird, erscheint plötzlich Nahrung im Mund des Kindes, angenehme Empfindungen kommen vom Streicheln der Haut und bestimmte unangenehme Nässegefühle verschwinden. „Das Kind lernt so, ein charakteristisches Detail in einem dieser Klumpen zu identifizieren, der sich, wie es findet, auf charakteristische, irgendwie vorhersagbare Weise verhält. Es kann sogar, wenn es das charakteristische Detail sieht, den zugehörigen Klumpen in einem gewissen Ausmaß kontrollieren. Wenn es bestimmte Geräusche macht, wird der Klumpen erfahrungsgemäß die für ihn charakteristische Folge von Zuständen durchlaufen, und all jene angenehmen Empfindungen werden entstehen ... Es entdeckt bald, daß sich andere Klumpen nicht in der charakteristischen Weise verhalten. Es kann seine kleinen Lungen herausschreien, ohne daß etwas geschieht. Es differenziert deshalb aus einer dieser Massen gewisse charakteristische Elemente heraus, die es als unterschiedlich erkennt und zur Identifizierung des Klumpens verwendet".

Eine derartige Differenzierung aber kann nicht allein auf der Grundlage von Sinnesaktivitäten erfolgen, sondern steht in wechselseitigem Zusammenhang mit dem Explorationsverhalten und der motorischen Entwicklung des Kindes. Dabei verändert sich im Laufe der Zeit die Bedeutung und Gewichtung des motorischen und perzeptiven Anteils, was Kephardt zum Aufstellen von sechs Entwicklungsphasen veranlaßt:

- Das grobmotorische Stadium: Durch Bewegungen (Greifen, Krabbeln usw.) empfängt das Kind sensorische Informationen, kommt in Kontakt mit Gegenständen, und es erfolgen erste Versuche zur Organisation seiner Umgebung.
- Das motorisch-perzeptive Stadium: In dieser Phase wird das Verhalten des Kindes zwar noch hauptsächlich durch die Motorik gesteuert, doch

kann es sich aufgrund von Wahrnehmungsinformationen schon rationeller bewegen. „Es stößt beispielsweise nicht mehr an der Wand an, wenn es durch das Zimmer kriecht, weil es sieht, daß die Wand da ist und richtig interpretiert, was sie bedeutet“ (Ebersole u.a.1976, 68).

- Das perzeptiv-motorische Stadium: Diese Phase ist gekennzeichnet durch die fortschreitende Fähigkeit, zielgerichtete Bewegungen durch Wahrnehmungsdaten zu steuern und zu kontrollieren.
- Das perzeptive Stadium: Ohne Gegenstände zu berühren und ohne daß es zu einer motorischen Reaktion kommen muß, können Wahrnehmungseindrücke zueinander in Beziehung gesetzt und Ähnlichkeiten und Unterschiede festgestellt werden.
- Das perzeptiv-konzeptive und konzeptive Stadium: In diesen beiden letzten Phasen, die sich bereits in den Bereich des Denkens hineinbewegen, lernt das Kind im Rahmen von Abstraktionsprozessen Sinneseindrücke zur Bildung von Begriffen (Konzepten) aufeinander zu beziehen.

Bei diesem Stufenmodell, bei dem die Reihenfolge der einzelnen Entwicklungssequenzen wichtiger als der Zeitraum ihres Auftretens ist, fehlen zwar Hinweise auf weitere, Beachtung verdienende Einflußgrößen wie beispielsweise die Rolle der sozialen und emotionalen Vermittlung von Wahrnehmungsleistungen. Es wird aber deutlich, daß ein Wechselspiel zwischen motorischen und perzeptiven Prozessen und eine sich verändernde Gewichtung dieser Faktoren erfolgt.

3.7.2 Wahrnehmung und Entwicklung bei R. Spitz

Wichtige Aufschlüsse über den Ursprung und die Anfänge der Wahrnehmung im Sinne von Bedeutungslernen unter Berücksichtigung affektiver Faktoren gibt Spitz (1973; 1976), im Rahmen einer psycho-analytischen Sicht- und Zugangsweise.

Er versteht Wahrnehmung im Sinne von Gewahrsein (awareness) und glaubt in Anlehnung an Freud, der dem Menschen zum Zeitpunkt der Geburt noch kein Bewußtsein zuschreibt, daß es beim Säugling noch keine bewußte Erfahrung, demnach auch kein Gewahrsein und keine Wahrnehmung gebe. Nach Spitz befindet sich das Kind auf dieser Stufe in einem Zustand der „Nichtdifferenziertheit“, in dem es eine klare Unterscheidung zwischen Innen und Außen, zwischen Ich und Nicht-Ich und zwischen verschiedenen Regionen des Körpers nocht nicht treffen kann, „weil Wahrnehmung, Aktivität und Funktionen des Neugeborenen noch unzureichend zu Einheiten zusammengefaßt sind“ (1976, 53).

Spitz vergleicht den Zustand des Neugeborenen hinsichtlich seiner „Wahrnehmung“ mit den perzeptiven Erfahrungen von geburtsblinden Menschen (vgl. Kap. 3.2.3). Während diese sich mit Hilfe nicht visueller Empfindungsweisen, durch deren Gebrauch sie eine große Anzahl bedeutungserfüllter Erfahrungen erworben haben, orientieren können, stehen dem Säugling noch keine sinnvollen Signale zur Verfügung. „Darum sind Reize, die das Sensorium des Säuglings treffen, ihm im visuellen Kanal ebenso fremd wie in allen anderen sensorischen Bereichen. Jeder Reiz muß erst in eine bedeutungsvolle Erfahrung verwandelt werden, erst dann kann er ein Signal werden, dem sich allmählich andere Signale zugesellen, um das kohärente Bild der Welt des Kindes aufzubauen" (1976, 60). Eine Reihe von Bedingungen ermöglichen nach Spitz diese Leistung:

- Eine hohe Reizschwelle schützt den Säugling vor der Vielfalt der eintreffenden Reize und filtert diese. Der größte Teil des Tages wird im Schlaf und Dämmerzustand zugebracht.
- Infolge dieser Filterung findet der Vorgang, durch den die einzelnen Reize einen Sinn erhalten und bedeutungsvoll werden, ebenfalls nur schrittweise statt.
- Die Mutter schützt den Säugling vor der Überflutung mit Reizen (durch das Gitterbettchen, die Wiege, die Wärme, die Babykleidung); indem sie dem Säugling hilft, Reize durch Füttern, Trockenlegen u.a. zu verarbeiten, ermöglicht sie ihm eine Spannungsabfuhr.
- Die Wechselbeziehung zwischen Mutter und Kind, die Spitz als „Dialog" bezeichnet, stellt den wichtigsten Faktor beim Aufbau dieser Leistung dar. Damit gemeint ist der „sequentiell ablaufende Zyklus von Aktionen, Reaktionen und wieder Aktionen innerhalb der Mutter-Kind-Beziehung. Die sehr spezielle Form der Interaktion schafft für das Kleinkind eine einzigartige eigene Welt, mit ihrem spezifischen affektivem Klima. Dieser Zyklus Aktion-Reaktion-Aktion ist es, der das Kleinkind befähigt, Schritt für Schritt bedeutungslose Reize in bedeutungserfüllte Signale umzuwandeln" (1976, 61).

Schon kurz nach der Geburt äußert der Säugling Reaktionen und zum Teil strukturierte und komplizierte Verhaltensweisen, deren auslösende Reize er irgendwie „wahrnehmen" muß. Da Spitz auf dieser Stufe aber noch keine eigentliche Sinnerfassung bzw. Apperzeption für möglich hält, nimmt er eine andere Form der Wahrnehmung, ein anderes Empfindungssystem an, das sich von unserer vertrauten Sinneswahrnehmung grundlegend unterscheidet und das er als „coenästhetische Organisation" bezeichnet. Damit meint er ein „Wahrnehmungs- und Aktionssystem, dessen Zentrum in der striopallidären Region, im Thalamus und Hypothalamus liegt. Die psychischen Manifestationen dieses Systems sind die Empfindungen, die Affekte, und gewisse Attribute des Traumes, während seine somatischen Äußerungen visceral und postural sind. Die Qualität der Wahrnehmungen des Systems beschreibt am besten das Adjektiv 'sensitiv', denn es handelt sich

um vage, diffuse Empfindungen, wie etwa gastro-intestinale, sexuelle, präkordikale Empfindungen usw. Die Exekutivorgane dieses Systems sind die glatten Muskelfasern, die sogenannten posturalen Muskeln, sowie die mimische Muskulatur, da diese ja auch Empfindungen und Affekte ausdrückt. Im Gegensatz zur phasischen Funktion der Skelettmuskulatur funktioniert sowohl die glatte wie die posturale Muskulatur in 'tonischer' Weise, d.h. in einem viel langsameren Rhythmus" (1973, 44).
Kennzeichen des coenästhetischen Empfindens sind, daß dieses im Innern des Körpers, auf dem Niveau der Tiefensensibilität und in ganzheitlicher Weise stattfindet. Es reagiert auf nichtverbale, nichtgerichtete Ausdruckssignale und ergibt einen egozentrischen Kommunikationsmodus, der weitgehend dem der Tiere entspricht. Die Zeichen und Signale, die vom Säugling während dieser Zeit aufgenommen werden, gehören nach Spitz u.a. den Kategorien Gleichgewicht, Spannung (der Muskulatur und anderer Organe), Körperhaltung, Temperatur, Vibration, Haut- und Körperkontakt, Rhythmus, Tempo, Dauer, Nuancen der Töne und Klangfarbe an. Diese Art des Empfindens ist aus dem Wahrnehmungs- und Kommunikationssystem der Erwachsenen weitgehend verschwunden bzw. verdrängt worden. Eine Ausnahme bilden nach Spitz lediglich Personen, die sich vom Durchschnitt des westlichen Menschen unterscheiden und über Spezialbegabungen verfügen, wie z.B. Komponisten, Musiker, Tänzer und Akrobaten. Eine Möglichkeit, diese Empfindungsart zeitweise zurückzugewinnen, besteht in dem Gebrauch von Hilfsmitteln, wie Fasten, Einsamkeit, Enthaltsamkeit oder auch Drogen und Alkohol. „Für den Säugling jedoch sind die aus dem affektiven Klima der Mutter-Kind-Beziehung stammenden coenästhetischen Signale offensichtlich die normalen, natürlichen Kommunikationsmittel, auf die er mit einer ganzheitlichen Reaktion antwortet" (1976, 155).

In den ersten sechs Lebensmonaten verschiebt bzw. differenziert sich die „coenästhetische Organisation" oder Rezeption in die im Gegensatz dazu stehende „diakritische Organisation" bzw. Perzeption, „in der die Wahrnehmung vermittels peripherer Sinnesorgane stattfindet und lokalisiert, fest umschrieben und intensiv ist; ihre Zentren liegen in der Hirnrinde; sie manifestiert sich in kognitiven Prozessen, zu denen auch die bewußten Denkprozesse gehören" (1976, 63).
Als Übergangszonen bzw. -organe zwischen der Rezeption der aus dem Körperinnern stammenden Reize und der „äußeren" Wahrnehmung sieht Spitz die Mundhöhle und deren drei Hilfsorgane Hand, Labyrinth und Haut an. Als wichtigstes Übergangsorgan dabei und als „Urhöhle der Wahrnehmung" bezeichnet er die Mundhöhle, denn in ihr sind Berührungs-, Temperatur-, Geruchs- und Schmerzsinn und sogar die Tiefensensibilität vertreten. Wenn etwas in die Mundhöhle eingeführt wird, dies kann z.B. die Brust-

warze, Nahrung oder ein Finger sein, werden sowohl sensorische Rezeptoren für das Äußere wie für das Innere gleichzeitig gereizt, und der Säugling reagiert mit einem spezifischen und gerichteten Verhalten. Auch hier zeigt sich, daß „der Affekt der Wegbereiter aller Wahrnehmungen ist und sie erst ermöglicht" (1956, 649). „Das Bedürfnis ruft Spannung hervor, die sich in affektiver Kundgabe von Unlust ausdrückt. Und Bedürfnisbefriedigung führt zu Spannungsminderung und Entspannung. Dieser dynamische Prozeß aktiviert die ersten intraoralen Wahrnehmungen, die wiederum an einer Grenze stattfinden, nämlich der von innen und außen".
Die Hilfsorgane der rudimentären Wahrnehmung (Hand, Labyrinth und Haut), deren Empfindungen dem zentralen Wahrnehmungsort, der Mundhöhle, untergeordnet sind, bewirken nach Spitz (1976, 90) als Tastwahrnehmung eine ganzheitliche Erfahrung der Eigenwahrnehmung, d.h. „durch sie vermittelte Empfindungen verschmelzen und vereinigen sich, so daß sie von dem Neugeborenen als ein einheitliches Situationserlebnis 'gefühlt' werden, das den Charakter des 'Aufnehmens', der Einverleibung hat".
Kennzeichnend für die Wahrnehmung auf dieser Stufe ist weiterhin, daß sie als aktiver Handlungsvorgang aufgefaßt werden muß, den Spitz in Appetenz- und vollziehendes Verhalten unterteilt. Da der Säugling zwischen frühester Wahrnehmung und Bedürfnisbefriedigung noch nicht unterscheidet, fallen bei ihm Appetenz- und Endverhalten zusammen. Hingegen wird auf einer späteren Stufe „durch den Erwerb der Fähigkeit zur Wahrnehmung in die Ferne zwischen den Wahrnehmungsakt und den Vollzugsakt ein Zeitabstand eingeschaltet" (1976, 88), so daß von da an die Wahrnehmung in erster Linie auf Appetenzfunktionen beschränkt bleibt.
Der Übergang von der Tastwahrnehmung zur Fernwahrnehmung wird nach Spitz (1976, 83 ff.) durch die Objektbeziehung zur „nährenden" Mutter vermittelt: Beim Stillen fühlt das Kind die Brustwarze im Mund, während es zur gleichen Zeit das Gesicht der Mutter sieht. Bei diesem Vorgang vermischen sich die beiden Wahrnehmungsarten und werden Bestandteile ein- und derselben Erfahrung, so daß der Weg frei wird „für einen allmählichen Übergang von der Orientierung durch Berührung zur Orientierung durch Fernwahrnehmung" (1976, 83).

Der weitere Verlauf der Wahrnehmungsentwicklung ist dadurch gekennzeichnet, daß immer mehr Reize die Funktion sinnvoller Signale gewinnen und spezifische Reaktionen auslösen. Dabei zeigt sich immer wieder der Einfluß affektiver Faktoren auf die Wahrnehmungsentwicklung. So erkennt der Säugling nach Spitz bis zum zweiten Lebensmonat das Signal der Nahrung nur, wenn er hungrig ist (in Form der Brustwarze, wenn diese in seinen Mund eingeführt wird). Ist er mit etwas anderem beschäftigt, erkennt er die Brustwarze nicht, beginnt also nicht zu saugen. Um einen äußeren Reiz

wahrzunehmen, müssen zwei Faktoren zugleich gegeben sein und zusammenwirken: Der erste ist ein äußerer Reiz, den der Säugling mit einer bevorstehenden Bedürfnisbefriedigung zu assoziieren gelernt hat; der zweite Reiz ist propriozeptiven Ursprungs in der Form des Hungerzustandes und des Bedürfnisses nach Nahrung. Die Umweltwahrnehmung erfolgt also in Funktion eines unbefriedigten Triebanspruchs, d.h., auf der Stufe der Nahrungswahrnehmung reagiert der Säugling auf den äußeren Reiz nur, wenn dieser zeitlich mit der inneren Wahrnehmung des Hungers zusammenfällt. Einige Zeit später folgt der Säugling den Bewegungen eines menschlichen Gesichts, das in sein Wahrnehmungsfeld tritt. Dies läßt sich damit erklären, daß in unzähligen Erwartungs- und Bedürfnissituationen das Gesicht der Bezugsperson vor dem Säugling auftaucht und sich mit der Befreiung von Unlust ebenso wie mit dem Erleben von Lust verknüpft. Es prägt sich somit der optische Reiz als Signal dem Gedächtnis des Säuglings ein und veranlaßt ihn, diesem Signal mit den Augen zu folgen. Im Laufe des dritten Monats zeigt sich ein weiterer Lernfortschritt: Wenn das Gesicht eines Erwachsenen dem Säugling frontal zugewandt wird, so daß dieser beide Augen des Gesichts sehen kann, und wenn das Gesicht sich bewegt, antwortet das Kind mit Lächeln, was nach Spitz die erste gerichtete und intentionale Kundgebung darstellt. Dabei gilt zu berücksichtigen, daß Lächeln als reaktives Verhalten schon früher auftritt und angeboren zu sein scheint (vgl. Bowlby 1975, 259 ff.).
Allerdings nimmt das Kind in dieser Zeit noch keine Person, kein konstantes, invariantes Objekt wahr, sondern lediglich „ein Gestalt-Signal", das von bestimmten Merkmalen des menschlichen Gesichts gebildet wird (Stirn-, Nase- und Augenpartie). Zwischen dem sechsten und achten Lebensmonat ist nach Auffassung von Spitz die diakritische Unterscheidungsfähigkeit schon so weit entwickelt, daß der Säugling „zwischen 'Freund' und 'fremd'" (1976, 167) unterscheiden kann. Das Verweigern von Kontakt mit Fremden in diesem Alter nennt Spitz „Achtmonatsangst". Diese auftretende Angst ist allerdings nicht eine Reaktion auf die Erinnerung an eine unangenehme Erfahrung mit einem unbekannten Menschen, sondern eine „intrapsychische Wahrnehmung der Nicht-Identität des Fremden mit dem Erinnerungsgebilde der abwesenden Mutter" (1973, 52; vgl. kritisch dazu Bowlby 1975, 299 ff.; Müller-Braunschweig 1975, 210-215; Jahnke 1975, 46 ff.).

3.7.3 Wahrnehmung und Entwicklung bei J. Piaget

Gegenüber lerntheoretischen und psychoanalytischen Vorstellungen betrachtet Piaget (1974) die geistige Entwicklung als eine Form der Anpassung und beschreibt sie als „Gleichgewicht zwischen den Wirkungen des Organismus auf die Umwelt und den Wirkungen der Umwelt auf den Organismus" (1974, 10), bzw. als ein „Gleichgewicht zwischen der Assimilation und der Akkomodation" (1974, 11). Dabei versteht er unter Assimilation die Einverleibung eines Objektes in eine Verhaltensweise bzw. in ein Verhaltensschema (was einer Aneignung der Bedeutung dieses Objektes gleichkommt), unter Akkomodation die Anpassung des Verhaltens an die Eigenart des Gegenstandes oder der Situation. Kennzeichnend für die Wahrnehmung ist, daß sie in enger Verbindung mit der sensomotorischen Tätigkeit steht und daß sie vom „figurativen Aspekt des Erkennens des Wirklichen abhängt" (Piaget/Inhelder 1977, 29).

Einen Gegenstand bzw. ein sensorisches Erscheinungsgebilde wahrnehmen heißt, ihn bzw. es zu assimilieren bzw. „in ein System von Verhaltensschemata einzuordnen und ihm folglich eine 'Bedeutung' zuzuschreiben" (Piaget 1969, 195). Im Wesen der Bedeutung sieht Piaget dabei zwei untrennbare Aspekte: den Bedeutungsträger und das Bezeichnete. Das Bezeichnete einer objektiven Wahrnehmung ist der Gegenstand selbst, der ein „wesentlich intellektuelles Sein" (1969, 196) besitzt.

Dagegen dienen die im Augenblick der Wahrnehmung vorliegenden sensorischen Eindrücke nur als Anzeichen, d.h. als Bedeutungsträger, die nichts anderes sind „als die geringe Menge von Wahrnehmungseigenschaften, die im Einmaligen, im gegenwärtigen Augenblick sich vollziehenden Akt meiner Sinnesorgane registriert werden, der Eigenschaften also, die es uns gestatten, einen Berg und ein Tintenfaß zu erkennen". Dazu ein Beispiel: „Wenn sich der Säugling anschickt, ... die Spielklapper, die er sieht, zu ergreifen, stellt die sichtbare Erscheinungsform dieses Spielzeuges nur den 'Bedeutungsträger' dar, während das 'Bezeichnete' alle anderen Eigenschaften desselben Gegenstandes umfaßt, die nicht gleichzeitig gegeben sind, aber vom Geist zu einem einzigen Bündel vereinigt werden (insbesondere die Eigenschaft, etwas zu sein, was man ergreifen kann). Auch hier bezieht sich also der Bedeutungsträger auf ein System von Verhaltensschemata (die Sehschemata, Greif-, Hör-, Saugschemata usw.), und es kommt ihm nur bezüglich der Gesamtheit des Systems eine Bedeutung zu. Das gilt auch für das in der aktuellen Wahrnehmung gegebene Erscheiungsbild" (Piaget 1969, 196 f.).

Zur näheren Kennzeichnung des Begriffs der Bedeutung unterscheidet Piaget (1969, 198) drei Arten von Bedeutungsträgern: Anzeichen, Symbole und Zeichen. Während das Symbol und das Zeichen nach seiner Ansicht als Träger von abstrakten Bedeutungen fungieren und die Vorstellung voraussetzen, stellt das Anzeichen einen konkreten Bedeutungsträger, eine sinnenhafte Gegebenheit dar, die an die direkte Wahrnehmung (nicht an die Vorstellung) gebunden ist und die Gegenwart eines Gegenstandes oder ein unmittelbar folgendes Ereignis ankündigt. „Was ich von einem Tintenfaß oder einem Berg sehe, ist das Anzeichen der Existenz dieser Gegenstände; die Klapper,die das Kind anschaut, bildet das Anzeichen für einen

möglichen Greifakt; die Brustwarze, die die Lippen des Säuglings berührt, zeigt an, daß eine Saugtätigkeit möglich ist, usw.".
Innerhalb der Gruppe der Anzeichen unterscheidet Piaget wiederum verschiedene Arten. Schon bei den Reflexen als vererbte Einrichtung, die von Geburt an funktionieren, liegt eine wiedererkennende Assimilation vor. „Wenn der Säugling Hunger hat und sich nicht damit begnügt zu saugen, um zu saugen (reproduzierende Assimilation), noch, am erstbesten Gegenstand zu saugen, den er mit seinen Lippen antrifft (generalisierende Assimilation), dann versteht er sehr wohl, die Brustwarze zu suchen und sie von den sie umgebenden Gewebe zu unterscheiden. Was heißt das anders, als daß die Brustwarze für ihn eine Bedeutung hat, daß sie sich von anderen Bedeutungen abhebt (z.B. derjenigen der Saugtätigkeit ohne Objekt usw.) und zu ihnen in Beziehung steht?" (1969, 198).
Dieser Typ von Bedeutung, in dem der Bedeutungsträger nur durch einen elementar-sensorischen Eindruck gebildet wird und das Bezeichnete das Saugschema darstellt, stellt für Piaget die einfachste Bedeutungsart dar. Sensorische Eindrücke auf dieser Stufe werden also schon klassifiziert und einem ganz bestimmten Unterschema zugeordnet: „Die Berührung mit der Brustwarze löst die Saugtätigkeit und die Schlucktätigkeit aus, während die Berührung mit den umliegenden Gewebeteilen oder mit irgendeinem anderen Gegenstand das Saugen um des Saugens willen nach sich zieht" (1969, 198).
Später kommen „die Bedeutungen der ersten Gewohnheiten und der Assimilation mittels erworbener, aber primärer Verhaltensschemata" (1969, 199) hinzu. Deren Bedeutungsträger nennt Piaget Signale, die elementare Anzeichen darstellen und in sensorischen Eindrücken bestehen, die „an die Reaktion und an die Wahrnehmungsgebilde, die für irgendein Verhaltensschema charakteristisch sind, assoziiert sind" (199). Die Bedeutungsträger auf dieser Stufe sind schon komplexer als diejenigen des ersten Typs, da sie eine erworbene Ausweitung des Assimilationsschemas voraussetzen. Als ein Beispiel nennt Piaget hier die Tatsache, daß das Erleben einer bestimmten Stellung, die zum Zwecke des Stillens eingenommen wurde, das Saugschema bereits auslöst. Als eine besondere Variante dieses zweiten Typs sieht er die Signale an, die sich auf eine Koordination von heterogenen Verhaltensschemata gründen. Durch die Koordination von Sehen und Hören oder Sehen und Greifen erhalten die Gegenstände, die zur Ausbildung solcher Koordinationen führen, eine komplexere Bedeutung. „Das Kind beginnt, die Klapper als etwas anzusehen, an dem man saugen oder das man ergreifen kann. Wenn das Kind ein Geräusch vernimmt, versteht es sogleich, daß das Gehörte auch sichtbar sein muß. Daraus ergibt sich ein aktives Suchen, das einen Fortschritt in der Voraussicht mit sich bringt: beim Hören eines bestimmten Geräusches bereitet sich das Kind darauf vor, ein

bestimmtes Bild zu sehen usw. Bei all diesen Bedeutungserlebnissen aber wird der Bedeutungsvermittler immer durch sensorische Eindrücke oder Signale gebildet, die bloß vielseitiger sind als diejenigen der ersten Stufe, und das Bezeichnete besteht noch immer in praktischen Verhaltensschemata, nur sind diese jetzt untereinander koordiniert" (1969, 200).
Die dritte Art von Bedeutungen ist dadurch gekennzeichnet, daß sie wieder komplexer als die vorhergehenden, aus denen sie durch Differenzierung hervorgegangen sind, anzusehen ist. Diese Bedeutungen umfassen „von Anfang an ein Element der Voraussicht, das sich auf die Dinge selbst bezieht: Die am Wiegendach aufgehängte Schnur ist nicht nur etwas zum Sehen, zum Ergreifen und zum Ziehen, sie dient auch dazu, Gegenstände von weitem zum Schwanken zu bringen usw. In der Bedeutung der Schnur ist also auch eine gewisse Voraussicht von kommenden Ereignissen enthalten" (a.a.O., 200).
Die weitere Entwicklung, auf die hier nur stichpunktartig skizziert werden kann, ist dadurch gekennzeichnet, daß sich Bedeutungen herausbilden, die die Wahrnehmung schließlich in zunehmendem Maße von der notwendigen Einbettung in eine Handlung im Vollzug befreien. Mit dem Auftreten der semiotischen Funktion bilden sich über die aufgeschobene Nachahmung und Vorstellung Symbole (die noch einige Ähnlichkeit mit dem Bezeichneten haben) und Zeichen (die willkürlich oder konventionell sind), die im Spiel, als Zeichnungen, innere Bilder oder als Sprache Gegenstände, Situationen und deren Bedeutungen repräsentieren.

3.7.4 Wahrnehmung und Entwicklung bei K. Holzkamp

Holzkamp (1976) charakterisiert die Entwicklung der Wahrnehmung als Prozeß der individuellen Aneignung von Gegenstandsbedeutungen. Dabei bezieht er sich auf Leontjev (1977), der die geistige und psychische Entwicklung des Menschen als Produkt eines besonderen Prozesses der „Aneignung" sieht. „Die tatsächliche Umwelt, die das menschliche Leben am meisten bestimmt, ist eine Welt, die durch die menschliche Tätigkeit umgewandelt wurde. Als eine Welt gesellschaftlicher Gegenstände, die die im Laufe der gesellschaftlich-historischen Praxis gebildeten menschlichen Fähigkeiten verkörpern, wird sie dem Individuum nicht unmittelbar gegeben; mit diesen Eigenschaften offenbart sie sich jedem einzelnen Menschen als Aufgabe. Selbst die einfachsten Werkzeuge und Gegenstände des täglichen Bedarfs, denen das Kind begegnet, müssen von ihm in ihrer spezifischen Qualität erschlossen werden. Mit anderen Worten: Das Kind muß an diesen Dingen eine praktische und kognitive Tätigkeit vollziehen, die der in ihnen verkörperten menschlichen Tätigkeit adäquat (obwohl natürlich mit ihr nicht identisch) ist. In welchem Maße das gelingt und wie weit sich dem Kinde dabei die Bedeutung des gegebenen Gegenstandes oder der gegebenen

Erscheinung erschließt, ist ein anderes Problem; es muß jedoch stets diese Tätigkeit vollziehen“ (Leontjev 1977, 281). Somit besteht für Holzkamp (1976) eine enge Beziehung zwischen der Ausbildung motorischer Tätigkeiten und bedeutungsbezogener Wahrnehmungsart beim Kind: „In dem Maße, wie das Kind lernt, die Form seiner motorischen Tätigkeit der ‘objektiven Logik’ des Gegenstandes anzumessen, dessen objektiven Gebrauchswertbestimmungen in der Tätigkeit adäquat Rechnung zu tragen, erfaßt es auch in der Wahrnehmung die gegenständliche Bedeutungshaftigkeit des Gegenstandes als orientierungsrelevanten Aspekt der jeweiligen Besonderheiten der Gebrauchswert-Vergegenständlichungen. Umgekehrt befördert ein wachsender Grad der Adäquanz der wahrnehmenden Erfassung gegenständlicher Bedeutungsmomente auch die Annäherung der motorischen Tätigkeit an das ‘gegenständliche Niveau’ der sachlogischen Adäquanz der Tätigkeitsvollzüge“ (1976, 191). Durch diesen Wechselwirkungsprozeß entwickeln sich nach Holzkamp beim Kinde allmählich funktionale Systeme oder Möglichkeiten, die er als „dispositionelle Voraussetzungen für die immer adäquatere Wahrnehmung von gegenständlichen Bedeutungen und für den immer ‘sachgemäßeren’ Umgang mit den von Menschen geschaffenen Dingen als Bedeutungsträgern“ bezeichnet.

Auf der Grundlage der mit der motorischen Tätigkeit sich entwickelnden gegenständlichen Bedeutungserfassung bildet sich allmählich auch die Wahrnehmung von Symbolbedeutungen heraus. Denn „das Kind kann in dem Maße begreifen, was mit bestimmten Symbolbedeutungen, die ihm in seiner Umwelt angeboten werden, gemeint ist, wie es die jeweils zugeordneten Gegenstandsbedeutungen in praktischer Tätigkeit angeeignet hat. Nur auf diese Weise gewinnen etwa ‘Worte’ als sinnlich-akustische Tatbestände allmählich ihren ‘Verweisungscharakter’ für das Kind, können von ihm in ihrer objektiven symbolischen Bedeutung benutzt werden“ (1976, 193). Die Gegenstandsbedeutungen bilden also den Inhalt und den Realitätsbezug symbolischer Bedeutungen, ihre Aneignung ist als Voraussetzung für die Erfassung von Symbolbedeutungen anzusehen.

Als weiteres Kennzeichen für den Aneignungsvollzug nennt Holzkamp die Tatsache, daß der Erwachsene von Anfang an in diesen Prozeß mit einbezogen ist und ihn unterstützt. „Sobald das Kind gegenständliche Weltgegebenheiten in seine Aktivitäten einbezieht, ist die Beziehung zwischen Kind und Erwachsenen in immer höherem Maße durch die gegenständliche Bedeutungshaftigkeit der Dinge und die durch sie objektiv geforderte Adäquanz der Tätigkeit vermittelt. Kind und Erwachsener treten sich hier nicht mehr in lediglich ‘sozialen’ Kommunikationsformen gegenüber: Wenn es darum geht, die adäquate Tätigkeit gegenüber einem Löffel zu erlernen, damit seine gegenständliche Bedeutungshaftigkeit zu erfassen, sind das lernende Kind und der unterstützende Erwachsene gemeinsam den sachlichen Notwendigkeiten der im Löffel vergegenständlichten allgemeinen Zwecksetzungen unterworfen und durch diese Notwendigkeiten in ihren Beiträgen 'miteinander' koordiniert" (1976, 195).

Auch die Entwicklung der interpersonalen Wahrnehmung, die auf personale Gegenstandsbedeutungen gerichtet ist, beschreibt Holzkamp als individualgeschichtlichen Aneignungsprozeß. „Das Kind, indem es mittels der unterstützenden Tätigkeit des Erwachsenen gegenständliche Bedeutungsmomente sachlicher Gegebenheiten auffassen lernt, erfährt gleichzeitig bestimmte Eigenarten des Tätigkeitsvollzuges des Erwachsenen als Momente personaler Gegenstandsbedeutungen. Wie sich die sachlichen Gegenstandsbedeutungen über die den allgemeinen Zwecksetzungen, die im Ding verkörpert sind, adäquate praktische Tätigkeit enthüllen, so enthüllt sich die personale Gegenstandsbedeutung von Tätigkeiten mit der Auffassung ihrer je besonderen Gestaltetheit durch die in den Gebrauchsdingen vergegenständlichten allgemeinen Zwecksetzungen. Die Gegenstandsbedeutung des Löffels enthüllt sich im adäquaten Löffelgebrauch, die Gegenstandsbedeutung der löffelführenden Tätigkeit im Hinblick auf die objektiven Gebrauchseigenschaften des Löffels" (1976, 196). Sachliche und personale Gegenstandsbedeutungen haben dabei von Beginn an für Holzkamp einen Charakter der „gegenseitigen Verweisung" aufeinander.
Interpersonale Wahrnehmung als Wahrnehmung von Verhaltensweisen und Eigenschaften einzelner Menschen bzw. Beziehungen zwischen Individuen wird schrittweise symbolisch vermittelt und führt zur Herausbildung von Verallgemeinerungen, Differenzierungen und zum Erkennen von vielfältigen und gleichbleibenden personalen Bedeutungsmomenten. „Indem z.B. das Kind die besondere Weise der aktuellen väterlichen Beiträge zur Unterstützung seiner Aneignungsbemühungen wahrnehmend erfaßt, erfaßt es immer mehr auch die durchgehende Eigenart dieser Tätigkeiten als Tätigkeiten des Vaters (abgehoben etwa von den Tätigkeiten der Geschwister). So bildet sich beim Kind allmählich die Möglichkeit der Wahrnehmung von relativ invarianten personalen Bedeutungsmomenten als Ausdruck dispositioneller Tätigkeitsmerkmale des Vaters heraus. In dem Maße, wie im Aneignungsvollzug der gegenständlichen Bedeutungshaftigkeit der väterlichen Tätigkeitsdispositionen ihr verallgemeinerter 'Begriff' gegenübergestellt wird, kann durch diesen Begriff hindurch die jeweils aktuelle väterliche Tätigkeit als besonderer 'Fall' von Vatertätigkeit aufgefaßt und so in ihren wesentlichen Zügen generalisierend akzentuiert werden" (1976, 196 f.).

Interindividuelle Unterschiede hinsichtlich der Wahrnehmungsfunktion sind nach Holzkamp (1976, 270 ff.) nicht bedingt durch angeborene oder durch Lernprozesse verstärkte und erworbene „perzeptuelle Kompetenzen" (perceptual skills), wie die bürgerliche Wahrnehmungspsychologie dies zu erklären versucht, sondern vielmehr als „Resultat der differentiellen, von Mensch zu Mensch verschiedenen Aneignung sachlicher und personaler Gegenstandsbedeutungen (und auf Wahrnehmungsgegebenheiten bezogener Symbolbedeutungen) zu verstehen“ (1976, 265). Bedenkt man, daß Erwachsene wie auch Kinder in unterschiedlichen „Ökologien“ (mit unterschiedlichen natürlichen, sozialen, räumlichen und gesellschaftlichen Umwelten, mit unterschiedlicher Schicht- und Gruppenzugehörigkeit etc.) leben und aus verschiedenen Perspektiven heraus sich somit nur bestimmte Arten bzw. Ausschnitte von sachlichen und personal bedeutungsvollen Gegebenheiten aneignen können, und berücksichtigt man weiterhin, daß die unterschiedlichen Tätigkeiten, die sie aus ihrer „Standortbedingtheit“ mit solchen „Stichproben von Weltgegebenheiten“ (1976, 266) ausüben, ihre Rückwirkungen auf die Wahrnehmung haben, überraschen Differenzen hinsichtlich der Wahrnehmungskompetenzen nicht.

3.7.5 Formale Aspekte der Wahrnehmungsentwicklung

Nachdem bisher die Wahrnehmungsentwicklung des Säuglings und Kleinkindes unter dem Gesichtspunkt der Aneignung und Strukturierung von Bedeutungen beschrieben wurde, sollen im folgenden einige eher „formale“ Kennzeichen und Probleme der Entwicklung von Wahrnehmungsleistungen angesprochen werden. So wird die Wahrnehmung des Kindes häufig als „Ich-bezogen“ und egozentrisch bezeichnet. Oerter spricht von „physiognomischen“ bzw. „personifiziertem“ Sehen, Piaget von „animistischer und finalistischer“ Deutung. Damit soll ausgesagt werden, daß das Kind seine Umwelt nicht immer in ihrer „objektiven“ Bedeutungsvielfalt sieht, sondern die Gegenstände im Hinblick auf die eigenen Wünsche, Befürchtungen und Vorstellungen wahrnimmt, ihnen oftmals einen beseelten, bewußten, finalen, moralischen oder magischen Charakter zuschreibt und das Wahrgenommene in die eigenen, begrenzten und unvollkommenen Erfahrungsschemata einordnet.
Werner (1953, 38 ff.) spricht in diesem Zusammenhang von „Aktions- oder Signaldingen“ und nimmt an, daß wahrgenommene Gegenstände bei Kindern – wie auch bei Vertretern mancher Naturvölker – von anderer Struktur sein können als beim gebildeten und erwachsenen Kulturmenschen. Die Dinge stehen nicht dem Lebewesen erkenntnismäßig und haltungsmäßig diskret gegenüber, sind nicht „Gegenüberstände, sondern werden durch die psychophysische Gesamtorganisation, durch die vitale und affektmotorische Totalsituation, in der sie eingeschmolzen sind, wesentlich geformt“. Dabei muß allerdings berücksichtigt werden, daß dieses affektgebundene und anthropomorphe Denken und Wahrnehmen wesentlich vom Verhalten der Erziehungspersonen abhängig sein kann: „Man darf annehmen, daß sie durch die Art ihres Eingehens

auf das Kind und die Verbalisierung seiner Erfahrungen eine entsprechende Einstellung mehr oder weniger fördern“ (Nickel 1974, 174).

Ein anderes Problem betrifft die Entwicklung einer differenzierten Wahrnehmung und Auffassung. Während früher in Anlehnung an die Ganzheits- und Gestaltpsychologie angenommen wurde, das Kleinkind nehme undifferenzierte, diffuse und gliederungsarme Ganzheiten wahr, wird diese Auffassung heute nicht mehr vertreten. „Die Vorstellung einer einseitig fortschreitenden Entwicklung von komplex-diffuser zu zergliedernd-analysierender Auffassung, die in erster Linie durch innere Faktoren bedingt ist und nur wenig durch Lernprozesse beschleunigt werden kann, läßt sich auf Grund neuerer Befunde nicht mehr aufrecht erhalten“ (Nickel 1974, 194). So konnte Nickel (1969) zeigen, daß die visuellen Differenzierungsleistungen von vier- und fünfjährigen Kindern in bezug auf bestimmte Aufgabenbereiche durch planmäßige Übung in bedeutsamer Weise verbessert werden können. Er erklärt dieses Ergebnis damit, „daß es sich bei der Entwicklung einer differenzierenden Wahrnehmung keineswegs primär um einen überwiegend von endogenen Faktoren gesteuerten, umweltunabhängigen Reifungsprozeß handelt, ... (sondern) Erfahrungsbildung in Verbindung mit geeigneten Anreizen und Einwirkungen der Umwelt dürften vielmehr eine entscheidende Rolle spielen“ (Nickel 1969, 116; vgl. auch Wilkening/Krist 1995, 515 ff.).

Ein weiteres Problem stellt der Versuch der „formalistischen“ Psychologie dar, Entwicklungsstadien der Wahrnehmung aufzustellen. Dies mußte weithin scheitern, betrachtet man Wahrnehmung unter dem Aspekt der Sinnerfassung und des Bedeutungslernens. „Die Form der Wahrnehmung und der Beobachtung hängt von ihrem Inhalt ab. Darum kann der Versuch, eine Entwicklungslinie der Wahrnehmungsformen unabhängig von ihrem sinnhaften Inhalt zu konstruieren, keine eindeutigen Resultate ergeben. Er führt unvermeidlich zu Widersprüchen, die nur gelöst werden können, wenn man den gegenständlichen Sinngehalt der Wahrnehmung berücksichtigt. Ebenso ist es sowohl möglich, daß das Kind mit den Einzelheiten und der Aufzählung der einzelnen Teile beginnt, als auch, daß es schon vorher seine Aufmerksamkeit auf das Ganze lenkt. Ob das Kind nur einzelne Gegenstände aufzählt oder beschreiben kann oder sogar das Wahrgenommene als sinnvolles Ganzes auszudeuten versteht, das hängt erheblich vom Inhalt der Wahrnehmung ab, davon, ob die einzelnen Teile oder das Ganze in ihrem Sinngehalt dem Kind zugänglich sind. Es gibt einfache Lebenssituationen, die das Kind schon im frühen Vorschulalter erfaßt, und es können ihm auch äußerst komplizierte Situationen begegnen, bei denen auch manche Erwachsene nur in der Lage sind, einzelne Gegenstände oder Erscheinungen aufzuzählen“ (Rubinstein 1977, 355).

Zur Entwicklung der Beachtung von Merkmalsdimensionen (figural-qualitativen Eigenschaften wie Farbe, Größe, Form, Materialcharakter, Tiefe- und

Raumbeziehungen, Tonhöhen, Klangfarben, Geschmacksqualitäten etc.) ist zu sagen, daß diese in der alltäglichen Wahrnehmung nur abstrahiert und hypothetisch von der gegenständlichen Bedeutung des Wahrgenommenen getrennt werden können, da sie immer als deren sinnliche Anzeichen bzw. Träger fungieren. Allerdings können auch die figural-qualitativen Merkmale eine eigenständige „Bedeutung" gewinnen, wenn das Kind übt, bewußt Farbe, Form, Größe usw. von Gegenständen herauszuheben, zu bestimmen und zu benennen. Insgesamt scheint dabei in unserem Kulturkreis die „Beachtung von Formelementen über die Beschaffenheit des Materials und über den Materialcharakter (also auch die Farbe) zu dominieren" (Oerter 1973, 348), was sowohl auf Sozialisationseffekte als auch auf „genetische Steuerungskomponenten" bei der Wahrnehmung zurückzuführen ist. Mit der Zeit lernt das Kind zudem, verschiedene Formelemente, die es abstrahieren kann, zu Formen „höherer Ordnung" zuzusammenzustellen. Kephardt (1977, 113 f.) spricht in diesem Zusammenhang von der „integrierten" bzw. „konstruktiven" Form, die dadurch charakterisiert ist, „daß die zunächst aus der globalen Form ausgegliederten Elemente zu einer integrierten und koordinierten Einheit organisiert werden". Als Beispiel nennt er die Eigenschaft quadratisch, „die wir sofort erkennen können und die uns als eine Qualität bewußt wird, wenn ihre Elemente – vier gleiche Seiten und vier gleiche Ecken – auf solche Weise integriert werden, daß die Beziehungen bewahrt und eindeutig bleiben" (114).
Wir nehmen Gegenstände nicht isoliert wahr, sondern immer eingebettet in einen Raum und in Beziehung zu anderen Dingen. Die Entwicklung der Raumwahrnehmung scheint zwar abhängig zu sein von überwiegend angeborenen biologischen Faktoren (Akkomodation, Konvergenz, binokulare Disparität), wird aber wesentlich bedingt durch eine zunehmende Kombination von visuellen und kinästhetischen Erfahrungen. „Der Prozeß der Raumwahrnehmung vollzieht sich beim Kinde in enger Einheit von Handeln und Erkennen. Das Kind erkennt den Raum, wie es ihn beherrschen lernt" (Rubinstein 1977, 345).
Auch die Wahrnehmung der Tiefendimension hat einerseits eine endogene Wurzel (vgl. den Versuch mit der „visuellen Klippe" bei Gibson, 1973a), ist aber auch einem Lernprozeß unterworfen, „der sich als langzeitige Entwicklung der Leistung des adäquaten Schätzens von Entfernungen von der eigenen Person darstellt" (Oerter 1973, 350).
Von weiterer Bedeutung für die Entwicklung und den Aufbau einer dauerhaften, permanenten Objektwelt sind die Konstanzphänomene. Darunter versteht man, daß Objekte auch bei veränderten Reizbedingungen (trotz veränderter Entfernung, Beleuchtung und Betrachtungsperspektive) hinsichtlich ihrer Form, Größe, Farbe und Helligkeit immer als dieselben wahrgenommen und wiedererkannt werden. Dabei konnte mit Hilfe experimentel-

ler Untersuchungen Größenkonstanz bereits gegen Ende des ersten Lebensjahres und Form-, Farb- und Helligkeitskonstanz in der Regel um das dritte Lebensjahr bei Kindern nachgewiesen werden. „Hinsichtlich des Ausmaßes der auf den einzelnen Altersstufen beobachteten Wirksamkeit von Konstanzfaktoren weichen die Ergebnisse verschiedener Untersuchungen (allerdings) teilweise erheblich voneinander ab" (Nickel 1974, 189). So kann zusammenfassend gefolgert werden, daß das Zustandekommen der Wahrnehmungskonstanzen weniger als Ergebnis von im Individuum innewohnenden, angeborenen Mechanismen zu sehen ist, sondern wie auch die Entwicklung der übrigen Wahrnehmungsqualifikationen abhängig ist von Erfahrungen, die im tätigen Umgang mit Gegenständen in unterschiedlichen Situationen gewonnen werden.

3.8 Zusammenfassung: Wahrnehmung als Sinngebung und Bedeutungserfassung

Aus den bisherigen Erörterungen ergeben sich folgende Grundlagen, die als Ausgangsbasis für die Erarbeitung von Möglichkeiten und Methoden zur Wahrnehmungsförderung dienen:

1. Theoretisch bzw. akademisch, nicht dagegen im praktischen Vollzug und Alltagsgeschehen, kann zwischen verschiedenen Arten bzw. Teilprozessen sinnlicher Tätigkeit unterschieden werden, und zwar zwischen einem Akt der Diskrimination formaler bzw. figuraler äußerer Reize bzw. Reizgebilde und dem Vorgang einer sinngebenden Verarbeitung derselben, der Zuweisung von Bedeutungen.
Die Tatsache, daß man von einzelnen Wahrnehmungsgegebenheiten ihre jeweiligen Bedeutungen abheben kann, der Hinweis darauf, daß bei einer durch einen Hirnschaden verursachten vorliegenden Agnosie der Kranke trotz intakter Sinnesorgane Dinge in ihrer Gegenstandsbezogenheit nicht erfassen und darauf nicht sinnvoll reagieren kann, die Berichte über die besondere Art der Wahrnehmung bei operierten blindgeborenen Menschen, die trotz ihres nach der Operation wiedergewonnenen „Sehvermögens" dennoch nicht visuell wahrnehmen konnten, die Unfähigkeit bzw. Schwierigkeiten des „Wildkindes von Aveyron", sich trotz intakter Sinnesorgane in einer unvertrauten Umgebung und neuen Wirklichkeit zu orientieren, belegen anschaulich, daß das entscheidende Merkmal menschlicher Wahrnehmung Sinngebung und Bedeutungserfassung (Apperzeption), das Einordnen des Wahrgenommenen in Erfahrungsbestände darstellt. Auch die Aussagen über Wahrnehmung von Autoren wie von Uexküll, Rothacker, Gehlen, Geulen u.a. machen deutlich, daß Wahrnehmung mehr ist als Aufnahme, Unterscheidung und Verrechnung von Reizinformationen. Von verschie-

denen Perspektiven aus wird dargestellt und betont, daß dem Menschen die Wahrnehmung (Erfassung) der Welt nicht von vornherein gegeben ist, sondern daß er sich diese in einer sozialen Wirklichkeit immer erst aneignen und erschließen muß.

2. Wahrnehmung ist demnach ein notwendiger und integraler Bestandteil menschlichen Handelns als sinnhaftes, mit Bedeutungen durchsetztes Tun und dient der Orientierung in der dinglichen und sozialen Wirklichkeit. Der Mensch lernt infolge des Mangels an Instinktgebundenheit als „weltoffenes" Wesen wahrnehmen, indem er sich eigentätig mit der Welt auseinandersetzt und mit Gegenständen eine ihnen zukommende mögliche Handlung vollzieht. Wenn Interaktion mit der sachlichen und sozialen Welt gelingt, geschieht dies auf der Grundlage der Interpretation bzw. sinnlichen Erkenntnis von sinnlich vermittelten Daten, die in der Regel – innerhalb eines bestimmten Kulturkreises – einen allgemein verbindlichen Bedeutungsgehalt aufweisen. Alle Menschen, also auch solche mit schwersten Behinderungen, handeln Dingen gegenüber immer intentional auf der Grundlage der bisher erworbenen und gespeicherten sinnlichen Erlebnisse und Erfahrungen, also auf der Grundlage von Bedeutungen, die Wahrnehmungsgegebenheiten für sie besitzen. Mit Wahrnehmungsgegebenheiten gemeint sind dabei nicht nur physische Objekte, sondern auch soziale Phänomene wie Personen und Beziehungen zwischen diesen (Freundschaft, Hilfsbereitschaft, Abneigung u.a.) sowie komplexere gesellschaftliche Situationen wie ein Unfall, ein Brand oder eine politische oder sportliche Veranstaltung. Die Bedeutungen, die dabei Dinge erlangen, unterliegen einem interpretativen Prozeß, werden also immer in einer konkreten Situation erst subjektiv geschaffen bzw. konstruiert. Manche Bedeutungsbezüge sind relativ einfach und einheitlich strukturiert und führen, wenn sie einmal erworben wurden, immer wieder zu gleichen Handlungsabläufen, wenn z.B. ein Kind einem Löffel immer wieder im Rahmen seiner gesellschaftlichen Zwecksetzung die Bedeutung eines Instrumentes zur Nahrungsaufnahme beim Essen entnimmt. Andere, vor allem soziale Bezüge, werden immer wieder neu gestaltet und transformiert, in Abhängigkeit von Situationen, in denen gehandelt wird und von eigenen Stimmungen und Bedürfnissen, die gerade vorliegen.
Für Holzkamp steht Bedeutung als „sinnliche Erkenntnis" in engem und unmittelbarem Zusammenhang mit menschlicher Arbeit und Kooperation. Wesentlich sind Bedeutungen, die den Gebrauchswert und aktuellen Verwendungszweck von Gegenständen anzeigen und als Resultat menschlicher Arbeit und Lebenstätigkeit in den produzierten Gegenständen realisiert sind. Sachliche und personale Gegenstandsbedeutungen verdichten sich zu immer umfassenderen Bedeutungsstrukturen und haben gegensei-

tigen Verweisungscharakter. Auf einem höheren, abstrakten Niveau nehmen wir Symbolbedeutungen wahr, denn Symbole verweisen mit ihrer repräsentativen Funktion auf Dinge, die sie bezeichnen. Das Wesen, die Funktion der Bedeutungen, liegt darin, daß sie uns die Orientierung im täglichen Leben ermöglichen und uns anzeigen, wie wir uns gegenüber bestimmten Dingen in bestimmten Situationen verhalten können. Sinn stellt nach Graumann „die Eröffnetheit eines Horizonts möglichen Verhaltens" dar. Nehmen wir einen Gegenstand, einen Sachverhalt wahr, wird uns ein Verhaltensspielraum eröffnet, und je nach Situation, Vorerfahrungen, Einstellung und Motivation erfolgt eine „Sinn-gebende" Verarbeitung, wird dem Gegenstand oder dem Sachverhalt eine konkrete Bedeutung zugeordnet.

3. Durch die Wahrnehmungstätigkeit des Individuums in der sozialen und gesellschaftlichen Wirklichkeit bilden sich zunehmend besondere Bedeutungsbezüge zu Gegenständen und Personen heraus, die als Subjekt-Objekt-Relationen dann in Form von Interessen und Einstellungen und unter Beteiligung affektiver Faktoren selektiv auf das Wahrnehmungsgeschehen zurückwirken.
In besonderem Maße hat die Sprache einen selektiven Einfluß, so daß sie als „Repräsentant" von Bedeutungen das Erfassen von Objekten, Personen und Situationen steuert und verfestigt. Als ein Speicher angehäufter Erfahrungen und Bedeutungen bildet sie einen wichtigen Zugang zur Wirklichkeit unserer Alltagswelt und verleiht dieser eine sinnhafte Ordnung und Struktur.
Auch Kultur, Schicht- und Gruppenzugehörigkeiten wirken mittelbar als Einflußfaktoren, da sie unterschiedliche Formen von „Lebenstätigkeiten" und Möglichkeiten zur Aneignung von Bedeutungen bedingen, so daß insofern Differenzen im Wahrnehmungsverhalten von Menschen nicht verwundern. Indem Wirklichkeit „gesellschaftlich konstruiert" ist (Berger/Luckmann 1980), führt die Zugehörigkeit zu einer bestimmten kulturellen Ordnung und Umwelt auch zu einer gesellschaftlichen vermittelten Wahrnehmung.
Der wechselseitige Bezug zwischen den genannten Faktoren im Bereich der visuellen Wahrnehmung und der Einfluß, den sie aufeinander ausüben, soll durch die Grafik auf Seite 132 veranschaulicht werden.

Aus einer ganzheitlichen bzw. systemischen Sichtweise hat die enge Verschränkung der oben aufgeführten Bereiche Konsequenzen einmal für die pädagogische Überprüfung und Erklärung von Einschränkungen im Wahrnehmen eines Kindes und zum anderen für die Gestaltung von Fördermaßnahmen. Nicht ein einzelner Funktionsbereich wie die Wahrnehmung oder gar nur eine bestimmte Wahrnehmungsmodalität darf dabei isoliert im Vordergrund stehen, sondern die Entwicklungsmöglichkeiten und Kompeten-

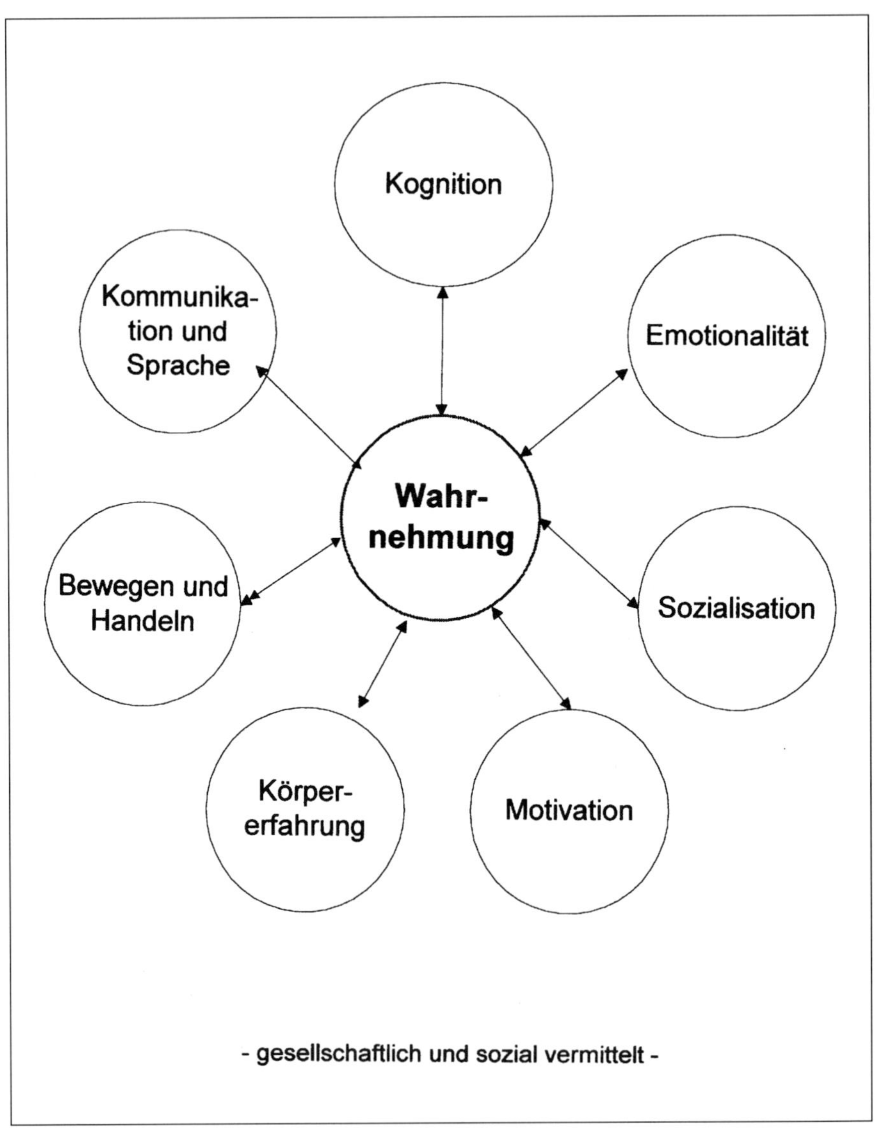

Abb. 24: Komplexität und Wechselwirkung in der Wahrnehmung

zen in allen Bereichen, unter Beachtung der Frage, inwieweit die konkret vorfindbare dingliche und soziale Umwelt des Kindes günstige Bedingungen für eine „sinnliche" Auseinandersetzung aufweist.

4. Äußere figurale Merkmale von Gegenständen, Personen und Sachverhalten und ihre Bedeutungen durchdringen und bedingen sich wechsel- und gegenseitig und verweisen aufeinander. Die figural-qualitativen Eigenschaften von Dingen verkörpern deren Bedeutungen, fungieren als Träger des Sinngehalts, der uns im Wahrnehmungsprozeß nicht immer bewußt sein muß. Eine isolierte Betrachtung einer der beiden Aspekte stellt bereits eine Abstraktion dar und entfernt sich vom konkreten, alltäglichen Wahrnehmungsgeschehen. Bezüglich der Wahrnehmungsorganisation bzw. der Frage, was zur Figur auf einem Hintergrund wird, dominiert der inhaltliche Bedeutungsaspekt über die formale Struktur der Reizgestalt.
Da Wahrnehmung stets von einem räumlichen Standpunkt aus „perspektivisch" auf Gegenstände und Sachverhalte gerichtet ist und das Wahrgenommene sowohl hinsichtlich seiner figuralen Merkmale als auch hinsichtlich seiner Bedeutungen auf weitere Bezüge verweist, ergibt sich die konkrete Bedeutung einer Wahrnehmungsgegebenheit in der Regel erst in komplexen zwischenmenschlichen Situationen und Handlungsprozessen, in der Einbettung in ein „Verweisungsgesamt" von „Bedeutungsstrukturen", die sowohl sachliche als auch soziale Beziehungen aufweisen.

5. Die Entwicklung der kindlichen Wahrnehmung kann als Prozeß des Bedeutungslernens beschrieben werden. Während der Säugling sich einige Zeit nach der Geburt auf rezeptiver Grundlage mit Hilfe eines coenästhetischen Empfindungssystems orientiert, gewinnen zunehmend in enger Abhängigkeit von primären Bedürfnissen und in sozialer Wechselbeziehung mit einer Bezugsperson (Mutter-Kind-Dialog) Reize die Funktion bedeutungsvoller Signale. Die Reaktionen auf solche Signale bestehen dabei lange Zeit in der Aktivierung sensomotorischer Schemata, als (wiedererkennende) Assimilation von Gegenständen in bereits verfügbaren, über den handelnden Umgang erworbenen Aktivierungs- und Bedeutungsmustern. Diese sind zu Beginn der kindlichen Entwicklung einfachster Art und gebunden an affektive Voraussetzungen, wenn z.B. der hungrige Säugling die taktile Berührung mit der Brustwarze der Mutter als „Anzeichen" (figural-qualitativer Aspekt) für die Möglichkeit des Saugens und Schluckens erlebt (Bedeutungsaspekt).
Mit einer zunehmenden Ausweitung und Differenzierung von Handlungsschemata und der Koordination zunächst getrennter, modaler Sinneserfahrungen werden die den Dingen zukommenden Bedeutungen immer komplexer (wenn eine Klapper zum Lutschen wie auch zum Erzeugen von Geräuschen eingesetzt wird) und lösen sich die Wahrnehmungsschemata aus ihrer Verflochtenheit mit der unmittelbaren Bedürfnisbefriedigung und vom Handlungsvollzug und werden symbolisch vermittelt „auf den Begriff gebracht".

Die weitere Entwicklung, die Holzkamp als Prozeß der individuellen Aneignung von Bedeutungen charakterisiert, ist gekennzeichnet durch einen engen Bezug an die Ausbildung motorischer Tätigkeiten und durch die soziale Vermittlung durch den Erwachsenen. In zunehmendem Maße gewinnen Gegenstände, Personen und Sachverhalte an Bedeutung, bzw. werden ihre figural-qualitativen Merkmale und Eigenschaften zu sinnlichen Verkörperungen ihrer gegenständlichen Bedeutungshaftigkeit. Die verschiedenen Formen von Gegenstandsbedeutungen verdichten sich zu Bedeutungsstrukturen, und das Kind lernt, sich gegenüber diesen Dingen und sozialen Sachverhalten immer adäquater zu verhalten.
Auch für die Entwicklung der Wahrnehmung von figuralen Merkmalen, des Raumes und von Bewegungen sowie der Konstanzphänomene scheint entscheidend zu sein, daß das Kind im tätigen Umgang mit Gegenständen in vielfältigen Situationen Erfahrungen sammelt.

6. Die Ausgangsfrage nach dem Sinn und Zweck der Sinne erfordert eine ganzheitliche, holistische Sichtweise. Im Rahmen eines Pradigmawechsels hin zu einem konstruktivistischen Ansatz gilt festzuhalten, daß das Individuum nur das wahrnimmt, was es handelnd erlebt und erfährt und was es vorab im Kopf entwickelt. Es verarbeitet nur solche Reize, die für es subjektiv sinnbringend sind. Rothacker (1934, 99) beschreibt diesen Sachverhalt in seinem „Satz der Bedeutsamkeit“: „Nur was mich angeht, was mir 'etwas' 'ist', d.h. bedeutet, was mein Interesse weckt, was mein Sein berührt, was mir beachtenswert, dann merkenswert, schließlich der weiteren Schritte sprachlicher und gedanklicher Aneignung wert erscheint, wissenswert und wissenswürdig, das findet überhaupt Eingang über diese erste und elementarste Schwelle in meine Welt. Nur was in den Lichtkegel dieses elementaren Anteilnehmens getreten ist (sei es, daß ich es suche, sei es, daß es meine Beachtung erzwingt), kann im höheren Sinne erkannt und bewußt angeeignet werden“ (Rothacker 1934, 99).
So konstruieren und determinieren wir unsere Wirklichkeit. Dies hat Folgen für die Sichtweise und Beurteilung von Wahrnehmungsleistungen anderer Menschen, auch für die Definition und Erklärung von sogenannten „Störungen“ von Wahrnehmung.

4. Beeinträchtigungen und Hindernisse im Wahrnehmen

Nicht nur funktionelle und physiologische Grundlagen, sondern auch psychische Kompetenzen des Individuums (Motorik, Kognition, Kommunikation und Sprache, soziale und emotionale Voraussetzungen) sowie soziale und gesellschaftliche Bedingungen nehmen Einfluß darauf, was und wie umfänglich und differenziert ein Kind wahrnimmt. So verwundert es nicht, daß der Begriff „Wahrnehmungsstörung" in der Literatur mehrdeutig verwendet wird. Es wird u.a. unterschieden zwischen

- „Sinnesbehinderungen" als Beeinträchtigung der Wahrnehmungsfunktion in der sensorischen Reizaufnahme infolge eine Schädigung der Sinnesorgane, in der Ausprägung einer Blindheit oder Sehbehinderung oder einer Gehörlosigkeit oder Schwerhörigkeit,
- „Funktionellen" Einschränkungen bzw. Schwächen hinsichtlich der notwendigen sensorischen Abläufe in der Sinnestätigkeit,
- Einschränkungen in der zentralen Informationsverarbeitung von Reizen im Sinne einer „zentralen Wahrnehmungsstörung" infolge von Störungen der Hirninde und „Fehlfunktion von Zellverbänden" und
- Sozialen Einschränkungen bzw. „Be-Hinderungen" der Wahrnehmung durch mangelnde oder einseitige Entwicklungs- und Reizangebote, z.B. infolge einer Hospitalisierung und sensorischen Reizdeprivation oder der Vorenthaltung ausreichender familiärer und schulischer Erziehungs- und Bildungsvoraussetzungen (vgl. Leyendecker 1988, 45; Fröhlich 1986, 43).

4.1 Wahrnehmungsstörungen als Funktionsschwächen?

Wie die folgende Zusammenstellung deutlich machen soll, werden Wahrnehmungsbeeinträchtigungen häufig auf spezielle Funktionsschwächen zurückgeführt, und zwar in bezug auf Kompetenzen, die beim Wahrnehmen zwangsläufig, aus der Logik der Sache herleitbar, eine Rolle spielen, wie das Herausheben von Figuren von einem Hintergrund, die Koordination visueller und motorischer Anteile bzw. Leistungen, die Analyse und Synthese von Formen, die Wahrnehmung von Raumlagen und Konstanzen oder das Erfassen ganzheitlicher Zusammenhänge bzw. von Beziehungen von Teilen zum Ganzen und umgekehrt.

Betrachtet man allerdings die Entwicklung der Wahrnehmung unter der konstruktivistischen Perspektive der Aneignung von Erfahrungen und Bedeutungsbezügen, stellt sich die Frage nach der Berechtigung der Annahme

Bezeichnung	Anzeichnen bzw. „Symptome“ und Folgen	Literatur
Sensorische Hyperaktivität	Das Kind reagiere auf unwesentliche oder nicht zur Sache gehörende Reize, unabhängig von der augenblicklichen Wertigkeit; erhöhte Ablenkbarkeit	Cruickshank 1981 Wender 1991 Schweizer/Prekop 1991
Motorische Hyperaktivität/ Disinhibition	Unfähigkeit, Stimuli, die eine motorische Reaktion hervorrufen oder anregen, zu ignorieren; alles, was berührt, geschoben oder gezupft werden kann, würde zum Reizanlaß; ständig auf dem Sprung sein; verhindere die Entwicklung feinmotorischer Fertigkeiten	Cruickshank 1981
Dissoziation	Unfähigkeit, Dinge im Zusammenhang (als Gestalt) zu sehen (den „Wald vor lauter Bäumen nicht sehen“; Schwierigkeiten im Nachlegen von Figuren (Bender-Gestalt-Test)	Cruickshank 1981
Figur-Grund-Störung	Der Reizwert des Hintergrundes würde im Verhältnis zum Vordergrund, zu dem, was Figur werden soll, größer	Strauss/Lethinen 1947; Cruickshank 1981; Frostig/Horne/Miller 1974
Visuomotorische Störungen	Eingeschränkte Auge-Hand-Koordination; Schwierigkeiten beim Berühren und Greifen sowie im manuellen Umgang (auseinandernehmen, zusammensetzen) mit kleineren Objekten	Frostig/Horne/Miller 1974 Ayres 1979
Wahrnehmungskonstanz-schwächen	Schwierigkeiten, Eigenschaften eines Gegenstandes wie seine Form, Lage oder Größe trotz unterschiedlichen Netzhautbildes unverändert wahrzunehmen; Erschwerung des Lesenlernens und des Erkennens geometrischer Formen (etwa bei der Mengenlehre)	Frostig/Horne/Miller 1974 Reinartz 1973
Beeinträchtigte Wahrnehmung der Raumlage und räumlicher Beziehungen	„Verzerrung“ der visuellen Welt; Schwierigkeiten, Wörter zu verstehen, die Raum-Lage-Beziehungen bezeichnen (Erfassung von Präpositionen)	Frostig/Horne/Miller 1974 Reinartz 1973
Perseveration	Eine verlängerte Nachwirkung eines Stimulus beeinträchtige die Aufnahme bzw. die Verarbeitung eines neuen Reizes und den Wechsel zu einer neuen Tätigkeit	Cruickshank 1981
Reizüberflutung	Die Vielfalt von Reizen aus der Umwelt wie aus dem eigenen Körper, die ständig auf das Sensorium auftreffen, könne nicht ausreichend dosiert und gefiltert (selektiert) werden, so daß eine Verwirrung bis hin zu einem Reizchaos eintrete	Cruickshank 1981 Delacato 1985
Erhöhte Reizschwelle	Kinder benötigten eine höhere Reizdosierung bzw. eine massive Stimulierung, um Informationen zu bemerken und darauf reagieren zu können	Doman 1980

Reizunverträglichkeit	Informationen, die über einen speziellen Sinneskanal im ZNS eintreffen, würden durch über andere Modalitäten aufgenommene Reize gestört. Die notwendige Integration und Verarbeitung gelinge nicht	Johnson/Myklebust 1971
Reizfixierung	Fixierung an bzw. Beschränkung der Aufmerksamkeit auf bestimmte Objekte, z.B. eine Holzperlenkette oder auf eigene Körperteile (in Form von Stereotypien bzw. Autoaggressionen). Diese erschwerten die soziale Zuwendung und die Sinnerschließung anderer Gegenstände und Wirklichkeitsausschnitte	Johnson/Myklebust 1971 Cruickshank 1981
Eingeschränkte Körperwahrnehmung (Körperschemastörung)	Beeinträchtigungen in der Nachahmung von Bewegungen und im lebenspraktischen Bereich, z.B. beim Anziehen von Kleidungsstükken; Gering ausgebildete Kompetenz, zeichnerisch Personen bzw. Körper darzustellen	Frostig/Horne/Miller 1974
Fingerschemastörung	Schwierigkeiten beim taktilen Erkennen einzelner Finger; unkoordinierte Handbewegungen	Ayres 1979; 1992
Ungenügend integrierte vestibuläre Reflexe	Verminderte Gleichgewichtsreaktionen; Über- oder Unterreaktion auf vestibuläre Reize; Gleichgewichtsstörungen bei grobmotorischen Bewegungen; eingeschränkte Raumlagenwahrnehmung; Überprüfung mit dem SCSIT (Southern California Sensory Integration Test)	Ayres 1979; 1992
Taktile Abwehr	Mißbehagen und überschießende Reaktionen bei bestimmten Berührungsreizen, vor allem an Kopf und Nacken; Ablehnung von störenden Kleidungsstücken	Ayres 1979; 1992
Motorische Planungsschwäche/ Dyspraxie	Einschränkungen bei der Erkennung und Umsetzung einer komplexen Bewegungs- bzw. Handlungsfolge; Unsicherheiten/Schwierigkeiten beim Imitieren und Spielen, vor allem bei Konstruktionsaufgaben sowie bei komplexen Tätigkeiten, die die Antizipation von motorischen Teilhandlungen erfordern	Ayres 1979; 1992 Affolter 1975, 1987
Auditive Schwäche	Geringer Sprachgebrauch, Hörstörungen	Ayres 1979;1992

Abb. 25: Funktionsschwächen der Wahrnehmung in der Literatur

solcher Funktionen bzw. Funktionsschwächen. Existieren die in Abbildung 25 aufgelisteten Funktionen tatsächlich als selbständige, unabhängige und übergreifende Leistungen, von deren Entwicklungsgrad und Qualität dann abhängt, wie differenziert ein Kind seine Umwelt wahrnehmend erfassen kann? Oder handelt es sich hier lediglich um Konstrukte, d.h. von Menschen erzeugte sprachliche Etikettierungen, die im Rahmen eines biologistisch konstituierten Normalitätsbegriffes eigene Unklarheiten und Instabilitäten wieder in Ordnung bringen sollen (vgl. Doering/Doering 1996, 15), die Dinge, die wir nicht verstehen, die unseren Erwartungen an ein korrektes Wahrnehmungsverhalten nicht entsprechen, vordergründig mit medizinischen Fachbegriffen kausal-linear zu erklären versuchen, die im Rahmen eines defizitären Menschenbildes individuelle Besonderheiten zu verdinglichen und zu ontologisieren, als Abweichungen bzw. Beeinträchtigungen zu definieren und zu klassifizieren versuchen (vgl. Mattner/Gerspach 1997, 33)? Wenn aus der Sicht des Konstruktivismus (vgl. Kap. 3.3) wir nicht immer glauben sollten, was wir sehen, sondern vielmehr das sehen, was wir glauben, stellt sich die Frage nach „Störungen" in der Wahrnehmung völlig neu.

Diesen Fragen soll exemplarisch am Beispiel der sogenannten Fähigkeit zur Figur-Grund-Differenzierung nachgegangen werden, indem nach Bedingungen gesucht wird, die darüber entscheiden, wann ein Kind einen bestimmten Gegenstand oder ein Detail als Figur von einem Hintergrund abheben und erkennen kann. Wie in Kapitel 2.5.2 zur Gestalttheorie bereits deutlich wurde, hängt dies nicht von der Reizintensität oder aber von allgemein gültigen Gestaltprinzipien ab, sondern von den zuvor gewonnenen Erfahrungen und von den momentanen Bedeutungsbezügen, die Wahrnehmungsgegebenheiten in bestimmten Situationen erlangen. So kann z.B. ein Säugling den Lärm einer Feuerwehrsirene oder eines Gewitters gar nicht wahrnehmen und beachten, horcht aber auf und weint, wenn es die Mutter im Nebenzimmer niesen hört (Church 1971). Somit ist das Phänomen „Figur-Grund-Wahrnehmung" immer in bezug zu bestimmten Wahrnehmungsgegebenheiten bzw. speziellen Umweltausschnitten, die das Individuum erschlossen hat, zu sehen und existiert lediglich als eine sachstrukturelle, d.h. als eine in der Natur der Sache liegende notwendige Gegebenheit, nicht aber als autonomes Vermögen im Individuum.
Ob also etwas als Figur von einem Hintergrund herausgehoben werden kann, hängt demnach nicht von der Ausprägung einer vermeintlichen Fähigkeit zur Figur-Grund-Differenzierung im allgemeinen, sondern davon ab, ob im besonderen der betreffende Wahrnehmungsinhalt in seiner Sachstruktur sowie in seinen emotionalen Bezügen erschlossen wurde, bzw. ob er situativ für das Individuum etwas Bedeutsames gewinnt. Wenn sich also ein Kind bestimmte Sachverhalte (z.B. Vogelarten oder Automobilmarken)

in ihrer Bedeutungsstruktur angeeignet hat und diese auf sinnlicher und sprachlicher Ebene differenziert erfaßt, wird es auch in der Lage sein – falls dies im Rahmen seiner jeweiligen aktuellen Tätigkeit notwendig wird – einzelne Elemente daraus als Figur hervorzuheben und wahrnehmend zu deuten, verfügt also in bezug auf diesen speziellen Gegenstandsbereich über eine „gut ausgebildete“ Figur-Grund-Wahrnehmung. Daraus kann aber nicht notwendig gefolgert werden, daß es auch andere Wahrnehmungsgegebenheiten, z.B. graphische Zeichen, Buchstaben oder Ziffern, figurmäßig auseinanderhalten kann. Umgekehrt: Wenn das Kind bestimmte Objekt- bzw. Bedeutungsbezüge nicht oder nur unzureichend ausgebildet hat, wird es auch zwangsläufig Schwierigkeiten haben, diese oder Elemente daraus als „Figur“ hervorzuheben.
Wenn also in einer empirischen Untersuchung Kinder mit geistiger Behinderung gegenüber lernbehinderten bzw. nicht behinderten Kindern in Tests zur Messung visuoperzeptiver Leistungen schlechtere Ergebnisse zeigen (vgl. Walburg 1975), kann dies für einen bestimmten Verhaltensbereich, z.B. die Wahrnehmung figuraler Darstellungen, zutreffen und dann für Leistungsvorhersagen in den Kulturtechniken von Bedeutung sein. Unzulässig aber ist es, daraus eine allgemeine Schwäche bzw. Störung eines Wahrnehmungsfaktors „Figur-Grund-Wahrnehmung“ abzuleiten, da dann situative und soziale Bezüge und die jeweilige Bedeutsamkeit des im Test dargebotenen Aufgabenausschnittes außer acht gelassen würden. Überhaupt erscheint die Annahme von persönlichkeitspsychologischen Erklärungen wie Eigenschaften, Funktionen und Faktoren recht problematisch (vgl. Roth 1977).

Auch das hier zugrunde liegende kausale Denken scheint mit Problemen behaftet, im Rahmen der Schlußfolgerungen: Wenn bestimmte Symptome zu erkennen sind, dann liegt zwangsläufig eine Dysfunktion vor. Oder: Wenn sensorische Dysfunktionen existieren, dann gibt es auch typische Symptome. Brüggebors stellt einer kausalen Betrachtungsweise eine andere, und zwar *finale* Orientierung gegenüber, mit der Zielstellung, die Sinnhaftigkeit von sogenannten Auffälligkeiten zu erfassen bzw. zu verstehen. Nicht Wahrnehmungsfunktionen sind gestört, „gestört ist der ganze Mensch und das Symptom ist lediglich Ausdruck der Irritation“ (Brüggebors 1994, 195). Dies macht sie an einem Beispiel zu der von manchen Autoren vertretenen sogenannten „taktilen Abwehr“ deutlich. Ein Kind wehrt Annäherungen ab, es flieht. Fragen im Rahmen einer ganzheitlichen, holistischen Betrachtungsweise lautet: Wendet sich das taktile Abwehrsystem oder der ganze Mensch ab? Ist distanzloses Verhalten der nicht enden wollende chaotische Versuch, das Gleichgewicht zwischen Nähe und Distanz herzustellen? Tritt dieses Verhalten situations- bzw. personengebunden auf? Welchen Sinn hat dieses Verhalten für das Kind? Welche Geschichte hat dieses Verhalten?

Da in dieser Arbeit der semantisch-kognitive Aspekt der Wahrnehmung, d.h. die sinngebende Verarbeitung von Wahrnehmungsgegebenheiten als Prozeß der Aneignung und Erfassung bedeutungshaltiger Informationen im Vordergrund steht, stellt sich die Frage, welche Einflußgrößen die Kind-Umwelt-Interaktion und den Aneignungsprozeß stören bzw. einschränken und somit zu einer Reduzierung sinnlich vermittelter Erfahrung und Erkenntnis führen können.
Als solche Einflußgrößen, die sich wechselseitig beeinflussen und für die Entwicklung der Wahrnehmung wesentlich sind, kommen in Betracht:

- Beeinträchtigungen im sensorischen Bereich im Sinne von nicht bzw. vermindert sehen, hören oder fühlen können,
- Beeinträchtigungen im motorischen Bereich in Form von Bewegungseinschränkungen,
- Beeinträchtigungen im kognitiven Bereich hinsichtlich der Verarbeitung und Erfassung von Bedeutungsbezügen,
- Beeinträchtigungen im Bereich symbolischer Bedeutungserfassung im Sinne eingeschränkter Möglichkeiten der (sprachlichen) Verständigung sowie
- Beeinträchtigungen im Bereich sozialer Erfahrungsaneignug als soziokulturelle Defizite.

4.2 Beeinträchtigungen im sensorischen Bereich

Als Grundlage für alle Wahrnehmungsleistungen dient die Funktionstüchtigkeit der peripher-organischen Sinnesrezeptoren, die infolge physiologischer Schädigungen oder unfall- und krankheitsbedingter Abweichungen beeinträchtigt sein können. Im folgenden geht es allerdings nicht darum, einzelne Schädigungsformen unter einer medizinischen Sichtweise, wie z.B. eine angeborene Amaurose mit der Folge einer völligen Blindheit, Kurz- oder Weitsichtigkeit im visuellen oder unterschiedliche Formen von Schwerhörigkeit und Gehörlosigkeit im auditiven Bereich zu beschreiben, sondern vielmehr deren vielfältige Auswirkungen auf die Wahrnehmung als sinngebende Verarbeitung von Reizen zu untersuchen. Dies soll exemplarisch am Bereich der visuellen Wahrnehmung geschehen, zunächst unter dem Gesichtspunkt von mittelbaren Auswirkungen auf die kindliche Entwicklung im allgemeinen und später unter dem Aspekt unmittelbarer Auswirkungen, die sich ergeben, wenn ein Mensch nicht oder nur schlecht sehen kann.

Aus Untersuchungen von Fraiberg und Mitarbeitern (Adelson/Fraiberg 1974; Fraiberg 1969) geht zunächst hervor, daß in der Regel auch gut geförderte

blinde Kleinkinder in der Regel in jenen Bereichen der Entwicklung Verzögerungen aufweisen, die selbstinitiierte Bewegungen erfordern, also beim Greifen, Sitzen, Krabbeln und Gehen, nicht aber in rein statisch motorischen Leistungen. Fraiberg/Smith/Adelson (1969) berichten über eine Längsschnittuntersuchung mit 10 Kindern, die geburtsvollblind waren oder nur über einen minimalen Sehrest verfügten und keine weiteren sensorischen, motorischen oder kognitiven Schädigungen aufwiesen. Sie beobachteten, daß blinde Kinder in den ersten 6 Monaten dazu neigen, die Hände leicht geballt in Schulterhöhe zu halten. In dieser Position allerdings besteht kaum die Möglichkeiten, daß die Hände einander berühren und daß sie Gegenstände ertasten und begreifen können. Es fanden auch keine Fingerspiele an der Mittellinie des Körpers statt, was bei sehenden Kindern durchschnittlich im Alter von 4 Monaten zu beobachten ist. Fraiberg (1977) berichtet von einem 5 Monate alten Kind, dem zuvor keine gezielten pädagogischen Hilfen zukamen. Auch bei ihm befanden sich die Hände in neonataler Stellung in Schulterhöhe, waren offen und vollführten von Zeit zu Zeit Greif- und Loslaßbewegungen. Wurde seine Hand mit einer Rassel berührt, ergriff es sie, machte aber keine Anstalten danach zu suchen, nachdem sie irgendwann zu Boden gefallen war. Als dem Kind ein Musikteddybär, den es zuvor fest in den Händen gehalten und dessen Musik es gelauscht hatte, weggenommen wurde, machte es keine Anstalten, dieses Spielzeug durch Greifbewegungen wiederzubekommen, obwohl die Musik weiter erklang. Es schien, als wäre dieser Bär, den das Kind eben noch in der Hand hatte, nicht derselbe gewesen wie der – ohne taktilen Kontakt – „da draußen“, wo nur noch ein Attribut, nämlich Klang ihn darstellte.
Diese Beispiele veranschaulichen, daß erhebliche Sehdefizite das Handverhalten auf der einen und die weitere Aneignung sinnlich vermittelter Erfahrungen auf der anderen Seite wesentlich beeinflussen bzw. verzögern können. Zwar kann ein gut stimuliertes blindes Kind mit 4 oder 5 Monaten Gegenstände sicher greifen, sofern taktiler Kontakt stattfindet, und auch Verfolgungsbewegungen vollführen, wenn dieser Gegenstand ihm weggenommen wird. Aber es scheint für das koordinierte Erreichen eines Objektes „da draußen“ keinen sofortigen oder frühen Ersatz für Sehen durch Schall zu geben. Während die Koordination von Augen und Händen dem sehenden Kind durchschnittlich mit 4 bis 5 Monaten gelingt, kann die Koordination von Ohr und Hand (Schall-Greifen) erst wesentlich später eintreten, in der Regel im 10. bis 11. Monat. Die Gründe für diese Verzögerung liegen vermutlich in einer qualitativ „andersartigen“ Welt für blinde Kinder. Gegenüber der reichhaltigen visuellen Welt von bewußten und bedeutungsgeladenen Bildern, die das sehende Kind umgibt, wenn es seine Augen öffnet, ist der Raum des blinden Kindes leer. Wenn es sich in den Armen der Mutter befindet, erfährt es wie alle nicht behinderten Kinder Geborgenheit durch

Körperkontakt und ihre Stimme. Wenn dieser Kontakt dagegen nicht mehr besteht, scheint sie für das Kind verschwunden zu sein. In dieser Welt ohne Bilder tauchen Gegenstände und Personen in der Leere als vorübergehende tast- und hörbare Erfahrungen auf, die aber wieder in dieselbe Leere untertauchen, wenn sie sich zurückziehen oder aus dem Raum genommen werden. Klänge und Stimmen alleine werden zwar, von „draußen" kommend, registriert bzw. perzipiert, aber sie werden noch nicht erfaßt, ihnen wird kein Sinn entnommen. Dies wiederum hängt damit zusammen, daß das blinde Kind Objekten, die sich draußen im Raum befinden, Beständigkeit und überdauernde Gegenwärtigkeit zuschreiben muß, auch wenn nur ein Attribut – der Klang – vorhanden ist. Beim sehenden Kind dagegen schafft der visuelle Kontakt automatisch die notwendige Objektpräsenz als Voraussetzung für die Koordination.
Auch die Art und Weise des Greifvorgangs scheint bei vielen blinden Kindern anders abzulaufen. Wenn z.B. eine Kugel oder ein Getreidekorn aufzuheben ist, nimmt das blinde Kind nicht Daumen oder Zeigefinger, sondern sucht mit der ganzen Handfläche, wie es ein sehender Erwachsener z.B. tun würde, wenn er in einem dunklen Kino eine Münze sucht. So wirken nach Fraiberg/Smith/Adelson (1969) die Hände von blinden Kindern, denen taktile Stimulation und Greiferfahrungen vorenthalten wurden, häufig schwach und unbeholfen und zeigen kaum spontane flexible Bewegungen der Finger. Weitere wichtige statomotorische Leistungen scheinen bei blinden Kindern verzögert zu sein. Da das Greifen auf Schallhinweis, wie vorhin angesprochen, erst einige Monate später gelingt, verzögert sich auch das Kriechen, denn dieses bedarf als Motivation externer Stimuli, das Hinlangen nach und das Erreichenwollen von Gegenständen, die außerhalb der Reichweite liegen. Selbst wenn die körperlichen Voraussetzungen zum Kriechen vorhanden waren, wenn das Kind sich z.B. allein auf Händen und Knien stützte, gelang in der Untersuchung von Fraiberg/Smith/Adelson (1969) keinem Kind die Fortbewegung. Auch beim selbständigen Gehen beobachteten die Autoren Verzögerungen, da keines der Kinder aus ihrer Beobachtungsgruppe dies vor dem 17. Lebensmonat bewältigte. Anscheinend wird der Übergang von der Sicherheit des taktilen Kontakts beim Kriechen zum aufrechten Gehen im Raum als ein bedrohliches, Sicherheit vermissendes Erlebnis empfunden.
Aus all diesen Beobachtungen und Berichten, die aufgrund der begrenzten Anzahl der untersuchten Kinder und der angewandten Methoden allerdings nicht empirisch abgesichert sind, geht zusammenfassend hervor, daß bei blinden und hochgradig sehbehinderten Kindern solche Bewegungen, die der Eigeninitiative und der Einbettung in zielgerichtete sensomotorische Handlungsprozesse bedürfen (Jetter 1984), nicht in einer dem Sehen vergleichbaren Weise von anderen Sinnen angeregt werden können und im

Vergleich zu den motorischen Leistungen sehender Kinder häufig verzögert auftreten. Dies hängt nicht mit irgendwelchen verspätet eintretenden Reifungsprozessen zusammen, sondern mit den in der „Logik der Sache" liegenden geringeren bzw. andersartigen Verwertungsmöglichkeiten akustischer und taktiler Eindrücke für das Kind. Dies kann zu hemmenden Einwirkungen in anderen Persönlichkeitsbereichen führen, wenn im Bereich der Motivation Bewegungsanreize ausbleiben, im Bereich der Kognition keine beständigen Gegenstands- und Erfahrungsschemata aufgebaut werden können, im emotionalen Bereich Unsicherheit und Angst Eigenaktivitäten blockieren und auf der sozial-interaktionalen Ebene die Bezugspersonen durch Überbehütungsmaßnahmen Lernerfahrungen behindern.
Bei der Frage nach dem *Ausmaß* von Verzögerungen darf allerdings der entscheidende Einfluß gezielter pädagogischer Hilfestellungen und früher Lernanregungen nicht vergessen werden. Walthes (1982) sieht für Verzögerungen im sensomotorischen und statomotorischen Bereich auch in der Primärsozialisation sehgeschädigter Kinder Entstehungsursachen und führt diese in erster Linie auf mangelhafte Bewegungserfahrungen zurück. Zwar würde in der Blindenpädagogik immer wieder der hohe Stellenwert taktiler und kinästhetischer Erfahrungen oder der Aspekt der Bewegungsförderung im Rahmen einer Gesundheitserziehung und Leistungsverbesserung hervorgehoben, selten aber die entscheidende Bedeutung der Bewegung für den Aufbau der Wirklichkeit beim Kinde und für dessen Persönlichkeitsbildung thematisiert. Walthes vermißt insbesondere die Frage nach der „Bedeutung", die die Bewegung für das einzelne Kind selbst und für seine Entwicklung hat.

Bezüglich der unmittelbaren Auswirkungen von Sehschädigungen auf die Wahrnehmung und Kognition ist zunächst darauf hinzuweisen, daß die menschliche Welt, insbesondere in der heutigen technisch-individuellen Zeit, so gestaltet und strukturiert ist, daß der Mensch auf kein Sinnessystem mehr angewiesen ist als auf sein Auge. Dies wird auch in alltagssprachlichen Wortbildungen deutlich, wenn das Auge als Symbol für Scharfblick, Durch- oder Weitblick angesehen wird. Auf einen engen Zusammenhang zwischen *Sehen und Denken* weisen alltagssprachliche Begriffe wie „Einsicht", „Überblick", „durchsichtig", „klar sehen" hin. Auch der Begriff „Wissen" in seiner ethymologischen Wurzel (lat. videre = sehen -> einsehen, erkennen -> kennen, wissen) drückt diesen Bedeutungsaspekt aus.
Kommt es nun zu einer andauernden anatomisch-physiologischen Beeinträchtigung an einem spezialisierten Organ des Gesamtwahrnehmungssystems, dem Auge (Pape 1985), wirkt sich diese Sehschädigung zunächst einmal als Erschwerung und Beeinträchtigung der visuellen Wahrnehmung aus und führt in der Regel auch dazu, daß Schwierigkeiten bei der Bewälti-

gung von Problemen und beim Erfüllen von sozialen Erwartungen und Rollenanforderungen auftreten. „'Nicht-sehen-können bzw. Schlecht-sehenkönnen' bedeutet ..., in vermehrtem Maße auf die übrigen Sinne angewiesen sein, eine Behinderung der Bewegungsfreiheit, ein großes Maß an unanschaulichem Wissen, ein Bewußtsein vom Sehen-können anderer und damit ein Bewußtsein der eigenen besonderen Lage ..." (Schauerte 1971, 26). Sehschädigungen üben demnach nicht nur Auswirkungen auf die Wahrnehmung, sondern darüber hinaus auch auf das Erleben und Handeln eines Menschens insgesamt, auf seine Gesamtpersönlichkeit aus.

Was aber bedeutet das im einzelnen? Wie vollzieht sich der Prozeß einer solchen „Be-hinderung"? Welche Auswirkungen hat er auf die übrigen Sinnesleistungen, und welche Möglichkeiten der Kompensation verbleiben dem Kind? Weinläder (1985) weist zunächst darauf hin, daß sich die Annahme, mit einer Minderung der Sehfähigkeit gehe eine Verbesserung der anderen Sinne einher – wie dies in früheren Überlegungen zum Sinnesvikariat angenommen wurde –, inzwischen als falsch erwiesen hat. So konnten auf der Ebene der Perzeption durch Messung von Wahrnehmungsschwellen keine Unterschiede zwischen sehenden und sehgeschädigten Personen festgestellt werden. Wenn in Untersuchungen bessere Leistungen Sehgeschädigter, z.B. im auditiven Bereich erhoben worden sind, ist dies auf eine bessere, erfahrungsbedingte Auswertung der dargebotenen Reizinformationen zurückzuführen, nicht aber auf ein organisch zugrunde liegendes erhöhtes sinnliches Vermögen.

Im Bereich der Apperzeption, also beim Erfassen bzw. Verstehen von sinnlich vermittelten Gegenständen, Personen und Situationen gelingt „Wahrnehmung" unter der Bedingung einer Sehschädigung nur dann,

- wenn die in der Perzeption erfaßten Reizgebilde noch ein gewisses Maß an Konturschärfe erreichen und somit Figur-Grund-Differenzierungen zulassen (möglichst prägnante Gestalten),
- wenn die wahrzunehmenden Objekte dem Sehgeschädigten noch zugänglich sind, d.h. genügend groß oder bei Gesichtsfeldausfällen genügend klein sind, oder aber über andere Sinneskanäle zu erreichen und erfassen sind und
- wenn der Komplexitätsgrad der Wahrnehmungsgegebenheit es zuläßt, daß der Ausfall einer Modalität möglichst leicht kompensiert werden kann. So ist es für ein sehbehindertes Kind mit zusätzlicher Farbenblindheit – sofern kein taktiler Kontakt zu dem Wahrnehmungsgegenstand besteht – sicherlich einfacher, eine Banane von einer Apfelsine als einen Apfel von einer Apfelsine zu unterschieden, da Banane und Apfelsine unterschiedliche Formen aufweisen.

Besondere Schwierigkeiten bei sehbehinderten Kindern treten dann auf, wenn Wahrnehmungsgegebenheiten besonders komplex sind und wenn kleinste Veränderungen und Bewegungen darin als Hinweise für neue Bedeutungsaspekte zu interpretieren sind. Dies ist z.B. der Fall, wenn nonverbale Ausdrucksweisen wie Mimik, Gestik, Körperhaltung zu deuten oder ein Gesprächsablauf durch Blickkontakt zu regeln sind.

Vor allem für blinde und hochgradig sehbehinderte Kinder ist das Erfahren und Kennenlernen von Gegenständen, Personen und Situationen, d.h. das Wissen um deren Bedeutungen und Gebrauchswerte eingeschränkt. Dies hängt mit den vom Sehen unterschiedlichen, kompensierenden sinnlichen Aneignungsbedingungen und -techniken blinder Menschen zusammen:

1. Der primär über das Tasten, d.h. über grob- bzw. feinmotorische Bewegungen sich vollziehende Aneignungsprozeß kann sich nur auf greifbare und in der räumlichen Nähe erreichbare Dinge erstrecken. Der Blinde muß sich auf entfernte Gegenstände zubewegen.
2. Die Art und Struktur des Tastvorgangs ist dem „augenblicklichen" Sehprozeß in der Regel bezüglich des erforderlichen Zeitaufwandes unterlegen.
3. Größere Gegenstände lassen sich nur durch sukzessive und umschließendes Tasten erkunden, wobei die Addition der Einzeleindrücke erst ein taktiles Bild vom Gegenstand ergibt. Bestimmte Gegenstände, z.B. ein Baum oder ein Bus können in der Regel nur in den Dimensionen Länge und Breite bzw. Umfang, nicht dagegen in ihrer Höhe, ertastet werden. Andere Gegenstände wie Gebäude lassen sich nur mit viel Mühe und Zeitaufwand erkunden, wiederum andere wie Berge, Himmelskörper oder Flugzeuge in der Luft – in nicht erreichbarer Entfernung - überhaupt nicht taktil „be-greifen". Hier bleibt dann nur – sofern eine sprachliche Verständigung mit dem Kind möglich ist – die Möglichkeit des Erfahrens aus „zweiter Hand", mit Hilfe verbaler Erklärungen. Dies allerdings kann zu sachlich-inhaltlichen Verkürzungen führen. Auch Modelle von der Wirklichkeit können diese nicht adäquat ersetzen.
4. Wiederum andere Wahrnehmungsgegebenheiten, z.B. wild lebende Tiere, sind nicht oder nur unter erschwerten und psychisch belastbaren Bedingungen taktil erfahrbar, weil sie u.U. nicht stillhalten oder Schäden zufügen können (beißen, stechen u.a.). Auch wenn ein Hund von einem blinden Kind schon recht früh an seinem Bellen identifiziert werden kann, liefert dieser auditiv gewonnene Höreindruck wesentlich weniger Informationen als ein taktiles Bild, das erst eine Vorstellung von Größe, Form sowie weiteren Eigenschaften des Tieres zuläßt.
5. Sehr kleine Gegenstände bzw. Gegenstandsstrukturen, z.B. eine Nähnadel, lassen taktile Unterscheidungen und Informationen kaum mehr zu. Je komplexer und beziehungsreicher Umweltgegebenheiten werden, desto schwieriger sind sie nur mit den Händen „durchschau"- bzw.

„ertastbar“. Dies trifft für Situationen zu, in denen schnelle Bewegungen, z.B. im Verkehr, ablaufen oder in denen Ursache-Wirkungsverhältnisse erfaßt werden sollen, z.B. bei technischen Zusammenhängen in Form von komplizierten Öffnungs- und Schließmechanismen an Türen oder Fenstern. Aufgrund der erschwerten räumlichen Mobilität kann es dazu kommen, daß beim Aufstellen von Mutmaßungen und Hypothesen über Wirkungszusammenhänge die wesentlichen Variablen nicht entdeckt werden, während anderen, eher zufälligen Anordnungen eine Bedeutung zugemessen wird, die ihnen unter den Bedingungen des Sehens nicht zukäme. Häufig werden falsche oder nur zum Teil richtige Erfahrungen aufgrund der Unüberschaubarkeit von Situationen oder aus einem Gefühl von Unsicherheit und Angst nicht überprüft, so daß fehlerhafte Vorstellungen nicht korrigiert werden.

6. Viele Dinge der Umwelt wie wertvolle und zerbrechliche Kunstgegenstände oder Aussehen, Mimik oder Körperhaltung von Gesprächspartnern dürfen aus hygienischen und anderen Gründen nicht zur taktilen Information herangezogen werden, so daß wichtige Informationen für Interaktion und Kommunikation verlorengehen.

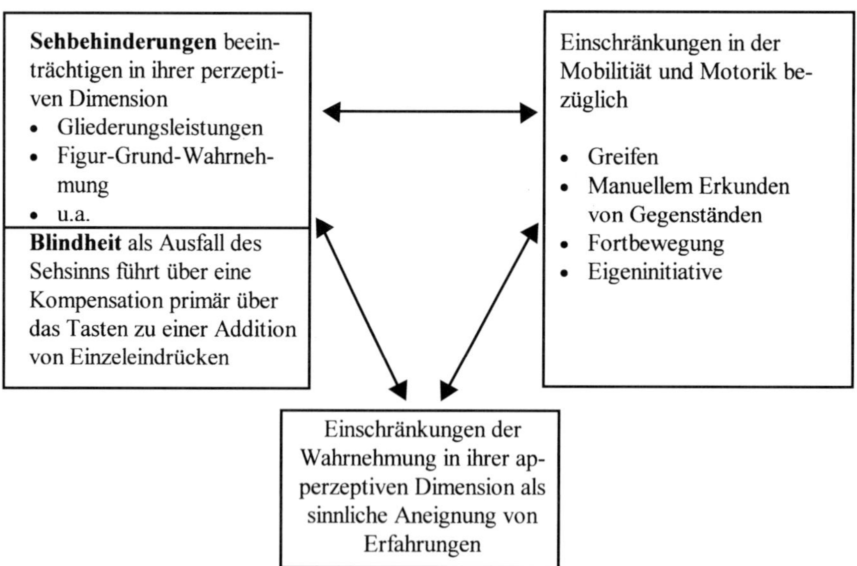

Abb. 26: Auswirkungen von Sehschädigungen (Sehbehinderung, Blindheit) auf die singgebende Verarbeitung von Reizen

7. Die Nachteile, die sich durch die begrenzten taktilen Erfahrungsmöglichkeiten ergeben, führen auch im Bereich der Begriffsbildung zu Problemen. Das blinde Kind benötigt wesentlich mehr Zeit und eine Vielfalt sensorieller Erfahrungen, um Merkmale von Gegenständen bzw. anderen Wahrnehmungsgegebenheiten zu abstrahieren und Symbole und Klassifizierungen zu bilden. Zudem werden nicht selten falsche Vorstellungen von der Umwelt oder rein sprachlich geprägte Begriffsschemata ohne inhaltliche Füllung erworben.

4.3 Beeinträchtigungen im motorischen Bereich

Auch körperliche Beeinträchtigungen, die häufig mit Schmerzen, körperlichen Schwächezuständen, Bewußtseinstrübungen, Anfallskrankheiten oder Obstipation verbunden sind, haben Auswirkungen auf die Wahrnehmung. Dabei gilt es ins Bewußtsein zu rufen, wie es uns geht, wie konzentriert wir wahrnehmen können bzw. wollen, wenn es uns einmal schlecht geht, wenn wir uns Außenreizen nicht widmen können, weil uns anderes beschäftigt. Dörr (1978) schildert die Situation vieler Kinder und Jugendlicher mit schweren körperlichen Schädigungen so: „Sie hocken in einem Rollstuhl. Ihr Oberkörper wird durch steife Plastikgurte, die sich über die Brust und Schulter ziehen, an die Rücklehne des Rollstuhls gepreßt; er würde sonst nach vorne sacken. Zwischen ihren Oberschenkeln liegen ebensolche hartkantigen Gurte und halten ihr Becken. Die Füße sind mit Lederriemen auf dem Fußbrett festgeschnallt. Eine Fesselung ist das nicht. Sie können sich ohnehin nicht bewegen. Ihr Kopf wird durch ein Tuch an die Kopfstütze gebunden, wird das vergessen, knickt er zur Seite oder sinkt tief auf die Brust, der Blick geht starr zu Boden. Dann müssen sie warten bis einer etwas merkt und ihren Kopf aufrichtet und festbindet. Sie können nicht sagen: 'Mir ist heiß, weil das Plastikmaterial des Rollstuhls mich zum Schwitzen bringt'. – Sie müssen warten bis einer ihr nasses Gesicht bemerkt. Sie können nicht sagen: 'Mir ist kalt, meine festgebundenen Füße sind eingeschlafen'. Sie müssen warten, bis jemand sieht, daß sie zittern. Sie können nicht sagen: 'Mir ist schlecht'. – Sie müssen warten bis einer ihre Blässe sieht oder daß sie erbrochen haben. Manchmal haben sie Leibschmerzen von den vielen Abführmitteln, die Windeln sind naß und voll Kot, das brennt. – Sie müssen warten bis einer es riecht und sie säubert. Der Speichel, der unaufhörlich über den Hals und in den Pullover rinnt, kitzelt unangenehm. – Sie müssen warten, bis einer sie abwischt, immer wieder, und hoffen, daß er ein weiches Tuch nimmt, denn ihr Kinn ist wund. Die Gurte schneiden ein und machen taube Glieder (Dörr 1978, 24). – Sie müssen warten, bis einer ihre Tränen sieht und hoffen, daß er herausfindet, warum sie weinen. Ob aus Hunger oder

Durst; ob sie weinen, weil sie Schmerzen haben, oder weinen, weil sie sich unglücklich fühlen".

Bedenkt man weiterhin, welch große Bedeutung sensomotorische Prozesse (Piaget 1969; 1974; Kephardt 1977) und Handlungsabläufe (von Uexküll 1934; Gehlen 1950; Geulen 1977; Berger/Luckmann 1980; Holzkamp 1976 u.a.) für die Entwicklung der Wahrnehmung im Sinne von Bedeutungsaneignung einnehmen, ist es wahrscheinlich, daß Störungen oder Einschränkungen im motorischen Bereich Beeinträchtigungen im Wahrnehmungsverhalten und in der Kognition bedingen. Insbesondere in der Körperbehindertenpädagogik wird dieser Zusammenhang thematisiert (vgl. Haupt 1997). Dabei wurde aufgezeigt, daß es nicht richtig ist, geringe kognitive Leistungen bei dieser Personengruppe zwangsläufig auf eine zusätzliche Intelligenzschädigung zurückzuführen, solange nicht neurophysiologische Befunde eindeutig auf eine solche hinweisen. Schönberger (1974, 218 f.) spricht in diesem Zusammenhang von einer „somatogenen Intelligenzentwicklungshemmung", die er als eine „durch eine Schädigung des motorisch-statischen Apparates, also somatisch bedingte Hemmung kognitiver Lernprozesse" definiert und bei der als Leitsymptom „Deviationen im Bereich der perzeptorisch-kognitiven Intelligenz" anzunehmen sind. So konnte Jetter (zitiert bei Schönberger 1974, 219) auf der Grundlage des Intelligenz- und Entwicklungskonzepts von Piaget nachweisen, daß Wahrnehmungs- und Intelligenzminderungen auch durch das Fehlen motorischer Voraussetzungen zum Aufbau von Handlungs- und Denkschemata bedingt sein können: „Körperbehinderten Kindern ist es oft nur schwer möglich, diffenziert die Umwelt handelnd zu erfassen. Gewisse Assimilationsschemata können sie nicht eigenständig aufbauen und den sich ändernden Gegebenheiten anpassen. Sie nehmen die Objekte nur so wahr, wie sie ihnen manipulierbar an die Hand gegeben werden. Hinzu kommt, daß beim körperbehinderten Kind häufig der hierarchische Aufbau (d.h. das eigenständig zu erwerbende Nacheinander) der sensumotorischen Schemata nur bruchstückhaft erfolgen kann und die zu differenzierenden Außenreize daher beziehungslos nebeneinander stehen". Dabei ziehen unterschiedliche Arten motorischer Defizienzen in ihrer jeweiligen Ausprägung unterschiedliche Auswirkungen in der Motorik mit sich (Jetter 1975). „Konstitutionelle" motorische Defizienzen bzw. Schädigungen, die den anatomischen Bau des Stütz- und Bewegungsapparates betreffen (z.B. die verschiedene Formen der Dysmelie), führen zu einer Kraftminderung und Bewegungseinschränkung, während funktionelle motorische Defizienzen, die die Mobilitätsfunktion bzw. das Nervensystem betreffen, in erster Linie Ausführung und Kontrolle normaler Bewegungsmuster einschränken und verhindern können (z.B. bei allen Formen von Paresen).

Bezugnehmend auf diesen Ansatz spricht Fröhlich (1977 a, 61) von einer „somatogenen Wahrnehmungsschwäche", da gesagt werden kann, „daß die eingeschränkte Bewegungsfähigkeit zunächst nicht den Aufbau von Erfahrungen behindert, sondern schon eine Stufe früher, den Aufbau differenzierter Wahrnehmungsleistungen. Deren Fehlen bewirkt dann, zusammen mit dem realen Erfahrungsmangel (Mangel an Handlungsschemata) die immer wieder zu beobachtende Intelligenzminderung".
Wie im Kapitel über die Entwicklung der Wahrnehmung bereits deutlich wurde, muß das Kind durch motorische Eigenaktivitäten und handelnden Umgang lernen, die äußeren Merkmale von Wahrnehmungsgegebenheiten als relativ konstante und invariante Anzeichen des Bedeutungsgehalts von Wahrnehmungsgegebenheiten zu erfassen. Da dieser Prozeß zu Beginn der kindlichen Entwicklung in erster Linie über das taktile und kinästhetische Empfinden abläuft, wird verständlich, daß Bewegungsbeeinträchtigungen, etwa bei einem cerebralparetischen Kind, in Form von einem geringen Reservoir an ausgebildeten Bewegungsmustern, einem geringen Ausmaß an taktiler Kontrolle und Erschwerung von Greifversuchen und der Koordination der Hände die aktive Exploration und Aneignung der Umwelt in ihrer Bedeutungsvielfalt erheblich einschränken können. Auch der Bereich der sozialen Wahrnehmung wird zwangsläufig beeinträchtigt, wenn aufgrund einer oft eingeschränkten Mimik und Gestik des behinderten Kindes die Interpretationsversuche der Bezugspersonen erschwert und somit der frühe Mutter-Kind-Dialog und andere zwischenmenschliche Interaktionsabläufe gestört werden.
Bestimmte Tätigkeiten, die besonderes motorisches Geschick oder Kraftaufwand erfordern, können in vielen Fällen erst gar nicht durchgeführt werden, so daß etwa die Funktionsweise eines Dosenöffners oder Fahrrads aufgrund fehlender Möglichkeiten zur Ausübung der entsprechenden Bewegungen nicht angeeignet und erfaßt werden können, es sei denn durch visuelle Beobachtung oder sprachliche Informationen durch andere, was dann aber leicht zum Aufbau verzerrter und inhaltsleerer Wahrnehmungsschemata führen kann. Wertvolle Hinweise für die diagnostische Ermittlung solcher Bewegungsbeeinträchtigungen liefert Prekop (1980).

Vor allem bei Kindern und Jugendlichen mit umfänglichen kognitiven Beeinträchtigungen sind einschränkende Auswirkungen auf die Wahrnehmung zu beobachten, infolge unzureichender grob- und feinmotorischer Bewegungen, Defiziten in den Faktoren Kraft, Geschwindigkeit und visuelle Kontrolle, Erschwernissen in der Koordination von Bewegungen oder infolge zusätzlicher bzw. mehrfacher körperlicher Schädigungen. So kann gefragt werden, „inwieweit motorische Beeinträchtigungen als Ursache für geistige anzusehen sind" (Bach 1974, 55; vgl. auch Schilling 1979b, 753).

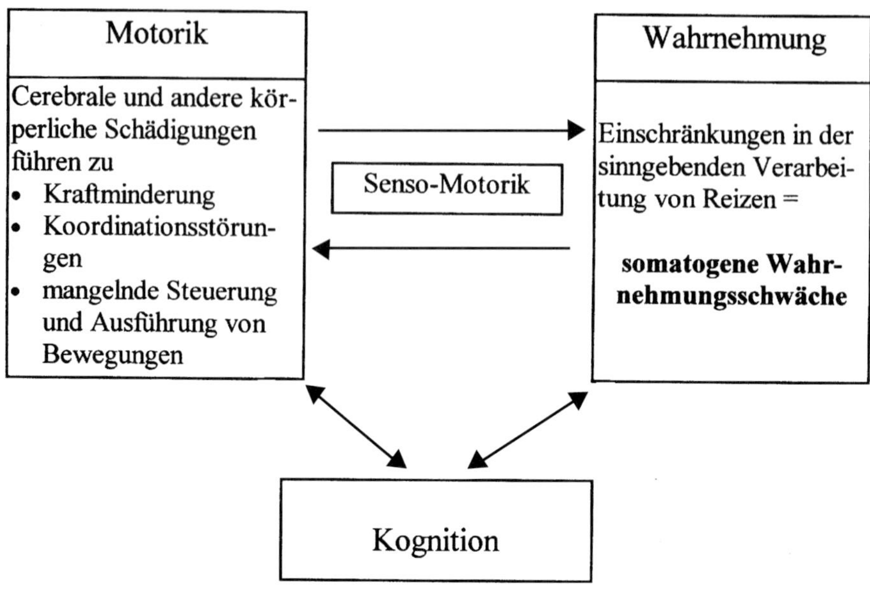

Abb. 27: Auswirkungen körperlicher Beeinträchtigungen auf die Wahrnehmung

Noch komplexer und schwerwiegender gestalten sich die Auswirkungen einer *Sehschädigung in Verbindung mit körperlichen Behinderungen* auf die Entwicklung. Wie Westermann (1972) deutlich macht, fehlen bereits dem sehgeschädigten Kind visuell erfaßbare Motive, um eigenaktiv zu werden, und treten an die Stelle zielgerichteter motorischer Tätigkeiten ziellose psychomotorische Stereotypien. „Wenn nun aber nicht allein optisch erfaßbare Ziele und Abstraktionsmöglichkeiten fehlen, sondern zusätzlich Motorik und Getast infolge einer Körperbehinderung im Falle einer Blindheit so relevante Schlüsselfunktion nicht auszuüben vermögen, wird ein geistiges Begreifen, d.h. ein Erwerb von abstrakten Begriffen auf der Basis manuellen Erfassens, hochgradig beeinträchtigt. So vermag das blinde körperbehinderte Kind nicht auf die Welt zuzugehen, um sie ‘greifend’ zu ‘begreifen’. Der ohnehin schon enge Greifbereich der Arme und der Umschließungsraum der Hände sind beim blinden körpergeschädigten Kind oft noch mehr eingeschränkt. Sind nur ein Arm und eine Hand zu gebrauchen, so bleiben ein beidarmiges Umgreifen und ein beidhändiges Umschließen eines Objektes total ausgeschlossen. Dieser Funktionsmangel führt nicht nur zu negativen Effekten in bezug auf die Erfahrungsquantität, sondern vor allem auch in bezug auf die Erfahrungsqualität; taktile Simultanwahrnehmungen sind bei Arm-Hand-behinderten Kindern nahezu unmöglich, und das sukzessiv syn-

thetische Ertasten eines Objektes mit lediglich einer Hand bleibt sowohl zeitlich als auch besonders quantitativ und qualitativ hinter dem beidhändigen Erfassen einer Sache weit zurück. Das quantitative und qualitative Minimum an empirisch Erfaßbarem führt zu schwierigen anschauungsunterrichtlichen Problemen" (91 f.).
All dies kann erhebliche Auswirkungen auf das Erleben und Handeln und die sinngebende Verarbeitung von Reizen des einzelnen Kindes haben. Es bedarf erheblicher pädagogischer Anstrengungen, um Möglichkeiten für ein sinnausgerichtetes, bedeutungsvollen Tun, Spielen, Bauen oder Modellieren zu schaffen, um Frustrations- und Minderwertigkeitserlebnisse zu vermeiden und die Motivationsbereitschaft nicht weiter einzuschränken.

Bewegungseinschränkungen müssen aber nicht zwangsläufig und in jedem Fall die Aneignung von Erfahrungen massiv einschränken und determinieren. Hogg/Sebba (1986a, 127 ff.) referieren in ihrem Kapitel „Developmental Consequences of Physical Impairment" über eine Reihe englischsprachiger empririscher Untersuchungen, die detailliert die Auswirkungen körperlicher Beeinträchtigungen auf die Aneignung spezifischer kognitiver Kompetenzen wie Objektkonstanz, Mittel-Zweck-Verhalten, Raum-Zeit- und Ursache-Wirkungs-Beziehungen erkunden. Auswirkungen im Sinne von Verzögerungen der kognitiven Entwicklung sind zwar häufig zu beobachten, allerdings kommt ihnen kein zwangsläufiger Charakter zu, da die Art und Schwere der Schädigungen unter Umständen Kompensationsleistungen zulassen. Dies verdeutlichen die Autoren am Beispiel von Thalidomid-geschädigten Kindern (mit Contergan-Syndrom), die ohne weiteres z.B. die Konstanz von Objekten im Rahmen der altersüblichen Zeitspanne erfahren können, sofern andere Koordinationsleistungen die Auge-Hand-Koordination ersetzen können, so die Koordination Zehen-Mund, Augen-Zehen, Schulter-Kinn-Augen, Finger-Zehen.
Selbst schwerst körperbehinderte Kinder, die kaum bzw. nicht in der Lage sind, Eigenaktivitäten auszuführen, können sich Erfahrungen aneignen und in der sensomotorischen Entwicklung voranschreiten. So konnte Eagle (1985) in einer umfänglichen Untersuchung an 34 Kindern im Alter von 9 Monaten bis 12 Jahre, die alle von Geburt an cerebralgeschädigt waren und eine Tetraplegie (Lähmung aller vier Gliedmaßen) sowie massive Bewegungseinschränkungen aufwiesen, nachweisen, daß für die Wahrnehmung von Objekten und für die Erfassung der Objektpermanenz – überprüft mit den Skalen von Uzgiris und Hunt (vgl. Hennige u.a. 1988) – nur ein Teil der unterschiedlichen Kompetenzen und Leistungen auf die mangelnden Bewegungserfahrungen zurückgeführt werden kann. „Severity of physical handicap accounted for less than 15 % of the variation in scores. When severity held constant, mental age explained 25 % of the variance.

These results indicate, that early cognitive milestones can be achieved by children severely physically handicapped since birth and that general intellectual level may be more important than severity of the motor handicap in determining such achievement“ (Eagle 1985, 269).

Für die Konzeption von Fördermaßnahmen gilt in Erinnerung zu behalten, daß zunächst einmal der eigene Körper und körperliches Wohlbefinden im Vordergrund stehen muß, denn „der Leib ist kein Gegenstand, er ist Träger und Ursprungsort der menschlichen Bedeutsamkeiten“ (Mattner 1987; Mattner/Gerspach 1997), er stellt eine „Brücke zur Welt“ (Pfeffer 1988) dar. Zum anderen gilt es nach Kompensationsmöglichkeiten zu suchen, damit das einzelne Kind sich im Rahmen der ihm verfügbaren sensomotorischen Handlungsmöglichkeiten dennoch sinnliche Erfahrungen aneignen und die Welt in ihrer Bedeutungshaltigkeit entschlüsseln kann.

4.4 Beeinträchtigungen im kognitiven und symbolischen Bereich

Da die über die Sinne aufgenommenen Informationen auch „verarbeitet“, d.h. geordnet, kategorisiert und gespeichert werden, zu anderen Informationen in Bezug gesetzt und zu Bedeutungsstrukturen erweitert werden müssen, beinhaltet Wahrnehmung immer auch einen kognitiven Aspekt.
Dieser Prozeß ist in der Regel bei Kindern und Jugendlichen mit Hirnschädigungen und Lernverzögerungen beeinträchtigt. Kindern und Jugendlichen mit geistiger Behinderung z.B. werden in der Literatur u.a. folgende Merkmale zugeschrieben:

- geringes Lerntempo,
- eingeschränkte Gedächtnisleistungen,
- relativ geringe Abstraktionsfähigkeit,
- begrenzte Durchhaltefähigkeit im Lernprozeß,
- Bezogenheit der Lerninteressen auf vitale Bedürfnisse,
- sach- und stituationsverhaftete Ansprechbarkeit oder
- mangelnde innere Beweglichkeit und geringe Umstellungsfähigkeit (Bach 1974, 1979; Empfehlungen für den Unterricht in der Schule für Geistigbehinderte 1980).

Rett (1974, 78) spricht gar von einer „apperzeptiven Blindheit“ bei Menschen mit geistiger Behinderung. Nach Lewin (1933) verfügen diese über ein weniger differenziertes psychisches System und somit auch über eine geringere Wahrnehmungskompetenz und brauchen erheblich länger als normalintelligente Personen, bis ein bestimmtes Niveau der psychischen Differenzierung erreicht ist. Als besondere Eigentümlichkeit würde dabei auffallen, daß Aufforderungscharakter und Bedeutungen von Umweltdingen und Ereignissen häufig nicht eindeutig als durch „objektive Reizkonstellationen“ bestimmt angesehen würden, sondern an ganz bestimmte Gegenstände oder Situationen fixiert seien. Auf einen geringen Differenzierungsgrad der Wahrnehmungsstruktur bei hirngeschädigten Personen weist auch Hauss (1970, 177) in einer empirischen Studie über Störungen der optischen Wahrnehmungsgestaltung hin. „Während nicht hirngeschädigte Personen die aufgenommenen Sinnesreize zu objektentsprechenden Gegenstands- oder Objektbereichen in Beziehungen zu setzen vermögen, dem Geschehenen zutreffende Bedeutung verleihen und bereichsentsprechende Zuordnungen vornehmen können, bleibt die funktional starre Wahrnehmung der Hirnorganiker ausgesprochen inhaltsarm ... Die Quantität zur Verfügung stehender Erlebnis-, Erinnerungs- und Vorstellungsschemata, welche den Wahrnehmungs- und Erkennungsprozeß unter den beschriebenen Voraussetzungen fördern können, ist bei Hirnorganikern geringer als bei Normalgesunden“.

Wie in Kap. 3.6.3 aufzeigt wurde, üben auch sprachliche Begriffe als Bedeutungsträger einen rückwirkenden Einfluß auf das Wahrnehmungsverhalten aus. Je differenzierter sich ein Kind Gegenstände und Sachverhalte auch auf sprachlicher Ebene aneignen konnte, und je umfassender einzelne Begriffe zu symbolischen Bedeutungsstrukturen erweitert wurden, um so angemessener ist das Kind in der Lage, die ihm zugängliche Umwelt in ihrer Vielfalt und Objektivität wahrnehmend zu erfassen.

Behinderte Kinder und Jugendliche sind, in Abhängigkeit von der Ausprägung der vorliegenden Schädigungen und den jeweiligen Sozialisations- und Erziehungsgegebenheiten, häufig auch „in ihrer Sprache“ beeinträchtigt. Bei Menschen mit geistiger Behinderung z.B. ist vor allem ein geringerer Differenzierungsgrad auf semantischer und syntaktischer Ebene und eine unzureichende sprachliche Aufnahme-, Verarbeitungs- und Darstellungsfähigkeit zu beobachten (vgl. Atzesberger 1975, 1979; Bach 1974; Speck 1978). Meyer (1977) und Wendeler (1976) kommen in ihren Untersuchungen über psychologische Merkmale und Besonderheiten geistiger Behinderung beide zu dem Ergebnis, daß als eine der aufschlußreichsten Eigentümlichkeiten bei geistig retardierten Kindern eine verminderte Funktion der sprachlichen Vermittlung und Steuerung des Verhaltens anzusehen ist. Dabei beziehen sich die beiden Autoren insbesondere auf Forschungsergebnisse von Luria (1963), der einen reduzierten Einfluß der Sprache auf das Verhalten Intelligenzgeschädigter u.a. durch eine Dissoziation zwischen „erstem“ (Wahrnehmung) mit „zweitem Signalsystem“ (Sprache) zu erklären versucht.

Nach Bach (1974, 54) üben solche sprachlichen Beeinträchtigungen ihrerseits Rückwirkungen auf die geistige Entwicklung aus – „insofern sie einerseits die entwicklungsfördernden Kontaktmöglichkeiten ... und andererseits die Möglichkeiten der Welterschließung im Medium der Sprache verringern".

Kritisch zu den oben referierten „Befunden" bzw. Zuschreibungen ist anzumerken, daß sie zum Teil einseitig und überzogen erscheinen und Folge eines statischen, den Blick für die offengebliebenen Möglichkeiten versperrenden Menschenbildes darstellen. Es handelt sich hier um zu allgemeine und pauschale Beschreibungen von Wahrnehmungs- und Lernverhalten, denen zum einen die erfahrungswissenschaftliche Grundlage fehlt und die zum anderen wegen unterschiedlicher Untersuchungsansätze, der Verschiedenartigkeit der Vergleichsgruppen oder ungenauer Definitionen von geistiger Behinderung untereinander nicht vergleichbar sind (vgl. Wenz 1976; Wendeler 1976; Speck 1980, 34 Meyer 1981). Das ändert aber nichts daran, daß kognitive Kompetenzen grundsätzlich eine notwendige, allerdings keineswegs hinreichende Voraussetzung für die Wahrnehmung als sinngebende, apperzeptive Leistung darstellen.

4.5 Beeinträchtigungen im Bereich sozialer Erfahrungsaneignung

Die Entwicklung der Wahrnehmung vollzieht sich anfangs in der Regel über den Haut- und Körperkontakt, im Dialog und in der Interaktion mit den primären Bezugspersonen und später über die soziale Vermittlung durch andere Erwachsene. Sie findet darüber hinaus in einem gesellschaftlich vorgegebenen Rahmen bzw. in einem speziellen Lebensraum statt, der in einem gewissen Ausmaß die Grenzen der anzueignenden Bedeutungsvielfalt absteckt bzw. einengt (Kap. 3.6.4).
Wenn nun die soziale Interaktion zwischen Kind und primärer Bezugsperson eingeschränkt ist oder eine adäquate Lebens- und Lernumwelt, d.h. angemessene Reizinformationen und Anregungen, fehlen, kommt es auch zu Beeinträchtigungen im Wahrnehmungsverhalten. Eine solche „Be-hinderung" durch ungenügende oder nicht förderliche soziale Beziehungen und Anregungen erleiden wiederum häufig Kinder und Jugendliche mit sensorischen, körperlichen oder intellektuellen Beeinträchtigungen. Zwar wird auch der behinderte Mensch, auch der mit geistiger Behinderung in soziale Beziehungen hineingeboren und ist dann sui generis Mitglied der Gesellschaft, aber „diese zunächst völlig unzweifelhafte soziale Zugehörigkeit kann von der Gesellschaft von dem Augenblick an in Frage gestellt oder negiert werden, in dem 'man' entdeckt, daß dieser Mensch ein phänotypisches Merkmal aufweist, das man ... Behinderung nennt" (Speck 1977a, 148). Darauf kann ein Prozeß der sozialen Distanzierung bzw. Desintegration folgen, der häufig bei den unmittelbaren Bezugspersonen, also den Eltern des Kindes,

beginnt. Wie nun reagieren Eltern auf ein behindertes Kind, d.h. welche besonderen Interaktionsabläufe sind zu beobachten? Wird berücksichtigt, daß Eltern in der Regel recht genaue und positive Erwartungen mit der Geburt eines Kindes verknüpfen (Vervollständigung der Familie, Erfüllung elterlicher Zukunftshoffnungen u.a.), ist zu verstehen, daß ein Kind mit Fehlbildungen Enttäuschung, Ängste, Schuldgefühle, narzißtische Kränkungen bis hin zu Identitätskrisen auslösen kann. Die durch die kognitiven Einschränkungen ohnehin eingeengte Fähigkeit des Kindes zur Erfassung von Mimik und Gestik wird nun zusätzlich dadurch beeinträchtigt, daß der Sozialpartner (die Bezugsperson) zunächst gar nicht oder kaum in der Lage ist, mit dem Kind in Kontakt zu treten und zu interagieren. „Wenn Eltern in dieser Zeit nicht abgestützt werden und Rat und Beistand finden, wird eine unverhältnismäßig lange Spanne vergehen, in der das Kind nicht die Zuwendung erfährt, die es für seine Entwicklung dringend benötigt. Die Sprachlosigkeit der Mütter, die es ihnen verwehrt, mit dem Baby zu reden, mit ihm zu scherzen und zu tändeln, es anzulächeln und schützend in die Arme zu nehmen; die Tränen, die über dem Kind geweint werden, der schmerzvolle Ton, in dem man in seiner Gegenwart spricht – all das hat Auswirkungen, die unter Umständen später schwer aufhebbar sein können!“ (Thomae 1979, 77).

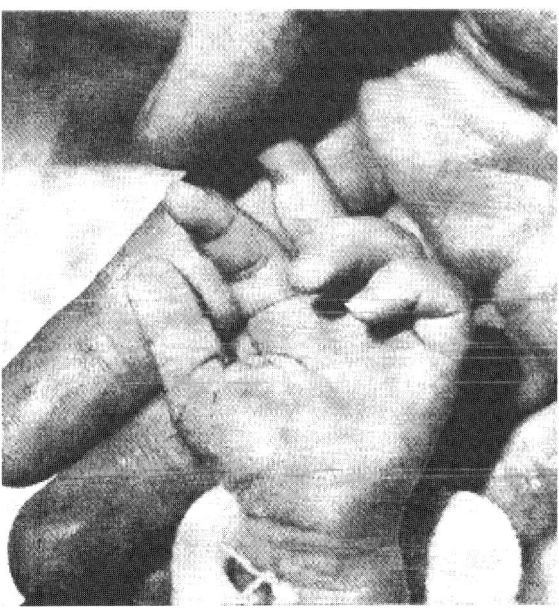

Abb. 28: Soziale Geborgenheit und Sicherheit als Grundlage für Wahrnehmen

Die weitere Einstellung der Eltern zu ihrem behinderten Kind ist in den wenigsten Fällen gekennzeichnet durch „reifes Anerkennen“ der Situation, sondern in der Regel erfolgen unterschiedliche Formen von Verarbeitungs- bzw. Abwehrmechanismen (Ross 1977; Balzer/Rolli 1979; Schuchardt 1985). Vernachlässigung oder offene Ablehnung (die dann zu Hospitalismuserscheinungen führen können) wie auch Überforderung oder Überbehütung des Kindes und andere „Fehlformen“ der Erziehung (Bach 1974) können dazu führen, daß eine angemessene Aneignung und Erschließung der gegenständlichen und sozialen Umwelt nur unzureichend gelingt. Häufige und lange Krankenhausaufenthalte des Kindes, unzureichende und nicht behinderungsgerechte wohnliche Voraussetzungen sowie weitere ökonomische und physische Belastungen können die Situation zusätzlich erschweren.
Hinsichtlich der über die Familie hinausgehenden Sozialbezüge kann eine „Desintegrationstendenz“ beobachtet werden, da die Umwelt aufgrund unzureichender Informationen und Vorurteile Verhaltensunsicherheiten oder gar ein ablehnendes Verhalten (vgl. von Bracken 1981; Cloerkes 1985; 1997; Klauß 1996; Seifert 1997) zeigt, so daß die Gefahr besteht, daß behinderte Kinder nur einseitige oder unzureichende Wahrnehmungskompetenzen aufbauen können.

Daß und in welchem Ausmaß soziale Gegebenheiten die Wahrnehmung der Welt und die Entwicklung eines Menschen einschränken können, soll abschließend an einem Fallbeispiel aus der Praxis veranschaulicht werden. *Karl-Heinz* war 17 Jahre alt, körperbehindert (Hemiplegie), anfallskrank und blind, als er in unsere Einrichtung kam. Aufgrund seiner motorischen Voraussetzung konnte er mit einer Hand greifen und sich im Sitzen fortbewegen, nutzte diese Handlungsmöglichkeiten allerdings nicht, und wenn, nur zur Verteidigung oder Flucht. Er verweigerte lange Zeit jede Nahrungsaufnahme, wehrte Kontakt zu Personen und Gegenständen ab und „beschäftigte“ sich, wenn er nicht gerade schlief, mit dem eigenen Körper, indem er hin- und herschaukelte, onanierte, am Daumen lutschte und mit den Fingern Schnalzlaute produzierte – und dies sehr geschickt.
Angebote einer (massiven) somatisch-taktilen oder auditiven Stimulation – damals wurde Fröhlichs Basale Stimulation im Rahmen des Schulversuchs in Landstuhl bekannt, und auch wir stürzten uns mit großen Hoffnungen auf diesen Förderansatz – wie auch krankengymnastische oder sensomotorische Übungen stießen lange Zeit auf Ablehnung und Widerstand. Wir hatten das Gefühl, an den Jungen nicht „heranzukommen“, schafften es nur selten, den „Panzer“ zu durchbrechen und ihm ein wenig Wohlbefinden zu vermitteln oder ihm gar ein Lächeln oder Lachen abzugewinnen.
Warum sperrte sich Karl-Heinz gegenüber unseren Angeboten, wie sah es

in ihm aus? Wir sammelten Informationen über seine bisherige Entwicklung und versuchten seine Lebensgeschichte zu rekonstruieren. Dabei stellte sich heraus, daß der Junge in den ersten Lebensmonaten von den Eltern mißhandelt wurde, nach mehreren Krankenhausaufenthalten mit 6 Monaten von der Familie getrennt und in ein Pflegeheim eingewiesen wurde und im Laufe der folgenden Jahre fünfmal die Einrichtung wechselte. Schließlich fand er Unterkunft in einem Internat der Blindenschule in einer Gruppe mit anderen mehrfachbehinderten Kindern. Dort wurde er von 12 Erziehern, die im Schichtdienst arbeiten und häufig wechselten, betreut.
Ihm ging es wie vielen schwerstbehinderten Kindern und Jugendlichen. Neben der Multiplikation vielfältiger psychischer Belastungszustände und einer massiv eingeschränkten Körpermotorik fehlte im emotional-sozialen Bereich ein Gefühl von Geborgenheit und Sicherheit, also die Voraussetzung dafür, daß ein Kind Außenreize sucht und sich der Welt zuwendet. Lange Krankenhausaufenthalte, ungenügende Betreuung und wechselnde Bezugspersonen zu Hause oder in der Heimerziehung, verärgertes Reagieren und zeitweilige Gewaltanwendung, wenn das Kind trotz gut gemeinter Hilfen und Förderungsangebote apathisch bleibt oder sich wehrt und aggressiv wird, widersprüchliches Eingehen auf die kindlichen Bedürfnisse aufgrund von Schwierigkeiten im Deuten des kindlichen Signalverhaltens, Verunsicherung und Sprachlosigkeit von Außenstehenden in der Begegnung mit dem Kind sowie Vorenthaltung einer angemessenen Erziehung und Bildung durch Separierung in reinen Pflege- oder Schwerstbehindertengruppen können als zusätzliche Beeinträchtigungsmomente hinzukommen.
Die Situation von Kindern und Jugendlichen mit schwerster Behinderung, wie die des oben vorgestellten Jungen, ist in vielerlei Hinsicht mit der von hospitalisierten Kindern zu vergleichen. Wie Spitz (1976; Kap. 3.7.2) in seinen Untersuchungen beobachtete, gelangten diese vielfach aufgrund unterschiedlicher Formen ambivalenter Erziehungseinstellungen, Feindseligkeiten oder offener Ablehnungen zu keinen ganzheitlichen und konstanten Objektbeziehungen und regredierten im Rahmen einer psychisch verständlichen und „zweckvollen" Verarbeitung und Kompensation ihrer bedrohlichen Situation auf eine frühere Entwicklungsphase. Sie wandten sich dem eigenem Körper zu und schafften sich durch stereotype Bewegungen und Reizstimulationen eine eigene, ihnen Sicherheit und Beständigkeit gebende Ersatzwelt. Diesbezüglich kann die psychische Situation von Karl-Heinz derart beschrieben und erklärt werden, daß der Entzug einer primären Bezugsperson und das wenige konstante, wechselhafte Verhalten der Kontaktpersonen in den sensiblen Zeiten des Aufbaus der Objektbeziehungen zu einer allmählichen Abwendung von der Umwelt führten. Dem Jungen standen nur noch ganz schmale Inseln von „Vertrautem" zur Verfügung,

und es fehlte der notwendige Rückhalt, sich neuen Wahrnehmungsgegebenheiten zuzuwenden und diese aufnehmen zu können, zumal ein Rückzug auf sich selbst in vielen Situationen seiner Lebensgeschichte subjektiv richtig und für das „Überleben“ sinnvoll war. Wahrnehmen und Erleben, Apathie und Eigenstimulation in Form von stereotypen Bewegungsmustern (Schaukeln, Manipulation an Körperteilen sowie selbstverletzendes Verhalten) können demnach als eine persönliche sinnausgerichtete Verarbeitung dieser Konfliktsituation mit dem Ziel der Aufrechterhaltung der biologischen Existenz und psychischen Organisation verstanden werden.

4.6 Zusammenfassung

Bei vielen Kindern, vor allem bei solchen mit sensorischen, körperlichen und kognitven Einschränkungen, ist die Aufnahme und Verarbeitung von Sinnesreizen derart beeinträchtigt, daß ihre Wahrnehmungskompetenz weniger differenziert und kompetent ausgebildet ist, was sich in erster Linie als Erfahrungs- oder Bedeutungsarmut manifestiert und darin zeigt, daß weniger Wahrnehmungsgegebenheiten aus der Umwelt interessant erscheinen und im Rahmen von situativ bedeutsamen Handlungen sinnlich erfaßt werden.
Die zentrale Kategorie der Wahrnehmungsdefizite läßt sich mit den Begriffen der Beeinträchtigung in einem Adaptionsprozeß an die Umwelt (Piaget 1969,1974) bzw. – was graduell schwerere Formen einer geistigen und mehrfachen Behinderung betrifft – als „Isolation von der Aneignung von Welt“ (Feuser 1979, 29 f.) beschreiben. Denn das behinderte Kind eignet sich nicht nur die objektiven Gegebenheiten seiner Umwelt in objektiver Weise, sondern „auch die Beeinträchtigungen seiner Persönlichkeitsentwicklung, seien sie organischer und/oder sozialer Art, in gleicher Weise“ an, so daß Wahrnehmungsbeeinträchtigungen (wie auch andere Behinderungsmomente) „als resultativer Ausdruck der Aneignung von Welt unter den spezifischen Bedingungen der organischen Voraussetzungen und der sozialen Situation der Kinder“ gekennzeichnet werden können.

Wahrnehmungsbeeinträchtigungen werden also hier als Einschränkungen in den Möglichkeiten umschrieben, sich die Umwelt in ihrer gegenständlichen und sozialen Bedeutungshaltigkeit über die Sinne anzuzueignen und sich mit Hilfe sinnlicher Informationen in dieser erfolgreich zu orientieren. Als mögliche Bedingungsfaktoren eines eingeschränkten bzw. gestörten Aneignungsprozesses wurden aufgezeigt Beeinträchtigungen

- im sensorischen Bereich (z.B. infolge einer Blindheit oder Sehbehinderung oder einer Gehörlosigkeit oder Schwerhörigkeit),
- in der Motorik (in Form von cerebralparetischen Einschränkungen, Kraft-

minderung, Koordinationsstörungen u.a.),

- in der allgemeinen Lernfähigkeit und Kognition (als Folge von Hirnschädigungen),
- in der zwischenmenschlichen Verständigung und Sprache sowie
- im affektiv-emotionalen Bereich bei fehlenden, eingeschränkten oder mißlungenen Interaktionen mit der sozialen Umwelt (z.B. infolge einer Hospitalisierung) oder bei vorenthaltenen bzw. unzureichenden gesellschaftlichen Erziehungs- und Bildungsmöglichkeiten.

All diese Faktoren können einzeln oder in einem wechselseitigen, sich verstärkenden Gefüge eine qualifizierte, sinnstrukturierende Aneignung der sozialen und dinglichen Umwelt erschweren.

Die Zuschreibung von speziellen, eng begrenzten Funktionsstörungen erscheint wenig sinnvoll, da diese keine autonomen Fähigkeiten darstellen, und weil die Annahme ursächlicher Defekte den Blick auf finale Beweggründe versperrt. Analog zu der im Rahmen eines konstruktivistischen Denkens getroffenen Feststellung „Alles Gesagte ist von jemandem gesagt" (Maturana/Varela 1991) läßt sich ebenso sagen: Alles Wahrgenomme ist immer von jemandem wahrgenommen. Daraus folgt: Es gibt nicht „die" Wahrnehmungsstörung an sich, sondern immer nur den einzelnen Menschen, der in seiner Wahrnehmung und sinnlichen Erkenntnis, aus welchen Gründen auch immer, „be-hindert" bzw. beeinträchtigt wird bzw. ist.
Schließlich ist noch darauf hinzuweisen, daß Beeinträchtigungen in der Wahrnehmung nicht nur durch eingeschränkte Handlungsmöglichkeiten und Störungen in anderen Funktionsbereichen hervorgerufen bzw. verstärkt werden, sondern selbst diese nachhaltig beeinflussen und beeinträchtigen können, da Wahrnehmung eine Voraussetzung und elementare Grundlage für alle anderen menschlichen Leistungen darstellt und im wechselseitigen Zusammenspiel mit diesen steht. Funktionen wie Sprache und Denken liegen inhaltlich Wahrnehmungsinformationen und -strukturen zugrunde, so daß zwangsläufig Beeinträchtigungen auf der einen Seite zu Störungen auf der anderen Seite führen (Affolter 1975; Prekop 1980; Miessler/Bauer 1978). Dieser Zusammenhang ist aus Abbildung 24(S. 132) ersichtlich.

5. Traditionelle Ansätze zur Sinnes- und Wahrnehmungsförderung

Auf dem Lehr- und Lernmittelmarkt wird derzeit eine Vielzahl und Viefalt von Materialien und Spielen angeboten, die u.a. den Anspruch erheben, die Wahrnehmungsfähigkeit des Kindes fördern zu können und die sich – wie häufig ihre Bezeichnung schon ausdrückt – in erster Linie auf die perzeptive Diskrimination und Erfassung sinnlich-figuraler Merkmale beziehen. Dazu gehören u.a.:

- „Üben und Können – Farben und Formen“ von G.Goldau,
- „Colorama“ von E. Geister und M. Lehmann, Ravensburg,
- „Farben und Formen“ von A. Spellenberg, Ravensburg,
- „Farben-Türmchen“ von J. W. Spear und Söhne,
- „Farbino – Wir lernen sehen“ von U. Diekmeyer u.a.,
- „Formino – Wir lernen sehen“ von U. Diekmeyer u.a.,
- „Multica. Ein Spiel mit Farben, Formen und Wörtern“ von K. Schüttler-Janikulla,
- „Spiele mit Geräuschen“ von K. Knupfer u. a.,
- „Sehen – Hören – Spielen“ von G. Heuß, Ravensburg,
- „Sehen – Kennen – Benennen“ von G. Heuß, Ravensburg sowie
- ein breites Angebot an Tastbrettchen, Geruch- und Geräuschdosen u.a.

Eine umfassende Zusammenstellung und Beschreibung der Zielsetzungen und der Inhalte solcher Programme findet sich bei Teumer/Walther (Hrsg. o.J.), aber auch in den Prospekten zahlreicher Verlage aus der Lehrmittelindustrie, z.B. bei Widmaier Ausg. 97/98 ab Seite 496 oder bei Wehrfritz Ausg. 98 ab Seite 676. Von Wehrfritz, wird – für viel Geld – seit einiger Zeit sogar eine komplette Ausstattung für einen sog. „Sinnesraum“ angeboten, mit der Begründung, dadurch ein „Zeichen gegen Hektik und Reizüberflutung“ setzen zu wollen und dem Versprechen: „Hier können Kinder in aller Ruhe elementare Sinneserfahrungen sammeln. Auf den Seiten 66-69 tauchen Sie ein in die Welt der Tagträume.“

Da auf diese Materialien hier nicht näher eingegangen werden kann, beschränkt sich die folgende Untersuchung auf spezielle Ansätze zur Sinnes- bzw. Wahrnehmungsförderung, die derzeit in der (Sonder)Pädagogik einen gewissen Bekanntheitsgrad erlangt haben und häufiger Anwendung finden. Es sollen Ziele und methodische Aspekte herausgearbeitet werden, um dann später Möglichkeiten einer ganzheitlichen, auf sinnliche Erkenntnis und Bedeutungserfassung ausgerichteten Erziehung und Förderung von Wahrnehmung entwickeln zu können.
Folgende Gedanken bzw. Fragen als Kriterien für einen kritischen Vergleich

sollen die Untersuchung leiten:

- Wie wird menschliche Wahrnehmung hier gesehen und beschrieben und welche Wahrnehmungsmodalitäten stehen im Vordergrund?
- Welche Ziele verfolgt der Ansatz und mit welchen (methodischen) Mitteln und Materialien werden diese verfolgt?
- Gründet sich der einzelne Ansatz auf aktuellen wissenschaftlichen und haltbaren Grundlagen (Frage der Bezugswissenschaften) oder eher auf persönlichen Weltanschauungen und Erfahrungen?
- Handelt es ich eher um eine Methode im Sinne einer eng strukturierten, pragmatisch auf die Praxis ausgerichteten Technik bzw. Strategie oder um ein hypothesegeleitetes, offenes Konzept, das in der Praxis auf die Bedarfs- und Bedürfnislage des einzelnen Kindes ausgerichtet ist und Handlungsspielraum in der konkreten Gestaltung läßt?
- Stimmen die verwendeten Begriffe, Praktiken und eingesetzten Materialien mit den theoretischen Leitvorstellungen überein und ergibt sich aus dem Gesamtzusammenhang eine „innere Stimmigkeit“ bzw. „logische Konsistenz“ (vgl. Schönberger 1991)?
- Welches Menschenbild verbirgt sich hinter dem Ansatz? Ein eher funktionalistisches Bild, das vom Individuum ein bestimmtes und reaktives Verhalten erwartet, im Rahmen der Theorie von einer von außen plan-, steuer- und kontrollierbaren Entwicklung? Oder handelt es sich eher um ein individualistisches, handlungsbezogenes Bild, das jeder Person eine auf Sinnstiftung ausgerichtete Handlungsfähigkeit bescheinigt und ihr die Möglichkeit einräumt, eigentätig sinnliche Erfahrungen zu sammeln und ein eigenes Weltbild zu konstruieren?

5.1 Neurologische Organisation

Die Theorie der neurologischen Organisation, die auf den Arbeiten und Forschungsergebnissen von Doman/Delacato (Doman 1980) und Luria (1970, vgl. auch Thomas1974) basiert, findet bei vielen Eltern behinderter Kinder immer noch viel Anklang und hat einige, im Verlauf dieser Abhandlung noch zur Sprache kommenden Ansätze wie die von Fröhlich, Kiphard oder Ayres nicht unwesentlich beeinflußt. Sie stützt sich im wesentlichen auf das hypothetische Denkmodell einer Hirntrainingslehre und möchte weniger das konkrete Verhalten als das Funktionieren neurologischer Aktivitätsmuster von Kindern beeinflussen.

Zur Erläuterung der wichtigsten Grundlagen dieses Ansatzes soll im folgenden kurz auf die Arbeit von Thomas (1974) eingegangen werden. Dieser geht davon aus, daß sich die grundlegenden motorischen und sensorischen Funktionen beim Menschen (die er in Motorik, Sprache, manuelle Geschicklichkeit, Sehen, Hören und taktiles Erfassen einteilt) sequenzartig von Geburt an entwickeln und daß diese Entwicklung sich in Abhängigkeit von der Reifung des Gehirns vollzieht. „The selected functions in each area develop as the brain matures“ (1974, 105). Er stellt fest, daß dieser Zusammenhang in der Regel auch bei gehirngeschädigten Kindern besteht und daß es möglich ist, mit Hilfe des Doman-Delacato-Entwicklungsprofils Aufschlüsse über neurologische Wachstumsverzögerungen bzw. -störungen als Grundlage für eine gezielte Therapie zu erhalten. Dabei wendet er sich entschieden gegen eine rein symptomorientierte Behandlung, da er eine teilweise oder ganzheitliche Wiederherstellung bzw. Heilung von Dysfunktionen nach Gehirnverletzungen für möglich hält, und zwar im Sinne einer grundlegenden Reorganisation von gestörter Aktivität, bei der die nach Gehirnverletzung geschädigte Funktion mittels völlig anderer Gehirnstrukturen, die durch das Trauma unberührt blieben, wiederhergestellt wird („as a radical reorganisation of the destroyed activity, in which after brain injury the deranged function is restored by means of entirely different neuronal structures, unaffected by the trauma“, 117). Diese Hypothesen gelten nach Thomas u.a. als Grundlage für das Doman-Delacato-Konzept der „neurologischen Organisation“. Dieses geht von folgenden Annahmen und Behandlungsprinzipien aus:

- Die Entwicklung des Kindes vollziehe sich ontogenetisch als Rekapitulation der menschlichen (phylogenetischen) Entwicklungsgeschichte, und schreite dabei von der Dominanz niederer (phylogenetisch älterer) zu höheren und höchsten Hirnbereichen fort. Hirnschädigungen niederer Hinregionen hätten kausal folglich Auswirkungen auf höhere Regionen.
- Sensorische Reizaufnahme und motorische Aktivitäten seien wesentlich für die Entwicklung des Lernens als Ausdruck funtioneller neurologischer Organisation. Dabei sei Lernen anzusehen als ein sensorischer Prozeß, der durch die motorische Funktion verstärkt werden müsse.
- Indem man die Dauer, Häufigkeit und Intensität der sensorischen Reizaufnahme und motorischen Aktivitäten – entsprechend der Entwicklung der neurologischen Organisation von Geburt an – erhöhe, könne diese bei Gehirnverletzungen in vielen Fällen verbessert werden. Da Umweltreize von gewöhnlicher Dauer und Stärke dazu nicht ausreichen, sollen besondere Behandlungsprogramme eingesetzt werden, die auf vermehrter Stimulation in allen sechs Bereichen des Doman-Delacato-Profils basieren.
- Um Reorganisation von Hirnverletzungen zu beeinflussen, soll mit Aktivitäten und sensorischen Eindrücken begonnen werden, die sich als heilsam in der Förderung einer effektiven neurologischen Organisation von früher Kindheit an erwiesen haben. Es wird also vorgeschlagen, in

der Behandlung auf eine möglichst frühe Entwicklungsstufe zurückgehen. So sollen z.B. einem schwerstbehinderten Kind auf der Entwicklungsstufe eines Neugeborenen täglich viele Male Lichtblitze auf die Augen und Geräusche vor die Ohren gebracht werden. Mit Stimmgabeln, Nadeln und Bürsten sollen Haut- und Gelenkrezeptoren und mit scharfen Gerüchen das Riechorgan stimuliert werden.

Als wichtige Übungen werden u.a. genannt: Bewegungsübungen (Krabbeln und Kriechen), häufiges Sprechen mit dem Kind, manuelle Geschicklichkeitsübungen oder Augen-, Geräusch- und Tastübungen, wobei den erstgenannten, also Krabbel- und Kriechübungen, ein besonderes Gewicht zukommt. Beim „Patterning", einer Art Kriechen auf der Stelle, sollen mehrere (möglichst vier) Helfer die Gliedmaßen abwechselnd beugen und strecken. Der Kopf soll dabei möglichst zur Seite des gebeugten Armes gedreht werden, wofür u.U. ein weiterer Helfer benötigt wird.

In einer öffentlichen Erklärung der amerikanischen Ärzteschaft wurden die diagnostischen und therapeutischen Methoden dieses Ansatzes für fragwürdig erklärt und vor ihrer Anwendung gewarnt (vgl. Thurmair 1991).

- Hinsichtlich der zugrundeliegenden Theorie ist bis heute nicht erwiesen worden, daß die Entwicklung des Individuums (Ontogenese) eine Wiederholung der Phylogenese – also der stammesgeschichtlichen Entwicklung der Lebewesen – darstellt und daß einzelne menschliche Verhaltensweisen bzw. -bereiche spezifischen zerebralen Regionen zugeordnet werden können (vgl. Hallahan/Cruickshank 1979; Blechschmidt 1985).
- Was die Behandlungsmethode betrifft, werden insbesondere kritisiert „die übertriebene Art ihrer undokumentierten Behauptungen bezüglich ihrer Heilungen und ... die extremen Anforderungen, die an die Eltern gestellt werden bei Durchführung einer Technik, für deren Unfehlbarkeit noch keinerlei Beweis erbracht ist" (Hallahan/Cruickshank 1979, 95).

5.2 Basale Stimulation

Einen ursprünglich für Menschen mit schwerster Behinderung konstruierter Ansatz, der inzwischen auf die Förderung von pflegebedürftigen und kranken Menschen (Bienstein/Fröhlich 1991), von Kindern und Jugendlichen mit apallischem Syndrom (Fröhlich 1995) und von frühgeborenen Kindern (Fröhlich 1997) erweitert wurde, stellt die „Basale Stimulation" dar. Erstmals von Heidingsfelder/Fröhlich im Jahre 1977 vorgestellt, hat dieser in den vergangenen zwei Jahrzehnten zum einen großen Bekanntheitsgrad erlangt und zum anderen eine bemerkenswert Entwicklung durchgemacht, die exemplarisch auch einen Umdenkungsprozeß in der „Pädagogik bei schwerster Behinderung" (Fröhlich 1991a) deutlich macht.

Bezugnehmend (vgl. Begemann/Fröhlich/Penner 1979, 48 ff.) auf die Notwendigkeit der Vermeidung sensorieller Deprivation (Pechstein 1974), auf Piagets Konzept der sensomotorischen Intelligenz, auf die Theorie der somatogenen Intelligenzentwicklungshemmung (Schönberger 1974; Jetter 1975) bzw. „somatogenen Perzeptionsstörung" (Fröhlich 1977b), auf Erfahrungen der Physiotherapie (Feldkamp/Danielcik o. J.) und auf die Theorie der neurologischen Organisation hielt Fröhlich es zunächst für notwendig, daß die Kinder „aus einer wegen der schweren Behinderung subjektiv als reizarm empfundenen Umwelt in einen pädagogischen Raum gebracht werden, wo sie mit massiven, durch die Behinderung 'durchstoßenden' Stimuli angeregt werden" (1977c, 23), mit dem Ziel, „vorhandene Rezeptions- und Verarbeitungsorgane" bzw. den „Wechselwirkungsprozeß von Perzeption-Motorik-Perzeption" (1978, 50) in Gang zu setzen. Diese Methode sollte dort einsetzen, wo keinerlei Voraussetzungen und Vorerfahrungen und kein sinnvolles Umgehen mit den aus der Umwelt empfangenen Reizen beim Kind feststellbar sind. Eine inhaltliche Füllung bzw. Vermittlung von materialen und sozialen Bedeutungen sollte erst später erfolgen, wenn das Kind über die Fähigkeit der Reizverarbeitung und -beantwortung bzw. über Aufnahmefähigkeit und Eigenaktivität verfüge (1978, 56).
An Sinnesmodalitäten, die stimuliert werden sollen, wurden u.a. genannt (vgl. Heidingsfelder/Fröhlich 1977):

- somatischer Bereich (Baden in verschieden warmem Wasser, Abbürsten, Fönen, Lagerung auf verschiedenen Unterlagen, Trockenbaden, Berieseln mit unterschiedlichen Materialien u.a.),
- verstibulärer Bereich (unter Verwendung von Medien wie Liegeschaukel, Schaukelwürfel, -netz oder -tonne, Hängematte oder -korb u.a.),
- vibratorischer Bereich (über Wasserbett, Vibratoren, Klangkörper u.a.),
- auditiver Bereich (mit dem Ziel der Vermittlung von Vibrations- und Rhythmusempfindungen über die Erzeugung von Geräuschen mit unterschiedlichsten Instrumenten u.a.),
- haptischer Bereich (durch Bürsten, Materialwühlen, Temperaturstäbe, Oberflächenbretter, Greifspielzeuge und andere Tastkörper),
- visueller Bereich (unter Einsatz von vielfältigen Raster- und Bildtafeln, Licht- und Schattenspielen, aufgehängten Mobiles u.a.) oder
- Geschmacks- und Geruchsbereich (Verwendung von ätherischen Ölen oder bewußtes Würzen des täglichen Essens u.a.).

Schwerpunkte einer integrierten Entwicklungsförderung für schwerstbehinderte Menschen
(auf der Grundlage der „Basalen Stimulation")

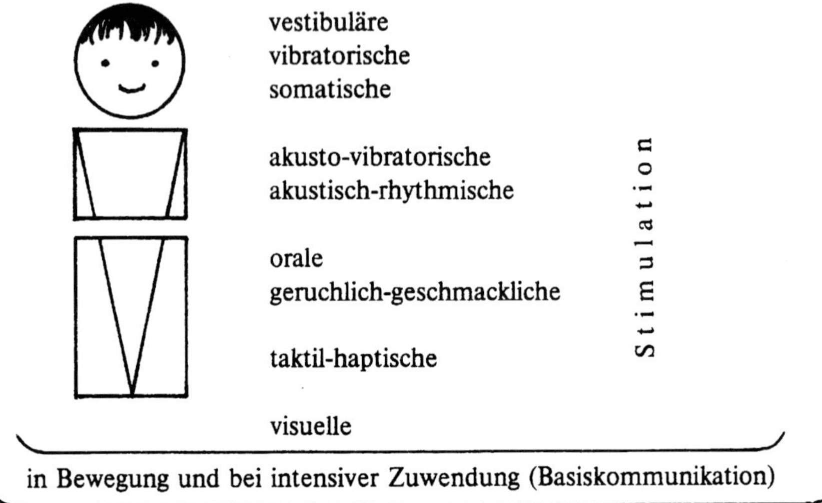

Basierend auf zuverlässiger Bedürfnisbefriedigung, Pflege und Versorgung

Abb. 29: Integrierte Entwicklungsförderung (Basale Stimulation) für schwer mehrfachbehinderte Kinder (Fröhlich 1983, 213)

Da in der damaligen Zeit praxisorientierte Hilfen fehlten, fand dieser Ansatz bei den in Schulen und anderen Einrichtungen der Behindertenhilfe tätigen Lehrpersonen und Erzieher zunächst großen Anklang, stieß bei der Übertragung aber im Laufe der Jahre auch auf Widerspruch. Ein Beispiel: „Ich erkannte, daß für schwerst geistig behinderte ebenso wie für nichtbehinderte Kinder Zusammenhänge von großer Bedeutung sind, für die und in denen etwas gelernt werden soll. Aus diesem Grund fühlte ich mich bei der regelmäßig stattfindenden, aus allen Zusammenhängen herausgerissenen sensorischen Schulung mit der Zeit immer unbehaglicher. Wofür waren diese 'sinnleeren' Übungen gut? Konnte Anne damit etwas anfangen? Verstand sie gelegentlich, was ich da von ihr verlangte? Wie fühlt man sich, wenn man von einem anderen Menschen ständig in allen Sinnesbereichen manipuliert wird? Solche und ähnliche Fragen stellten sich mir und ließen mich in meinen 'sensorischen' Schulungsversuchen immer unsicherer werden.

Annes Mitarbeit und Interesse nahmen ständig ab, vermutlich auch, weil sie meine Unsicherheit spürte, aber weil sie vielleicht auch wirklich mit diesem Sinnestraining nichts in Verbindung bringen konnte“ (Hamann zitiert in Pfeffer 1986, 126 f.).
Auch aus wissenschaftlicher Sicht wurden bald Bedenken wie auch offene Ablehnung geäußert. Es wurde u.a. befürchtet, daß infolge einer routinemäßigen und technisierten Reizzufuhr schwerstbehinderte Kinder und Jugendliche „in neue, unbekannte, nicht geglaubte Situationen der Wehrlosigkeit gebracht werden“ (Thalhammer 1980, 551) können. Dreher (1996, 14 ff.) wandte sich aus einer phänomenologischen Sichtweise gegen die starke Orientierung am „Neurophysiologischen“, vermißte eine Eingliederung in einen umfassenderen Zusammenhang und hinterfragte die These, daß bei der Auswahl der Reizobjekte keinerlei Vorkenntnis und Erfahrung vorausgesetzt werden müßten: „Solange nur von einem naturwissenschaftlich-physiologischen Denken ausgegangen wird ... braucht die Frage nach einem vertrauten Raum keine Rolle zu spielen. Daher kann die Verbindung zu einer umhüllend vertrauten Welt unterbrochen werden. Des weiteren rechtfertigt sich dann der Ausgang vom geometrisch definierten Streifenmuster oder von der zeitlichen Variabilität der ‘Reizabfolge’“. Er interpretiert Wahrnehmung vielmehr phänomenologisch dahingehend, daß „immer Begegnung, Kommunikation, vertraute Welt und prä-rationale Verbundenheit mit dieser Welt der Dinge und des Menschen vorausgesetzt werden (müssen), bevor analytisches Denken dieses Phänomen in einzelne Komponenten zu zerlegen vermag“ (Dreher 1996, 80; vgl. auch ähnliche Positionen aus phänomenologischer Sicht bezüglich einer Erziehung als Austausch „subjektiver Sinnstiftungen“ von Pfeffer 1988 oder Fornefeld 1989, 1995).
Aus Sicht des Verständnisses von Wahrnehmung, wie sie in dieser Arbeit in Kapitel 2.4 entwickelt wurde, kann nicht angenommen werden, daß einer auf Sinn- und Bedeutungsstiftung ausgerichteten Wahrnehmung eine Stufe einer rein perzeptiven, auf formale Reizdiskrimination bezogene Sinnestätigkeit vorausgeht, die es rechtfertigen würde, zunächst nur zu „stimulieren“ und später erst eine inhaltliche, gegenstandsbezogene „Füllung“ vorzunehmen. Auch wenn bei manchen Kindern und Jugendlichen mit schwerster (körperlicher) Behinderung keine oder nur wenige Reaktionen zu beobachten sind, die als Antwort auf eine irgendwie geartete Wahrnehmungsinterpretation und Erfassung von Wirklichkeit zu werten wäre, kann analog zu den Ergebnissen im vorhergehenden Kapitel davon ausgegangen werden, daß auch bei solchen Kindern immer eine subjektive Sicht von Wirklichkeit und Lebensperspektive existiert und daß folglich jede Form einer von außen kommenden Reizeinwirkung und Interaktion, so auch Angebote einer basaler Stimulation, diese bedeutungsbezogene Wahrnehmungs-

grundlage in irgendeiner Form inhaltlich berühren und sinnausrichtend modifizieren wird. Somit stellt sich die Frage, wie eine mehr auf Intensität und Quantität ausgerichtete Wahrnehmungsförderung zu ergänzen ist durch eine Form von qualitativer und interaktionaler Begegnung und Förderung (vgl. Fischer 1985b, 1987; Jakobs 1991, 21 ff.).

Die Gefahr, daß diese Methode in der Praxis zu einem stereotypen Funktionstraining führen könnte, wurde von Fröhlich bereits früh erkannt (1977c, 24; 1979, 104). Er hielt dem aber gegenüber, daß ein alleiniger, intensiver emotionaler Bezug und Sozialkontakt für eine Entwicklungsförderung des schwerbehinderten Kindes nicht ausreichen und daß „auch der wissenschaftliche Umgang mit dem Kind durchaus in menschlicher Wärme geschehen kann".
In später erschienenen Veröffentlichungen wird dann versucht, Maßnahmen der basalen Stimulation in ein ganzheitlicheres Entwicklungskonzept zu integrieren und verstärkt eine sinnliche Bereicherung in Alltagssituationen wie auch in der Pflege zu schaffen, was bereits die Titel von Veröffentlichungen wie „Die Pflege schwerst Mehrfachbehinderter als integraler Bestandteil einer ganzheitlichen Förderung..." (1980), „Entwicklungsförderung..." (Haupt/Fröhlich 1982), „Integrierte Entwicklungsförderung..." (Fröhlich 1983), „Integriertes Lernen..." (Haupt/ Fröhlich 1983), „Ganzheitliche Schwerstbehindertenförderung..." (Fröhlich 1985) oder „Ganzheitliche Entwicklungsförderung" (1991b) ausdrücken. Vor allem mit der Betonung eines dialogischen, interaktionalen Vorgehens hat Fröhlich seinen frühen stimulationsbezogenen, als funktionsbezogenes Produkt häufig mißverstandenen Ansatz überwunden, oder wie Schönberger (1991, 17) dies ausdrückt, „vom Markt genommen", denn zu einem dialogischen Verhältnis passe das Markenzeichen Stimulation „wie die Faust aufs Auge".
Diese Weiterentwicklung wird auch in der Zusammenfassung der in den zahlreichen Artikeln geäußerten Gedanken zur „Basalen Stimulation" (Fröhlich 1993) in Buchform deutlich, auch wenn, vermutlich auf Wunsch des Verlages und aus Gründen des Marketing, auf den Titel „Basale Stimulation" (noch) nicht verzichtet wurde. Wahrnehmung wird hier in Abkehr von einer stimulationsbezogenen Sichtweise deutlicher als zuvor gegenstandsbezogen und auf Sinnfindung ausgerichtet definiert: „Die Herstellung von bedeutungs- und sinnvollen Zusammenhängen, die unmittelbare Verknüpfung mit Erinnertem stellt eine ganz spezifische Leistung dar, die den Kern der Wahrnehmung erst ausmacht. Wahrnehmung ist also nicht primär die Aufnahme von informativen Reizen, sondern vielmehr erst deren sinnstiftende Verarbeitung. Wahrnehmung ist somit auch kein passives 'auf sich einwirken lassen' von Reizen, sondern wiederum ein aktiver Austauschprozeß zwischen Informationssuche, Informationsaufnahme und deren Verarbeitung" (39; vgl. auch Fröhlich 1996b). In einem Kapitel über „zusammen-

fassende Gedanken zur basalen Stimulation" wird deutlich auf die Konsequenzen hingewiesen, daß nämlich alle Angebote in „die allgemeine Aktivierung münden und keineswegs eine 'passive Berieselung' darstellen" (1993, 191). Eine ähnliche Entwicklung läßt sich auch in einer anderen, von Fröhlich herausgegebenen Publikation zum Thema „Wahrnehmung" verfolgen. Während in der 1. Auflage aus dem Jahre 1977 noch von „Wahrnehmungs*training*" gesprochen wird, verschwand in den folgenden Auflage die Nachsilbe „Training" und wurde durch „Förderung" ersetzt. In der letzten, 9. Auflage wird in einem Beitrag von Fröhlich (1996b, 9f.) mit dem Titel „Gestörte Wahrnehmung? Wahrnehmungsstörungen?" auch der Begriff der „Störung" in Frage gestellt: „Wenn aber jeder einzelne Mensch sich seine eigene Wirklichkeit schafft, dann können wir nicht mehr so leicht von Wahrnehmungsstörungen reden, wir müßten eigentlich Wahrnehmungsverschiedenheiten sagen...". Der Beitrag von Fröhlich/Heidingsfelder über „Elementare Wahrnehmungsstörungen" in der gleichen Auflage umfaßt inhaltlich gegenüber der 1. Auflage nur mehr drei Kernbereiche der ursprünglichen „Basalen Stimulation", nämlich somatische, vibratorische und vestibuläre Anregung, während weitere sinnliche Angebote situationsbezogen in umfassende Lebensbereiche bzw. -felder integriert wurden: Erleben im Raum, Wahrnehmungsförderung in elementaren, alltäglichen Lebenssituationen sowie Wahrnehmungsförderung bei alltäglichen Verrichtungen.

Eine abschließende Bewertung und Einordnung der „Basalen Stimulation" fällt nicht leicht, da Fröhlich, und dies darf nicht ignoriert werden, diese immer wieder weiterentwickelt und verändert hat. Hervorzuheben ist vor allem die durch eine große Praxisrelevanz gekennzeichnete Pionierarbeit. Viele der Anregungsangebote, so z.B. im somatischen und taktilen Bereich oder im Hinblick auf den Aufbau elementarer Bewegungsmuster (Anbahnung des Greifens, der Nahrungsaufnahme u.a.) stellen wichtige und unverzichtbare Hilfen für den in der Praxis tätigen Erzieher dar und haben die pädagogische Arbeit mit Menschen mit schwerster Behinderung wesentlich befruchtet.
Bei der praktischen Umsetzung dieses Ansatzes gilt allerdings zu beachten, daß Angebote nicht in einer mechanistischen Form durchgeführt werden, nicht zu einer bloßen Reizstimulierung ausarten, der die Kinder passiv und wehrlos ausgesetzt sind. Vielmehr kommt es darauf an, im Rahmen einer interaktions- und kommunikationsbezogenen Sichtweise durch ein sensibles, die kindliche Ausgangs- und Interessenlage berücksichtigendes Vorgehen dafür zu sorgen, daß die angebotenen Reize für das einzelnen Kind als „sinn- und zweckvoll" erlebt werden, was sich z.B. in Situationen einer ganzheitlichen Pflege und im Rahmen eines integrierenden Lernens durchaus realisieren läßt. Basale sinnliche Reizangebote dürfen nicht nur

„passiv erduldet“ werden, sondern müssen von Anfang an für das einzelne Kind „Sinn“ ergeben, dazu beitragen, daß Eigenaktivitäten erlebt und differenziert werden (vgl. Lernzielbereich 1.2 der „Empfehlungen für den Unterricht in der Schule für Geistigbehinderte“ 1980, 22 ff.). Für die Wahrnehmung der Hände z.B. bedeutet das, daß diese als Werkzeuge und als Instrumente für Eigenaktivitäten – um etwas anfassen, befühlen und begreifen zu können – erlebt und erfahren werden, und dies möglichst im Alltagssituationen, im Rahmen der entwicklungspsycholgischen Erkenntnis, daß Wahrnehmung und Bewegung als „Sensomotorik“ ein Einheit darstellen (vgl. Piaget 1969; Pfeffer 1983; Jetter 1985b; Praschak 1991). Dieses Wissen verpflichtet, vor allem Kindern mit körperlichen Schädigungen und erheblichen Bewegungseinschränkungen das Maß an somatischer Erfahrung und Bewegung zukommen zu lassen, das erforderlich ist, daß sich das Individuum im Austausch mit seiner Umwelt entwickeln kann (vgl. Fischer 1992, Kap. 5.3).
Bei manchen in der Literatur zur Basalen Stimulation vorgeschlagenen Übungen stellt sich allerdings die Frage, ob durch den Einsatz technischer Hilfsmittel wie Taschenlampen, Lichtschläuche oder Musterdias mit unterschiedlichen Hell-Dunkel-Verteilungen im visuellen Bereich (Strothmann 1991) oder durch akustische Tonfolgen vom Tonband im auditiven Bereich Voraussetzungen und Vorbedingungen für ein sinnausgerichtetes Lernen geschaffen werden können. Eine Stufenfolge der visuellen Wahrnehmung von der Perzeption von Streifen oder Punktmustern über die Wahrnehmung eines Taschenlampenscheins oder Wollknäuels bis hin zur interpersonalen Wahrnehmung existiert – ausgehend von einem Verständnis von Wahrnehmung als Bedeutungserfassung – nicht. Auf diesem Hintergrund erscheinen Sinn und Zweck mancher auf bloße Sinnesstimulation reduzierten Ziele und Übungen, die in der Praxis unter Bezugnahme auf die Basale Stimulation immer noch auftauchen, fragwürdig. Dies ist z.B. der Fall, wenn im Rahmen eines Sehtrainings bzw. einer „Augenfunktionsschulung“ das schwer behinderte Kind in einem abgedunkelten Raum unterschiedliche Wellen- oder Punktmuster betrachten oder verschiedene Lichtquellen in ihren Bewegungen mit den Augen verfolgen soll oder in denen im Rahmen eines Riechtrainings dem Schüler abwechselnd zwei mit Zitronenöl und Essig getränkten Wattestäbchen vor die Nase gehalten und dazu formuliert wird „Ah, das riecht gut“.

5.3 Snoezelen

Dieser Ansatz wurde in Deutschland Ende der 80er Jahre durch einige Veröffentlichungen von Nazario (1987) bzw. Kauschus-Nazario (1989) bekannt, vor allem aber durch die 1989 im Verlag der Bundesvereinigung Lebenshil-

fe erschienenen Übersetzung der niederländischen Orginalausgabe von „Snoezelen – Een andere Wereld“ von Hulsegge und Verheul. Wie die beiden Autoren berichten, entstammt der Begriff einer Kombination der Wörter „snuffelen“ (schnüffeln, schnuppern) und „doezelen“ (dösen, schlummern) und erinnert an das englische Wort „to snooze“ für „dösen“. Die ersten Erfahrungen damit wurden in der niederländischen Anstalt „Haarendael“ gemacht, wo auch der Begriff geprägt wurde, und zwar von zwei jungen Männern, die in der Abteilung „Entspannung“ ihren Zivildienst ableisteten.
Heute wird „Snoezelen“ vor allem mit der Einrichtung „De Hartenberg“ im niederländischen Ort Ede in Verbindung gebracht, einer großen Anstalt mit ca. 400 Kindern, Jugendlichen und Erwachsenen mit geistiger Behinderung, von denen viele auch schwer und mehrfach behindert sind. Laut Aussage von Hulsegge und Verheul (1989), die dort als Therapeuten tätig sind, stehen in dieser Einrichtung bereits seit 1984 eigene Räumlichkeiten für das Snoezelen zur Verfügung. Gedacht ist dieses Angebot vor allem als Freizeitmaßnahme für „schwerstbehinderte Menschen, die wenig andere Aktivitäten nutzen und weder zur Schule noch zur ‘Arbeit’ ins Tagesaktivitäten-Zentrum gehen können, sondern den größten Teil des Tages in der Wohngruppe verbringen“ (8). Aber auch in der Altenpflege und Psychiatrie hat dieser Ansatz Anwendung gefunden (30 ff.). Inhaltlich geht es um das „bewußt ausgewählte Anbieten primärer Reize in einer angenehmen Atmosphäre ..., um eine primäre Aktivierung schwer geistig behinderter Menschen, vor allem auf sinnliche Wahrnehmung und sinnliche Erfahrung gerichtet, mit Hilfe von Licht, Geräuschen, Gefühlen und dem Geschmackssinn“ (36).

Was die praktische Umsetzung betrifft, wird die Einrichtung von mehreren Räumen und einem diese verbindenden langen Flur empfohlen, mit einem jeweils ganz bestimmten Reizangebot und einer eigenen Atmosphäre. Zur Ausstattung sollten u.a. gehören

- ein Bällchenbad,
- ein „weißer Raum“, in dem hauptsächlich visuelle Reize angeboten werden, und zwar über Dia-, Film- und Flüssigkeitsprojektionen sowie das Anstrahlen von Spiegelkugeln, über Blubbersäulen, Fiberglasleuchten, Leuchtfäden u.a. Lichteffekte;
- ein Raum zum Fühlen mit vielfältigen Anregungen für den Tastsinn, mit von der Decke herabhängenden Vorhängen aus Wollsträngen, Plastikstreifen, Baumwollappen mit oder ohne Glöckchen, mit einem weichen Boden mit unterschiedlichen Oberflächenbeschaffenheiten, mit einem in den Boden eingelassenen Wasserbett, mit verschiedenen, von der Decke herabhängenden Tastobjekten, Fühlbehältern, Tastwänden u.a.;

- ein Raum zum Hören als „stille Kammer“, wo unerwünschte Reize von außen möglichst ausgeschaltet sind, mit einer stimmungsvollen Beleuchtung und einer Gelegenheit zum bequemen Sitzen oder Liegen, so daß dann über verschiedene elektronische Hilfsmittel (Verstärker, Lautsprecher, Kassettendeck, Echo-Hall-Einheiten, Lichtorgeln, Kopfhörer, Vibrationsboden, Fußglockenspiel u.a.) Geräusche und Musik erlebt und auditiv wahrgenommen werden können;
- ein Raum oder eine Ecke für Geschmacks- und Geruchsmöglichkeiten mit besonders präparierten Tastbrettern, Duftstoffen in Kissen und speziell konstruierten Schlauchständern, die einen ganz bestimmten Duft verströmen, wenn ein flexibler Kunstoffschlauch hochgehoben und unter die Nase gehalten wird;
- ein als Snoezel-Raum präpariertes Schwimmbad, mit besonders warmem Wasser, optischen und akustischen Angeboten und technischen Besonderheiten wie Fontäne, Whirlpool oder Jetstream, sofern dafür finanzielle Mittel zur Verfügung stehen.

Als psychologische bzw. pädagogische Begründung verweisen die Autoren darauf, daß schwerstbehinderte Menschen zum Erfahren ihrer Umwelt auf primäre Sinneseindrücke angewiesen seien und „daß ihnen die Welt als ein 'Chaos' erscheinen muß, wo alles kompliziert und für sie nahezu undurchschaubar ist und wo sie nicht in der Lage sind, auf diese Reize einzugehen, sie zu ordnen und verstehen zu lernen ... Das Alltagsleben kann deshalb so bedrohlich und beängstigend auf sie wirken, daß sie zu fremd- beziehungsweise autoaggressivem Verhalten neigen“ (Hulsegge/ Verheul 1989, 8). Die Notwendigkeit der Erschließung von Bedeutungen und Zusammenhängen in der sinnlichen Wahrnehmung wird zwar gesehen, die Fähigkeit dazu aber bei Menschen mit schweren Behinderungen in Frage gestellt: „Die zugemessene Bedeutung reicht dabei möglicherweise nicht über 'angenehm' oder 'unangenehm' hinaus. Von echtem Assoziieren oder Strukturieren der Umwelt und ihrer Gegenstände kann bei ihnen nicht die Rede sein“ (9).
Als allumfassende Zielstellung steht in „De Hartenberg“ im Vordergrund, daß die Bewohner über das Snoezelen ruhig werden und zu sich selbst finden sollen. Dies wird zu erreichen versucht über eine strukturierte Umgebung, in der im Gegensatz zum Alltag „die Sinne nicht komplex angesprochen werden, sondern in der man sich nur auf einzelne Sinneswahrnehmungen, z.B. auf das Tasten, konzentrieren kann. Die Sinne sollen nicht in der Breite, sondern in der Tiefe angesprochen werden. Um dies zu ermöglichen, versuchen wir, Reize selektiv anzubieten und gleichzeitig unnötige Reize zu reduzieren. Das Reizangebot soll so angelegt sein, daß es dem schwerstbehinderten Menschen angenehme, lustvolle Sinneswahrneh-

mungen ermöglicht und ihm darüber hinaus auch ganz besondere Erfahrungen bietet, die er im Alltag nicht machen könnte. Da schwerstbehinderten Menschen die üblichen Reize-Filter fehlen, müssen wir ihnen eine strukturiertere Reize-Umwelt anbieten" (10). Im Vordergrund der Maßnahmen stehen nicht pädagogische Zielsetzungen wie Stimulierung oder Entwicklungsförderung, sondern der Versuch, durch die Angebote Entspannung zu ermöglichen, da „die Behinderten in der Wohngruppe oft unter erheblicher Spannung und unter Streß stehen" (10).

Als wichtige Prinzipien bei der praktischen Umsetzung dieses Ansatzes werden herausgestellt:

- Freiraum und Zeit gewähren: Die Bewohner dürfen selbst auswählen und anzeigen, welche Reize als angenehm empfunden werden und womit sie sich beschäftigen möchten.
- „Nichts muß gemacht werden, alles ist erlaubt" (11): Der einzelne soll „ganz er selbst sein" dürfen und machen können, was er will. Dazu gehört auch, daß die angebotenen Materialien auf vielfältige Weise, d.h. auch anders als es ihrer Zwecksetzung entspricht, benutzt und erlebt werden dürfen.
- Freiwilligkeit des Angebots: Da ein stimmungsvolles, auf Freiwilligkeit basierendes Angebot an Sinneseindrücken vermittelt werden soll, ist eine lehrgangsmäßige und systematische Planung nicht möglich und wünschenswert. Jeder behinderte Bewohner wird vielmehr so akzeptiert, wie er ist; seine individuellen Bedürfnisse werden respektiert und selbst einfachste Beschäftigungsmöglichkeiten als wertvoll eingeschätzt.
- Eigenes Tempo: „Der Besucher muß Zeit haben, Reize aufzunehmen, Wahrnehmungen zu machen, sich Erfahrungen zu erschließen, und das alles in seinem Tempo" (41).
- Richtige (Grund-)Einstellung und Betreuung: Von den Erziehern werden persönliche Eigenschaften gefordert, die es ihnen ermöglichen, zu den behinderten Menschen eine positive Beziehung aufzunehmen, auf deren Bedürfnisse einzugehen und eine einfühlende Begleitung der Bewohner zu leisten, also Eigenschaften, „die mit fachlicher Qualifikation nichts zu tun haben" (44).

Im Vorgehen des Snoezelen sind Parallelen und eine inhaltliche Nähe zu dem im vorhergehenden Kapitel vorgestellten Ansatz der „Basalen Stimulation" nicht zu übersehen. Gegenüber diesem wird aber eine eigene bzw. andere Zielsetzung herausgestellt. Nicht die Förderung von Wahrnehmungsleistungen und der Reizverarbeitung im Gehirn, nicht eine verbesserte Informationsaufnahme und der Abbau von Defiziten stehen im Vordergrund, sondern der Freizeit- und Erholungswert. „Dem Snoezelen fehlt *eine* grundlegende, zum Beispiel wahrnehmungspsychologisch begründete Theorie. In Gesprächen mit Mitarbeitern in 'De Hartenberg'wurde deutlich, daß eine bestimmte, festgelegte Sichtweise in dieser Beziehung von allen abgelehnt wird, da man befürchtet, die eigenen Möglichkeiten der Behinderten dadurch einzuschränken und ihren Bedürfnissen nicht wirklich gerecht werden zu können" (13).

Wie Kauschus-Nazario (1989) richtig bemerken, liegen keine wissenschaftlichen Untersuchungen des Snoezelen vor. Auf der Grundlage teilnehmender Beobachtung ließe sich aber an vielen Beispielen belegen, „daß die meisten Behinderten sich in einer Snoezel-Umgebung tatsächlich entspannen (z.B. ruhiges Liegen in embryonaler Haltung auf dem Wasserbett) und zu vielfältigen, z.T. unerwarteten Reaktionen und sensomotorischen Aktivitäten angeregt werden" (210 f.). Auch Hulsegge/Verheul (1989, 149 ff.) berichten von positiven Reaktionen der betroffenen Bewohner und einer wohlwollenden Einschätzungen von Eltern und Betreuern.

In Deutschland wurde dieser Ansatz bereits vor vielen Jahren von Mitarbeitern des Westfälischen Landeskrankenhauses Lengerich, Fachkrankenhaus für Psychiatrie und Neurologie aufgegriffen. Wie aus einem unveröffentlichten Positionspapier hervorgeht, erstreckt sich das Angebot dort nicht wie im holländischen Vorbild auf schwerstbehinderte Menschen, sondern wird als Freizeitaktivität auch „leichter Behinderten" angeboten, mit einer erweiterten Materialsammlung in besonderen Räumlichkeiten wie z.B. einem Schmink- und Verkleidungsraum oder Aufenthaltsraum mit Spielen, Schaukeln u.a. Beobachtungen hier hätten ergeben, daß Snoezelen die Fähigkeit zur Entspannung erhöhe, zu einem vorsichtigeren Umgang mit Materialien führe, positive Körpererfahrungen vermittele, die Kontaktaufnahme zu anderen Menschen erhöhe, autoaggressive und stereotype Verhaltensweisen mindere und so Ausdauer für andere Aktivitäten erhöhe und die Eigeninitiative stärke. Diese Beobachtung, so Brehmer (1994), würden durch eine empirische Erhebung aus England gestützt (Hutchinson 1991).

Unter dem Titel „Trivialisierungen und Irrationalismen in der pädagogisch-therapeutischen Praxis" äußert Störmer (1989) den Verdacht, daß dieser Ansatz recht einfache, wissenschaftlich nicht haltbare Erklärungen für komplexe menschliche Phänomene liefere und „ebenso einfache 'Mittel' kreiere, mit deren Anwendung die Handlungsfähigkeit ... gesichert werden kann" (157). Besonders wird kritisiert, daß das Snoezelen auf Annahmen und Erfahrungen fußt, „die jedoch nicht weiter hinterfragt werden und begründet werden. Was durch diesen Ansatz bewirkt werden soll und dann tatsächlich bewirkt wird, bleibt ähnlich vage und unbestimmt ... Was der Schwerbehinderte mit den Sinneseindrücken macht, bleibt ihm überlassen. Ob er über entsprechende Abbildstrukturen zur Verarbeitung der Sinnesreize verfügt, tritt nicht als Frage auf" (170). Der Ansatz erweise sich zudem als statisch, da weder die „Zone der aktuellen Leistung“ noch die „Zone der aktuellen Entwicklung“ in den Blick genommen würden, so daß „Entwicklung in Richtung einer erweiterten Realitätskontrolle verunmöglicht wird“ (171). Weiterhin wird auf die Gefahr hingewiesen, daß durch die Art der Anlegung der Snoezel-Räume die behinderten Menschen nur die Kompetenzen zeigen könnten, die sie bereits unter den isolierenden Bedingungen des Wohnbereichs entwickeln konnten. Da von ihnen zudem in diesen Situationen nichts gefordert und die Mitarbeiter sich zurückhalten sollten, würde „der Behinderte mehr oder weniger von der Aneignung von Welt isoliert“ (171). Diese Vorwürfe werden von Brehmer (1994), Mitarbeiter des Snoezelen-Zentrums im Montessori-Haus in Melle, einer Einrichtung der Heilpädagogischen Hilfe Osnabrück, vehement zurückgewiesen. Der meditativ geprägten sinnlichen Wahrnehmung durch Snoezelen komme ein „metasinnlicher Charakter“ (31) zu, und ihre Wirkungen und Vorzüge ließen sich nicht nach „linear-rationalen Prinzipien“ (30) nachvollziehen.

Zusammenfassung und kritische Einordnung: Positiv hervorzuheben ist, daß das Snoezelen als offenes Angebot unterbreitet wird. Wenn und solange als Leitziele Entspannung und Freizeit im Sinne von „Gestaltung von freier Zeit“ mit der Option der Entscheidungsfreiheit im Vordergrund stehen, sind die Angebote als sinnvoll und nützlich einzustufen, und dann bedarf es auch keiner umfassenden wissenschaftlichen Begründung dieses Ansatzes. Und dann hat Brehmer (1994) recht, wenn er Vorwürfe wie Trivialisierung und fehlende pädagogische Standards (z.B. Orientierung an der Zone der nächsten Entwicklung) zurückweist.
Hulsegge/Verheul (1989, 159) weisen allerdings selbst mehrfach darauf hin, daß der Ansatz unterschiedlich eingesetzt werden kann, nämlich auch entwicklungs- und aktivitätsgerichtet und selbst mit therapeutischen Zielrichtungen und daß anders als in der Einrichtung „De Hartenberg“ das grundlegende Ziel der Entspannung im Rahmen eines Freizeitangebots nicht in allen Einrichtungen im Vordergrund stehe. Vielmehr gebe es auch Anstalten bzw. Kollegen, die vielmehr konkrete pädagogische oder therapeutische Zielstellungen wie Stimulierung oder Entwicklungsförderung oder aber Abbau von Unruhe und Aggressionen damit verbinden würden. Und wenn es richtig ist, daß dieser Ansatz in seiner Adaption in der Bundesrepublik zunehmend zu einer Therapie wurde (Störmer 1979, 169), sieht die Beurteilung anders aus. Dann ist auf Ungereimtheiten und mögliche Gefahren hinzuweisen.

- In der theoretischen Begründung wird ein defizitäres Menschenbild schwerstbehinderter Menschen konstruiert, in dem Kompetenzen bzw. offene Möglichkeiten, ihre Umwelt sinnlich zu erschließen, zuzuordnen und verstehen zu können, nicht nur in Frage gestellt, sondern sogar verneint werden (vgl. Hulsegge/Verheul 1989, 8f.), auch wenn die Prinzipien hinsichtlich der praktischen Umsetzung von einem positiv geprägten Menschenbild ausgehen.

- Bereits der Titel der Veröffentlichung von Hulsegge/Verheul „Snoezelen – eine andere Welt" suggeriert, als bedürften behinderte und vor allem schwer und mehrfach behinderte Menschen einer pädagogisch gestalteten Umgebung, die andersartig ist und sich von einer Alltagswirklichkeit unterscheidet. Diesem Anspruch wird entsprochen durch die Schaffung einer künstlichen Welt mit vielfältigen und abwechslungsreichen Reizangeboten. Es wird weder in den theoretischen Ausführungen noch in der praktischen Umsetzung dem Umstand Rechnung getragen, daß eine Wahrnehmungsförderung mehr sein muß als sinnliche Stimulierung mit allerlei künstlichen Reizen. Am Beispiel der Duftschläuche, aus denen nach Belieben Düfte entströmen, wenn diese hochgehalten werden, wird besonders deutlich, daß auf diese Weise kein Beitrag zur sinnlichen Erkenntnis und Umwelterschließung geleistet werden kann. Reize werden hier isoliert und fragmentiert, abgeschottet von der Alltagswelt und -wirklichkeit erlebt. Falsche Vorstellungen von Wirklichkeit werden die Folge sein.

  Unverständlich erscheint die Argumentation von Kauschus-Nazario (1989, 211), wenn sie darauf hinweist, Snoezelen könne sensibel machen „für die Rückbesinnung auf Sinneswahrnehmungen in natürlicher Umgebung. Schon ein bewußt erlebter Waldspaziergang kann alle Sinne ansprechen und zu Ruhe und Entspannung führen". Dann stellt sich allerdings die Frage, warum es zuerst der Vorübungen einer sinnlichen Stimulation in der realitätsfremden, künstlichen Welt des Snoezelen bedarf.
- Aus den theoretischen Mutmaßungen werden keine Konsequenzen dahingehend gezogen, wie die Umwelt behinderter Menschen, z.B. die beschriebene Wirklichkeit der Wohngruppen in „De Hartenberg", so bzw. anders sturkturiert werden könnte, daß Schritt für Schritt eine sinnliche Erschließung des Alltags möglich wird.

Ähnliche Zielsetzungen für die Freizeit verfolgt das Konzept eines SINNEsgarten im Schwarzacher Hof, einer großen Rehabilitationseinrichtung in Baden-Württemberg, allerdings „draußen in der Natur" und mit eher einfachen, naturverbundenen Materialien, ohne jeglichen technischen bzw. elektronischen Aufwand. Auf einer ehemals landwirtschaftlich genutzten Fläche von einem Hektar entstanden und entstehen in Zusammenarbeit mit einigen Schulen und Hochschulen eine Vielzahl von Erlebnisangeboten. Dazu gehören z.B.

- ein Klangweg, der zum Spielen, Musizieren und Experimentieren mit Tönen anregen soll,

- eine Schule des Sehens mit unterschiedlichen Erfahrungsobjekten, die optische Erfahrungen vermitteln sollen,
- eine Schule des Gehens, ein mit unterschiedichen Materialien bestückter Weg, über den man barfuß und bei Hilfestellung auch mit verbundenen Augen laufen kann,
- ein Rollstuhlparcours als Rundweg zum Rollstuhltraining, auf dem auch „Fußgänger" die Erfahrung machen sollen, wie es ist, wenn man auf einen Rollstuhl angewiesen ist oder
- Stationen zur Natur-Erfahrung, wie ein aus 2500 Hainbuchen-Hecken gestaltetes Labyrinth mit einem Durchmesser von 30 m, zu Gängen und igluförmigen Lauben geflochteten Weiden, einem künstlich angelegten Bachlauf mit Wasserspielen, Lehmhütte und Feuerstelle oder einer Kräuterspirale mit heimischen Kräutern und Duftpflanzen.

Die Großbuchstaben innerhalb des Bezeichnung „SINNEsgarten" stehen für Spiel (S), für Integration (I), für Natur (N), für Kunst (N) und für Erfahrung (E). Die zentralen Zielsetzungen liegen in der Förderung der Wahrnehmung, des künstlerischen Ausdrucks und der Kommunikation. „Verschiedene Erlebnissituationen sprechen die Sinne in den Bereichen Hören, Sehen, Fühlen, Riechen, Schmecken, Balance und Bewegung an und tragen zu ihrer Sensibilisierung bei. So wird auch für Menschen mit schweren Behinderungen ein forschendes Lernen möglich sein" (Schwarzacher Hof o.J.). Die Angebote sollen nicht nur den in der Einrichtung lebenden Menschen mit Behinderung, sondern auch den Mitarbeitern und allen Gästen und Interessierten offenstehen und einen Raum für Begegnungen und gemeinsames Tun zwischen Menschen mit ohne Behinderungen bieten.

5.4 Sinnesschulung nach Montessori

In einer Reihe von schulischen und vorschulischen Einrichtungen für behinderte wie auch nicht behinderte Kinder wird eine Erziehung der Wahrnehmung mit dem Sinnesmaterial von Maria Montessori verfolgt, nach bestimmten, von ihr entwickelten methodischen Prinzipien. Einige Pädagogen betrachten dieses Material als besonders geeignet für den Einsatz in Sonder(schul)einrichtungen, z.B. für Schüler mit Lernbeeinträchtigungen (Busch 1995; Klein 1995) oder Kinder und Jugendliche mit geistiger Behinderung (Josef 1974, Hellbrügge 1977; Neise 1973; Theile 1974; von Oy 1987; Biewer 1992; 1994). Daher erscheint es notwendig, auf die Montessori-Pädagogik im allgemeinen und auf die Übungen mit dem Sinnesmaterial im besonderen einzugehen.

Eine historische Verbindung zur Heil- bzw. Sonderpädagogik ergab sich, als Montessori als Assistenzärztin an der Psychiatrischen Klinik der Universität Rom die Aufgabe übernahm, in einem Irrenhaus Patienten zu besuchen und für klinische Vorlesungen auszuwählen. Durch ihre Beobachtungen von dort untergebrachten Kindern erkannte sie rasch deren Bildbarkeit: „Im Gegensatz zu meinen Kollegen hatte ich jedoch die Eingebung, daß das Problem der geistig Zurückgebliebenen eher überwiegend ein pädagogisches als überwiegend ein medizinisches war“ (Montessori 1969, 26). 1898 veröffentlichte sie in der politischen Zeitschrift Roma einen Artikel unter dem Titel „Soziale Mißstände und neue wissenschaftliche Entdeckungen“ und fand kurze Zeit später auf dem Pädagogik-Kongreß in Turin großen Anklang, als sie sich für Bildung und Erziehung von Kindern und Jugendlichen mit (geistiger) Behinderung einsetzte. Sie forderte, Ausbildungskurse für spezielle Lehrpersonen einzurichten und wurde damit beauftragt. Als Folge entstand die „Scuola magistrale ortofrenica“, eine Art heilpädagogisches Institut, dem auch eine Klasse mit Kindern eingegliedert wurde, „... die wegen Geistesschwäche als in Grundschulen nicht erziehbar angesehen wurden. Später entstand ... ein pädagogisches Institut, in dem neben den externen alle idiotischen Kinder der römischen Irrenhäuser untergebracht wurden“ (Montessori 1969, 26).

Die Erziehung der Sinne war für Montessori von „höchstem pädagogischem Interesse“, denn ihre Entwicklung geht der „einer höheren intellektuellen Tätigkeit voraus“. Sie bereite unmittelbar auf das praktische Leben vor und bilde die Grundlage für die Arbeit im handwerklichen, künstlerischen Beruf, aber auch für alle höheren Berufe, die mit praktischer Tätigkeit verbunden sind. Da nach Montessori (1969, 160) in den Lebenszeitraum zwischen drei und sechs Jahren „eine Periode schnellen körperlichen Wachstums und die Bildung der psychischen sensoriellen Tätigkeit“ fällt – sie bezeichnet diesen Zeitraum als eine „sensible Periode“ – bestehe das „Geheimnis, auf einen Beruf vorzubereiten, ... in der Nutzung dieser Lebensspanne zwischen drei und sechs Jahren, in der eine natürliche Neigung besteht, Sinne und Bewegungen zu vervollkommnen“ (162).
Bei der Entwicklung von Arbeitsmitteln zur Sinnesschulung, die neben Materialien zur Schulung des praktischen Lebens, mathematischer Fähigkeiten, der Sprache (des Lesens und Schreibens) und einer „kosmischen Erziehung“ (geographische und biologische Themen betreffend) integraler Bestandteil einer „pädagogisch vorbereiteten Umgebung“ darstellen, lehnte sich Montessori an die Ideen und Arbeiten des französischen Arztes Itard und dessen Schüler Séguin an. Jean Itard (1774 – 1838), der es sich zur Aufgabe gemacht hatte, den zwölfjährigen Victor, das „Wildkind von Aveyron“ zu erziehen, gilt als Begründer der „physiologischen Methode“ in der Erziehung behinderter Kinder. Deren Ursprünge und Grundlagen liegen in der Philosophie des Sensualismus, einer erkenntnistheoretischen Richtung im Rahmen des Empirismus, deren Vertreter Hobbes, Locke, Hume oder

Priestley alle Erkenntnisse auf die Sinneswahrnehmung, also auf die Empfindung physiologischer Reize, zurückführten. In der Annahme einer Identität zwischen psychischen und physiologischen Prozessen wurden Wahrnehmung und Bewußtseinsprozesse weitgehend mit einzelnen Sinnesdaten gleichgesetzt.
Wichtigster Gesichtspunkt und Ziel der Arbeit Itards war die Aktivierung und Entfaltung der Sinnestätigkeit durch kräftige Stimulierung, ausgehend von der Beobachtung und Überzeugung, die geistige Zurückgebliebenheit des Jungen sei auf eine „Trägheit“ bzw. „schwache Ansprechbarkeit“ der Sinnesorgane zurückzuführen. Besonders aber Séguin (1812-1889), der Itards Programm weiterentwickelte, lieferte Montessori durch die Erstellung erster spezifischer Perzeptionsmittel für die Erziehung schwachsinniger Kinder vielfältige Anregungen.

Montessori (1969, 112 ff.) verfolgte mit ihren Materialien drei pädagogische Intentionen.

- Einmal ging es ihr darum, durch die Übung mit Beschäftigungsmitteln, „die Sinne zu erziehen und zu verfeinern“,
- zum anderen, und dies galt als wichtigstes Ziel, sollte das Material als „Schlüssel zur Welt“ Ordnung bringen in die Vielfalt von konfusen Reizeindrücken, als Werkzeug dienen, um die Wirklichkeit begreifen zu können.
- Als drittes Ziel erwähnt Montessori „welch große Dienste unser Sinnesmaterial und die mit ihm ausgeführten Übungen bei der Aufdeckung von Defekten der Sinnesfunktionen zu einem Zeitpunkt leisten, in dem zu ihrer Abhilfe noch sehr viel getan werden muß“.

Das Sinnesmaterial selbst ist nach Funktionsbereichen gegliedert in Materialien für den „Gesichtssinn“, „Gehörsinn“, „Form- und Muskelsinn“, „Wärmesinn“, „Tastsinn“, „Gewichtssinn“ und „Geruchssinn“. Diese wiederum bestehen aus Serien von Gegenständen, die nach bestimmten physikalischen Eigenschaften der Körper wie Form, Farbe, Maße, Klang, Rauheit, Gewicht, Temperatur usw. geordnet sind. Charakteristisch für die einzelnen Serien ist, daß ihre Gegenstände in bestimmten Eigenschaften (Dimensionen) gleichbleiben und sich in einem oder mehreren anderen unterscheiden, wobei sich der Unterschied von einem Gegenstand zum anderen bei vielen Serien gleichmäßig und, sofern möglich, in mathematisch festgelegten Abstufungen verändert.
Innerhalb der Materialien für den Gesichtssinn enthält ein Kästchen mit Gegenständen zur Farbunterscheidung sechs Täfelchen, je ein Paar von den Farben blau, gelb und rot, die zugeordnet werden sollen; ein anderes Kästchen enthält neun Farbtöne, mit jeweils sieben Abstufungen innerhalb einer Farbe mit der Aufgabe, diese Farbplättchen von der intensivsten bis

zur blassesten Nuance zu ordnen. Die zehn „roten Stangen“ variieren in der Länge von zehn Zentimetern bis zu einem Meter, während ihre quadratischen Grundflächen gleich bleiben. Durch einen starken Aufforderungscharakter der Materialien soll das Kind von sich aus Interesse an der Sache finden, eine „tiefe, von innen kommende Bindung an einen Gegenstand“ aufbauen (Polarisation der Aufmerksamkeit, vgl. Montessori-Vereinigung 1978, 7) und sich selbsttätig damit auseinandersetzen. Dies wiederum ermögliche die Wiederholung einer Übung und auf diese Weise „das tiefe Eindringen und Verweilen bei einer Tätigkeit auf freiwilliger Basis“ (7). Dadurch, daß viele Materialien wie z.B. die Einsatzzylinder die Möglichkeit der Kontrolle von Fehlern enthalten, würde das Kind zur Genauigkeit und Sachlichkeit erzogen und die Abhängigkeit von Erwachsenen würde reduziert.

Methodisch wird, zurückgehend auf Itard, ein Isolierungsprozeß angestrebt, der zweifacher Natur sein kann: Er „kann sich auf den von jedem Umwelteinfluß isolierten Menschen beziehen und auf das Material, das eine einzige graduell abgestufte Eigenschaft aufweist“ (Montessori 1969, 166).
So werden bei der

- Isolierung des Anreizes bzw. einer einzigen Eigenschaft im Material Gegenstände dargeboten, die mit Ausnahme des zu lernenden Merkmals untereinander vollkommen gleich sind (bei Farbunterscheidungsübungen müssen sie gleich in Stoff, Form und Abmessungen sein, dürfen also nur in der Farbe differieren), während
- bei der „Isolierung des Sinnes“ andere, nicht am Wahrnehmungsakt beteiligte Organe, ausgeschaltet werden (z.B. Verbinden der Augen bei Tastübungen).

Eine weitere methodische Besonderheit stellt die Einführung des Kindes in die Übungen mit dem Sinnesmaterial durch Herstellung von Kontrasten, Identitäten und Abstufungen dar. Das Verfahren soll mit

- ganz wenigen untereinander kontrastierenden Reizen beginnen, z.B. bei der taktilen Schulung mit zwei Oberflächen, von denen die eine vollkommen glatt und die andere sehr rauh ist oder bei der Ermittlung von Gegenstandsgewichten mit einem der leichtesten und schwersten Täfelchen.
- Um einen „noch vollständigeren Begriff der Unterschiede zu geben“ (1969, 128), wird empfohlen, solche Kontrastunterscheidungen mit dem Erkennen von Identitäten zu vermischen, indem aus zwei gemischt vorliegenden Serien von Gegenständen die herausgesucht werden, die hinsichtlich des zu unterscheidenden Merkmals gleich sind, also Paare bilden.
- Eine dritte methodische Variante im Sinne einer Abschlußübung besteht darin, die Abstufung einer Reihe unordentlich durcheinandergemischter

Gegenstände in die richtige Ordnung zu bringen, z.B. eine Serie von Würfeln gleicher Farbe, doch verschiedener Abmessungen oder einer Reihe gelber Gegenstände, deren Töne stufenweise heller wird.

Weitere methodische Einzelheiten hinsichtlich der Arbeit mit dem Sinnesmaterial sind vor allem in Montessoris Grundlagenwerk „Die Entdeckung des Kindes" zu finden (1969, 120-158).

In der heutigen Zeit wird das Sinnesmaterial besonders im Rahmen der „heilpädagogischen Übungsbehandlung" eingesetzt. Bei dieser Methode soll eine systematische Hilfe für „Entwicklungsgestörte und Behinderte" erfolgen, indem mit Hilfe von ausgewählten Materialien und Techniken im Spiel und durch Spiel neue Kenntnisse, Fähigkeiten und Verhaltensstrukturen aufgebaut werden. Durch den Einsatz diagnostischer Hilfsmittel (Gutachten, Anamnese) und über eine kontinuierliche Verhaltensbeobachtung anhand eigens erstellter Beobachtungsbögen soll eine sachgerechte und erfolgreiche Durchführung der Übungsbehandlung gewährt werden (von Oy/ Sagi 1977; von Oy 1987). In der zuletzt genannten Veröffentlichung befindet sich eine Zusammenstellung zahlreicher Übungsvorschläge zu den einzelnen Wahrnehmungsbereichen.

Bezüglich der Einschätzung der heilpädagogischen Wurzeln warnt Biewer (1994) vor einer unreflektierten und verkürzten Übernahme einzelner Aspekte, vor allem der Materialien. Wichtig sei die Zusammenschau aller Ziele und Methoden Montessoris. Die Haltung des Lehrers müsse gekennzeichnet sein, Schwierigkeiten beim Lernen wahrzunehmen, zu reflektieren und sich bei der Suche nach Lösungen von der Tätigkeit des Kindes leiten zu lassen. Hinsichtlich einer Übertragung der Montessori-Pädagogik auf die Schule für Geistigbehinderte und hinsichtlich des Einsatzes der Materialien hat er in seiner Dissertation unter dem Titel „Untersuchungen zum Rhythmus des Lernens während der Freiarbeit in einer Montessori-Schulklasse für Geistigbehinderte" (vgl. Biewer 1992) nachgewiesen, daß

- Phasen geordneter Arbeit mit einem Material von wenigen Minuten bis zur vollen Zeit der protokollierten Freiarbeit reichten und ein bereits weggelegtes Material fast nie am gleichen Tag wieder verwendet wurde,
- Zirka 2/3 der beobachteten Zeit auf die Kategorie „geordnete Arbeit" fiel,
- Individualarbeit mit 3/5 der gewählten Materialien dominierte,
- Merkmale wie Stille, konzentrative Versenkung und Selbständigkeit bei der Materialauswahl dem bei nicht behinderten Kindern in Montessori-Gruppen entsprachen und
- der Lernrhythmus individuell sehr verschieden und vom Maß der intellektuellen Beeinträchtigung abhängig war. Schwerer behinderte Schüler würden sich häufiger mit weniger Materialien beschäftigen.

Zusammenfassend ergeben die Beobachtungen für Biewer keinen grundlegenden Unterschied zur Arbeitsweise nicht behinderter Kinder nach der Montessori-Methode. Daher müsse der häufig gemachte Vorwurf einer „mangelnden Realisierbarkeit der Montessori-Methode bei Geistigbehinderten ... entschieden bestritten werden“ (Biewer 1992, 169). Für schwerbehinderte Kinder mit einem Entwicklungsalter, das unterhalb der Spanne liegt, wo die ersten Montessori-Materialien ansetzen, müßte allerdings eine Neubestimmung des didaktischen Ansatzes erfolgen. Bei verschiedenen Materialien nämlich traten bei einer Darbietung, wie die Lehrkräfte sie im Montessori-Diplom-Kurs erlernen, bei intellektuell schwächeren Schülern Probleme auf. Die Darbietung war zu komplex, und der Lernschritt zum darauffolgenden Material zu groß, um bewältigt zu werden. Eine Ergänzung mit anderen Materialien sei erforderlich.

Zusammenfassung und kritische Einordnung: Das Wirken Montessoris ist in vielerlei Hinsicht für die heutige Sonderpädagogik als vorbildhaft und in mancher Hinsicht auch als richtungsweisend einzustufen. Ihr Menschenbild ist durch großen Respekt vor der Persönlichkeit eines jeden Kindes gezeichnet; dieses wird als aktiver Gestalter seiner Entwicklung in den Mittelpunkt gerückt und Ursachen für Entwicklungsverzögerungen oder Störungen werden in der Hemmung oder Verhinderung der kindlichen Eigenaktivität gesehen (vgl. Klein 1995). Ebenso haben Ziele und Prinzipien ihrer Pädagogik nach wie vor Gültigkeit, vor allem in der heutigen Zeit, in der offenes und selbstbestimmtes Lernen immer mehr in der Vordergrund treten (vgl. Busch 1995). Dazu gehören methodische Aspekte wie

- freie Wahl von Materialien,
- Wiederholbarkeit (jedes Kind kann so lange und so oft mit einem Material umgehen, wie es möchte bzw. es dies braucht),
- Isolierung von Schwierigkeiten,
- die Möglichkeit der Selbstkontrolle,
- Bewegung und Handbetätigung oder
- Hinführung des Kindes – auch des behinderten Kindes – zu eigenständiger Aktivität, optimaler Selbsttätigkeit und spontaner Selbstverwirklichung in Verbindung mit einer Befreiung von äußerer Lenkung.

Was allerdings die Materialien zur Sinneserziehung betrifft, ist Kritik angebracht. Abgesehen davon, daß

- z.B. die Abstufungen der Farbtäfelchen recht klein erscheinen und daher nicht leicht zu unterscheiden und zu ordnen sind,
- eine Möglichkeit der Selbstkontrolle keineswegs bei allen Materialien enthalten ist (z.B. bei den Farbtäfelchen, Geräusch- oder Geruchsdosen),

- bei manchen Materialien Vorstufen oder Modifikationen angebracht erscheinen (vgl. Neise 1973) und insgesamt bei einigen Übungen mehr Gruppenarbeit wünschenswert erscheint,
- die Annahme von „sensiblen Phasen“ für die Entwicklung der Sinnestätigkeit heute nicht mehr haltbar ist (vgl. Oerter 1973) und
- dem Aspekt der emotionalen und sozialen Vermittlung (Dominanz von Einzelarbeit, eingeschränkte Möglichkeiten zur Aneignung sozialer Erfahrungen) zu wenig Beachtung geschenkt wird

liegt das Hauptproblem im künstlichen Charakter des Materials. Dies hängt zusammen mit Montessoris Verständnis von Wahrnehmung und den Zielstellungen für den Einsatz der Materialien. Diesbezüglich ist festzustellen, daß Montessori dem Bezug der Sinnestätigkeit zur Alltagswirklichkeit, der Bedeutungshaltigkeit von gegenständlichen Wahrnehmungsgegebenheiten und ihrer wechselseitigen Eingliederung in soziale Handlungsabläufe keine Beachtung schenkte. Es handelt sich vielmehr um eine Methode, die in einer funktionalen, physiologisch-sensualistischen Ausrichtung auf die Diskrimination äußerer, figuraler Merkmale wie Farben, Formen, Größen, Oberflächenbeschaffenheiten oder Gewichts- und Geruchsunterschiede zielt. Diese Merkmale sind, häufig in abgestufter Form, im Rahmen eines angestrebten Isolierungsprozesses in Gegenständen wie Brettchen, Stangen, Zylindern oder Dosen verkörpert. Diese Gegenstände wiederum stammen nicht aus der Alltagswirklichkeit der Kinder, sind nicht „an sich“ interessant und bedeutsam, sondern dienen lediglich als materielles Substrat zur Darstellung und Bewußtmachung äußerer, figuraler Dimensionen.

Daraus allerdings folgt nicht, daß die Materialien pädagogisch als zweck- und nutzlos einzuschätzen sind. Sie dienen zwar nicht einer Wahrnehmungsförderung in Sinne einer „sinngebenden Verarbeitung von Reizen“ und fördern nicht den Prozeß sinnlicher Erkenntnis, wohl aber die Aktivierung kognitiver Kompetenzen wie Vergleichen, Einordnen, Kategorisieren oder die (sprachliche) Begriffsbildung. Dies wird auch in den einführenden Erläuterungen des Handbuches in das Montessori-Material (Montessori-Vereinigung 1978, 6) deutlich: „Das didaktische Material dient vor allem dem Ziel, dem Kinde eine geistige Ordnung zu vermitteln ... Das eigentliche Wesen des Verstandes ist es, Ordnung zu schaffen. Das geschieht durch Vergleichen, Unterscheiden, Paaren, Kontrastieren, Graduieren, eben durch Ordnen ... Das Kategorisieren, Klassifizieren und Strukturieren fördert die kognitive Entwicklung des Kindes“. Zutreffend – und hier im kritischen Sinne gemeint – ist, was von Oy (1987, 16 ff.) als sachliche und wertneutrale Feststellung meint. „Der Einsatz des Sinnesmaterials... dient der Begriffsbildung und damit der Sprachentwicklung“.

5.5 Das Frostig-Programm

Die Bedeutung visueller Wahrnehmungsleistungen für die Entwicklung des Kindes steht seit Jahrzehnten im Mittelpunkt der Arbeiten einer Forschungsgruppe um Marianne Frostig, einer Psychologin mit Schwerpunkt Psychologie der Erziehung und Leiterin eines eigenes Insitutes, dem „Frostig Center of Educational Therapy" in Los Angeles.
Frostig hat aus der Erkenntnis heraus, daß Lernstörungen immer wieder mit wahrnehmungsmäßigen Mängeln einhergehen, ein Programmpaket mit folgenden Teilen bzw. Materialien erstellt, die über verschiedene Verlage und über die Testzentrale des Berufsverbandes Deutscher Psychologen zu beziehen sind:

- Frostigs Entwicklungstest der Visuellen Wahrnehmung FEW. Deutsche Form des „Developement Test of Visual Perception" von Marianne Frostig. Deutsche Bearbeitung von Oskar Lockowandt. Beltz: Weinheim 1976.
- Visuelle Wahrnehmungsförderung („The Developement Program in Visual Perception" von M Frostig und D. Horne). Für dt. Verhältnisse bearbeitet und herausgegeben von A. und E. Reinartz. Hannover: Schroedel Schulbuchverlag 1979 (dazu 3 Arbeitshefte Nr. 70001 – 70003).
- Individualprogramm zur visuellen Wahrnehmungsförderung. Dieser Vorlagensatz enthält alle Übungen der 3 Arbeitshefte zur visuellen Wahrnehmungsförderung, geordnet nach Wahrnehmungsbereichen.
- Bewegen, Wachsen, Lernen. Bewegungserziehung. Übersetzt und herausgegeben von A. und E. Reinartz. Begleitheft und 172 Übungsvorschläge zur psychomotorischen Förderung in folgenden Bereichen: Gleichgewicht, Gelenkigkeit, kreative Bewegung, Kräftigung, Beweglichkeit, Koordination und Körperbewußtwerdung.

Im Zentrum dieser Materialien steht, zumindest was die Verbreitung und den Bekanntheitsgrad betrifft, die Veröffentlichung „The Developement Program of Visual Perception" (Frostig u.a. 1974), für deutsche Verhältnisse von A. und E. Reinartz bearbeitet und zunächst unter dem Titel „Wahrnehmungstraining" bei Crüwell in Dortmund und später unter dem Titel „Visuelle Wahrnehmungsförderung" bei Schroedel in Hannover herausgegeben. Wie aus dem Vorwort zur deutschen Ausgabe zu erfahren ist, ist dieses Programm für Kinder im Alter zwischen 3 und 7 Jahren gedacht und schließt – laut eigenem Anspruch – „eine wesentliche Lücke im Bereich der Kindergarten- bzw. Vorschulpädagogik, der Förderung von auffälligen Kindern im 1. und evtl. 2. Grundschuljahr sowie in Schulen für Lernbehinderte, Körperbehinderte und Geistigbehinderte ..., hilft oft nicht erkannte Wahrnehmungsschwächen zu beheben und beugt schulischem Versagen – etwa bei Lesestörungen und Rechenschwächen – vor". Visuelle Wahrnehmung wird in diesem Programm gesehen als die „Fähigkeit, visuelle Reize zu erkennen, zu unterscheiden und sie durch Assoziationen mit früheren Erfahrungen zu interpretieren" (Frostig u.a. 1974, 5). Sie entwickelt sich nach Angaben der Autoren am stärksten im Alter von 3 bis 7 Jahren. Da es aber in jeder Schulklasse Kinder gebe, die aufgrund von Dysfunktionen des Nervensystems, schweren emotionalen Störungen oder Fehlen von Anregungen in der früheren Kindheit „in der Entwicklung der visuellen Wahrnehmung zurückgeblieben sind" (1974, 8), sollten entsprechende Übungen „als pädagogische Maßnahme durchgeführt werden" (1974, 9).

Das Material zur „Visuellen Wahrnehmungsförderung" besteht aus einem Anweisungsheft und drei Heften mit Arbeitsblättern, auf denen Übungen zu den im Programm angegebenen fünf Bereichen der visuellen Wahrnehmung angeboten werden. Solchen Übungen vorausgehen oder parallel dazu durchgeführt werden sollen ein Vorbereitungsprogramm mit dreidimensionalem Material sowie Bewegungsübungen (vgl. Frostig 1973; Frostig u.a. 1974), denn die „Fähigkeit, zweidimensionale, auf Papier dargestellte Symbole und Bilder richtig zu erkennen, entwickelt sich bei Kindern, nachdem sie gelernt haben, dreidimensionale Gegenstände und ihre Beziehungen zueinander wahrzunehmen" (1974, 19).

Die visuelle Wahrnehmung wird in folgende fünf Bereiche unterteilt, die als „Voraussetzung für das Lernen in der Schule" (Reinartz 1973, 276) bzw. für die „Lernfähigkeit von Kindern" (Frostig u.a. 1974, 5) bedeutsam sein sollen:

- *Visuomotorische Koordination* wird als Fähigkeit bezeichnet, das Sehen mit den Bewegungen des Körpers oder Teilen des Körpers zu koordinieren (Frostig u.a. 1974, 5). Störungen in diesem Bereich kommen nach Reinartz (1973, 276) z.B. bei Spiel und Sport zum Ausdruck, „denn solche Kinder sind ungeschickt, sie haben ferner Schwierigkeiten beim Schreiben, Kleben und Zeichnen, und das Schreiben zu lernen ist für sie erheblich erschwert". Als Trainingsvorschläge für diesen Bereich werden grob- und feinmotorische Betätigungen sowie Finger- und Augenfunktionsübungen genannt.
  Die 90 Übungsvorschläge mit den Arbeitsbögen können in folgende Gruppen unterteilt werden: Zeichnen mit Führungslinien, Nachzeichnen von Strichlinien, Zeichnen ohne Führungslinien und farbiges Ausmalen einfacher geometrischer Formen.
- *Figur-Grund-Unterscheidung:* Hier geht es darum, einen im Wahrnehmungsfeld eingebetteten Gegenstand als Figur von seiner undifferenzierten Umgebung (Grund) abzuheben. Ein Kind mit einer „schlechten"

Figur-Grund-Wahrnehmung zeigt nach Frostig u.a. (1974, 6) eine allgemeine Unaufmerksamkeit und Fahrigkeit. „Das kommt daher, daß es dazu neigt, seine Aufmerksamkeit auf jeden Reiz zu richten, der sich ihm aufdrängt – etwas, was glitzert oder eine kräftige Farbe hat – gleichgültig, wie unbedeutsam es für das, was es tun soll, sein mag". Ein Training der Figur-Grund-Wahrnehmung soll nach Angaben der Autoren des Programms die „Fähigkeit der Kinder verbessern, ihre Aufmerksamkeit in angemessener Weise zu lenken, sich auf wesentliche Reize zu konzentrieren und unwesentliche Reize nicht zu beachten, genau zu sehen und allgemein ein organisiertes Verhalten zu zeigen" (1974, 30).

- *Wahrnehmungskonstanz* befähigt uns, „bestimmte Eigenschaften eines Gegenstandes wie seine Form, Lage oder Größe trotz unterschiedlichen Netzhautbildes unverändert wahrzunehmen" (1974, 6). Bei Störungen in diesem Bereich sei das Lesenlernen erschwert, und das Erkennen geometrischer Formen (etwa bei der Mengenlehre) gelinge häufig nicht, weil diese Kinder nicht über die notwendige Generalisationsfähigkeit im Erkennen ohne Rücksicht auf Größe, Farbe oder Lage verfügten (Reinartz 1973, 277).
  Ziel der Übungen in diesem Bereich ist, die Generalisationsfähigkeit zu entwickeln, soweit es sich um visuell Wahrzunehmendes handelt. Im dreidimensionalen Bereich werden verschiedene Auswahl- und Sortieraufgaben angeboten, bei denen der Akzent auf Größen- und Formvergleichen liegt. Andere Übungen betreffen den Vergleich realer Objekte (Bauklötze, Spielzeug) und ihre zeichnerische Darstellung.
  In den Arbeitsbögen werden entsprechende Vergleichs- und Sortieraufgaben an Hand von Zeichnungen (geometrischen Figuren) verlangt.
- *Wahrnehmung der Raumlage* wird definiert als die „Wahrnehmung der Raum-Lage-Beziehung eines Gegenstandes zum Wahrnehmenden" (1974). Zu möglichen Störungen meint Reinartz (1973, 278): „Die visuelle Welt dieser Kinder ist verzerrt, sie haben Schwierigkeiten, Wörter zu verstehen, die Raum-Lage-Beziehungen bezeichnen". Zu den Übungen mit dreidimensionalen Objekten gehören solche Aufgaben, die die Körperteile und ihre Funktionen zum Inhalt haben und auf die Erfassung von Präpositionen, die räumliche Beziehungen ausdrücken (hinter, neben, oben, unten, usw.) zielen. Der Schwerpunkt der Arbeitsbögen liegt auf Übungen im Bereich der Figur-Grundumkehrungen und Drehungen einzelner Objekte.
- *Wahrnehmung der räumlichen Beziehungen* ist die Fähigkeit „die Lage von zwei oder mehr Gegenständen in bezug zu sich selbst und in bezug zueinander wahrzunehmen" (Frostig u.a. 1974, 7).
  Die Funktion der Übungen in diesem Bereich liegt darin, in der gleich-

zeitigen Beachtung mehrerer Gegenstände Strukturen und Abhängigkeiten zu erfassen. Die Übungen mit dreidimensionalen Objekten richten sich auf Zuordnungen und Reihen, z.B. Bauklötze hintereinander oder übereinander aufzubauen oder links und rechts von Gegenständen anzuordnen.

In den Arbeitsbögen werden die Kinder aufgefordert, die Anordnung von Gegenständen zu vergleichen, Wege in Labyrinthen zu verfolgen und einfache Muster nachzuzeichnen. Hinsichtlich der methodischen Durchführung wird darauf hingewiesen, daß

- alle Aufgaben die im Anweisungsheft beschriebenen drei-dimensionalen und körperlichen Übungen voraussetzen,
- das Material in spielerischer Form angeboten werden muß und daß parallel zu den Übungen ein Sprachtraining erfolgen soll, z.B. in der Form, daß die Kinder zuerst einer Geschichte und den Anweisungen zuhören und dann das auditiv Wahrgenommene in einen visuell-motorischen Akt übertragen und
- das Training in eine kreative Gestaltung einzubetten ist.

Zur Einschätzung „visueller Wahrnehmungsstörungen" liegt ein diagnostisches Verfahren vor, der „Frostig Developement Test of Visual Perception (DTVP), in der deutschen Bearbeitung unter der Bezeichnung „Frostigs Entwicklungstest der visuellen Wahrnehmung" (FEW; 1976). Mit dessen Hilfe soll herausgefunden werden, „in welchem Bereich Entwicklungsrückstände vorliegen und wo besonders individuelle Förderung notwendig ist" (Frostig u.a. 1974, 51 f.).

Die Frage nach einer empirisch nachweisbaren Effizienz der Frostig-Materialien kann gegenwärtig trotz zahlreicher vorliegender Untersuchungen nicht eindeutig beantwortet werden. Über positive Resultate wie signifikante IQ-Steigerungen bei Schülern einer Lernbehindertenschule (Sander 1979), Verbesserungen in der Konzentrationsfähigkeit, der Sprache und visuellen Wahrnehmung bei sprachbehinderten Kindern (Seidel/Biesalski 1973) oder signifikante Steigerungen in den visuellen Wahrnehmungsleistungen (gemessen mit dem FEW) an sprachentwicklungsverzögerten Kindern in Dortmunder Schulkindergärten (Borstel 1979) wurde zwar berichtet, allerdings beinhalten fast alle Untersuchungen methodische Mängel, so daß nicht ausgeschlossen werden kann, „daß die immer wieder beobachteten positiven Fördererergebnisse nicht auf dem Inhalt des Frostig-Materials beruhen, sondern auf der Tatsache, daß der Erzieher sich über längere Zeit hinweg regelmäßig und intensiv mit dem Kind beschäftigt" (Sander 1979, 67).

Ähnliches dürfte für eine Untersuchung von Walburg (1979) zutreffen, der bei Schülern der Klassenstufe 1 und 2 einer Lernbehindertenschule und Schülern der Mittelstufe einer Sonderschule G mit einem Fördercurriculum im Bereich der visuellen Wahrnehmung nach 6 Monaten erhebliche Verbesserungen der visuo-perzeptiven Leistungen, der allgemeinen Intelligenz, der Sprache und Motorik erzielen konnte. Allerdings läßt sich dieses Ergebnis nicht eindeutig auf das Frostig-Programm zurückführen, da auch die Kontrollgruppe einen Leistungszuwachs in diesen Bereichen ohne ein spezielles Training aufwies.

Zusammenfassung und kritische Einordnung: Das engagierte Eintreten für Kinder und Jugendliche mit Lernbeeinträchtigungen mit einem häufig impulsiven, leicht ablenkbarem Verhalten und mit Schwierigkeiten in der Aufmerksamkeit und Planung von Lernprozessen sowie der Wert der daraus hervorgegangenen, auf lern- und entwicklungspsychologischen Grundlagen basierenden vielfältigen methodischen Prinzipien und Anregungen soll hier nicht in Abrede gestellt werden. Frostig hat sich sicherlich um eine „Pädagogik der Lernbehinderten" verdient gemacht, zumal die in früheren Veröffentlichungen zum Vorschein kommende enge Bezugnahme zu neurophysiologischen Grundlagen (vgl. Frostig 1994a; Frostig/Maslow 1994) in späteren Veröffentlichungen zugunsten einer entwicklungspsychologischen und pädagogischen Perspektive in den Hintergrund tritt (Frostig 1994b).
Besondere Beachtung verdienen ihre Hinweise auf die Bedeutung der Bewegung für Wahrnehmung und Lernen sowie auf eine erforderliche Integration der verschiedenen Sinneseindrücke unter sich (intermodal) sowie mit anderen Funktionen, z.B. mit dem sprachlichen und emotionalen Bereich (1994b).

Bei den fünf aufgeführten Bereichen der visuellen Wahrnehmung und den damit in Verbindung stehenden fünf Wahrnehmungsfähigkeiten bzw. -kompetenzen scheint es sich eher um ein künstliches und theoretisches Konstrukt der Autoren als um einen empirisch nachweisbaren Sachverhalt zu handeln. So konnten in einer Untersuchung zur Validität des Frostig-Tests an 303 deutschen Vorschul- und Grundschulkindern diese fünf Bereiche nicht nachgewiesen werden (Engelhardt 1975). Die faktorenanalytischen Ergebnisse „erbrachten weder im Vor- noch im Grundschulalter einen Hinweis auf die Existenz von fünf subtestidentischen Wahrnehmungsfähigkeiten" (100), so daß auch eine „Diagnose spezieller Wahrnehmungsdefekte durch eine Profilinterpretation des Testergebnisses ... weder prinzipiell noch vom teststatistischen Gesichtspunkt her gegeben ist" (111). Etwas als Figur von einem Hintergrund abzuheben oder räumlich in Beziehung zu mei-

nem Standpunkt als Betrachter oder zwischen verschiedenen Wahrnehmungsobjekten in Beziehung zu setzen, liegt in der Natur bzw. Logik der Sache, ist der menschlichen Wahrnehmung eigen. Aus diesen sachstrukturellen Gegebenheiten aber im Rahmen einer vermögenspsychologischen Sicht spezielle Fähigkeiten oder Kompetenzen zu konstruieren, ist so, als würde man überspitzt einer Person, die Probleme beim Tanzen oder beim Schälen von Kartoffeln zeigt, eine „Tanzstörung" bzw. eine „Kartoffelschälbeeinträchtigung" attestieren.
Zudem ist davon auszugehen, daß ein mangelnder Umgang mit figuralen Darstellungen (Figuren, Zeichnungen) und mit Papier und Bleistift bei vielen Kindern zu „schlechten" Testleistungen – und somit zu scheinbar vorliegenden und diagnostizierten Wahrnehmungsstörungen – führt. Dies bedeutet aber nicht, daß dieselben Kinder in vertrauten Situationen und in der Begegnung mit ihnen bedeutsamen Gegenständen „Wahrnehmungsschwächen" aufweisen müssen. Auch Untersuchungen aus der englischsprachigen Literatur konnten bisher die Frage der Unabhängigkeit der Untertests nicht klären, so daß nach Hallahan/Cruickshank (1969, 87) äußerste Vorsicht angebracht ist bei der „Auswertung des Tests zur Differenzierung spezifischer Aspekte der Wahrnehmungsfunktionen eines Kindes".

Die Annahme, die visuelle Wahrnehmung entwickle sich im Alter von 4 – 7 Jahren am stärksten (Frostig 1994b, 79), muß in in Frage gestellt werden, da der Übergang von einer Nah- zu einer Fernwahrnehmung beim Kleinkind bereits sehr früh erfolgt (vgl. Spitz 1976) und Kinder in der sensomotorischen Phase nach Piaget – die vor dem Alter von 3 Jahren liegt – schon vielfältige Erfahrungen bei der spielerischen und handelnden Auseinandersetzung mit der dinglichen Wirklichkeit sammeln können (vgl. auch Krause/ Kossolapow 1973, 236). Allenfalls kann diese Hypothese für die Wahrnehmung zweidimensionaler Figuren akzeptiert werden.

Die Empfehlung, Bewegungsübungen und Übungen mit dreidimensionalen Gegenständen als Vorübungen den reinen Papier-Bleistift-Übungen voranzustellen, ist sicherlich zu begrüßen. Allerdings haben auch diese nur eine beschränkte Wirkung auf die Entwicklung und Förderung der Wahrnehmung als Sinnerschließung und Bedeutungserfassung, denn sie sind nicht hinreichend in konkrete, alltagsbezogene Handlungen eingebettet und helfen daher kaum, die sinnliche Orientierung im täglichen Leben zu erleichtern. Darüber hinaus ist zu befürchten, daß solche Vorübungen in der Praxis eher selten angeboten werden, da sich mit den 3 Arbeitsheften und den hier enthaltenen Papier-Bleistift-Übungen infolge weniger Vorbereitungsarbeiten „ökonomischer" bzw. bequemer arbeiten läßt.

Im Bereich der Figur-Grund-Wahrnehmung wird nicht bzw. unzureichend gesehen und berücksichtigt, daß die Fähigkeit, Gegenstände als Figuren von einem Hintergrund hervor- bzw. herauszuheben, nicht als globales, inneres „Vermögen" entweder gut oder schlecht bzw. defizitär ausgebildet ist, sondern davon abhängt, inwieweit der Gegenstand als Figur innerhalb einer Sachstruktur in seiner Bedeutung bekannt ist, d.h. erfahren bzw. angeeignet wurde und inwieweit sich seine konkrete Bedeutung in der Einbettung in einem komplexen Handlungsprozeß und in einer konkreten Situation erst ergibt.
Wie in Kapitel 2.5.2 über Gestalttheorie deutlich wurde, ist die Art und Weise, wie sich eine Figur vor einem Hintergrund gestaltet, weniger von allgemein gültigen Gesetzen bzw. Prägnanztendenzen abhängig, sondern von der „Erfüllung von sachlich Gefordertem" bzw. vom Sinn, der sich in einer bestimmten Situation für das jeweilige Individuum ergibt. Nur was mir persönlich relevant ist, sich in meinem Erlebnis- und Erfahrungshorizont bewegt, mir aufgrund bisheriger Sinn- bzw. Beziehungsstiftungen auf-fällt, wird hervorgehoben und zur „Figur". Durch Unterscheidungsübungen mit dreidimensionalen Materialien (Klötzen, Spielzeug) und durch Papier-Bleistift-Übungen, bei denen figürliche Muster oder Abbildungen erkannt und herausgehoben werden sollen, können zweifelsohne Erfahrungen mit den jeweils speziell geübten Materialien, Figuren, Formen und Abbildungen vermittelt werden, so auch hinsichtlich der Erfassung und Unterscheidung der Größe oder Raumlage von Buchstaben und Ziffern. Dies aber hat kaum Auswirkungen darauf, daß z.B. ein Kind mit autistischem Verhalten – das scheinbar für uns wichtige Alltagsgegenstände oder Abbildungen wegen einer vermeintlich schlechten Figur-Grund-Wahrnehmung nicht als Figur erkennen bzw. herausfiltern kann – nach Absolvierung solcher Übungen im Alltag „besser" visuell wahrnimmt, von uns als wichtig erachtete Gegenstände sicherer als Figur von einem Hintergrund abheben kann. Denn dieses Kind ist in der Regel bereits von vornherein in der Lage, für es bedeutsame Gegenstände, z.B. kleine Flusen auf einem Teppich, bereits von weitem zu entdecken und aufzuheben, um diese in der Hand zu drehen oder durch Blasen in Bewegung zu versetzen.

Auch die Übungen zur Wahrnehmungskonstanz und zum Erfassen von Raum- und Lagebeziehungen haben nur im Sinne ihrer begrenzten Aufgabenstellung eine Übungswirkung, kaum aber auf das Wahrnehmungsverhalten in realen Situationen.

5.6 Das PERTRA-Programm

In Orientierung an den fünf von Frostig konzipierten Förderbereichen handelt es sich hier um ein von der Fachhochschule für Design in Schwäbisch-Gmünd entwickeltes, im Spastikerzentrum der Hesse-Stiftung in Augsburg unter Leitung von Tremel-Sieder erprobtes und von der Fa. Holz-Hoerz (Lichtensteinstraße 50, 72525 Münsingen; vgl. Hoerz 1996) vertriebenes System von inzwischen über 500 überwiegend aus Massivholz gefertigten Einzelteilen in unterschiedlichen Größen und Farben. Diese sind so miteinander – in der Regel auf einem Grundbrett – kombinierbar, daß unterschiedlichste sensomotorische Handlungen ausgeführt und Aufgabenstellungen bewältigt werden können, und zwar in folgenden visuellen Anforderungsbereichen:

- Das Zusammenwirken von Hand und Auge beherrschen (Visuomotorische Koordination),
- bestimmte Gegenstände auf jedem Unter- oder Hintergrund erkennen (Figur-Grund-Wahrnehmung),
- bei Formen und Figuren unterschiedlicher Größe oder/ und Farbe die gleichen Formen und Figuren erkennen (Wahrnehmungskonstanz),
- die Beziehung zwischen sich und einem Gegenstand erklären können (Wahrnehmung der Raumlage) und
- die Beziehung von Gegenständen untereinander verstehen (Wahrnehmung räumlicher Beziehung).

Schmitz (1992), Diplompsychologin und Leiterin der Lebenshilfe-Einrichtungen Detmold und seit 1991 Vizepräsidentin der Internationalen Frostig-Gesellschaft, hat mit diesem Material eigene Erfahrungen im Sonderkindergarten und in der Schule für Geistigbehinderte gesammelt und ein eigenes „Wahrnehmungstrainingsprogramm" konzipiert. Dieses beinhaltet ein nach Feinzielen operationalisiert aufgebautes Curriculum von Aufgabenstellungen und soll zu Aufgabenlösungen der im Schroedel-Verlag herausgegebenen Arbeitsblätter des Frostig-Programms hinführen.
Positiv hervorzuheben dabei ist das Bemühen, durch ein deutlich gegliedertes und anschauliches Vorgehen Möglichkeiten des Einsatzes von didaktischem Material zur Förderung von Wahrnehmung bei Kindern mit geistiger Behinderung vorzustellen. Daß das PERTRA-Material infolge der attraktiven Holzelemente und anderer Materialien, besonders bei körperlich eingeschränkten Kindern, den zweidimensionalen Papier-Bleistift-Übungen mit den Arbeitsblättern von Frostig vorzuziehen ist, oder aber als Vorbereitung für diese dienen kann, ist unbestreitbar. Allerdings stellt sich die Frage, und dies erwähnt Schmitz in den Schlußbemerkungen selbst, ob ein so straffes Vorgehen, das den Kindern keinen oder kaum Raum zur Selbstge-

staltung gibt, sinnvoll und erforderlich ist. Die daraus gezogene Konsequenz, ein solches Programm nur jüngeren und schwer behinderten Kindern – da diese ohnehin kaum kreativ wären – anzubieten, erscheint fragwürdig. Zum einen bedürfen gerade jüngere Kinder – ob mit oder ohne geistige Behinderung – eines großen Maßes an Freiraum und „entdeckendem" Lernen, und was schwer behinderte Kinder betrifft, geht eine eng auf visuelle Wahrnehmung ausgerichtete Förderung mit didaktisch künstlich entworfenen und erstellten Materialien ohnehin an deren Interessen und Lernbedarf vorbei, vor allem angesichts der Tatsache, daß Wahrnehmung als „sinngebende Verarbeitung von Reizen" sich zunächst mit konkreten Gegenständen und Personen in alltäglichen Situationen vollzieht.

Daß das PERTRA-Material sich bei behinderten wie nicht behinderten Kindern auch anders einsetzen läßt, und zwar im Rahmen eines entwicklungsfördernden und kreativen Spielens, demonstriert Brand (1988),wenn sie auf über 100 Seiten erprobte vielfältige Spielmöglichkeiten aufgezeigt, und zwar zu unterschiedlichen Bereichen wie der taktil-kinästhetischen Wahrnehmung, Gleichgewichtswahrnehmung, Riechen und Schmecken, Aufrichte- und Gleichgewichtsreaktion, Muskeltonus u.a. Was diese Arbeit von der von Schmitz unterscheidet, ist, daß die dargestellten Spielangebote größtenteils von Kindern selbst erfunden wurden, die häufig die von den Erwachsenen intendierten Situationen und Zielsetzungen je nach ihren momentanen Bedürfnissen und Ideen kreativ veränderten und durch eigene Materialien ergänzten. Die Autorin betont, daß sie die Angebote lediglich als Spielvorschläge versteht, und daß die Zusammenstellung in Kap. 5 nicht als Trainings- und Übungsprogramm zur Entwicklungsförderung oder gar zu einzelnen Wahrnehmungsbereichen zu verstehen sei. Dennoch empfiehlt sie, die Reihenfolge der Förderstufen, die sich an allgemeinen Tendenzen der kindlichen Entwicklung orientieren, einzuhalten, vor allem bei Kindern mit Entwicklungsbeeinträchtigungen.

5.7 Sensorische Integration nach Ayres

Wie bereits der Nachsatz des Titels ihrer in Deutschland bekanntesten Veröffentlichung „Die Bedeutung der Integration der Sinne für die Entwicklung des Kindes" zum Ausdruck bringt, liegt der Schwerpunkt des Ansatzes der amerikanischen Beschäftigungstherapeutin und Psychologin Ayres (1992) in der Betonung, daß die vielfältigen, über die verschiedenen Wahnehmungsmodalitäten auf den Menschen einströmenden Sinneseindrücke einer Verbindung bzw. Integration bedürfen. Sie geht davon aus, daß sich perzeptuell-motorische Funktionen im Laufe der menschlichen Entwicklung in ontogenetischen Entwicklungsreihen gebildet haben und nun Voraussetzung und

Bedingungsfaktoren für die kindliche Lernfähigkeit darstellen. Lernen wird dabei nicht nur als eine Funktion einzelner und bestimmter Gehirnregionen angesehen, sondern sei auf das Zusammenspiel einer Reihe niederer und höherer Ebenen des Gehirns wie Hirnstamm, Kleinhirn, Basalganglien, limbisches System und Neokortex angewiesen.
Die Integrationsfunktionen der sinnlichen Wahrnehmung entwickelten sich in einer natürlichen Reihenfolge, wobei jedes Kind die gleichen Grundstufen absolvieren müsse. Während die frühesten Wirbeltiere nervlich über nicht wesentlich mehr als ein Rückenmark verfügten, entwickelten sich schrittweise neue und höhere Strukturen, die ähnliche Dinge wie die älteren verrichteten, allerdings auf einem komplexeren Niveau (ein einfaches Rückenmark kann Körperberührungen nur in einer diffusen, undifferenzierten Weise beantworten, und erst die Hirnrinde der Großhirnhemisphäre kann eine präzise Interpretation des Reizes leisten). Die daraus entwickelte Grundthese von Ayres lautet: Jede neue Struktur bleibt in ihrer Funktion in gewissem Sinne von den älteren Strukturen abhängig. Störungen auf einer primitiveren Funktionsebene können die Differenzierung und Funktionstüchtigkeit der darauf aufbauenden Funktionen beeinträchtigen. Daraus leitet sie eine wichtige Schlußfolgerung für Lernprozesse ab: Es ist wenig sinnvoll, nur optische und akustische Systeme von Kindern zu trainieren, unabhängig von anderen, basaleren Sinnesmodalitäten.

Die Frage, wie Empfindungen miteinander verknüpft werden, wie das Nervensystem lernt und warum einige Nervenimpulse die Bewußtseinsschwelle überschreiten und andere nicht, beantwortet Ayres in einer reduktionistischen Weise mit der Funktionsweise der Synapsen als Brücken und Bindeglieder, die elektrochemische Kontakte herstellen und deren Leitfähigkeit die Basis für Lernen auch in Schule oder Beruf darstellen würden. Bei der Verteilung von Botschaften durch Tausende oder gar Millionen von Synapsen im Bruchteil von Sekunden spiele auf der einen Seite die Bahnung (Faszilitation) auf der anderen Seite die Hemmung (Inhibition) eine besondere Rolle und zwar für die Modulation oder Feinabstimmung bei der Datenübertragung. Der Prozeß des Lernens wird bei ihr darauf reduziert, daß die beim Neugeborenen bereits angelegten Neuronen durch sinnliche Reizung und Bewegungsaktivitäten „auswachsen“ müßten, d.h. daß Verbindungen bzw. Kontakte über die Synapsen hergestellt werden müßten.

Auf dem Hintergrund dieser Annahmen glaubt Ayres, daß Lernstörungen Symptome einer Abweichung innerhalb der Neuralfunktion des Gehirns darstellen und sich als Dysfunktionen sensorischer Integration beschreiben lassen. „Sensorische Integration“ wird bildhaft und vereinfacht verglichen mit einer Verdauungsstörung für den Verdauungskanal oder mit einem Verkehrschaos im Straßenverkehr. Das Gehirn funktioniere nicht in seiner natürlichen, wirkungsvollen Weise, sei nicht in der Lage, den Zustrom sensorischer Impulse zu ordnen und zu verarbeiten und sinnvolle Verhaltensweisen zu bestimmen. Eine „schlechte" sensorische Integration infolge einer Störung des Gehirns könne allerdings medizinisch nicht unmittelbar als Krankheit nachgewiesen, sondern nur über Beobachtungen erschlossen werden, da neurologische Untersuchungen in der Regel Schädigungen in den Hirnstrukturen nicht bestätigen könnten. Ungefähr 5 bis 10 % der Kinder in Nordamerika hätten Schwierigkeiten in der sensorischen Verarbeitung, mit der Folge, daß sie zu „langsamen Lernern" würden oder aber Verhaltensprobleme entwickelten.

Die Symptome bzw. Folgewirkungen einer sensorischen Integrationsstörung seien individuell unterschiedlich und vielfältig:

- Überaktivität und erhöhte Ablenkbarkeit,
- Verhaltensprobleme (schwach entwickeltes Selbstbewußtsein, nicht Teilen können, Überempfindlichkeit in Gefühlsregungen u.a.),
- Entwicklungsverzögerungen in der Sprache,
- veränderter Muskeltonus und schlechte motorische Koordination (tolpatschige Bewegungen),
- Lernprobleme in der Schule (Erschwernisse im Lesen und Schreiben, Schwierigkeiten in der Raumorientierung) und
- Teenagerprobleme (Mangel an Ordnung, Häufung von Straftaten).

In der folgenden Abbildung versucht Ayres die internen Zusammenhänge der sensorischen Integration als solche zu beschreiben.

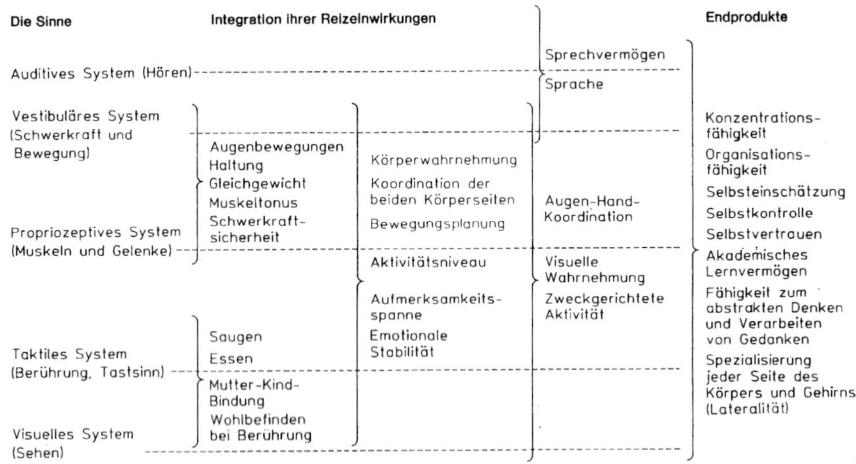

Abb. 30: Die Sinne, Integration ihrer Reizeinwirkungen und ihre Endprodukte (Ayres 1992, 84)

Um Endprodukte wie Konzentrations- und Organisationsfähigkeit, Selbsteinschätzung oder akademisches Lernvermögen entwickeln zu können, müßten ausgehend von basalen Sinneserfahrungen – im Zentrum dabei steht das vestibuläre und propriozeptive System – eine Reihe von Fähigkeiten und Fertigkeiten ausgebildet werden, die wiederum Grundlage für komplexere Kompetenzen darstellen. Die Klammern kennzeichnen vier verschiedene Niveaus, in denen sensorische Verarbeitung abläuft. Auditive und visuelle Empfindungen werden erst auf der dritten Ebene, also recht spät einbezogen. Alle Funktionen würden sich während der gesamten Kindheit auf jeder einzelnen Ebene seiner sensorischen Integration entwickeln.

Mit Hilfe einer eigens konstruierten Testbatterie (Southern California Sensory Integration Test = SCSIT) hat Ayres zahlreiche Kinder mit Lernproblemen untersucht und glaubt, aufgrund der Ergebnisse der statistischen Auswertung eine Reihe von sensorischen Integrationsstörungen „mit Syndromcharakter“ nachweisen zu können. Wie Dietel (1987) überprüft hat, existiert allerdings bezüglich der Anzahl und Benennung der Syndrome eine erstaunliche Verwirrung. So spricht Ayres z.B. in der ihrer Veröffentlichung „Lernstörungen...“ (1979) von sechs Syndromen (Störungen der Stellungs- und Bilateralintegration, Entwicklungsapraxie, Form- und Raumwahrnehmung, taktile Abwehr, einseitige Nichtbeachtung, Hör- und Sprachstörungen), in der fünften Auflage der Interpretationshinweise zum SCSIT aus dem Jahre 1983 wird über mittlerweile sieben berichtet, und in „Bausteine der kindlichen Entwicklung“ (1992) werden nur noch vier Störungsbilder gesondert aufgeführt, nämlich

- Störungen des Gleichgewichtssystems,
- entwicklungsbedingte Dyspraxie,
- taktile Abwehr und
- Störungen der visuellen Wahrnehmung, des Hörens und der Sprache.

Das Syndrom der „einseitigen Nichtbeachtung“ ist z.B. ohne jegliche Begründung weggefallen.

Die Bedeutung *vestibulärer* Erfahrungen und Störungen des Gleichgewichtssystems als Verlust von Balance und als Gefühl der Unsicherheit würden häufig unterschätzt. Ihre Bedeutung liege darin, daß sensorische Empfindungen als Folge der Erdschwere ständig das Nervensystem durchfluten, für alle anderen Sinneswahrnehmungen als Bezugssystem dienen und mit nahezu allen anderen Abschnitten des Großhirns in Verbindung stehen. Als Schaltzentrale gelten die vestibulären Kerne im Hirnstamm, welche die vom Gleichgewichtssinn ausgehenden Erregungen mit denjenigen Informationen von Muskeln, Gelenken und Haut sowie optischen und akustischen Organen integrieren. Störungen treten nach Ayres vor allem dann auf, wenn

Bahnung als auch Hemmung der Erregung sich nicht im Gleichgewicht befinden würden und das „gesamte übrige Nervensystem“ nicht in einem ausgewogenen Zustand erhalten. Das Gleichgewichtssystem diene vor allem der Kopfkontrolle sowie der Körperorientierung im Raum. Dazu sei es erforderlich, daß Augen- und Halsmuskeln so aufeinander abgestimmt seien, daß sie jede Bewegung des Kopfes oder des Körpers kompensieren können.

Ayres unterscheidet zwei Arten von Störungen des Gleichgewichtssinns, die das Lernverhalten beeinträchtigen können: Das Gehirn reagiere entweder zu schwach auf Sinnesreize vom Gleichgewichtsorgan oder aber zu stark (vergleichbar mit einem zu lauten oder leisen Radio). Kinder mit einem *untererregbarem* Gleichgewichtssinn würden Gleichgewichtseindrükke bzw. „Hirnnahrung“ entbehren, so daß sie quasi auf der Suche danach besonders gerne Karussell oder Roller führen und besonders intensiv Gleichgewichtsübungen vollzögen.

Bezüglich einer Überfunktion verstibulärer Reaktionen beschreibt Ayres zwei Ausdrucksformen: Unsicherheit gegenüber den Schwerkrafteinflüssen und Widerwillen gegenüber Bewegungen. Als auffällige Symptome werden u.a. beschrieben: der Drang, die Füße am Boden festzuhalten; Furcht, hinzufallen; keine Freude, den Kopf nach unten zu halten; kein Vergnügung an Spielplatzeinrichtungen und fahrbarem Spielzeug; auffällig langsam bei ungewohnten Bewegungen; Schwierigkeiten, Treppen auf und ab zu steigen oder Vermeiden von Klettern und Laufen auf erhöhten Oberflächen.

Wenn Störungen der sensorischen Integration zu einer mangelhaften Bewegungsplanung führen, spricht Ayres von entwicklungsbedingter *Dyspraxie* (Ungeschicklichkeit) oder bei einer starken Ausprägung von *Apraxie* (Handlungsunfähigkeit). Das dyspraktische Kind sei langsam und uneffektiv in seiner motorischen Planung, das apraktische zu kaum einer Bewegungsplanung in der Lage, trotz normaler Intelligenz und normal funktionierender Muskeln. Nicht gemeint sind Schwächen in zentral gesteuerten Bewegungen wie beim Kriechen, Sitzen oder Gehen, z.B. infolge cerebraler Dysfunktionen, sondern nur solche motorischen Handlungen, die Aufmerksamkeit verlangen und intellektuelle Vorabplanungen erfordern. Dies soll folgendes Beispiel deutlich machen: Ein Kind, das sich auf eine Bank legen soll, legt nur die Schultern darauf und fragt: „Und was soll ich mit den Beinen machen?“.

Als Ursachen dafür nennt Ayres eine ungenügende Körperwahrnehmung (Körperbildnis, Körperschema). Ein solches Schema entsteht als Folge unterschiedlicher Bewegungen, die ein Kind tätigt und führe zu einem neuronalen Gedächtnis, zu Landkarten über jeden Abschnitt unseres Körpers. Als Grund für eine eingeschränkte Körperwahrnehmung wird ein

eingeschränkter Tastsinn bzw. eine Störung der Verarbeitung von Berührungsempfindungen angenommen. Das Kind habe Schwierigkeiten im Unterscheiden und Identifizieren von Dingen, von denen es berührt wird oder die es selbst berührt. Eine herabgesetzte Empfindungsfähigkeit veranschaulicht Ayres mit dem Vergleich, als müsse man mit eingeschlafenen Armen und Händen oder mit einem Fausthandschuh schreiben. Für eine herabgesetzte Körperwahrnehmung und eingeschränkte Bewegungsplanung sei häufig auch ein herabgesetztes Gefühl für Tiefensensibilität verantwortlich, wenn also ein Kind nur vage und unklare Vorstellungen und Fertigkeiten besitze, Muskeln und Gelenke – auch ohne optische Kontrolle – zu steuern und für Bewegungen zu nutzen. Weiterhin würden auch eingeschränkte Gleichgewichtserfahrungen hinsichtlich der vestibulären Wahrnehmung eine Rolle spielen.
Als Ausdrucksformen einer Entwicklungsdyspraxie beschreibt Ayres eine andere Art und Weise, mit Spielsachen oder Gegenständen, die zu Mobilität auffordern, umzugehen. Dies würde sich vor allem in einem wenig flexiblen, wenig kreativen Spiel ausdrücken, in Tolpatschigkeit, wenig koordinierten und zerstörerischen Aktivitäten, aber auch in Schwierigkeiten beim An- und Ausziehen, im Umgang mit Knöpfen und Reißverschlüssen und bei allen Fähigkeiten, die motorisches Planen erfordern. Eine zentrale Schwierigkeit scheint darin zu liegen, gleichzeitig denken und handeln zu können.

Als eine weitere Form der Integrationsstörung beschreibt Ayres die der „*Taktilen Abwehr*". Diese wird zwar als eine nur geringfügige, aber ernstzunehmende neurologische Störung bezeichnet. Sie sei häufig anzutreffen bei Kindern mit Lernschwierigkeiten und leichten Hirnfunktionsstörungen und Kindern, die gewöhnlich überaktiv und leicht ablenkbar seien. An Symptomen werden negative und gefühlsbetonte Reaktionen unter ganz bestimmten, häufig unerwarteten Bedingungen bzw. Berührungen genannt, wenn z.B. ein Käfer über die Haut krabbelt. Der Grund liege in nicht genügend hemmenden Aktivitäten, so daß relativ normale Empfindungen (Hände in Kleister oder Fingerfarben stecken, barfuß im Gras oder Sand laufen) Gefühle von Abwehr und Unsicherheit bewirken würden. Die Gegenstände selbst bzw. die Qualität der taktilen Vermittlung sei allerdings von Kind zu Kind unterschiedlich und situationsabhängig. Vor allem schnelle, zarte und leichte Berührungsempfindungen führten zur Abwehr, während durch gleichmäßigen festen und tiefen Druck erzeugte Empfindungen therapeutisch positiv wirken würden. Die erstgenannten Reize würden nicht genügend verarbeitet, sondern im Rahmen einer auf einer früheren menschlichen Entwicklungsstufe basierenden Kampf- oder Fluchtreaktion grundsätzlich zu Abwehraktivitäten führen.

Störungen der visuellen Wahrnehmung, des Hörens und der Sprache werden vorwiegend auf andere, zuvor beschriebene Integrationsstörungen wie Raum-Lageempfinden, Gleichgewicht, Halsmuskulatur, Augenbewegungen und Bewegungsverhalten zurückgeführt.

Für die psychologische Überprüfung neurologischer Dysfunktionen steht eine eigens entwickelte Batterie, der „Southern California Sensory Integration Test“ (SCSIT), zur Verfügung (vgl. Albrecht 1979, 55 ff; Miske-Fleming 1980, 65 ff; Knorn 1990). Augustin (1986, 348) weist ausdrücklich darauf hin, daß die Durchführung dieses Verfahrens einschließlich Auswertung, Interpretation und Besprechung der Ergebnisse mit den Eltern fast 10 Behandlungseinheiten umfaßt und vom Untersucher nicht nur Erfahrung in der sensorischen Integrationstherapie erfordere, sondern auch eine Testausbildung von ca. 2 Jahren erforderlich mache. Die Testergebnisse bedürften einer Ergänzung durch eine umfängliche Verhaltensbeobachtung, wobei besonders auf „die Qualität der Bewegungs- und Haltungsanpassung, auf Gleichgewicht und Koordination“ (Augustin 1986, 348) geachtet werden müsse.
Dietel (1987) hebt positiv hervor, daß diese Testbatterie den Versuch unternimmt, basale Fähigkeiten wie Kinästhesie oder vestibuläre und taktile Wahrnehmung zu erfassen. Hinsichtlich testpsychologischer Kriterien allerdings sei sie in Fachkreisen auf wenig Zustimmung gestoßen. Als Hauptkritikpunkte nennt er:

- Wichtige Stichprobenparameter werden nicht mitgeteilt. Die Teilstichproben je Altersbereich sind zu klein und der Berechnungsmodus von Standardwerten wird nicht immer deutlich.
- Die Ergebnisse mancher Tests innerhalb dieser Batterie kommen hinsichtlich der Reliabilität über Zufallsergebnisse nicht hinaus.
- Angaben zur Gültigkeit der Tests (Aspekt der Validität) sind kaum zu finden.
- An keiner Stelle finden sich Itemanalysen, eine Grundvoraussetzung für die Entwicklung eines Tests.
- Es seien erhebliche Zweifel an der theoretischen Begründung und Zielsetzung der Testbatterie angebracht.

Trotz dieser bekannten Mängel aber eröffnen sich für Dietel (1987, 1361) durchaus pädagogische Ansatzpunkte für den Einsatz dieses Verfahrens, und zwar im Rahmen einer möglichst umfassenden Teilleistungsdiagnostik. „Unabhängig von der Richtigkeit der zugrundeliegenden theoretischen Spekulationen enthalten die sog. 'Ayres-Tests' nämlich eine ganze Reihe von Aufgabenstellungen, deren Bedeutsamkeit im Zusammenhang mit Lern- und Verhaltensstörungen zwar immer wieder betont werden, die jedoch in kaum einem anderen Untersuchungsverfahren zu finden sind ... Im Unterschied zur Intention von Ayres, vermutete Dysfunktionen in verschiedenen

Neuralsystemen aufzudecken, orientiert sich die von uns favorisierte pädagogisch-psychologische Sichtweise von Diagnostik in erster Linie auf beobachtbares Verhalten. D.h. im Zentrum des Interesses steht eine genaue inhaltliche Analyse der Aufgabenstellung sowie die Strategien des Kindes bei der Lösung derselben".
Weitere praxisbezogene Hinweise zu einer diagnostischen Einschätzung liefern deutschsprachige Abhandlungen zur „Motodiagnostik", z.B. bei Kesper/Hottinger (1992, 63 ff.).

Die Notwendigkeit des Einordnens bzw. Integrierens von Empfindungen vergleicht Ayres mit der Aufgabe eines Verkehrspolizisten, den Autoverkehr zu regeln und zu leiten. Es komme darauf an, das Gehirn mit „Nahrungsmitteln" zu versorgen, aus vielen Teilen ein Ganzes zu machen und Anpassungsreaktionen als sinnvolle, zielgerichtete Antworten auf sinnliche Erfahrungen zu entwickeln. Eine „Behandlung" mit sensorischer Integration sei daher eine ganz natürliche Sache, da sie eine „naturgemäße Auseinandersetzung des Organismus mit einer normalen Umgebung" (188) darstelle. Sie sei vor allem dann erforderlich, wenn das Kind Defizite und Beeinträchtigungen nicht selbständig ausgleichen könne. Bezugnehmend auf Piaget stehe im Vordergrund eine Anpassungsreaktion bzw. die wechselseitige Auseinandersetzung des Kindes mit seiner Umwelt.
Mit Recht weist Ayres darauf hin, daß sensorische Angebote gerade heute vonnöten sind, in einer Zeit, wo Kinder bereits sehr früh zum Lesen und kognitiven Höchstleistungen angeleitet werden, anstatt spielerisch Gleichgewichtserlebnisse und andere Sinneserfahrungen im Spiel zu machen.

Die daraus resultierenden Maßnahmen einer sensorischen Integrationsschulung belaufen sich auf Angebote wie

- taktile Stimulation über Reiben der Haut mit Bürsten oder anderen Materialien: Tiefe und feste Druckempfindungen würden dem taktil abwehrenden, hyperaktiven oder leicht ablenkbaren Kind oft besser helfen, sich zu organisieren;
- die Vibration über einen Vibrator oder ein motorgetriebenes Vibrationsbrett oder
- Sinnesreizung über den Geruchssinn.

Methodisch werden als wichtige Ziele und Prinzipien der Behandlung herausgestellt:

- Ausbau der Tiefensensibilität,
- Erfahren von Sinneseinwirkungen seitens des Gleichgewichtssystems, der Muskeln und Gelenke, so daß spontan Anpassungsreaktionen an diese Reize erfolgen,

- eine Förderung in einem möglichst großen, einfach gehaltenen Raum mit speziellen Ausrüstungsgegenständen,
- das Kind soll als seine „eigene Reizquelle" entscheiden können, mit welchem Spielzeug oder welchen Ausrüstungsgegenständen es sich beschäftigen möchte. Der Wunsch, etwas zu tun, müsse von ihm selbst, aus seinem Inneren, kommen. Die Behandlung wird demgemäß als ein „ganzheitlicher Ansatz" (200) bezeichnet,
- eine Ausgewogenheit soll geschaffen werden zwischen strukturiertem Angebot und freier Entscheidung des Kindes.

An Materialien werden besonders zwei Standardgeräte empfohlen, das Rollbrett und die Schwebeschaukel. Das Brett mit vier drehbaren Rädern ist groß genug, um den mittleren Teil des Körpers eines Kindes aufzunehmen und zu unterstützen, während Kopf bzw. der obere Teil der Brust und die Beine herabhängen. In der „Flugzeughaltung" werden vor allem Gleichgewichts- und Schwerkraftrezeptoren stimuliert, wenn das Kind eine schiefe Ebene herabrollt oder zur weiteren Motivation in Pappkartons hineinfährt. Die 1,5 m lange und 30 cm Durchmesser umfassende gepolsterte Schwebeschaukel besteht aus einem festen, mit Schaumstoff gefütterten inneren Kern. Sie ist im Liegen wie auch im Sitzen zu benutzen und kann durch das Ziehen an Seilen zu bestimmten Bewegungen veranlaßt werden. Darüber hinaus existieren weitere Geräte zum Drehen, Schaukeln, Rollen, Klettern, Kriechen, Reiten sowie Geräte, um Ganzkörperbewegungen durchzuführen.

Im Rahmen einer „Mototherapie bei sensorischen Integrationsstörungen" liefern Kesper/Hottinger (1993) in Kap. 7 zahlreiche weitere praktische Anregungen, unterteilt nach möglichen Beeinträchtigungen in den verschiedenen Wahrnehmungsfunktionen (vgl. auch Brand 1990a, 70 ff.).

Was den Kreis der Personen betrifft, die diese Methode praktizieren sollen, macht Ayres deutlich, daß es sich bei ihrem Konzept nicht primär um ein pädagogisches Geschehen handele. Auch wird eine deutliche Abgrenzung von der Psychotherapie, der Spieltherapie, motorischem Wahrnehmungstraining und schulischer Erziehung vorgenommen. Die sensorische Integrationsbehandlung wird vielmehr als ein Spezialgebiet der Beschäftigungstherapie betrachtet, eines Berufsfeldes, das besonderen Wert darauf legt, das menschliche Verhalten von einem neurobiologischen Standpunkt aus zu verstehen. Heilpädagogische und schulische Programme zum Wahrnehmungs- oder Bewegungstraining werden zwar nicht als unnütz beurteilt, reichten für sich aber keineswegs aus, da sie versuchen würden, dem Kind „trotz bestehender Probleme etwas beizubringen, statt etwas zu unternehmen, um das Problem zu beseitigen" (251). Auch Augustin (1986, 349), eine der bekanntesten Vertreterinnen der Berufsgruppe der Beschäftigungs-

therapeuten in Deutschland, versäumt nicht die Notwendigkeit einer Spezialausbildung zu betonen und warnt vor einer falschen Anwendung durch „Pädagogen und ungeschulte Therapeuten“. Dieser Ausschließlichkeitsanspruch durch die Berufsgruppe der Ergotherapeuten wird von Kilian/Brundieck-Röhricht (1987) zu Recht beklagt.
Dennoch stößt die „Sensorische Integration“ auch in pädagogischen Fachkreisen auf großes Interesse, was sich in einer Vielzahl von Sekundär-Veröffentlichungen manifestiert (vgl. Albrecht 1986; Dzikowski/Vogel 1988; Doering/Doering 1991; Wischmeyer/Nonn 1994; Meier/Richle 1997; Penselin 1997). Dietel (1987, 1360) führt dies zum einen auf die „verlockende Simplizität“ dieses Ansatzes und zum anderen auf eine mehr oder minder offen propagierte Heilungsabsicht zurück: Wenn Wahrnehmungs- bzw. Lernstörungen eine Dysfunktion der neuralen Funktionen zugrunde liegen, können diese auch durch eine Einflußnahme bzw. Korrektur dieser Funktionen in Form einer gezielten Reizzuführung in bestimmten Sinnesmodalitäten vermindert oder gar beseitigt werden.

Zusammenfassung und kritische Einordnung: Positiv herauszuheben ist das Bemühen, anders als z.B. bei Frostig in ihrer Konzentration auf den visuellen Bereich kindlichen Wahrnehmens, die basalen, in der Entwicklung frühen und grundlegenden Modalitäten wie die vestibuläre, kinästhetische und taktile Wahrnehmung in ihrer grundlegenden Bedeutung für spätere Lernprozesse zu thematisieren. Es ist richtig und verdienstvoll, darauf hinzuweisen, daß diese Modalitäten grundlegend für die kindliche Entwicklung sind und daß „Ausfälle“ bzw. mangelnde Lernerfahrungen hier – in engem Zusammenhang mit körperlichen und motorischen Einschränkungen – Auswirkungen auf die „höheren“ Wahrnehmungsleistungen mit sich bringen können. Sensorische Angebote in diesen Bereichen erscheinen gerade heute vonnöten, in einer Zeit, wo Kinder bereits früh zum Lesen und zu kognitiven Höchstleistungen angeleitet werden oder mit künstlichen Reizen über Fernseher und Computer überflutet werden, anstatt Gleichgewichts- und Körpererfahrungen und andere Sinneserfahrungen im Spiel und im alltäglichen Handeln zu machen. Daß solche Angebote durchaus sinnvoll und mit Erfolg unterbreitet werden können bzw. müssen, demonstriert Penselin (1997) am Beispiel eines vestibulären Bewegungsangebots mit einer Hängematte bei einem 7-jährigen Schüler, der in der Klasse durch ein extrem großes Bedürfnis nach Bewegung „auffiel“.
Zu begrüßen ist auch die methodische Grundhaltung von Ayres (1992, 212 ff.), wenn sie darauf hinweist, daß das Kind
- sich primär in seiner Haut wohlfühlen muß,
- sich „als seine eigene Reizquelle“ entscheiden soll, mit welchen Spielzeugen oder Materialien es interagieren möchte oder

- Hilfen zum Spielen und im Umgang mit auftretenden Gefühlen des Versagens benötigt.

Aus wissenschaftlicher Sicht einseitig und fragwürdig dagegen erscheint der Ansatz an sich, in seiner theoretischen Ausrichtung. Denn vielen Aussagen kommt lediglich der Charakter von Vermutungen und Hypothesen, subjektiven Einschätzungen und Erfahrungsberichten zu; es fehlt insgesamt die wissenschaftliche Belegung des Theoriegebäudes (vgl. Dietel 1987). Aus pädagogischer Sicht befremdet die biologistisch-medizinisch orientierte neurophysiologische Ausrichtung und das damit zusammenhängende reduktionistische Menschenbild im Rahmen einer biologistisch-materialistischen Vorgabe von Normalität, unter Mißachtung einer ganzheitlichen Betrachtungsweise:

- Als Ursache für sensorische Beeinträchtigungen wird immer wieder auf vermutete hirnorganische Funktionsdefizite abgehoben, obwohl Ayres selbst einräumt, daß Störungen nicht unmittelbar medizinisch als Krankheit nachgewiesen, sondern nur über Beobachtungen erschlossen werden könnten. Abgesehen von einer Verwirrung durch eine in vorliegenden Veröffentlichungen auftauchende Vielfalt in der Benennung von Syndromen konnten bisher weder in fremden Untersuchungen noch in solchen von Ayres selbst korrelationsstatistische Belege für das Theoriegebäude abgeleitet werden, d.h. es konnten keine Beziehungen zwischen beobachtbaren Syndromen und vermuteten Abweichungen bzw. Dysfunktionen im Neuralsystem nachgewiesen werden (vgl. Dietel 1987, 1361 f.).

  Es mangelt an Hinweisen, daß gegenüber einer kausalen Betrachtungsweise auch eine *finale* Orientierung und Fragestellung möglich und erforderlich ist, mit dem Ziel, die Sinnhaftigkeit von sogenannten Sinnes- oder Verhaltensauffälligkeiten zu erfassen bzw. zu verstehen. Die Frage nach der subjektiven Bedeutsamkeit und individuellen Entwicklungsgeschichte von Wahrnehmungseigenarten wird nicht gestellt; d.h. es wird nicht hinterfragt, aufgrund welcher subjektiven sinnlichen Erfahrungen im bisherigen Leben unterschiedliche Bedeutungszuweisungen und Reaktionen hervorgerufen sein könnten. Vielmehr werden Ursachen pauschal in neurologischen Schädigungen gesucht. Nicht autonome Wahrnehmungsfunktionen sind nämlich gestört, sondern der ganze Mensch, und die von uns wahrnehmbaren Symptome stellen lediglich Ausdruck der Verunsicherung, Überforderung und Schwierigkeit dar, einer Wahrnehmungsgegebenheit in einer Situation subjektiv Sinn beimessen zu können. Dies macht Brüggebors (1994, 196 ff.) an zwei Beispielen deutlich. Bei der sogenannten „taktilen Abwehr“ wehrt das Kind Annäherungen ab, es flieht. Fragen im Rahmen

einer ganzheitlichen, holistischen Betrachtungsweise sind: Wendet sich das taktile Abwehrsystem oder der ganze Mensch ab? Ist distanzloses Verhalten der nicht enden wollende chaotische Versuch, das Gleichgewicht zwischen Nähe und Distanz herzustellen? Tritt dieses Verhalten situations- bzw. personengebunden auf? Welchen Sinn und welche Geschichte hat dieses Verhalten? Oder: Ein Kind, das um sein Gleichgewicht ringt, das sich in der Reihe nicht aufstellen kann, provoziert folgende Fragen: Warum ist das „Ein-Reihen" so schwer? Ist das „aus der Reihe tanzen" ein Ringen um Ich-Identitätswahrnehmung? Tanzt das Kind aus der Reihe, weil es mehr Raum für sich braucht, als das Auf-gereiht-sein zuläßt? Verschwimmen dadurch auch die Grenzen zwischen den Individuen?
Brüggebors (1992, 137 f.) ordnet den Ansatz von Ayres daher zu Recht erkenntnistheoretisch in die monistische Kategorie der Identitätstheorien ein, die davon ausgehen, daß Geist eine Funktion des Gehirns ist und psychische bzw. geistige Prozesse sowie Bewußtseinszustände auf die Aktivität neuronaler Prozesse im zentralen Nervensystems zurückzuführen seien. Geist und Bewußtsein nämlich tauchen als explizite Begriffe in dem Ansatz der sensorischen Integration nicht bzw. selten auf und psychische Erlebens- und Verhaltensweisen werden verkürzt als Resultat sensorischer Verarbeitungsprozesse interpretiert.

- Sensorische Integration zielt darauf ab, das Gehirn des Kindes zu besseren Leistungen anzuregen. Es geht Ayres nicht um die Vermittlung von Inhalten und weniger um die Beseitigung von Symptomen, als vielmehr um die Modifikation neurologischer Dysfunktionen, um ein Hirnfunktionstraining. Der Ansatz verfolgt damit, auch in der Adaption durch Beschäftigungstherapeuten in Deutschland, eine stark medizinische Ausrichtung. „Wie bei der medikamentösen Therapie ist die sorgfältige Dosierung der sensorischen Reize von zentraler Bedeutung. Insbesondere die somatosensorischen Stimuli müssen sehr sorgfältig vermittelt werden. Die taktil-kinästhetischen und vestibulären Reize sind sehr wirksam, können aber bei falscher Anwendung gefährlich werden. Wie bei Medikamenten kann eine Überstimulation zu unerwünschten Nebenwirkungen, zu Fehlreaktionen führen ..." (Augustin 1986, 348). Lernen auf die Funktionstüchtigkeit von neuronalen Prozessen im Gehirn zurückzuführen, ist nicht falsch, wie die Ausführungen in Kap. 2.1 gezeigt haben. Es ist eine notwendige, aber keineswegs hinreichende Bedingung. Lernstörungen nur als eine Abweichung dieser neuropysiologischen Vorgänge zu definieren, reduziert das menschliche Leben, hier seine Wahrnehmungskompetenz, auf neurophysiologische bzw. elektrische und biochemische Prozesse, macht aus dem Kind eine Reiz-Reaktions-Maschine.

- Nicht ausreichend Berücksichtigung findet der Aspekt der subjektiven Sinnstiftung und Bedeutungszuweisung in der kindlichen Wahrnehmung und Hinweise darauf, daß diese immer auch sozial und gesellschaftlich vermittelt ist. Die Frage, welche Reize die Bewußtseinssschwelle überschreiten, wird auf die Funktionsweise der Synapsen reduziert, ohne ausreichende Berücksichtigung emotionaler, motivationaler und kognitiver Bewertungsprozesse. Es wird ungenügend herausgearbeitet, daß sich die Wahrnehmung nur über das konkrete Handeln des jeweiligen Individuums in einer spezifischen Wirklichkeit, in Situationen des Alltags, entwickelt. Es fehlt demnach an einer pädagogisch akzentuierten, ganzheitlichen, holistischen Sichtweise.
- Schließlich erscheint auch bedenklich, daß der Ansatz der „Sensorischen Integration", auch durch die Nachfolgeliteratur, einen fast omnipotenten Therapieanspruch formuliert: von der Behandlung von Wahrnehmungsstörungen, Lese- und Rechtschreibschwächen bis hin zu Lern- und Verhaltensauffälligkeiten. Augustin (1986, 350) gar spricht von einer „Indizierung" bei Kindern mit Teilleistungsstörungen, Minimaler Cerebraler Dysfunktion, Hyperaktivität, spina bifida und bei Kindern mit Wahrnehmungs-, Lern- und Verhaltensstörungen. Erfolge würden sich zudem bei geistig und mehrfachbehinderten Kindern, bei Kindern nach einem Schädel-Hirn-Trauma oder bei autistischen Kindern zeigen.
  Ein solcher Anspuch allerdings verwundert nicht. Denn wer vorgibt, einen Zugang zur Verbesserung der Gehirntätigkeit zu haben, der kann so ziemlich alles beeinflussen und therapieren. Parallelen zu den in der Vergangenheit überhöhten Erwartungen mit der Legasthenieförderung liegen nahe (vgl. Wieland 1991).

5.8 Senso-/psychomotorische Förderung

Die Methode der „sensomotorischen Frühtherapie" oder „Übungsbehandlung" (Kiphard (1973; 1975/76; 1977) bzw. in einer erweiterten und veränderten Fassung der Psychomotorik – mit den Formen „Motopädagogik" (1990a) und Mototherapie (1990b; 1994) – hat die Sonderpädagogik, und hier besonders die Bereiche Frühförderung und Bewegungserziehung, wesentlich befruchtet und inzwischen eine Flut von Veröffentlichung nach sich gezogen (Sinnhuber 1983; Olbrich 1989; Irmischer 1983a; 1983b; Kuntz 1991; Esser 1992; Jansen 1993; Kesper/Hottinger 1993; Mertens 1994; Kökkenberger 1996, Sowa 1997).
Kiphard (1973, 14) ging ursprünglich davon aus, daß ein vermehrtes Reizangebot besonders in der frühen Kindheit „molekulare Vorgänge in den Gehirnzellen hervorzurufen vermag ..." und daß „eine Substitution von zerstörtem Hirngewebe durch unversehrtes möglich ist". Aufgrund dieser An-

nahme und der Vermutung, daß auch für bestimmte Sinnes- und Bewegungswahrnehmungen sogenannte „kritische Phasen“ (Zeiten erhöhter Sensibilität) bestehen, hielt er eine möglichst frühe und umfassende Förderung in diesen Bereichen für notwendig: „Retardierte und gestörte sensomotorische Funktionen bedürften einer rechtzeitigen Stimulierung, wenn es zu einer optimalen Utilisation des intellektuellen Potentials kommen soll“ (1973, 15).
Aus der Erhebung des sensomotorischen Entwicklungsstatus bzw. der Erstellung eines Entwicklungsprofils durch eine von Kiphard (1975/76) konzipierte, funktionsgegliederte Entwicklungstabelle ergaben sich dann für retardierte Funktionsbereiche gezielte Übungsmaßnahmen, die immer auf die nächsthöhere Entwicklungsebene des betreffenden Funktionsbereichs zielten. Die einzelnen Maßnahmen waren dabei als „Hirntraining“ aufzufassen, mit dem Ziel, „funktionelle Reserven und Kompensationsmöglichkeiten im Zentralnervensystem zu aktivieren ... (bzw.) ... noch nicht vollzogene Entwicklungsschritte durch erhöhte Übungsreize vom Kinde nachholen zu lassen“ (1977, 117). Für den Bereich der sensomotorischen Behandlung nennt Kiphard (1973), nach Funktionsbereichen gegliedert, folgende Übungsgruppen: Fortbewegungs-, Handgeschicklichkeits-, Sprechbewegungs- und Augenfunktionstraining, olfaktorische und gustatorische Wahrnehmungen sowie kinästhetische Stimulierung.

Infolge einer engen Zusammenarbeit zwischen Sportpädagogik, Medizin und Psychologie wurde im Laufe der Jahre die Psychomotorische Übungsbehandlung durch motodiagnostische und -therapeutische Ansätze erweitert, fand rasch Eingang in die Schulpraxis und führte im Juli 1974 zu einer Dachorganisation, zu einer interdisziplinären Interessengemeinschaft für spezielle Bewegungspädagogik und psychomotorische Therapie. 1976 kam es zur Gründung eines gemeinnützigen Vereins „Aktionskreis Psychomotorik e.V“. Eine Grundlagenkommission innerhalb dieses Arbeitskreises hat diesen Fachbereich wissenschaftlich und begrifflich geordnet und folgende Einteilung über die Zeitschriften „Motorik“ und „Praxis der Psychomotorik“ einem breiten Interessentenbereich zugänglich gemacht: Motologie bzw. Motopädie als Oberbegriff mit den drei Teilbereichen Motogenese, Motodiagnostik und Motopathologie. Aus der Motogenese resultiert die

- Motopädagogik als Konzept einer ganzheitlichen Erziehung und Persönlichkeitsbildung über motorische Lernprozesse und Verhaltensänderungen, aus der Motopathologie die
- Mototherapie als Bewegungsbehandlungsmethode bei Entwicklungsstörungen, pathologischen Bewegungsmustern sowie Auffälligkeiten und Störungen im psychomotorischen Leistungs- und Verhaltensbereich.

Während sich die sensomotorische Übungsbehandlung noch stark an die

Theorie der neurologischen Organisation (vgl. Kap. 5.1) anlehnte, betrachtet Kiphard in neueren Veröffentlichungen Wahrnehmung als einen wichtigen Bereich im Rahmen einer psychomotorischen bzw. motopädagogischen Förderung, in der die Funktionseinheit und das wechselseitige Zusammenspiel von Sensorik und Motorik um den Aspekt des Emotionalen ergänzt werden soll. Kiphard (1990, 22) spricht von einem „Konzept einer ganzheitlichen Erziehung und Persönlichkeitsbildung über motorische Lernprozesse und Verhaltensänderung". Im Zentrum der Auseinandersetzung zwischen Kind und Umwelt stehen zwei aufeinander bezogene, wechselseitig ablaufende Prozesse, nämlich Sinneswahrnehmung und Bewegungshandlung, in Orientierung an den Modellen des Gestaltkreises von Weizsäckers und des Funktionskreises J. v. Üexkülls.

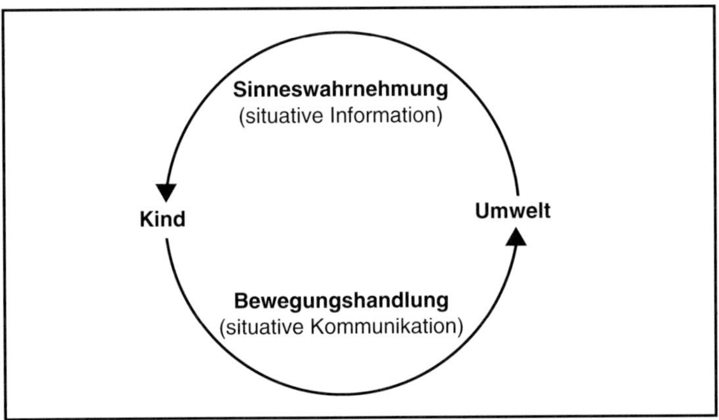

Abb. 31: Verflechtung von Wahrnehmung und Bewegung (Kiphard 1990a, 13)

Immer dann, wenn ein Kind sich bewegt oder Objekte bewegt, diese also festhält, dreht, zieht, rollt, hebt, trägt oder wirft, erfährt es die Möglichkeit, verändernd auf die Wirklichkeit einzuwirken und seine Umwelt Schritt für Schritt zu erobern und zu beherrschen.

Als Richtziel in diesem Erziehungskonzept wird Handlungsfähigkeit bzw. die Fähigkeit zur handelnden Umweltbewältigung angestrebt, wobei Wahrnehmung, gefühlsmäßige Stellungnahme und kognitive Bewertung einerseits und adäquate Bewegungsantworten andererseits eine „untrennbare Funktionseinheit" (1990a, 20) bilden sollen. Die Angebote werden von Kiphard keineswegs als isolierte und rigide Übungen stur nach „Rezept" aufgefaßt, es handelt sich vielmehr „um lustbetonte, erlebnisreich und lebensnah angebotene ganzheitliche Bewegungs- und Wahrnehmungssituationen

innerhalb eines komplexen, aber dennoch überschaubaren und für das Kind sinnvollen Handlungsrahmens" (1990a, 12). Der Sinnestätigkeit kommt in dieser Einheit die Aufgabe zu, „die vielfältigen Umweltinformationen wahrzunehmen, sie geistig zu verarbeiten und schließlich seinerseits Mitteilungen in Form von Gestik, Urlauten, Sprachäußerungen und Handlungen an die Welt abzugeben" (15).
Behinderte Kinder weisen nach Kiphard mehr oder weniger ausgeprägte Störungen „innerhalb dieser Wahrnehmungs-Handlungs-Einheit zwischen Organismus und Umwelt" (1990a, 15) auf, mit der Folge, daß ihre Handlungsfähigkeit, Umweltanpassung und -aneignung eingeschränkt sind. Je nachdem, welche Entwicklungshemmungen und Störungen bei einem Kind im Vordergrund stehen, werden innerhalb der Bewegungsförderungsprogramme Schwerpunkte gesetzt, die entweder auf eine Verbesserung der neuromotorischen bzw. sensomotorischen Koordination oder aber auf eine Veränderung des psychomotorischen Individual- bzw. Sozialverhaltens abzielen. Diese vielfältigen motopädagogischen Maßnahmen versucht Kiphard unter das Leitziel „Erziehung zur Handlungsfähigkeit" (1990a, 20 ff.) zu stellen. Das Kind soll lernen, sinnvoll mit sich selbst und der Umwelt umgehen zu können.
Da die Qualität des Input (sensorisches Wahrnehmen) die Qualität des Output (motorisches Handeln) bestimme, hält Kiphard (1990a, 74 ff.) einen systematischen Übungsaufbau gerade im Wahrnehmungsbereich für notwendig und möchte dem Kind zunächst möglichst isolierte optische, akustische, taktile und kinästhetische Sinneserfahrungen sowie Erfahrungen der Körper- und Raumorientierung vermitteln. In einem eigenen Kapitel über „Perzeptive Entwicklungsförderung" (1990a, 81 ff.) werden dazu zahlreiche Übungsvorschläge zu folgenden Bereichen unterbreitet: Ziele verfolgen, Farb-, Form- und Mengenunterscheidung, Richtungshören, Geräusch- und Tonunterscheidung, Wortverständnis und Körperorientierung, Raumorientierung und Reaktionsschulung. Besondere Hinweise zu einer auf spezielle Schädigungen bzw. Behinderungen von Kindern ausgerichteten Förderung liefert vor allem Band 3 über „Mototherapie – Teil II" (1994). Kapitel 1 widmet sich hier dem Thema „Mototherapie bei Wahrnehmungsstörungen", unterteilt in kinästethische, taktile, visuelle, akustische und autistische Wahrnehmungsstörungen sowie Stimulationsprogramme für Schwerstbehinderte und methodische Grundsätze sensomotorischer Übungsmaßnahmen.

Zusammenfassung und kritische Einordnung: Was den frühen, neurophysiologisch begründeten und funktionsorientierten Ansatz einer sensomotorischen Übungsbehandlung betrifft, gelten die gleichen kritischen Einwände, wie sie bereits bezüglich der „Neurologischen Organisation" diskutiert wurden (S. 162ff.).

Hinsichtlich der weiterentwickelten Form eines „psychomotorischen" bzw. „motopädagogischen" Ansatzes ist positiv hervorzuheben, daß der enge und wechselseitige Bezug zwischen Wahrnehmung, Motorik und Emotionalität betont wird und hier mehr als ein bloßes, nur auf die Funktion der Perzeption hin ausgerichtetes „Training" betrieben wird. Es ist nicht zu bestreiten, daß viele der angegebenen Übungsvorschläge grob- und feinmotorische Geschicklichkeit und Bewegungskompetenzen, aber auch auch kognitive Leistungen wie Planen, Vergleichen, Klassifizieren und Abstrahieren oder soziale Fähigkeiten fördern können. Reicht dies aber aus, um sich im Alltag, z.B. zu Hause, auf der Straße oder in einem Kaufhaus mit Hilfe sinnlich vermittelter Informationen orientieren zu können? Gewinnen Kinder und Jugendliche, bei denen in einer Gymnastik- oder Turnhalle im Umgang mit einem relativ begrenzten, oft künstlichen Material- und Spielangebot recht formale Ziele wie Farb- oder Formunterscheidung oder Richtungshören geschult werden, ausreichend an Wahrnehmungskompetenz, so daß sie sich eine eigene Wirklichkeit aufbauen, also die in der Umwelt auftretenden Herausforderungen und Konflikte wahrnehmend und handelnd bewältigen können?
Es mangelt also an einem Bezug zu Situationen der Alltagswirklichkeit und an Handlungsangeboten, in denen Kinder und Jugendliche sich mit lebensbedeutsamen Gegenständen und Problemstellungen sinnlich so auseinandersetzen können, daß sie die Bedeutungshaltigkeit „ihrer" Umwelt erschließen und für sich in ihrer Alltagswirklichkeit „Sinn" entdecken können.

5.9 Wahrnehmen und Spüren nach Affolter

Affolter (1972) beobachtete zu Beginn ihrer Arbeit in der kinderaudiologischen Station des Kantonhospitals St. Gallen, daß ca. 100 von 400 Kindern im Alter von 4 bis 16 Jahren durch besondere Schwächen in der Sprachentwicklung bzw. -erlernung auffielen, die sich weder durch das Ausmaß eines Hörverlustes noch durch einen geistigen oder motorischen Entwicklungsrückstand erklären ließen. Solche Kinder bezeichnete sie als „zentral" geschädigt, um darauf hinzuweisen, daß hier Sprachverzögerungen nicht durch periphere sensorische oder motorische Schädigungen verursacht wurden. Kinder aus dieser Beobachtungsgruppe wirkten nach außen „autistisch", ließen sich leicht ablenken, äußerten Angst und Umstellungsschwierigkeiten in neuen Situationen bzw. bei neuen Aufgabenstellungen und zeigten große Leistungsschwankungen.
In einer Reihe von audiologischen und psychologischen Untersuchungen (vgl. auch Affolter/Bischofsberger 1982, 620 f.) zeigten Kinder mit solchen „zentralen Schädigungen" vor allem Beeinträchtigungen in serialen bzw.

sequentiellen Integrationsleistungen. Sie hatten Schwierigkeiten sowohl im auditiven als auch im visuellen und taktil-kinästhetischen Bereich eine Reihe von sukzessiv dargebotenen Reizen zu integrieren bzw. richtig wahrzunehmen. „Unsere Kinder verhalten sich, wie wenn sie bei der Ausübung einer Tätigkeit ... die nächste Tätigkeit nicht antizipieren können" (Affolter 1972, 97 f.). Bei einer anderen Gruppe der untersuchten Kinder wurden zusätzliche Schwierigkeiten bei solchen Wahrnehmungsleistungen beobachtet, die eine Koordination von Reizen aus verschiedenen Sinnesgebieten verlangten.

Affolter erklärte diese Befunde bezugnehmend auf die genetische Entwicklungspsychologie Piagets und auf eigene experimentelle Untersuchungen damit, daß Entwicklungsprozesse die Tendenz hätten, sich in Form von Tätigkeitsabläufen bzw. Schemata zu differenzieren und sich auf „höheren" Ebenen in komplexeren Schemata zu organisieren bzw. zu strukturieren. Auf diese Weise entständen Entwicklungsstufen, die sich durch ihnen eigentümliche Strukturmerkmale unterscheiden, in ihrem Entstehungsprozeß aber voneinander abhängen und einer bestimmten Hierarchie unterliegen. Erst wenn die erste Stufe aufgebaut sei, könne sich darauf aufbauend Stufe zwei und entsprechend Stufe drei entwickeln; liege auf Stufe eins eine Störung vor, habe dies Auswirkungen auf die beiden später folgenden.

Affolter unterscheidet nun aufgrund ihrer Untersuchungen in der Entwicklung sowohl visueller als auch auditiver Wahrnehmungsprozesse drei Stufen,

- eine modalitätsspezifische,
- eine Intermodalitätsstufe und
- eine Serialstufe.

Die *modalitätsspezifische* Stufe umfaßt alle Wahrnehmungsleistungen in einer bestimmten Sinnesmodalität, unabhängig von anderen Sinnesgebieten. Der Säugling nimmt sinnesspezifische Reize auf, lernt z.B. Gegenstände mit den Händen zu fühlen und zu ertasten oder mit den Augen zu fixieren, zu beobachten und zu verfolgen.

Nach dem Aufbau genügender modalitätsspezifischer Schemata komme es auf der *Intermodalitätsstufe* zu einer Integration bzw. Koordination von Wahrnehmungsschemata aus verschiedenen Sinnesbereichen, was nach Affolter (1972, 100) beim Säugling mit ca. 6 Monaten zu beobachten ist, wenn das Kind lernt, daß man Dinge, die man in der Hand hält und „spürt", auch hören (Geräuschquellen) oder sehen und danach greifen kann. Es verknüpfe taktil-kinästhetische mit auditiven Wahrnehmungseindrücken, dann auch kinästhetische mit visuellen Leistungen und verbinde schließlich alle drei und mehr Modalitäten miteinander (Ohr-Hand-Koordination, Auge-Hand-Koordination, Auge-Ohr-Hand-Koordination).

Auf der *Serialstufe* würden zunehmend Wahrnehmungen und Handlungen in ihrer zeitlichen Abfolge und in ihrem Zusammenhang verstanden und Erwartungshaltungen aufgebaut. Das Kind würde fähig, einzelne Sinneseindrücke, sowohl intramodaler als auch intermodaler Art, in der richtigen Reihenfolge zu erfassen und so komplexe Handlungsabläufe angemessen wahrzunehmen und selbst durchzuführen. Wenn es das Klingeln des Telefons hört, wird es in die Richtung der Geräuschquelle schauen, das Gerät im Raum lokalisieren, sich dorthin begeben, zum Hörer greifen und diesen an das Ohr halten, um, sofern es dazu bereits in der Lage ist, ein Gespräch zu führen.

In einer späteren Veröffentlichung konzipiert Affolter (1987) darauf aufbauend einen Förderansatz, bei dem taktile und kinästhetische Sinneseindrükke handlungs- und alltagsintegriert im Vordergrund stehen. Damit die Umwelt zur Wirklichkeit wird, müsse sich das Kind mit Ursachen und Wirkungen auseinandersetzen und benötige „Wahr-Nehmung“ im engeren Sinn. Wirken aber könne es nur, indem es etwas nimmt. Indem es die Umwelt nehme und etwas bewirke, würde es ihrer gewahr und erfahren, daß Wirklichkeit in der Umwelt besteht, es „nimmt sie wahr“ (18).
Als ersten Schritt bzw. Voraussetzung für einen Kontakt mit der Umwelt beschreibt Affolter die Interaktion zwischen dem Kind und der Welt. Dabei definiert sie „Kontakt“ als „mit-spüren“, abgeleitet aus „kon“ (mit) und „takt“ (spüren). Eine der ersten wichtigen Erfahrungen sei das Spüren einer stabilen Unterlage (des Fußbodens, des Stuhls auf dem das Kind sitze, aber auch eines Baumstammes auf dem es balanciere), das ihm bewußt wird durch den Widerstand gegenüber eigenen Aktivitäten. Eine nächste wichtige Erfahrung sei die der stabilen Seite, wenn das laufenlernende Kind sich an einer Wand hochzieht oder auf unsicherem Boden an einem festen Geländer Halt findet.
Als weiteres wird die Nische beschrieben als Ort, wo das Kind umfaßt wird, wo ihm Halt und Geborgenheit gewährt werden, es Schutz findet und einen Überblick behält, wie z.B. in den Armen der Mutter, im Kinderwagen, in einer kleinen Badewanne, unter einer schutzgebenden Decke oder in einem großen Karton. Dabei komme es zu neuen Erfahrungen z.B. „unter der Decke ist es dunkel; ich sehe nichts mehr“.

Aber das Kind wird nicht nur „umfaßt“, sondern es umfasse auch selbst, und zwar Gegenstände und später die ganze Umwelt. Umfassen führe zu deutlichen *Widerstandsveränderungen*, von keinem bzw. leichtem bis hin zu totalem Widerstand. Dieses „Umfassen“ erfolgt mit den Händen, aber auch mit dem Mund sowie über unterschiedliche Aktivitäten wie Saugen, Beißen, Drehen, Festhalten u.a. Durch unzählige solcher Interaktionen würde

Schritt für Schritt der eigene Körper wahrgenommen, und die Umwelt nehme langsam Gestalt an. Über die vielfältigen Berührungen bzw. Handlungserfahrungen würden Regeln und Erwartungen, als Wissen über Eigenschaften von Gegenständen aus der Wirklichkeit, erworben.
Dabei wird die Umwelt zunehmend vertraut. Vor Unvertrautem, also Neuem, schrecke das Kind eher zurück, reagiere mit heftigen Bewegungen. Das Interesse nach neuartigen Reizen würde mit der Zeit aber immer größer und über Aktivitäten wie Schauen, Berühren, Umfassen mit der Hand, aber auch mit dem Mund würden erspürte Informationen vermittelt, die die Welt zunehmend vertrauter machten.

Über das Vertrautwerden mit der Wirklichkeit hinaus erfahre das Kind zunehmend Wissen um Ursache-Wirkungszusammenhänge:

- Das Kind bemerke, daß Gegenstand und Unterlage voneinander getrennt sind und gleichzeitig zusammengehören können. Die entdeckte Regel der „Wegnehmbarkeit“, darin eingeschlossen das Loslassen und Zusammenführen, erlaube ein Ordnen von Ursache-Wirkungserfahrungen.
- Das Kind bemerke, daß mehrere Gegenstände über die Unterlage miteinander in Beziehung stehen; sein Erfahrungsbereich breite sich aus, geordnet durch die Regel der Nachbarschaft. Solche Beziehungsstrukturen würden erfahren, durch Aktivitäten wie herausnehmen und wieder hineinbringen, etwas hindurchstecken, etwas verschwinden lassen, suchen und wiederfinden.
- Durch Veränderungen dieser Beziehungen zwischen Gegenständen der Umwelt, dem eigenen Körper und der gemeinsamen Unterlage beginne das Kind zu erkennen, wie die Wirklichkeit ist (1987, 82 ff.).

Erkundungen und Handlungen des Kindes hätten grundsätzlich zwei Arten von Veränderungen der Umwelt zur Folge: bleibende und solche, die rückgängig zu machen sind. Ein mit der Schere durchschnittenes Papier z.B. kann nur schwer zusammengefügt werden, ein aus einer Schublade entnommener Löffel dagegen wieder zurückgelegt werden. Vor allem durch die Mithilfe im Alltag (bei der Wäschepflege, beim Kochen, beim Blumen gießen u.a.) bewirke das Kind etwas und würde vertrauter mit seiner Umwelt. Es merke zunehmend: „Ich kann es alleine.“

Was aber ist mit Kindern, die dabei Schwierigkeiten haben bzw. zeigen? Hier geht es Affolter um Kinder, die lerngestört oder verhaltensauffällig sind, Schwierigkeiten im Lesen, Schreiben und Rechnen haben oder autistisch sind und die sie pauschal unter die Rubrik „wahrnehmungsgestört“ kategorisiert. Von der Umwelt würde das Verhalten solcher Kinder in der Regel als hektisch oder zu ruhig, als ununterbrochenes Reden, als aggressiv, uner-

zogen und störend beobachtet und interpretiert. Solche „Vor-urteile“ werden von Affolter durch detaillierte Beobachtungen überprüft und präzisiert. Ergebnis: Auch diese Kinder würden die Umwelt berühren; Berührungen aber führten bei ihnen viel häufiger zum Zurückweichen, zu Spannungen, zum Wegblicken. Auch sie wüßten um die Berührungsregeln der Unterlage, der Seite und der Nische, würden aber häufiger neben dem Unterlagenwiderstand nach einem zusätzlichen starken seitlichen Widerstand suchen (z.B. auf unebenem Gelände sich an einem Geländer festhalten). Weiterhin würden sie sich in Nischen zurückziehen, um dort Halt, Geborgenheit und Sicherheit zu finden. Sie würden länger als nichtbehinderte Kinder nur eine Hand benutzen und statt der fünf Finger meist nur deren zwei gebrauchen. So könnten Gegenstände nicht richtig umfassen und würden die Welt nur bruchstückhaft erleben und erfahren.
Um Widerstandsverhältnisse zu erkunden, würde häufig nicht oder erst später gegriffen, sondern durch Klopfen oder Schlagen etwas bewirkt. Es würde festgehalten und gedrückt werden, bis das Material zerbricht (z.B. beim Festhalten einer Tomate). Weiterhin beobachtet Affolter Schwierigkeiten, eine bestimmte Reihenfolge von Betätigungen einzuhalten (ein Kind, vor einer Zitrone und einem Entsafter sitzend, drückt auf den Entsafter und fragt: „Warum kommt kein Saft“?). Auch würden Handlungen häufig nur auf die augenblickliche Situation ausgerichtet und das, was folge, nicht mitüberlegt (wenn eine Schachtel mit Nägeln nach der Entnahme eines Nagels immer wieder verschlossen wird, obwohl noch weitere benötigt werden). Bei Veränderungen der Umwelt würden solche Kinder häufig verunsichert und in Panik geraten.

Um solche Auffälligkeiten zu erklären, untersuchte Affolter Kinder und Erwachsene hinsichtlich der Art und Weise, wie Informationen gesucht werden. Auch wahrnehmungsgestörte Kinder würden Informationen suchen, visuell und auditiv wahrnehmbare Wirkungen erzeugen wollen, allerdings in einem späteren Alter als dies normal sei. Auffällig sei weiterhin die Auslösung maximaler Widerstandsveränderungen innerhalb einer kurzen Zeitspanne bei der Suche nach Spürinformationen. Bei ausreichenden taktil spürbaren Widerständen könnten auch Handlungen erfolgreich abgeschlossen werden. Der Mangel an gespürter Information wiederum erkläre die Überbewertung visueller und auditiver Reize. Dank visueller Informationen würden sie Probleme häufig erkennen, diese könnten auch verbal beschrieben, aber nicht handlungsmäßig umgesetzt werden, da die erforderlichen Spürinformationen fehlten oder unzureichend seien. Die Umwelt bliebe somit unvertraut, und was um sie herum geschehe, würde kaum wahrgenommen, wenn z.B. das Kind sich beim Treppensteigen am Geländer festhält und andere Personen wegdrängt.

Hinsichtlich Erziehung und Förderung folgert Affolter, daß es falsch sei, bei wahrnehmungsgestörten Kindern einfach abzuwarten und zu hoffen, daß sich Leistungen von selbst entwickelten. Da eine Ursachen- und nicht Symptombehandlung erforderlich sei, müsse an der Wurzel angesetzt werden, und diese Wurzeln beschreibt sie als *„problemlösende Alltagsgeschehnisse“* (188). Der Kern der Hilfe bestehe darin, nicht durch bloßes Üben Fertigkeiten zu trainieren, sondern dem Kind bei entstehenden Interaktionen mit der Umwelt Spürerfahrungen als elementare Informationsquelle zu vermitteln. Dies heißt konkret: „Ich kann nicht Spiele zuhilfe nehmen. Spiele sind nicht Wirklichkeit, nicht Alltag“ (189).
Affolter belegt an vielfältigen Beispielen, daß Spürinformationen im Zusammenhang mit Lösungsgeschehnissen alltäglicher Probleme zu wichtigen Verhaltensänderungen führen, die sich als Lernen deuten lassen (einen Hund streicheln, Verstecken spielen, eine Apfelsine schälen). Das Kind erhalte diese Informationen, ob es nun die Bewegungen selbst ausführt oder dazu geführt wird. Wahrnehmungsgestörten Kindern schiene das, was sie spüren, oft fremd zu sein; sie würden wegblicken und auch der Körpertonus steige rasch an. Auf einer zweiten Stufe, wenn seine Hände beim Lösen eines alltäglichen Problems geführt werden, würde der Tonus oft vermindert, der Körper weicher und die Augen begännen auf das Geschehen zu blicken. „Ich spüre und werde vertraut – nun kann ich auch schauen“ (194). In einer dritten Stufe komme es zu einem engen Zusammenspiel von Hand und Auge, was als Ausdruck einer Organisation intermodaler Information in der Zeit gedeutet wird.

Um Wirkungen zu erzielen, empfiehlt sie in methodischer Hinsicht, den Körper des Kindes zu „führen“, d.h. die Hände, den Mund, die Füße oder den Rumpf einzusetzen, aber auch andere Hilfsmittel, wenn körperliche Mittel nicht ausreichen. Bezüglich geeigneter Situationen, in denen Spürerfahrungen gemacht werden können, weist Affolter auf die vielfältigen Möglichkeiten von Alltagssituationen hin, mit ihren problemlösenden Anforderungen. Probleme-lösen sei spannend und Schwierigkeiten seien da, um überwunden zu werden. Das Lösen des Problems und nicht das Produkt seien wichtig und die Sprache soll eingesetzt werden, um in Handlungen einzuführen. Beim Spüren selbst aber sei eine sprachliche Begleitung eher hinderlich, da es vom Spüren selbst ablenke. Eine Verinnerlichung gespürter Erfahrungen mit problemlösenden Alltagsgeschehnissen sei nicht nur notwendig, um Erwartungen und dann Ausführungen zu erreichen (eine Tür kann geöffnet werden, um hindurch zu gehen), sondern auch, um zu semiotischen Leistungen und zur Produktion von Sprache zu gelangen.

Zusammenfassung und kritische Einordnung: Der Ansatz von Affolter beinhaltet einige Merkmale, die ihn von anderen Methoden zum Teil erheblich abheben:

- Wahrnehmungseindrücke erfolgen als Aneignung von Informationen über den taktil-kinästhetischen Bereich, führen zu „gespürten Erfahrungen" und zu Handlungskompetenzen.
- Eine Förderung wird nicht angestrebt über formale Vorübungen, nicht über eine bloße taktile bzw. kinästhetische Stimulierung bzw. Bereizung, sondern in der situativen Einbindung in konkrete Handlungen, in der Bewältigung problemlösender Alltagsgeschehnisse, denn die Suche nach Informationen sei nie Selbstzweck.
- Die pädagogische Aufgabe besteht im wesentlichen darin, Hilfe zu vermitteln „in der Suche nach gespürter Information" (245), mit dem Ziel der Aneignung sinnlicher Erkenntnisse.
- Die Grundgedanken lassen sich auch auf die Förderung von Kindern und Jugendlichen mit schwerster Behinderung übertragen (vgl. Affolter/Bischofsberger 1991).

Problematisch, empirisch nicht belegt und pädagogisch nicht nachvollziehbar erscheinen folgende Behauptungen und Zusammenhänge:

- Die Beschreibung der Entwicklungsabfolge der Wahrnehmung in modale, intermodale und serielle Leistungen ist aus entwicklungspsychologischer Sicht so nicht mehr haltbar (vgl. die Befunde zur a- bzw. intermodalen Wahrnehmung und Koordination bei Wilkening/Krist 1995).
- Für eine Lösung von Problemen im Alltag ist es erforderlich, daß das Kind Sinn und Bedeutung der Zielstellungen dessen, was der Erzieher mit ihm tut, erkennt, ihm also einsichtig wird, warum er dies und jenes tun oder lassen soll. An folgendem Beispiel des „Tür-Öffnens" wird deutlich, daß dies nicht immer der Fall ist. „Ich nehme die Hände des wahrnehmungsgestörten Kindes/Erwachsenen und führe mit ihm alle zum Öffnen der Tür notwendigen Bewegungen durch, gehe mit ihm durch die Tür und schließe mit ihm die Tür wieder (263 f.). Schönberger (1991, 14 f.) stellt dazu fest: „Bei keiner ihrer Praxisanleitungen gibt sie Hinweise darauf, welche sensumotorisch-kognitiven Voraussetzungen gegeben sein müssen, damit ein Kind überhaupt *begreifen* kann, was beim Öffnen einer Tür zu geschehen hat und – schwieriger noch! – was mit ihm geschieht, wenn man es dabei *führt*. Ohne dieses Begreifen bleibt sein Greifen ein Tappen, kann also von Problemlösung im Sinne Piagets keine Rede sein". Dies hänge damit zusammen, daß Affolters Situationen eher künstlich und experimentell gestaltet seien, ihre „Wirklichkeit" keine Alltagswirklichkeit sei, da die Einbettung in natürliche Handlungszusammenhänge und in einen kulturellen Kontext fehle.

- Affolter (1987, 101) führt kausal ohne nähere Belege und Begründung die von ihr beschriebenen taktil-kinästhetischen Schwierigkeiten von Kindern auf „Wahrnehmungsstörungen“ zurück. „Wir warnen den Leser: So herzerfrischend das Verhalten des Gesunden – so bedrückend das Versagen des Wahrnehmungsgestörten! Wir tauchen in eine Welt ein, die wir nur schlecht verstehen“. Mit einer solchen Äußerung konstruiert sie eine eigene anthropologische Kategorie von behinderten Menschen, die anders und fremd erscheinen, vollzieht eine Trennung zwischen „gesunden“ und „wahrnehmungsgestörten“ Kindern, wobei allzu pauschal und ohne zu differenzieren den letzteren Lernstörungen oder Verhaltensauffälligkeiten, Schwierigkeiten im Lesen, Schreiben und Rechnen oder autistische Züge zugeschrieben werden. Hinzu kommt, daß aktuelle Literatur zur Wahrnehmungsentwicklung und -förderung keine Berücksichtigung findet.
- Bei aller Wichtigkeit taktil-kinästhetischer Erfahrungen wird nicht deutlich, warum nur erlebte Einschränkungen in dieser Modalität zu Entwicklungsbeeinträchtigungen führen sollen. Was ist – bezugnehmend z.B. auf den Ansatz von Ayres – mit Einschränkungen in der vestibulären Wahrnehmung?
- Das Vermitteln von Spürerfahrungen durch „Führen“ wird bei manchen Kindern und Jugendlichen, z.B. solchen mit autistischem Verhalten, auf Ablehnung bis hin zu massiver Abwehr stoßen. Es stellt sich die Frage, welche Hilfen dann zum Tragen kommen können.

5.10 Zusammenfassung und kritische Stellungnahme

In einer Reihe von eher perzeptiven, auf Sinneserziehung ausgerichteten Konzepten wird Wahrnehmung vorrangig als Erfassen figural-qualitativer Eigenschaften von Gegenständen und Wahrnehmungsförderung folglich als Hilfen zur Diskrimination solcher Merkmale aufgefaßt, als ein Prozeß der Perzeption und des Vergleichs zumeist nicht bedeutungsvoller, wenn auch gemusterter und organisierter Stimuli. Dies wird besonders deutlich beim Sinnesmaterial von Montessori, das infolge seiner abstrakten Aufgabenstellung bewußt und gezielt den Bezug zur Alltagswirklichkeit, zum „Lebenspraktischen“ völlig vermissen läßt.

Die Fragwürdigkeit eines solchen Vorgehens, das im Grunde eine Abstraktions- und Begriffsschulung darstellt, soll durch einen Vergleich aus dem Bereich der Spracherziehung veranschaulicht werden. So wie es nicht möglich ist, kommunikative Kompetenz im Sinne von Verständigungsbereitschaft und Sprachhandlungsfähigkeit aufzubauen, indem mit dem Kind die Artikulation von Lauten oder Buchstaben trainiert wird, reicht es für die menschliche Wahrnehmung nicht aus, nur Formen und Farben oder andere Merkmale unterscheiden oder an wenig bedeutsamen Inhalten Figur-Grund-Differenzierungen vornehmen zu lassen.

Einige Ansätze betrachten die Erziehung des Kindes und seine Förderung vorwiegend unter dem Aspekt einer bloßen Stimulation durch Sinnesreize, die dem Kind schon möglichst früh zuteil werden sollen, retardierte sensomotorische Funktionen rechtzeitig fördern und damit neurologische Prozesse und Vernetzungen initiieren oder intensivieren sollen. Viele dieser Übungsvorschläge beschränken sich allerdings zu sehr auf einen speziell angebotenen Materialausschnitt in realitätsfremden, didaktisch geschaffenen bzw. gestellten Situationen und betreffen formal relativ allgemein gehaltene Funktionen bzw. Teilfunktionen, die nur schwer auf soziale Kontexte, situative Notwendigkeiten und sachstrukturelle Erfordernisse zu beziehen sind. Mit Ausnahme der Arbeit von Affolter fehlt dabei häufig ein Bezug zwischen Lern- und Lebensinhalt. So verwundert es auch nicht, daß als Folge dieser Betrachtungsweise der Bereich der sozialen Wahrnehmungsförderung weitgehend außer acht gelassen wird. Lediglich in der Psychomotorik wird dieser Aspekt thematisiert.
In solch funktionsorientierten Ansätzen besteht die Gefahr, daß von einem medizinisch-physiologischen Standpunkt aus primär die organische Schädigung oder Dysfunktion des Kindes als Abweichung von einer biologischen Norm im Vordergrund steht, seine Entwicklung hinsichtlich der Anzahl und Intensität von aufzunehmenden und zu verarbeitenden Sinnesreizen und seine Erziehung als Therapie und Behandlung aufgefaßt werden. In dem nicht selten auftauchenden Terminus „Behandlung" kommt dabei ein Bild vom Menschen zum Ausdruck, das diesen als Objekt von Reizangeboten, nicht aber als eigenständiges Subjekt und gleichwertigen Interaktionspartner mit einer persönlichen Lebensgeschichte bewertet.

Es ist hier auf eine „Eigenart des Pädagogischen" hinzuweisen, die nach Speck (1977b,18) für den Bereich der Früherkennung – und dies gilt auch für den schulischen und nachschulischen Bereich – darin zu sehen ist, daß „nicht einfach funktionsbezogene Behandlungsprogramme absolviert werden, die an meßbaren Fakten (=Einzelleistungen) orientiert sind, wie sie etwa vom medizinischen Arbeitsansatz unbestritten notwendig sind. Früherziehen ist als soziales Handeln vielmehr eine Aufgabe, die sich über begrenzte, programmierte Lernhilfen hinaus offen halten muß für die Berücksichtigung der psychosozialen Gesamtsituation des Kindes und für die nicht allein biologisch determinierte Freisetzung seiner Persönlichkeit auf dem Wege sozialer Integration. Gegenstand oder Ansatzpunkt frühpädagogischer Arbeit ist demnach nicht ein bestimmter Defekt selber, sondern die sich daraus und aus sonstigen individuellen und sozialen Bedingungen heraus ergebenden interaktionalen Behinderungen und Möglichkeiten. Nicht die Funktionstüchtigkeit des Organismus an sich steht als Aufgabe für die Eziehung im Vordergrund, sondern die Fundierung und Bildung".

Abschließend ist darauf hinzuweisen, daß nicht in Frage gestellt wird, daß viele der Materialien und Übungsvorschläge in Abhängigkeit von vorliegenden didaktischen und methodischen Rahmenbedingungen sinnvoll und hilfreich sein können, wenn es um die Perzeption, Diskrimination und begriffliche Kategorisierung von sinnlichen Merkmalen von Gegenständen oder den Aufbau sensomotorischer Fertigkeiten geht.
Es kann nicht darum gehen, die Entwicklung solcher Qualifikationen abzuwerten oder völlig zu vernachlässigen, da dies bedeuten würde, einen Aspekt der Wahrnehmung zu übersehen. Es geht vielmehr darum, aufzuzeigen, daß Wahrnehmung mehr ist als das Funktionieren oder die Summation formaler Qualifikationen und darum, diesen eine Stellung zuzuweisen, die ihnen innerhalb der Struktur der Wahrnehmung als sinngebende Verarbeitung von Reizen gerecht wird.
Eine Zusammenschau, kritische Würdigung und ein Vergleich der acht bisher vorgestellten Ansätze zur Wahrnehmungsförderung erfolgen in den nachfolgenden Seiten.

	Basale Stimulation	Snoezelen
Zielgruppe (angesprochener/ gemeinter Personenkreis)	• Frühgeborene Kinder • Kinder, Jugendliche und Erwachsene mit schwerster Behinderung (mehrfachen und umfänglichen körperlichen und intellektuellen Beeinträchtigungen) • Kranke und schwer pflegebedürftige Menschen • Menschen mit apallischem Syndrom	Menschen mit schweren und mehrfachen Behinderungen im Erwachsenenalter in Heimen/Anstalten, aber auch in der Psychiatrie und Altenpflege; Übertragung des Ansatzes auf Kinder und Jugendliche im schulischen und vorschulischen Bereich
Grundlegende Zielstellungen	In der Anfangsphase Stimulierung bzw. Sensibilisierung elementarer Sinnesfunktionen; Später Vermittlung primärer Körper-, Bewegungs- und Alltagserfahrungen (integriertes Lernen), Aufbau sozialer Beziehungen, Förderung der Kommunikation	• Sensorische Stimulierung, um über das Erleben angenehmer und lustvoller Reize ruhig zu werden und sich zu entspannen (besonderes Freizeitangebot); im Rahmen eines strukturierten, möglichst auf eine Modalität ausgerichteten, selektiven Reizangebots • „Primäre Aktivierung" und Entwicklungsgerichtetheit, zumindest in der Übertragung des Ansatzes in anderen Einrichtungen
Bezugswissen-schaften (theoretische Grundlagen)	• Anfangs Orientierung an normorientierten, neurophysiologischen und entwicklungspsychologischen Grundlagen (mit einer eher funktionsbezogenen Ausrichtung); • Später Ergänzung und Erweiterung um kommunikative, interaktionale und handlungsbezogene Grundlagen (mit einer eher ganzheitlichen, systemischen Sicht)	Keine grundlegende, z.B. wahrnehmungspsychologisch begründete Theorie; Ziele und Methoden resultieren vielmehr aus Erfahrungswissen aus der praktischen Arbeit (spekulative Ausrichtung).
Sicht von menschlicher **Wahrnehmung**	Wahrnehmung wird zwar als „sinngebende Verarbeitung von Reizen" beschrieben, allerdings dominiert zunächst eine „perzeptive" Komponente im Sinne einer passiven Stimulierung bzw. Sensibilisierung (bei der inhaltliche „Vor-Erfahrungen" nicht vorausgesetzt werden)	Im Vordergrund steht der Aspekt der „Stimulierung" bzw. „Sensibilisierung" über Reizangebote in einem künstlich strukturierten Raum; Der Aspekt der Bedeutungserschließung wird zwar erkannt, aber nicht bzw. wenig beachtet
Im Vordergrund stehende **Wahrnehmungs-modalitäten**	Tiefensensibilität: somatische, vibratorische und vestibuläre Wahrnehmung; Nach „Aktivierung" bzw. Grundlegung derselben sollen darauf aufbauend Angebote über die anderen Modalitäten folgen	• Visuelle, taktile, auditive, somatisch-taktile, gustatorische und olfaktorische Reizangebote • Somatische Reizangebote (z.B. in einem besonders ausgestatteten Schwimmbad)
Praxisbezug	Sehr hoch: • Veranschaulichung durch zahlreiche praktische Beispiele einschl. methodischer Anregungen hins. der Vermittlung • Empfehlung geeigneter und Entwicklung eigener Materialien • Demonstration durch zahlreiche Vorträge, Workshops und Videos	Sehr hoch: • Veranschaulichung durch zahlreiche praktische Beispiele einschl. methodischer Anregungen hins. der Vermittlung; • Benennung geeigneter und Entwicklung eigener Materialien; • Veranschaulichung/Demonstration über Video • Verkauf von spez. Snoezel-Materialien über den Handel
Menschenbild/ anthropologische Sicht: welches „Bild" vom (Mit-) Menschen wird ex- oder implizit vermittelt?	Anfangs eher defizitorientiert (im Vergleich zu Entwicklungsnormen); Später eher subjektzentriert unter Betonung der kindlichen, psychosozialen Ausgangslage im Hinblick auf biographische Aspekte (unter Beachtung von Verhaltensbesonderheiten wie Stereotypien, Autostimulation oder selbstschädigender Verhaltensweisen)	• Hinsichtlich der Zielsetzung, in freier Zeit Entspannung zu ermöglichen und hins. methodischer Prinzipien wie Freiraum gewähren, Freiwilligkeit u.a. wird ein subjektbezogenes Bild gezeichnet, das dem behinderten Menschen bestimmte Rechte (auf Freizeit) einräumt; • Bezüglich der Einschätzung und Beschreibung des Personenkreises schwer behinderter Menschen kommt ein defizitorientiertes bzw. defizitäres Menschenbild zum Vorschein

	Montessori	Frostig
Zielgruppe (angesprochener/ gemeinter Personenkreis)	Kinder mit und ohne Behinderungen ab dem 3. Lebensjahr	• Als Prävention für Kinder im Alter zwischen 3 und 7 Jahren und auffällige Kinder im 1. und evtl. im 2. Schuljahr • Kinder mit visuellen Wahrnehmungsbeeinträchtigungen, die als Folge Lern- und vor allem Lesestörungen entwickelt haben • Kinder in Schulen für Lern-, Geistig- und Körperbehinderte
Grundlegende Zielstel-lungen	„Erziehung" der Sinne: • Sensibilisierung und Diskrimination äußerer Reizmerkmale, • Abstrahieren von Merkmalen und Ausbildung kognitiver Strukturen und Strategien (Vergleichen, Unterscheiden, Gruppieren u.a.), • Begriffsbildung (bez. der Merkmale von Gegenständen), • Förderung von Eigenaktivität und Selbständigkeit.	• Prävention von schulischem Lernversagen, vor allem bei Lese- und Rechenstörungen • Behebung von „Wahrnehmungsschwächen" • Förderung vorschulischen Lernens schlechthin (kognitive Schulung) • Förderung von Voraussetzungen und Fähigkeiten zum Lesenlernen
Bezugswissen-schaften (theoretische Grundlagen)	Physiologischer Ansatz in Orientierung an Itard und Séguin (sensualistische Sichtweise)	• Entwicklungspsychologische Grundlagen • Gestaltpsychologie (bezüglich Figur-Grund-Wahrnehmung)
Sicht von menschlicher **Wahrnehmung**	Im Vordergrund steht der Aspekt der „Perzeption" hinsichtlich der Unterscheidung formaler, äußerer Reizqualitäten; Der Aspekt der „sinngebenden Verarbeitung" bzw. sinnlichen Erkenntnis findet keine Beachtung	Wahrnehmung als Aktivierung spezieller visueller Funktionen wie Visuomotorischer Koordination, Figur-Grund-Wahrnehmung, Wahrnehmungskonstanz, Wahrnehmung der Raumlage und räumlicher Beziehungen
Im Vordergrund stehende **Wahrneh-mungsmodali-täten**	Gesichtssinn, Gehörsinn, Form- und Muskelsinn, Gewichtssinn, Tastsinn, Wärmesinn, Geruchssinn, Geschmackssinn	Beschränkung/Reduzierung nur auf die visuelle Wahrnehmung
Praxisbezug	Hoch; es liegen vor: • spezielle Materialien • Praxishandbücher • Kurse durch Vertreter der Montessori-Vereinigung	Hoch; es liegen vor: • Testmaterial • Übungsmaterialien • umgängliche Literatur zur theoretischen Grundlegung • Ausbildungsangebote von Mitarbeitern der Frostig-Gesellschaft
Menschenbild (anthropolo-gische Sicht)	Das einzelne Kind wird als eigentätiges Subjekt (als Akteur seiner Entwicklung) gesehen und respektiert, dem ein hoher Freiraum für Eigentätigkeit und Selbstbestimmung eingeräumt wird; dies spiegelt sich in den methodischen Prinzipien wider	Defizitorientiert (Ausgang von funktionellen Schwächen in den 5 Bereichen der visuellen Wahrnehmung)

	PERTRA	Sensorische Integration
Zielgruppe (angesprochener/ gemeinter Personenkreis)	• Kinder und Jugendliche mit körperlichen Einschränkungen • Geistig behinderte Vorschulkinder (3-6 Jahre) und schwer geistig behinderte jüngere Schulkinder (6-8) laut Schmitz (1992)	Kinder und Jugendliche mit • Wahrnehmungsbeeinträchtigungen, • Lese- und Rechtschreibschwächen, • MCD, Teilleistungsstörungen sowie Lern- und Verhaltensstörungen • geistiger und mehrf. Behinderung.
Grundlegende Zielstel-lungen	Förderung der visuellen Wahrnehmung über die Auseinandersetzung mit speziell hergestellten, dreidimensionalen, kindgerechten Materialien als Hinführung zu den Arbeitsblättern im Frostig-Programm: • visuomotorische Koordination • Figur-Grund-Wahrnehmung • Wahrnehmungskonstanz • Wahrnehmung der Raumlage und räumlicher Beziehungen	Modifikation neurologischer Dysfunktionen (Hirnfunktionstraining) in Form einer Integration unterschiedlicher basaler Sinnesreize, und zwar bei • Störungen des Gleichgewichtssystems, • entwicklungsbedingter Dyspraxie, • taktiler Abwehr, • Störungen der visuellen Wahrnehmung, des Hörens und der Sprache Aufbau komplexer und übergeordneter Leistungen wie Selbstkontrolle, Konzentrationsfähigkeit oder die Fähigkeit zum abstrakten Denken.
Bezugswis-senschaften (theoretische Grundlagen)	Arbeiten von Marianne Frostig	Medizin Neurophysiologie Ergotherapie
Sicht von menschlicher **Wahrnehmung**	Analog zum Frostig-Programm	Reduktionistische Sichtweise: Wahrnehmung wird als abhängige Funktion neuralgischer Prozesse betrachtet, nicht als sozial bzw. gesellschaftlich vermittelter Prozeß der individuellen Erkenntnisgewinnung
Im Vordergrund stehende **Wahrneh-mungsmo-dalitäten**	Analog zum Frostig-Programm	• vestibulär (mit einer allgemein integrierenden Wirkung), aber auch • propriozeptiv (kinästhetische) und • taktil
Praxisbezug	Hoch; es liegen vor: • konkrete Übungsmaterialien • Literatur zur theoretischen Grundlegung • Videofilm (verlag modernes lernen)	Hier stehen zur Verfügung • Diagnostische Hilfen (SCSIT) • Spezielle Fördermaterialien wie Rollbrett, Schwebeschaukel u.a. • Fortbildungsangebote über speziell ausgebildete (Ayres-) Lehrtherapeuten
Menschenbild (anthropolo-gische Sicht)	Defizitorientiert, da im Vordergrund der Ausgleich von Rückständen (Defiziten) in der Wahrnehmung bzw. in bestimmten Wahrnehmungsfunktionen steht	Defizitorientiert, da Lern- und Entwicklungsprozesse verkürzt werden auf die Funktionstüchtigkeit neuronaler Abläufe und da der wahrnehmungsbeeinträchtigte Mensch mit bisher unzureichend belegten (und konstruierten) Dysfunktionen wie eine neurologisch fehlgesteuerte „Reiz-Reaktions-Maschine" beschrieben wird

	Motopädagogik	Führen nach Affolter
Zielgruppe (angesprochener/ gemeinter Personenkreis)	Für „normal entwickelte" nicht behinderte wie auch für behinderte Kinder (über Motopädagogik) wie auch für Kinder mit spezifischen kinästhetischen, taktilen, akustischen und autistischen Wahrnehmungsstörungen (über Mototherapie)	• „Wahrnehmungsgestörte" Kinder mit Lern- und Verhaltensstörungen und Schwierigkeiten im Lesen und Rechnen • Kinder mit Schwierigkeiten im (Er-) Tasten und im handelnden sukzessiven (serialen) Umgang mit Gegenständen in Alltagssituationen
Grundlegende Zielstel-lungen	• Verbesserung der Koordination von Sensorik und Motorik durch spezifische Sinnesübungen bzw. bei Vorliegen spez. Wahrnehmungsstörungen durch ein spezifisches Stimulationstraining • Ausgleichende Persönlichkeitsförderung über lustvolle Bewegungs- und Sozialerfahrungen innerhalb eines für das Kind überschaubaren und sinnvollen Handlungsrahmen	• Vermittlung von „Spürerfahrungen" im Umgang mit realen Gegenständen in problemlösenden Alltagsgeschehnissen durch Führen der Hände (und anderer Körperteile) • Koordination taktiler, visueller und auditiver Reizeindrücke • Verinnerlichung von Erfahrungen und Aufbau von Handlungskompetenzen
Bezugswissen-schaften (theoretische Grundlagen)	Eher aus der Praxis erwachsenes Konzept, in Orientierung an • physiologische Ansätze (z.B. Doman/Delacato) • Modellen des Gestaltkreises von v. Weizsäcker und des Funktionskreises von v. Uexkülls	Entwicklungspsychologie Piagets: Wahrnehmung als kognitive Leistung und Teil des Problemlöseverhaltens
Sicht von menschlicher **Wahrnehmung**	Wahrnehmung wird in einer engen und funktionellen Verflechtung (Einheit) mit der Motorik gesehen, mit dem Ziel der Ausbildung von Handlungsfähigkeit und Aneignung von Umwelt	Auf Sinnerschließung ausgerichteter Ansatz, da nur über Wirken und Bewirken die Umwelt „wahr genommen" und so „vertraut" werden könne
Im Vordergrund stehende **Wahrnehmungs modalitäten**	• Optische, auditive und taktile Sinneswahrnehmungen • Körperorientierung • Raumorientierung und Reaktionsschulung	Taktil-haptische (und kinästhetische) Wahrnehmung
Praxisbezug	Sehr hoch: • Vielzahl an praxisorientierter Originalliteratur von Kiphard wie auch weiterer, von ihm herausgegebener Veröffentlichungen anderer Autoren im Rahmen einer „Psychomotorischen Entwicklungsförderung" • Fortbildungsangebote im Rahmen des „Aktionskreises Psychomotorik e.V." • Herausgabe eigener Fachzeitschriften	Durch zahlreiche anschauliche „Fallbeispiele" in der Orginalliteratur wie auch in Veröffentlichungen anderer, diesen Ansatz vertretenden Autoren werden Hilfen für die Praxis vermittelt
Menschenbild/ anthropolo-gische Sicht: welches „Bild" vom (Mit-) Menschen wird ex- oder implizit vermittelt?	In älteren Veröffentlichungen wird im Grunde noch eine defizitorientierte Sichtweise deutlich, wenn im Zusammenhang mit dem Vorliegen spez. Wahrnehmungsstörungen auf die Notwendigkeit des Abbaus störender Verhaltensweisen durch spezielle, teils isolierte Reizangebote und „Trainingsmaßnahmen" hingewiesen wird	Auch wenn „wahrnehmungsgestörte" Kinder an einigen Stellen als eine besondere Behinderungskategorie und „schlecht verstehbar" dargestellt und von „den Gesunden" abgegrenzt werden, werden sie, und dies wird aus den praktischen Beispielen deutlich, als eigentätige Individuen gesehen, mit Entwicklungsmöglichkeiten im Rahmen einer ganzheitlichen, handlungsbezogenen und alltagsintegrierten Förderung

Abb. 32: Vergleich und kritische Einordnung von Ansätzen zur Wahrnehmungsförderung

6. Wahrnehmungsförderung als Erschließung sinnlich vermittelter Bedeutungen

6.1 Pädagogische Beurteilung und Verstehen als Grundlage der Förderung

„Willst du dich selbst erkennen,
so sieh wie die anderen es treiben,
Willst du die anderen verstehen,
blick in dein eigenes Herz.“
Schiller (1970, 297)

In der psychologisch orientierten Diagnostik werden derzeit eine Reihe spezieller Testverfahren bzw. Instrumentarien zur Erhebung spezifischer Ausfälle bzw. Schwächen in den verschiedenen Wahrnehmungsbereichen, also im Hinblick auf die Diskrimination figural-qualitiativer oder sensomotorischer Leistungen, angeboten:

- Der *Benton-Test*, im englischen Sprachraum als Benton Visual Retention Test bekannt, gilt laut Testzentrale (1994, 186) als „einer der bekanntesten und meistbenutzten Tests des unmittelbaren Behaltens für visuell-räumliche Stimuli.“ Er besteht aus drei Parallel-Reihen mit jeweils 10 geometrischen Stimuluskarten. Dem Probanden wird jeweils eine Karte kurz gezeigt, mit der Aufforderung, nach einer kurzen Wartezeit die Figur auf der Karte möglichst genau nachzuzeichnen. Weitere Testvarianten erlauben eine auf 5 Sekunden verkürzte Darbietungszeit, direktes Abzeichnen oder einfaches Auswählen der gesehenen Vorlage unter vier Alternativen. Die Abzeichenform soll vor allem bei Kindern eine Einschätzung der Zeichenfähigkeit erlauben, während die Wahlform auf die Überprüfung der Merkfähigkeit ohne Zeichenkomponente zielt (zur Kritik vgl. Grubitsch/Relixius 1978, 19 ff.).
- Der *Frostig-Test* (FEW) zielt auf die Erfassung der von Frostig aufgestellten fünf Bereiche bzw. Grundfunktionen der visuellen Wahrnehmung: Auge-Hand-Koordination, Figur-Grund-Unterscheidung, Formkonstanz und die Identifikation und Reproduktion von Gestalten. Eine kritische Einschätzung wurde bereits in Kapitel 5.7 vorgenommen.
- Der *„Southern California Sensory Integration Test“* (SCSIT) von Ayres versucht, motorische und perzeptive Leistungen wie Imitation von Stellungen, Kreuzen der Körpermittellinie, Rechts-Links-Unterscheidung, Balancieren mit offenen oder geschlossenen Augen, Figur-Grund-Unterscheidungen, Wahrnehmung von Raumlagen oder taktile und kinäs-

thetische Diskriminierungen einzuschätzen (vgl. Miske-Fleming 1980, 67 ff.; zur Kritik vgl. Kap. 5.7).

- „*Hören – Auditive Wahrnehmungsförderung*“ ist ein von A. und E. Reinartz, C. Fritze und W. Probst bearbeitete und herausgegebene Testreihe. Sie besteht neben einem Anleitungsbuch aus einem Beispieltonband und 32 Übungsblättern und basiert auf der Annahme einer vernachlässigten Schulung des Gehörs im Hinblick auf Erschwernisse im Spracherwerb, Leselernprozeß und bei Lese-Rechtschreibstörungen (vgl. Testzentrale 1994, 198).
- Das „*Diagnostische Inventar auditiver Alltagshandlungen*“ (DIAS; vgl. Eggert u.a. 1992; Thomas/Eggert 1989) schließt an das „Diagnostische Inventar motorischer Basiskompenenten“ von Eggert u.a. an und versucht ebenfalls, den Bereich der auditiven Wahrnehmung einzuschätzen, wobei ein entwicklungspsychologisches, handlungsbezogenes Modell zugrundegelegt wird. Auditive Wahrnehmung wird als aktive Konstruktion und Rekonstruktion akustischer Handlungen und interner Abbilder angesehen, wobei sich analog zu visuell-perzeptiven Fähigkeiten auch auditiv-perzeptive Fähigkeiten ausmachen ließen: erkunden von Reizen, Aufmerksamkeit, auditiv-motorische Koordination, auditive Figur-Grund-Wahrnehmung, Wahrnehmung der Lage der Geräuschquelle, (Wieder)Erkennen von Geräuschsequenzen, auditive Analyse von Wörtern u.a. Das Inventar enthält in einer Aufgabensammlung 41 diagnostische Situationen einschließlich Tonbandkassette mit Beispielaufnahmen und Protokollbogen.

Da diese Verfahren aber den Prozeß der Wahrnehmung unter neurophysiologischen Gesichtspunkten auf sensorische und körperliche Funktionstüchtigkeit reduzieren, den Aspekt der subjektiven Sinnstiftung verkennen, den Bezug zur bisherigen Lebensgeschichte des zu überprüfenden Kindes bzw. Jugendlichen weitgehend außer acht lassen und in ihren Aufgabenstellungen vorwiegend Materialien einsetzen, die von der konkreten Alltagswirklichkeit abgehoben sind, erübrigt sich eine nähere Beschäftigung damit. Hinsichtlich der Einschätzung von möglichen Beeinträchtigungen der Wahrnehmung interessiert aus pädagogischer Sicht nämlich weniger die Frage, welche Reizqualitäten und -quantitäten ein Kind objektiv über sein perzeptives System aufzunehmen und zu unterscheiden in der Lage ist, sondern ob es Reize sinngebend zu verarbeiten in der Lage ist, d.h. ob und wie es diese in sein Handeln integrieren und für eine Orientierung in der gegenständlichen und sozialen Wirklichkeit verwerten kann.

Über die oben aufgelisteten speziellen Verfahren hinaus stehen eine Reihe von Verfahren für die Beobachtung und Einschätzung sensomotorischer

Kompetenzen zur Verfügung. Dabei handelt es sich um Anamneseerhebungen, um Verfahren zur Verhaltensbeobachtung und um Entwicklungs- und Screeningtests, die in eigenen Abschnitten entweder spezielle Aufgabenstellungen (Items) zur Wahrnehmung enthalten oder aber über andere Aufgabenstellungen Hinweise bzw. Rückschlüsse auf diese zulassen. Dies erscheint vor allem auf dem Hintergrund der Tatsache von Bedeutung, daß Kompetenzen oder Beeinträchtigungen im Wahrnehmen Resultat der handelnden, sinnstiftenden Auseinandersetzung mit der Umwelt darstellen und in engem Zusammenhang stehen mit emotionalen, motorischen, kognitiven, kommunikativen und sozialen Kompetenzen. Beeinträchtigungen in diesen Bereichen haben zwangsläufig Auswirkungen auf die Wahrnehmung (vgl. Kap. 3.6).

Anamnese	**Verhaltensbeobachtung**	**Beobachtungs- und Entwicklungsverfahren**
Befragung von • Eltern • Kindergarten • Ärzten • Kollegen • weiteren Bezugspersonen Studium vom • Berichten • Gutachten • Zeugnissen • u.a.	• verdeckt - offen • teilnehmend - nicht teilnehmend • systematisch - spontan • u.a.	• PAC-System von Günzburg • Förderdiagnostik mit schwerstbehinderten Kindern (Fröhlich/Haupt 1993) • Sensomotorisches Entwicklungsgitter (Kiphard 1977) • Ordinalskalen zur sensomotorischen Entwicklung (1987) • P.E.P - Entwicklungs- und Verhaltensprofil zur Förderung autistischer und entwicklungsbehinderter Kinder (Schopler u.a. 1990) • Heidelberger Kompetenz-Inventar (Holtz u.a. 1986) • u.a.

Abb. 33: Verfahren zur pädagogischen Beurteilung

So wie eine Beschreibung von Beobachtungs- und Testergebnissen hinsichtlich bestimmter Diskriminationsleistungen nur bedingt etwas darüber aussagt, was ein Kind auf welche Art und Weise sinnlich erfaßt und warum manche sensomotorischen Leistungen gelingen, andere wiederum nicht, erscheint auch eine Auflistung von Wahrnehmungsgegebenheiten bzw. Objekt-Beziehungen, die dem Kind im Rahmen seiner Alltagshandlungen als Figur auffallen und bedeutsam erscheinen oder auch nicht, diagnostisch wenig zufriedenstellend.

Im Zentrum einer Fragestellung, die Wahrnehmung als sinngebende Verarbeitung bzw. als eine basale Form der sinnlichen Erkenntnisgewinnung begreift, steht vielmehr die Frage, *warum* ein von uns als wahrnehmungsbeeinträchtigt tituliertes Kind manche Wahrnehmungsgegebenheiten nicht, kaum oder stark beachtet, sich von manchen Dingen leicht ablenken läßt,

andere Reize taktil abwehrt oder bei komplexen Handlungsfolgen nur mit Unterstützung die einzelnen Teilschritte wahrnehmen, integrieren und bewältigen kann.
Wie die konstruktivistische Grundlegung im theoretischen Teil dieser Abhandlung und die Ausführungen über die Entwicklung der Wahrnehmung deutlich machten, handeln Menschen Dingen gegenüber immer auf der Grundlage der Bedeutungen, die diese für sie besitzen. Die Bedeutungserschließung bzw. Sinnstiftung ist abhängig von der Qualität und dem Resultat der zuvor erfolgten Begegnungen und Handlungen, die je nach Zeit, Situation, sozialer Unterstützung und anderer förderlicher oder hinderlicher Faktoren unterschiedlich sind. Daraus folgt, daß jedes Individuum immer nur eine Bedeutung „für sich" erschließt bzw. konstruiert, die sich von der anderer Menschen nicht unterscheiden muß, aber kann. Demzufolge können Menschen ein und dasselbe Objekt, ein und denselben Vorgang bzw. ein und diesselbe Situation unterschiedlich wahrnehmen. Wenn aber keine allgemeinverbindlichen Normen existieren für eine „richtige" oder „falsche" Wahrnehmung, dann gibt es im engeren Sinne auch keine Wahrnehmungsstörungen.
Eine anthropologisch orientierte Betrachtungsweise sollte nicht das Pathologische, Andersartige und Störende wahrnehmen und als dysfunktionale Abweichungen etikettieren, sondern vielmehr die positiven Momente aufspüren und nach dem individuellen „Sinn" fragen, der einem Verhalten aus der subjektiven Perspektive des Individuums zukommt. Denn jegliches Verhalten von Kindern und Jugendlichen ist für sie zweckmäßig und sinnvoll. Fehlende Figur-Grund-Wahrnehmungen im Sinne nicht aufgebauter Subjekt-Objekt-Beziehungen, Fixierungen auf bestimmte Reizkonfigurationen im Rahmen stereotyper, d.h. beständiger, wenig variabler kognitiver Handlungsmuster, Autoaggressionen, Apathie u.a. sind immer Ausdruck subjektiver Befindlichkeiten und Ergebnis individuell gelebter Beziehung zu Dingen und Situationen und signalisieren einen hohen Bedarf an mitmenschlicher Zuwendung und Hilfe. Aufgabe der Erziehung ist die Aufhebung dieser Isolation durch handlungsbezogene, sinnstiftende und den ganzen Menschen ansprechende Lernangebote.

Kinder und Jugendliche mit sogenannten „Wahrnehmungsbeeinträchtigungen" können unter diesen Gesichtspunkten als „unverstandene" oder zumindest als „wenig verstandene" Menschen betrachtet werden. Die Andersartigkeit oder Fremdheit ihres Verhaltens wird allerdings von vielen Erziehern nicht auf eigene Grenzen in den Möglichkeiten des Verstehens, sondern im Rahmen einer defizit-orientierten Sichtweise auf neurophysiologische Dysfunktionen oder andere Persönlichkeitseigenschaften zurückgeführt.

Der Aspekt des „mangelnden Verstandenwerdens“ soll an einigen Beispielen veranschaulicht werden:

- *Eingeschränkte Gegenstands- bzw. Bedeutungsbezüge:* Wenn der als „autistisch“ eingeschätzte Arno Formen nach den Merkmalen „rund“ und „eckig“ sortieren soll und dabei trotz Hilfen immer wieder Fehler macht, hängt dies vermutlich mit dem fehlenden Aufgabenverständnis bzw. damit zusammen, daß er in der von ihm geforderten Tätigkeit des Sortierens von künstlich gestalteten Materialien „jetzt und hier“ wenig Sinn erkennt. Dennoch ist er in der Lage, eine Figur von einem Hintergrund herauszuheben, wenn dies im Rahmen einer interessegeleiteten Handlung erforderlich ist, z.B. wenn er unter Dutzenden von Spielsteinen schnell und sicher den eigenen, ihm vertrauten herausfindet.
- *Taktile Abwehr:* Inge fällt es schwer, beim Basteln Kleister und Klebstoff großflächig auf eine Unterlage zu verteilen. Sie scheint sich vor diesen Reizen zu ekeln und wehrt sich dagegen. Jürgen erschrickt und gerät in Panik, als eine Mücke sich auf seinen Arm setzt und über ihn krabbelt. Dabei muß es sich nicht um eine neurophysiologisch bedingte Form einer „taktilen Abwehr“ handeln, wie Ayres dies vermutet, mit dem Hinweis, die Reizeindrücke würden ungenügend verarbeitet und im Rahmen einer auf einer früheren menschlichen Entwicklungsstufe basierenden Kampf- oder Fluchtreaktion automatisch abgewehrt. Vielleicht hat im ersten Fall das Mädchen aufgrund einer strengen häuslichen Erziehung negativ besetzte Erfahrungen mit schmutzigen Händen erlebt und so verinnerlicht, daß nunmehr Materialien wie Kleister oder Klebstoff generalisiert negativ besetzt sind. Im Fall des Jungen, der die Wahrnehmung des Krabbelns heftig abwehrt, könnten negativ besetzte Erfahrungen mit anderen Insekten, z.B. schmerzliche Wespenstiche, eine Rolle spielen.
- *Apathie und sozialer Rückzug* in eine eigene Welt: Karl-Heinz lehnt Kontakt- und Spielangebote von Mitmenschen ab, scheint diese so gut wie nicht wahrzunehmen. Er bevorzugt es vielmehr, den Oberkörper rhythmisch nach vorne und zurück zu bewegen. Das scheint ihm subjektiv Freude und ein wenig Geborgenheit zu vermitteln, für ihn „gegenwärtig“ Sinn zu machen.

  Hat er resigniert bzw. fehlt ihm das Vertrauen in die Welt der Mitmenschen, weil er immer wieder enttäuscht wurde, weil Bezugspersonen nicht auf Dauer verfügbar waren und/oder ihm keinen Halt vermitteln konnten? Haben ernste Erkrankungen, lange Krankenhausaufenthalte und eine Heimunterbringung diesen Eindruck verstärkt? Ist es so, daß die Beschäftigung mit immer anwesenden Objekten wie Teile des eigenen Körpers und der Rückzug auf schmale Inseln von Vertrautem ihm mehr „Halt“ geben?

- *Körperlicher Widerstand (Aggression) oder Selbstverletzungen:* Die Person wehrt sich dagegen, daß berechtigte Ansprüche und Wünsche, die sie nicht deutlich artikulieren kann und/oder die von den Außenstehenden (wegen ungenügender Sensibilität) nicht verstanden werden, nicht befriedigt werden. Thomas kneift seine Nachbarin, da er das ständige und laute „Geplärre" nicht wahrnehmen kann; Ines Suche nach Zuwendung wird von ihren Mitmenschen nicht wahrgenommen und beantwortet; sie richtet ihre Enttäuschung und Verzweiflung gegen sich selbst und schlägt mit dem Kopf immer wieder auf die Tischkante, bis „jemand" hinzukommt und ihr Aufmerksamkeit schenkt.
- *Zwanghaftes Verhalten und Stereotypien:* Einem Schüler mit autistischem Verhalten erscheinen viele Reizeindrücken aus seiner Umwelt zu komplex und fremd. Er wird von ihnen „erdrückt", ängstigt sich und lebt in ständigem Streß. Das Spiel mit einem Faden, den er geschickt vor sich hin- und herbläst und in Rotation versetzt, vermittelt ihm für kurze Zeit „Entspannung", denn es handelt sich dabei um etwas Vertrautes. Die Effekte, die er erzielt, entsprechen seinen Erwartungen und bergen keine Momente der Überraschung.
- *Hyperaktives und impulsives Verhalten:* Manche Kinder und Jugendliche erscheinen überaus unruhig und impulsiv und lassen sich schnell ablenken, vor allem in reizintensiven, komplexen Situationen. Ihnen wird unter der Diagnose „Figur-Grund-Wahrnehmungsstörung" häufig attestiert, sie könnten sich über einen längeren Zeitraum nicht auf bestimmte Aufgabenstellungen konzentrieren, ihre Aufmerksamkeit nicht auf „Wesentliches" und „Bedeutsames" lenken.
  Eine eingeschränkte Wahrnehmung und unzutreffende Deutung dieses von Eltern oder Lehrpersonen häufig als störend eingestuften Verhaltens kann zu schwerwiegenden „Folgestörungen" führen, wenn das Bedürfnis nach Eigenstimulation und Bewegung durch erzieherische Sanktionen immer wieder massiv unterbunden wird und die Kinder in eine „Außenseiterrolle" gedrängt werden.

Daraus folgt, daß vor allen übereiligen Erziehungs- und Unterrichtsprozessen der Versuch stehen muß, das Handeln des Gegenübers richtig einzuschätzen. Dabei geht es um das Verstehen der für das Kind subjektiv sinnvollen und in der jeweiligen Situation zweckmäßigen Verhaltensweisen, um das Verständnis ihrer anderen bzw. eigenen Beziehung zur Welt, um eine „Re-Historisierung" ihrer Lebenswirklichkeit (vgl. Jantzen/Lanwer-Koppelin 1996). Es gilt herauszufinden, wie das Kind eine Situation mit all ihren Wahrnehmungsgegebenheiten subjektiv erfaßt und interpretiert, ihr Sinn verleiht. Daraus folgt für den Erziehungsprozeß, daß gegenüber einer bloßen Anpassungs- oder Vermittlungspädagogik zunächst jedes sonderbare und eigentümliche Verhalten des Kindes akzeptiert und als Versuch gedeutet werden sollte, eine subjektiv angemessene Antwort auf eine wahrgenommene Lebenssituation zu finden.

Folgende Prinzipien für ein einfühlendes Verstehen können in der Praxis hilfreich sein:

- Dieses Verstehen vollzieht sich als konstruktiver Prozeß der Wahrnehmung und Interpretation des Verhaltens des zu beurteilenden Kindes. Dessen Lebensäußerungen werden – und seien sie noch so eigenartig und störend – grundsätzlich nicht als pathologisch oder abnorm abgewertet, sondern als sinn- und zweckvoller Ausdruck menschlicher Bedürfnisse und Befindlichkeiten im Rahmen eines lebensgeschichtlichen Entstehungszusammenhangs begriffen.
- Aus einer emotionalen Sicht wird versucht, sich in die Lage „des anderen" zu versetzen, dessen Wahrnehmung von Wirklichkeit zu rekonstruieren und die damit verbundenen subjektiven Gefühlsregungen zu verstehen.
- Der Prozeß des Verstehens und Beurteilens vollzieht sich in einem interaktionalen und kooperativen Rahmen: Er führt sowohl zu Lern- und Entwicklungsprozessen beim Kind als auch zu Erkenntnisgewinnen beim Erzieher.
- Dieser Vorgang hat immer nur hypothetischen Charakter und bleibt unabgeschlossen und vorläufig.

In der praktischen Arbeit können folgende Fragen weiterhelfen:

- Welche Bedeutung hat das von mir beobachtete Verhalten für das Kind selbst? Welche subjektive Wahrnehmung von Wirklichkeit steckt dahinter? Liegt es im Interesse des Kindes, dieses zu ändern? Was geschieht, wenn Verhalten, das von anderen als störend oder abweichend eingestuft wird, unterdrückt und abgebaut wird, ohne daß gleichwertige Ersatzhandlungen aufgebaut werden?
- Sind die von dem Erzieher ausgewählten Ziele für das Kind (und seine Familie) momentan wichtig und sinnvoll? Welche Bedeutung haben Zielvorstellungen für seine gegenwärtige und zukünftige Lebensbewältigung?

Auf Seiten des Erziehers ist demnach „Feinfühligkeit" – im Gegensatz zu Unempfindlichkeit – gegenüber den kindlichen Signalen gefordert. Dies ist dann der Fall, wenn es ihm gelingt,

- die Dinge vom subjektiven Standpunkt des Kindes aus zu betrachten,
- Signale und Bedeutungen selbst subtiler Art und wenig offensichtliche Merkmale mit relativ großer Sicherheit zu erfassen,
- die Wahrnehmung und Interpretation nicht durch eigene Bedürfnisse und Abwehrreaktionen zu verzerren und

- abgeschlossene, reibungslose, beide Teilnehmer zufriedenstellende Interaktionen in Gang zu bringen und zu erhalten.

Wenn dies wiederum gelingen soll, wenn Halt vermittelt werden soll durch ein Verstehen des „Anderen“, dann ist zunächst eine Besinnung auf sich selbst vonnöten, auf die eigene Art und Weise, Dinge und Situationen der Wirklichkeit, in der wir leben, wahrzunehmen. Hilfreich erscheinen auch alle Versuche, sich in die Situation des Kindes zu versetzen, in „seine“ Welt für kurze Zeit einzutreten und diese nachzuerleben. So kann es hilfreich sein, sich mit einem Lieblings(spiel)objekt des Kindes zu beschäftigen und zu erforschem, welche interessanten Effekte sich damit erzeugen lassen. Auf diese Weise läßt sich vielleicht begreifen und verstehen, warum das Kind auf diesen Reiz solchermaßen fixiert ist. Ein Beispiel: Udos Gummi, den er als „Fetisch“ immer bei sich hat und mit dem er sich stundenlang beschäftigen kann, läßt sich durch festes Blasen in Rotation versetzen; er erzeugt dabei ein hörbares, feines Summen sowie spürbare Luftbewegungen und läßt sich auch auf vielfältige Weise um einen oder mehrere Finger wickeln und wieder entfernen.

6.2 Didaktische und methodische Prinzipien

„‘Adieu’, sagte der Fuchs. ‘Hier mein Geheimnis. Es ist ganz einfach: Man sieht nur mit dem Herzen gut. Das Wesentliche ist für die Augen unsichtbar ... die Menschen haben diese Wahrheit vergessen ... Aber du darfst sie nicht vergessen. Du bist zeitlebens für das verantwortlich, was du dir vertraut gemacht hast’“ .

(Saint-Exupéry 1956, 54 f.)

Wenn Wahrnehmung mehr ist als Unterscheidung äußerer, formaler Reizmerkmale und Aktivierung sensomotorischer Funktionen, sondern verstanden wird als

- sinngebende Verarbeitung von Reizen bzw. Stiften von Beziehungen zur gegenständlichen und sozialen Wirklichkeit im Rahmen subjektiver Handlungs- und Erlebnisprozesse,
- Aneignen und Verstehen der in der umgebenden Wirklichkeit gegenständlich verkörperten Bedeutungen bzw. Veränderung bereits erworbener Bedeutungsbezüge und
- Prozeß, der „Neues“ und Unbekanntes in „Vertrautes“ umwandelt, um eine Orientierung in der Alltagswirklichkeit zu ermöglichen,

dann ergeben sich für die Förderung der Wahrnehmung folgende allgemeinen Prinzipien:

- Von einem neurophysiologischen bzw. sinnespsychologischen Standpunkt aus bedarf es einer ausreichenden, aber dosierten reizmäßigen Stimulation (Pechstein 1974; Vester 1975) als Reiz*angebot*, damit sensorische Deprivation vermieden wird. Diese Stimulation kommt dann zum Tragen, wenn das Kind mit den in den figural-qualitativen Elementen verkörperten sachlichen und personalen Gegenstandsbedeutungen in Kontakt tritt. Der Einsatz mehrerer Sinnesmodalitäten führt in der Regel zu mehr und vielfältigeren Informationen und kann den Aneignungsprozeß verstärken und vertiefen. Dabei gilt es allerdings Überlastungen und Überforderungen des Wahrnehmungssystems zu vermeiden. Die auf das Kind einströmenden Reize dürfen nicht zu vielseitig und -schichtig bzw. verwirrend sein, damit ein Gebilde von figuralen Reizen möglichst eindeutig als Träger einer Objektbedeutung erkannt werden kann und diese für das Kind „Sinn" ergeben. Die „Qualität" des Reizangebotes hat immer Vorrang vor der Intensität und Quantität.
- Beim Aufbau elementarer Wahrnehmungsleistungen und Bedeutungsbezüge ist das Kind, besonders zu Beginn seiner Entwicklung, auf der Grundlage einer positiv gestalteten emotionalen Beziehung auf die soziale Vermittlung durch Bezugspersonen angewiesen. Ohne einen engen und wechselseitig geprägten Interaktionsablauf (Dialog) können elementare Bedeutungsbezüge nicht als Grundlage für spätere Eigenaktivitäten und Explorationen aufgebaut werden. Vor allem jüngere Kinder und Jugendliche und solche, die uns aufgrund von Wahrnehmungs- und Verhaltenseigentümlichkeiten als „schwer verstehbar" gegenübertreten, benötigen zunächst eine sichere soziale Beziehung zu verläßlichen Mitmenschen, als Ausgangsbasis für die Kontaktaufnahme zur gegenständlichen Umwelt.
- Damit eine Zuwendung zu Reizen bzw. Wahrnehmungsgegebenheiten überhaupt möglich wird, gilt es weiterhin, bei Kindern und Jugendlichen mit schweren und mehrfachen Behinderungen zunächst Mindestbedingungen zur Relativierung belastender Momente zu schaffen und die gesundheitliche Ebene durch eine Grundversorgung zu stabilisieren (ausgewogene Nahrung zu Vermeidung von Obstipation; Vorbeugung von Pneumonie durch Abklopfen, Einreiben und Atemtherapie; Vorbeugung von Druckstellen durch regelmäßiges Pflegen und Umlagern; Stabilisierung des Kreislaufes u.a.).
- Wahrnehmungseindrücke beginnen mit dem Erleben und Erfahren des eigenen Körpers als „Brücke zur Welt" (vgl. Pfeffer 1988). Als pädagogischer Ansatz bieten sich hier vor allem eine „basale Stimulation" nach Fröhlich (vgl. Kap. 5.2), körperorientierte Verfahren wie auch Angebote einer „sensorischen Integrationsförderung" unter Beachtung vestibulärer, taktiler und kinästhetischer Grundlagen an (vgl. Kap. 5.7).

- Es muß immer motorische Aktivität stattfinden, da der Adaptions- bzw. Aneignungsprozeß nicht ausschließlich über die sinnliche Rezeption von Reizkonfigurationen ablaufen kann. Wahrnehmungslernen vollzieht sich vielmehr als senso-motorische Tätigkeit und läuft dann erfolgreich ab, wenn zwischen dem perzeptiven und dem operanten Anteil eine relative Einheit besteht (senso- bzw. psychomotorische Förderung nach Kiphard). Offengebliebene Möglichkeiten zum handelnden Umgang mit Dingen sollen genutzt werden. Bei eingeschränkten Bewegungsmöglichkeiten müssen die notwendigen Handlungen bzw. Handlungsschritte vom Erzieher unter Beachtung physiotherapeutischer Gesichtspunkte unterstützt und begleitet werden.
- Wahrnehmung geschieht immer „im Vollzug irgendwelchen Handelns", wobei Handeln als Ausübung von inhalts- und gegenstandsbezogenen Tätigkeiten im Idealfall motiviert, zielgerichtet, geplant, kontrolliert und bewußt abläuft und mehr ist als bloße motorische Funktionstüchtigkeit oder sensomotorische Koordinationsfähigkeit (vgl. Kap. 3.3). Aufgrund des überwiegend handlungsbezogenen Lernens bei vielen behinderten Kinder und Jugendlichen kommt diesem Aspekt besondere Bedeutung zu. Bei ängstlichen und unsicheren Kindern bedarf es „gespürter Informationen" durch die Unterstützung und Führung durch den Erzieher in „problemlösenden Alltagsgeschehnissen" (Affolter 1987; vgl. Kap. 5.9).
- Im Zusammenhang mit dem Handlungsaspekt steht der Gesichtspunkt des Situations- und Alltagsbezugs. Da Wahrnehmungskompetenz im Sinne von Bedeutungserfassung zum Ziel hat, eine Orientierung und das Bestehen in sozial und dinglich determinierten Ausschnitten der Wirklichkeit zu ermöglichen, sollten auch von daher Formen und Inhalte ihrer Förderung hergeleitet werden. Ein isoliertes Training von Sinnesfunktionen in künstlich gestalteten, therapeutisch ausgerichteten „Sets" kann diese Aufgabe nicht erfüllen.
- Die Frage der Auswahl von Zielen und Förderangeboten ist demnach auszurichten an der Bedeutsamkeit, die ein Reizangebot für das jeweilige Kind in einer Situation erlangt und daran, inwieweit es dieses als subjektiv nützlich, objektiv zweckvoll und als für es erreichbar einschätzt. Dabei gilt zu erkunden, ob das Reizangebot und die Situationswahl seinem aktuellen Erfahrungs- und Interessenfeld entspricht, sich z.B. auf räumlich und zeitlich Nahes bzw. auf aktuelle Lebensbedürfnisse erstreckt.

  Bezogen auf einzelne Persönlichkeitsdimensionen kann in Anlehnung an Schönberger gefragt werden, inwieweit das Kind

  - erforderliche Bewegungen für die Befriedigung seiner aktuellen Bedürfnisse und für die Verbesserung seiner Lebenssituation als wichtig anerkennt (psychomotorischer Aspekt),

    - ein Handlungsziel Gefühlsbeteiligung weckt, weil der Gegenstand seinem aktuellen Erlebnisbereich entstammt und durch Gefühlsbeteiligung emotional besetzt werden kann und
    - Erkenntnisprobleme und deren Lösungen im Zusammenhang mit bereits erworbenen Erfahrungen ihm ein persönliches Anliegen darstellen (kognitiver Aspekt).
- Daraus ergibt sich die Notwendigkeit, den anderen Menschen in seinen subjektiven Wahrnehmungen und Verhaltensweisen – auch wenn diese für den Außenstehenden noch so sonderbar erscheinen und noch so sehr von der Norm abweichen sollten – ernst zu nehmen, zu verstehen und nicht als „pathologisch“ und „gestört“ einzustufen und abzuwerten. Der Erzieher ist aufgerufen, einen Wechsel in der eigenen Beurteilungsperspektive vorzunehmen und sich zu bemühen, die Lebensgeschichte des einzelnen Kindes zu rekonstruieren, als Versuch, dessen sinnliche Erfahrungen und Erlebnisse als individuelle Bedeutsamkeiten nachzuvollziehen.

Eine Wahrnehmungserziehung in diesem Sinne untersteht dem Globalziel, das Speck (1975, 19) bezugnehmend auf Menschen mit geistiger Behinderung als „soziale und personale Integration“ versteht. Die von ihm formulierten Erziehungs- und Bildungsziele haben für jedes Kind und für jeden Jugendlichen Gültigkeit: „Die Erziehung ... ist darauf gerichtet, daß er leben lernt, d.h. sich zurechtfindet in der erfahrbaren Umwelt, daß er sich innerhalb eines angemessenen Gefüges für sein Leben bedeutsamer Beziehungen auskennt, daß er mit den individuell bedeutsamen Dingen auch produktiv umzugehen, sie zu verändern und zu gestalten vermag ... Je mehr es ... gelingt, mit uns zusammen das Fremde um ihn herum zu entschlüsseln, zu deuten und zu gliedern als die ihm eigene und gemeinsame Welt, um so mehr verliert er auch die Angst. Die Welt wird ihm eine vertraute Welt“.
Um dieses Richtziel zu erreichen, bedarf es pädagogischer Angebote und Hilfen, die unter Berücksichtigung der oben aufgezeigten Prinzipien Handlungserfahrungen und Sinnerschließungen in der konkreten Wirklichkeit ermöglichen.

Inhaltlich lassen sich dabei drei große Bereiche unterscheiden, die sich in der praktischen Förderung aber häufig überschneiden:
1. Wahrnehmung der eigenen Person und des eigenen Körpers als „Brükke zur Welt“,
2. Wahrnehmung des „Anderen“ als Mitmenschen in der sozialen Begegnungen und
3. Wahrnehmung der dinglichen Umwelt.

6.3 Körpererfahrung und sinnliche Erkenntnis

Die Wahrnehmung des eigenen Körpers und das Verfügen über fein- und grobmotorische Kompetenzen sind im Rahmen der sensomotorischen Entwicklung (Piaget 1969; 1974) für jegliche Lernprozesse von entscheidender Bedeutung. Nicht nur körperlich und sensorisch geschädigte Kinder, sondern auch solche mit kognitiven Beeinträchtigungen weisen häufig im Rahmen einer Mehrfachbehinderung (vgl. Fischer 1992) auch im motorischen Bereich Entwicklungsbeeinträchtigungen bzw. -rückstände auf, die sich u.a. äußern in eingeschränkten Koordinationsleistungen zwischen Wahrnehmung und Bewegungen oder einem geringen Reservoir an verfügbaren sensomotorischen Verhaltensweisen und unzulänglichen Handlungsmustern.
Selbst wenn keine Bewegungsbeeinträchtigungen vorliegen oder diese nur minimal sind, stellt der eigene Körper gewissermaßen eine „Brücke zur Außenwelt" dar, die Voraussetzung, als elementares Erlebnis- und Lernfeld die Umwelt in ihrer Bedeutungshaltigkeit sinnlich und handelnd zu erschließen. Je umfassender und intensiver ein Kind Lernerfahrungen im körperlichen Bereich erwerben kann, desto differenzierter wird auch seine Ich- und Persönlichkeitsentwicklung und damit der Aufbau seines Lebenszutrauens gelingen.
Es gilt daher, dem Kind *seinen* Körper in vielfältigen Situationen bewußt zu machen. Es muß nicht nur „wissen", sondern zunächst einmal erleben bzw. spüren, daß es eine Körperoberfläche mit Haut und Haaren hat und mit dieser Wärme und Kälte „fühlen" kann, daß es über innere Organe verfügt, die Hunger und Durst ausdrücken, aber auch schmerzen können, daß ihm Hände zum Greifen und „Be-greifen" seiner Umwelt, Ohren zum Hören und eine Nase zum Riechen zur Verfügung stehen.

Als zentrale Vermittlungsform bieten sich dafür Angebote aus der „Basalen Stimulation" von Fröhlich an. Wie bereits in Kap. 5.2 deutlich wurde, ist bei der praktischen Umsetzung dieses Ansatzes darauf zu achten, daß die Angebote im Rahmen einer interaktions- und kommunikationsbezogenen Sichtweise durch ein sensibles, die kindliche Ausgangs- und Interessenlage berücksichtigendes Vorgehen als „sinn- und zweckvoll" erlebt werden und der eigene Körper dabei als interessant und bedeutsam erlebt und akzeptiert wird.
Aus *methodischer Sicht* gilt es, manche der Anregungen aus den Arbeiten von Ayres (vgl. 1979; 1992) über „sensorische Integration" aufzugreifen. Wichtig und positiv herauszuheben ist hier das Bemühen, auch Modalitäten wie die vestibuläre, kinästhetische und taktile Wahrnehmung in ihrer „grundlegenden" Bedeutung für die Körpererfahrung zu nutzen. Angebote in diesen Bereichen erscheinen gerade heute vonnöten, in einer Zeit, wo

Kinder bereits früh zum Lesen und zu kognitiven Höchstleistungen angespornt oder mit künstlichen Reizen über Fernseher und Computer überflutet werden. Das gleiche gilt für die vielfältigen, spiel- und lustbetonten Angebote aus der psychomotorischen Förderung bzw. Motopädagogik (Kiphard 1990a; 1990b; 1994; Irmischer 1983a; 1983b; Sinnhuber 1983; Olbrich 1989; Kuntz 1991; Esser 1992; Jansen 1993; Kesper/Hottinger 1993; Mertens 1994; Köckenberger 1996, Sowa 1997).

Die folgenden Zielstellungen und Maßnahmen für eine auf die Wahrnehmung des Körpers ausgerichtete Förderung können je nach der Ausgangslage des einzelnen Kindes als Einzelerziehung bzw. -unterricht angeboten werden, lassen sich aber auch in Gruppen oder Klassen, beim Sport oder Schwimmen durchführen. Sie sind nicht als ein Curriculum, das schrittweise zu durchlaufen ist, zu verstehen, sondern als exemplarisch ausgewählte Anregungen, unter vielen möglichen anderen.

Wahrnehmen des Körpers und seiner Oberfläche: Erleben und Erfahren, daß ich einen eigenen Körper habe, mit einer Oberfläche (Haut und Haare) als Begrenzung „nach außen":

- Sinnliche Angebote im „somatischen" Bereich im Rahmen der von Fröhlich entwickelten „Basalen Stimulation" (vgl. Heidingsfelder/Fröhlich 1977);
- Rücken, Bauch und anderen Körperoberflächen durch Streicheln, Liebkosen und Schmusen, Drücken und Umarmen u.a. als Medium der Zuwendung erfahren lassen;
- nach dem Baden/Schwimmen Körperteile abtrocknen, mit Öl, Cremes und anderen Lotionen oder Franzbranntwein „mit Gefühl" einreiben; Haare föhnen u.a;
- Körper systematisch massieren (vgl. Leboyer 1979: „Sanfte Hände");
- über die Haut Kälte und Wärme in unterschiedlichen „Umwelten" spüren und erleben.

Wahrnehmen von Raumlage und Gleichgewicht des ganzen Körpers und Erleben einzelner Körperteile, in einer angstfreien Atmosphäre und unter personaler Hilfestellung bzw. „Rückendeckung":

- Übungen mit Schwebebrett und -schaukel (vgl. Ayres 1992, Kap. 10; Kesper/Hottinger 1993, 165 ff.);
- in Räumen in verschiedenen Aktionslagen und Situationen sich rollen, fallen lassen, knien, krabbeln, sitzen, gehen, laufen, springen, tanzen, etwas heben und tragen u.a.;
- im Wasser dessen Widerstand erleben und sich auf unterschiedliche Art und Weise (selbst oder mit Hilfe anderer) darin fortbewegen;

- sich in unebenem Gelände/im Schnee/auf Eis bewegen; Steigungen und Gefälle bewältigen; Treppen steigen;
- Dreirad/Kettcar oder Fahrrad fahren (lernen); Rollschuh laufen; Schlitten/Ski fahren.

Die *Hände* und einzelne Teile davon bewußt wahrnehmen und benennen und von anderen Körperteilen unterscheiden:
- Untersuchen: Ich habe 2 Hände, mit je 5 Fingern ...;
- Hände in Gips/Ton abdrücken, Abdruck betrachten und beschreiben
- Fingerspiele: Das ist der Daumen ...;
- sich beim morgendlichen Begrüßen die Hände geben/drücken;
- Bewegungsmuster mit den Händen ausführen: Takt mit einer Hand/ mit beiden Händen/mit einem Schlegel schlagen;
- Lieder: Ich habe einen Kopf ... (Robbins-Rhythmik); Hier sind meine Hände ... (Lotz/Krenzer 1977, 34); Hände drücken (Lotz/Krenzer 1976, 10); Sieh mal an, was ich alles kann (Lotz/Krenzer 1976, 9);
- mit den Händen (und mit verbundenen Augen) Oberflächenbeschaffenheiten ertasten und Alltagsgegenstände identifizieren.

Die *Füße* bewußt erleben und von anderen Körperteilen unterscheiden:
- Strümpfe ausziehen, die Füße betrachten und Abdrücke herstellen, ausmalen und benennen;
- Füße massieren lassen;
- im Wasser und in unterschiedlichen Materialien (Erbsenbad) taktile Erfahrungen sammeln;
- auf Unterlagen mit unterschiedlicher Oberflächenbeschaffenheit/ Rauhigkeiten laufen (Teppichboden, Steinboden, Gras u.a.);
- sich auf unterschiedliche Weise fortbewegen: Gehen (Fersengang, Zehengang), Stampfen, Springen, Tanzen u.a.

Das *eigene Gesicht* wahrnehmen und seine Teile unterscheiden:
- Gesicht regelmäßig waschen, eincremen und im Spiegel bewußt betrachten;
- Einzelteile bewußt erleben, unterscheiden, zeigen und benennen (an sich selbst, an Mitschülern, an Modellen/Puppen);
- mit verbundenen Augen Mitschüler durch Tasten erkennen (Spiel „Armer schwarzer Kater");
- Spiellied „Sieh mal an, was ich alles kann" (Lotz/Krenzer 1976, 9).

Mund und Lippen wahrnehmen:
- Mund waschen (nach dem Frühstück, wenn z.B. ein Nutellabrot gegessen wurde);

- sich beim Sprechen im Spiegel betrachten und Mundbewegungen verfolgen;
- mit dem Mund eine Kerze ausblasen, Watte pusten, Luftballon aufblasen und damit spielen u.a.;
- Hervorhebung der Lippen mit Lippenstift (Schminken/Fastnacht) u.a.

Zunge und *Zähne* wahrnehmen:
- Bewegung und Funktion der Zunge für Essen, Trinken und Schmecken bewußt machen: Geschmacksübungen mit Zucker, Essig, Honig und Zitrone;
- An einem Lolli lecken, Eis schlecken, ein Bonbon lutschen;
- Betrachten der Zähne im Spiegel: Aussehen, Anzahl und Unterschiede beschreiben;
- Funktion für das Essen beobachten und verbalisieren: in einen Apfel beißen, ein Stück Brot abbeißen;
- Zähne regelmäßig putzen und Vorgang bewußt beobachten und verbalisieren.

Die *Augen* wahrnehmen – ich kann sehen:
- Was ich mit den Augen alles unterscheiden kann: Gegenstände, Personen, Handlungen und Geschehnisse, Farben, Helligkeiten u.a.;
- Augen verbinden und den Unterschied erleben und verbalisieren (wie es ist, wenn man nicht sieht/blind ist);
- Einzelteile bewußt wahrnehmen, unterscheiden und benennen: am eigenen Körper/Spiegelbild; an einer Abbildung;
- entdecken, daß die Augen der anderen Kinder verschieden sind; andere Farben aufweisen u.a.;
- Literatur: Walburg 1979, 93-172.

Die *Nase* wahrnehmen – ich kann riechen:
- Was ich alles riechen kann: Lebensmittel beim Kochen; Speisen beim Essen, Holz und Harz beim Werken, Kaffee, Parfüm u.a.;
- Nase zuhalten, riechen und Unterschiede verbalisieren;
- Aufmerksamkeit auf die Nase bei sich bietenden Alltagssituationen lenken, z.B. beim Naseputzen;
- Übungen zur sprachlichen Differenzierung des Aussehens von Nasen: jede Nase ist anders (groß, klein, dick oder dünn);
- Literatur: Löscher 1987.

Die *Ohren* wahrnehmen – ich kann hören:
- Was ich alles hören und erkennen kann: Geräusche beim Staubsaugen und Telefonieren, beim Kochen, beim Zähneputzen mit einer elektri-

schen Zahnbürste (in den entsprechenden Alltagssituationen);

- Hören und Indentifizieren von selbst aufgezeichneten Geräuschen vom Tonband (mit geschlossenen Augen);
- Ohren zuhalten und darauf achten, was sich verändert;
- beim Musikhören oder Musizieren bewußt auf unterschiedliche Parameter wie laut – leise, hoch – tief u.a. achten;
- Literatur: Löscher 1986; Hausammann/Moser Schneider o.J.

6.4 Wahrnehmungsförderung im Spiel

6.4.1 Spielen als handelnde Auseinandersetzung mit der Umwelt

Im folgenden soll gezeigt werden, daß zahlreiche Spielaktivitäten die im Kapitel 6.2 aufgeführten Bedingungen für eine Wahrnehmungsförderung als sinngebende Verarbeitung von Reizen erfüllen und daß das Kind sich in spielerischen Handlungen die in Gegenständen verkörperten Bedeutungen aneignen kann. Spiel wird dabei abgehoben von solchen therapeutischen oder schulischen Aktivitätsformen, die auf isolierte Funktionsabläufe zielen und vom Kind eher passiv, zumindest nicht eigentätig und mehr oder weniger unfreiwillig absolviert werden. Unter Spiel sind auch nicht die verschiedenen Formen sensomotorischer Übungsbehandlung oder Betätigungsformen mit didaktischen Lehrmitteln (z.B. mit Montessori-Material) gemeint, da diesen in der Regel keine realen und lebenspraktischen Bedeutungen anhaften.

Spielen wird hier als handelnde Auseinandersetzung mit der Umwelt definiert und führt zu sichtbaren Tätigkeiten und Handlungen mit einem konkreten Gegenüber, seien es Gegenstände oder Personen. Spielen vermittelt somit konkrete Erfahrungen mit der Umwelt als ein spontan auftretendes, interessegeleitetes Verhalten. Die beim Spielen ausgeführten Tätigkeiten werden um ihrer selbst willen ausgeführt und nicht aufgrund von außen gesetzter Zwecke und Belohnungen. Es ermöglicht das Erleben von Handlungsinhalten, in denen die Spielenden sich als „selbstbestimmte, auf die Welt einwirkende, sie gestaltende und verändernde Wesen erfahren können“ (Callies 1975, 20).

Spielen erfolgt, soweit Gelegenheit dazu besteht, als ein sozial bestimmtes Handeln von Kindern oder von Kindern mit Erwachsenen und wird dabei von Sprache (Kommunikation) begleitet bzw. gelenkt. Spiel vollzieht sich nicht nur, wie dies im Symbolspiel der Fall ist, in einer Quasi-Realität, sondern stellt häufig echte Begegnung mit konkreten Dingen und Sachverhalten dar. Es „bewegt sich im Rahmen konkreter Wirklichkeiten und begegnet in seinen subjektiven Ambitionen immer der Widerständigkeit der Realität, sei es im Hinblick auf reale Objekte, die sich doch nicht so verwenden lassen, wie es der Spieler wohl möchte, sei es in bezug auf reale Personen, die eigene Bedürfnisse und Vorstellungen über den Spielverlauf haben" (1975, 21).

Alltägliche Beobachtungen zeigen, daß das Kind im Spiel als Interaktionsform des Individuums mit seiner gegenständlichen und sozialen Umwelt viele Möglichkeiten hat, Erfahrungen zu sammeln, sich Gegenstandsbedeutungen anzueignen und seine Wahrnehmungskompetenz zunehmend durch diesen Lernprozeß zu erweitern. Auch Oerter (1973, 198 f.) spricht dem Spiel einen Erfahrungswert zu. „Ein großer Teil der frühkindlichen Aktivität kann als spielerischer Umgang mit Objekten, der einen Informationsgewinn einbringt, bezeichnet werden. Hierher gehört das Manipulieren mit Spielgegenständen (Klopfen, Werfen, Fallenlassen), das Bauen, das Auseinandernehmen und Zusammensetzen von Spielgegenständen ...". Als Teilbereiche kindlicher Wahrnehmungskompetenz, die dabei gefördert werden, nennt er sensomotorisches Verhalten, Wahrnehmung von Sachverhalten und soziale Wahrnehmung. Durch den tätigen Umgang mit Materialien, wobei das Kind Gegenstände berührt, bewegt, aufhebt usw., lernt es zum einen mit der Zeit viele äußere figurale Eigenschaften (wie Größe, Form, Oberflächenbeschaffenheit usw.) kennen und unterscheiden, eignet sich aber auch viele der den Gegenständen innewohnenden Bedeutungen an. Im Funktionsspiel, bzw. bei vielen explorativen Tätigkeiten (Ball fallen lassen, Tür auf- und zuschlagen), werden nicht nur motorische Leistungen verbessert, „sondern auch wichtige Informationen (Eigenschaften und Verhalten der Gegenstände) gespeichert" (Oerter 1973, 210) bzw. immer wieder neu erfahren.
Auch Bedeutungen, die den Gegenständen als Gebrauchswerte (Zwecke) zukommen, können vom Kind im Spiel angeeignet werden. So erfahren Kinder, die mit einem Telefon „Anrufen" spielen, daß ein Gegenstand, der sich aus irgendeinem Unterbau, Hörer und Wählscheibe zusammensetzt – hinsichtlich seiner Ausdehnung, Form und Farbe allerdings sehr verschieden ausfallen kann – zum Telefonieren da ist, d.h. die Möglichkeit der Kommunikation bietet. Dabei wird sich die Bedeutungsvielfalt und -struktur der Wahrnehmungsgegebenheit „Telefon" nicht sofort, sondern Schritt für Schritt im Laufe der Aneignung immer neuer Erfahrungen ergeben, aus der gegenseitigen Bedeutungsverweisung der sachlichen Einzelteile und sozialen Funktion dieses Gerätes.
Damit der Erfahrungswert des Spiels möglichst groß ist, bedarf es einer besonders gestalteten Spielumgebung. Das Besondere daran allerdings liegt nicht in der Ansammlung bzw. Anhäufung von künstlich und technisch gestalteten und häufig teuren Materialien, sondern darin, daß diese durch eine Nähe zur Natur und zum Alltag möglichst viele praktische Erlebnis- und

Handlungsmöglichkeiten bieten. Konkrete, anschauliche Arbeitshilfen zur Gestaltung eines „naturnahen Spielplatzes“ mit Weidenhütten, einer Spielgrube mit Naturmaterialien, Tischbeeten oder einem „Weg der Sinne“ liefert eine Broschüre der Landeszentrale für Umweltaufklärung Rheinland-Pfalz (1991).

Da die freien Spielformen und geregelten Spiele eine Vielfalt von Möglichkeiten sozialer Beziehungen enthalten, wird im Spiel in besonderem Maße auch soziale bzw. interpersonale Wahrnehmung, also die Kompetenz für das Erfassen von Bedürfnissen und Gefühlen der Mitmenschen gefördert. Das Kind erfährt, daß das eigene Verhalten Auswirkungen auf das Verhalten anderer hat und lernt zunehmend bei den Spielpartnern auf Mimik und Gestik, Körperhaltung, Intonation, Tonhöhe und Tempo der Sprache als sinnvolle Signale zu achten, diese in ihrer spezifischen und situativen Bedeutung zu verstehen und das eigene Verhalten danach auszurichten. Wenn ein Kind z.B. im Laufe von Spiel- und Interaktionsprozessen bemerkt und versteht, daß das Weinen eines anderen Kindes, das es vorher geschlagen oder dem es das Mitspielen verweigert hat, als Zeichen von Schmerzen, Enttäuschung und Traurigkeit zu deuten ist, wird es sich in zukünftigen ähnlichen Situationen vermutlich anders verhalten. Oder ein Kind, das beobachtet, daß andere Kinder mit ihm nicht spielen und sich von ihm fernhalten, wird deren Verhalten zunehmend als bedeutungsvolles Zeichen der Ablehnung wahrnehmen und, sofern es seine Erfahrungen nicht leugnet und verdrängt, sich über veränderte Interaktionsformen um neue Kontakte bemühen.
Daß das Spiel als „selbstverständliche Lebensform“ auch für Kinder mit schwerster Behinderung einen reichhaltigen „Handlungs- und Freiraum“ bietet, sich „im gemeinsamen Erleben“ (Pfeffer 1988) in der sozialen und gegenständlichen Umwelt sinnlich zu orientieren, zeigen die Beiträge in dem Sammelband von Lamers (1993).

6.4.2 Das Rollenspiel als Mittel sozialer Erfahrungsaneignung

Als besondere Spielform zum Einüben und Lernen sozialer Wahrnehmung und sozialen Verhaltens eignet sich das Rollenspiel als „pädagogisch eingeleitetes Lernspiel“ (Kochan 1977, 7). Indem es unter fiktiven Umständen Realität simuliert und als „Probehandeln“ die unter Umständen schmerzlichen Folgen, die wirkliche Lebenserfahrungen nach sich ziehen können, ausschaltet, bietet es eine pädagogische Möglichkeit, Lernende auf die Bewältigung von Realität vorzubereiten. Diese Vorbereitung auf die Realität kann – soweit im Spiel konkrete Medien eingesetzt werden – sich sowohl auf Gegenstandserfahrungen wie auch auf die Wahrnehmung von sozialen Gegebenheiten beziehen.

Auf den zuletzt genannten Bereich weist vor allem Kossolapow (1977, 136 f.) hin: „Um adäquat reagieren zu können, muß das Kind das Gegenüber in seiner Eigenart erfassen, es muß die aufgenommenen Informationen richtig werten können. So genügt es nicht nur, den Inhalt einer Aussage aufzunehmen, vielmehr gilt es, oft 'zwischen' den Worten zu hören, die Emotionen, die in der Äußerung mitschwingen, den Gesichtsausdruck zu registrieren, die Gestik zu notieren und andere unausgesprochene Hinweise aus der Erscheinung des Gegenüber aufzunehmen". Der Einwand, das Rollenspiel könne als relativ komplexes Verhaltensphänomen z.B. bei jüngeren Kindern und solchen mit kognitiven Beeinträchtigungen nicht eingesetzt werden, ist nicht stichhaltig, wenn

- bei den Kindern bereichsspezifische Vorerfahrungen vorhanden sind,
- die Komplexität und Schwierigkeit des zu spielenden Inhalts bzw. Themas dem sachstrukturellen Entwicklungsstand der jeweiligen Gruppe angepaßt wird,
- der Rollenspielbegriff nicht zu eng gefaßt wird und
- entsprechende und ausreichende methodische Vorbereitungen und Hilfen getroffen bzw. gegeben werden.

So hat Fischer (1985a) beobachtet, daß selbst Unterstufenschüler in einer Schule für Geistigbehinderte bei entsprechendem methodischen Arrangement zur Durchführung einfach strukturierter Rollenspielszenen mit dem Thema „Einkaufen" in der Lage sind und neben Lernfortschritten im sprachlichen Bereich auch einen Kompetenzgewinn in der Wahrnehmung von sachlichen und sozialen Gegenstandsbedeutungen verzeichnen konnten. Eine Aneignung bzw. Ausweitung von Erfahrungen konnte u.a. bei folgenden Verhaltensweisen beobachtet werden:

- Eine soziale Situation definieren (ich bin in einem Geschäft und möchte etwas kaufen; der Verkäufer gibt, d.h. verkauft die von mir gewünschten Waren),
- den Rollen- bzw. Interaktionspartner an typischen Sach- bzw. Situationsmerkmalen erkennen (Kleidung, Standort hinter der Theke u.a.),
- das nichtsprachliche und sprachliche Verhalten des Interaktionspartners, d.h. des Verkäufers, wahrnehmen, definieren und darauf reagieren können (Mimik, Gestik und Bewegungen beachten),
- Kontakt situationsgerecht ablösen (wenn ich alles gekauft habe, verabschiede ich mich und gehe wieder),
- die Bedeutung einer Einkaufstasche, des Geldbeutels und des Geldes erfahren und damit entsprechend umgehen können und
- verschiedene Waren aufgrund ihrer äußeren Merkmale erkennen und diese als Einkaufswünsche nennen.

Das Rollenspiel nimmt demnach seinen Ausgang von fiktiven Angaben zu einer Situation und (mindestens) zwei Interaktionspartnern, die im Hinblick auf eine soziale Rolle und eine Handlungsabsicht hinreichend beschrieben werden müssen. Die Kinder haben dann die Aufgabe, entsprechend der definierten Situation (etwas Einkaufen, beim Zahnarzt, bei einer Behörde eine Auskunft einholen) im Spiel eine Handlung agierend und sprechend zu realisieren, die unter den gegebenen Umständen wahrscheinlich bzw. möglich wäre. Dabei werden zwangsläufig grundlegende Wahrnehmungsleistungen aktiviert und Erfahrungsschemata in Anspruch genommen und ausgeweitet. Als didaktische Vorteile bietet der Einsatz des Rollenspiels,

- daß im Spiel ein sanktionsfreier Raum zum Probehandeln und Erfahren von Gegenstandsbedeutungen eröffnet wird,
- daß die Wirkung des eigenen Handelns am reagierenden Partner deutlich wird (interpersonale Wahrnehmung),
- daß die Komplexität von realen Situationen und Bedeutungsstrukturen reduziert und die Spielsituation dem Lernverhalten und dem sachstrukturellen Entwicklungsstand der einzelnen Schüler angepaßt werden kann (inhaltliche Flexibilität) und
- daß jede Szene beliebig oft wiederholbar ist und bestimmte Wahrnehmungsschemata immer wieder aufgebaut, gefestigt oder erweitert werden können.

6.5 Wahrnehmungsförderung durch handlungsbezogenes Lernen

6.5.1 Zum Verhältnis von Wahrnehmungs- und Handlungskompetenz

Besonders der Ansatz des handlungsbezogenen Lernens eignet sich als Mittel der Wahrnehmungsförderung, da in ihm all jene Bedingungen und Merkmale vorzufinden sind, unter denen sich im alltäglichen Leben Erfahrungslernen und Bedeutungsaneignung vollziehen (vgl. die Zusammenstellung grundlegender Prinzipien in Kap. 6.2). Um den Zusammenhang zwischen Wahrnehmungsförderung und handlungsbezogenem Lernen aufzeigen zu können, sollen zunächst einige Grundlagen skizziert werden.

Handlungsbezogenes Lernen zielt letztlich auf eine allgemeine übergreifende Kompetenz, die man mit dem Begriff „Handlungsfähigkeit" umschreiben kann. Es dient nach Gudjons (1997) als Sammelname für recht unterschiedliche methodische Praktiken, mit dem gemeinsamen Kern einer eigentätigen, viele Sinne umfassenden Auseinandersetzung und aktiven Aneignung eines Lerngegenstandes. Stichpunktartig wird auf folgende Bezugswissenschaften und Argumente hingewiesen:

- Denkstrukturen entwickeln sich nach Aussagen der Lern- und Kognitionspsychologie aus verinnerlichten Handlungen. Nicht isoliertes Faktenwissen, sondern vernetzte, handlungsrelevante kognitive Wissensstrukturen sind gefragt.
- Emotional Bedeutsames und subjektive Sinnhaftigkeit wird aus Sicht der Motivationspsychologie durch selbst gewählte Themen und eigenständige Auseinandersetzung gefördert.
- Außerschulische Anforderungen wie Planung, Organisation, Kooperation und Kommunikation, Problemlösen und Kreativität werden gefördert.
- Nach Grundaussagen einer „Subjektiven Didaktik" (Holzkamp 1976; 1997; Kösel 1993) wird Wissen und Verständnis für Wirklichkeit selbsttätig erworben bzw. konstruiert (vgl. die Aussagen zum Konstruktivismus in Kap. 3.3).

In der Didaktik und Methodik der Arbeit in vorschulischen Einrichtungen wie auch in Regel- und vor allem in Sonderschulen nimmt dieser Ansatz einen gewichtigen Stellenwert ein, unter unterschiedlichen Bezeichnungen wie erfahrungsoffener, schüler- oder kindzentrierter Unterricht, entdeckendes Lernen, handelndes Lernen, handlungsbezogener, am Projekt orientierter Unterricht oder Freiarbeit (vgl. Garlichs/Groddeck 1978; Rohr 1983; Bastian 1993; Lernen in Projekten 1992; Mit allen Sinnen lernen 1992; Lernen konkret Heft 3/1985 und Heft 2/1991; Heimlich 1994; Schulte-Peschel 1996; Gudjons 1997).

Um das Ziel der Handlungsfähigkeit in didaktische Entscheidungen umsetzen und wiederfinden zu können, erscheint es notwendig, den Begriff des Handelns selbst näher zu untersuchen. Handeln kann als eine menschliche Verhaltensweise verstanden werden, bei der folgende Strukturmerkmale bzw. Phasen zu unterscheiden sind:

1. Ursprung und Anlaß sind ein Motiv, das eher ichbezogen sein kann als Trieb, Wunsch, Interesse und Bedürfnis, oder eher gruppen- oder gesellschaftsbezogen als soziales Erfordernis in Form von sozialen Normen und Regeln.
2. Ein Entwurf der Verwirklichung des Motivs entsteht in der Planung. Dazu gehören:
   - die Setzung eines Handlungszieles,
   - die Wahrnehmung und Einschätzung der Situation, in der das Handlungsziel verwirklicht werden soll oder gegebenenfalls eine Korrektur des Handlungszieles im Hinblick auf die Gegebenheiten der Situation und das Auswählen und Bereitstellen von geeigneten Mitteln,
   - das Überdenken möglicher Wege oder eines Weges zur Zielerreichung unter Einbezug der ausgewählten Mittel sowie

- das Bedenken möglicher Konsequenzen der Zielverwirklichung für sich selbst und andere.

3. Der Entwurf als die in der Vorstellung und im Denken planend vorweggenommene Handlungsrealisierung wird nun in die Wirklichkeit umgesetzt.
4. Schließlich muß der realisierte Entwurf im Hinblick auf die Zielerreichung kontrolliert werden: Ist das Ziel erreicht worden oder nicht? Wenn es nicht oder nur zum Teil erreicht worden ist, woran lag dies und was muß getan werden?

Um etwaigen Mißverständnissen oder Einwänden von vorneherein entgegenzutreten, seien folgende Anmerkungen zum Verständnis dieser Definition angefügt:

- Handlungen lassen sich dem Umfange nach in gleitenden Übergängen einteilen von sehr umfassenden Handlungen wie beispielsweise einem Hausbau bis hin zu Einzelhandlungen wie „Jemanden grüßen“ oder einen „Apfel essen“. Ganz gleich, ob es sich nun um eine Globalhandlung oder um eine Einzelhandlung handelt, in jedem Falle sind in der Regel die oben dargestellten Strukturmerkmale anzutreffen.
- Die umfassenden Handlungen sind aus Einzelhandlungen, die auch als Teilhandlungen bezeichnet werden können, zusammengesetzt, bei denen sich jeweils die genannten Strukturmerkmale wiederfinden.
- Die aufgezeigten Strukturmerkmale des Handelns stellen eine idealtypische Charakterisierung dar, d.h., sie lassen sich in der Realität in dieser Zusammensetzung nicht immer nachweisen.

Für die Ausbildung dieser soeben skizzierten Handlungsfähigkeit ist eine Lehr- bzw. Lernorganisation unerläßlich, in der die Möglichkeit zur Selbsterfahrung im eigenen Handeln bereitgestellt wird. Darin ist die Hypothese enthalten, daß man Handeln dann am wirksamsten erlernt, wenn man in der Realität unter Aufsicht und Schutz eines Erziehers erprobt, selbst zu handeln. Dabei nimmt man an, daß Kinder, die in der Realität oder möglichst realitätsnah handeln, aus den dabei gewonnenen Handlungserfahrungen Regeln und Fähigkeiten für künftiges Handeln erwerben, und dies wirksamer als bei isoliertem Training einzelner Verhaltensdimensionen, deren Synthese zur Handlungsfähigkeit oft nicht mehr vermittelt wird. Anstatt Kinder also unter ungesicherten Annahmen über die wirklichen Lernvoraussetzungen und Lernabläufe in Lehrzielen, deren Bedeutsamkeit und Zusammenhänge unklar sind, zu trainieren, sollte man sie in möglichst realen Lebenssituationen handeln lassen, in denen sie die notwendigen Lernerfahrungen in ihrer künstlich beschränkten Komplexität selbst erwerben.
Der Ablauf handlungsbezogener Lernangebote lehnt sich eng an die Phasen oder Strukturelemente an, die eine Handlung charakterisieren. Diese

Phasen werden zur Artikulation des Lerngeschehens, das Lernen selbst wird dadurch als Handlung angelegt; von daher ergibt sich eine bestimmte Reihenfolge von Aktivitäten. Der Handlungszusammenhang wird durch ein Handlungsziel gewährleistet, das, richtet es sich an der schon erworbenen Handlungsfähigkeit der beteiligten Kinder aus, garantiert, daß das gemeinsame Tun für den Großteil der Schüler überschaubar bleibt. Handlungsbezogenes Lernen scheint in besonderer Weise dazu geeignet, selbständiges Handeln zu fördern, wenn es

- die Bedürfnisse, Interessen, Erfahrungen und Fragen der Kinder und Jugendlichen berücksichtigt,
- diese an der Formulierung von Handlungszielen beteiligt, ihnen nicht nur Aufträge erteilt, sondern sie Aufgabenstellungen und -lösungen finden läßt,
- sie an der Planung und Realisierung nach Maßgabe ihrer Möglichkeiten beteiligt,
- sie in der Partner- und Gruppenarbeit Aufgaben eigenständig erfüllen läßt, ihnen nicht jede Aufgabe in „Häppchen“ zerlegt und
- ihnen mehr soziale Freiheit läßt, nicht um den eigenen Egoismus auszuleben, sondern um Grenzen der physischen und sozialen Umwelt selbsttätig zu erkennen und zu erfahren.

Die umfassende Kompetenz „Handlungsfähigkeit“ läßt sich in Anlehnung an die beschriebenen Handlungsphasen in folgende Fähigkeiten aufgliedern:

- Eigene Bedürfnisse und Interessen wahrnehmen und mitteilen,
- Bedürfnisse und Interessen anderer wahrnehmen und berücksichtigen,
- Situationseinschätzungen,
- Vorstellungsfähigkeit,
- Planungsfähigkeit und Probehandeln,
- Kommunikations- und Interaktionsfähigkeit,
- Fähigkeit zur Selbsteinschätzung und zur Kontrolle,
- Psychomotorische Fertigkeiten und Techniken sowie
- Wahrnehmungsfähigkeit, auch für den sozialen Bereich.

An dieser Aufzählung von Teilfähigkeiten der Handlungsfähigkeit, die sich sicher noch erweitern ließe, wird deutlich, daß zum Handeln sensomotorische, emotionale, soziale, kognitive und kommunikative Fähigkeiten, sicherlich von Handlung zu Handlung unterschiedlich gewichtet, gefordert werden. Handeln ist somit ein Verhalten, das geeignet ist, psychische Funktionen der verschiedensten Art in sich zu integrieren. Wesentlich an dieser Integration psychischer Funktionen ist die Tatsache, daß sie unter zweierlei Gesichtspunkten erfolgt: einmal dadurch, daß der gesamte Handlungs-

ablauf von einem bestimmten Motiv her angetrieben wird, und andererseits dadurch, daß er von einem vorgegebenen Ziel her gesteuert wird.
An dieser Stelle läßt sich nun auch der Standort der Wahrnehmungsförderung im handlungsbezogenen Lernen aufzeigen. Der entscheidende Aspekt dabei ist, daß die Wahrnehmungsleistung in einen umfassenderen Rahmen, nämlich die Handlung, eingebettet ist. Sie wird zu einem Teilprozeß im Handlungsablauf, der von diesem her seine Motivation und Funktion erhält, wobei letztere darin besteht, Orientierungsdaten aus der hier und jetzt unmittelbar gegebenen Umwelt an verschiedenen Stellen des Handlungsablaufes zu dessen optimaler Durchführung zu liefern. Sie ist also nicht um ihrer selbst Willen da, auch nicht inszeniert durch einen von außen kommenden erzieherischen Impuls, womöglich noch an lebensfernem Material, sondern dient der Orientierung und Kontrolle in einem umfassenderen Geschehen. Dabei muß unter der Führung figuraler und anderer Merkmale nach Dingen gesucht werden, denen eine Bedeutung erst im Rahmen des Handlungsablaufes zugeschrieben wird.
Dabei kann es durchaus angebracht sein, Übungsphasen einzuschalten, in denen die Wahrnehmung von Dingen und Sachverhalten zwar isoliert geübt, aber immer wieder der Rückbezug in die umfassendere Handlung hergestellt wird.

6.5.2 Zur Realisierung einer handlungsbezogener Wahrnehmungsförderung

Einige wenige Beispiele mögen belegen, wie die Einbindung der Wahrnehmungsförderung in umgreifendere Handlungsbezüge erfolgen kann.

Tischdecken

In vielen schulischen und vorschulischen Einrichtungen, vor allem in solchen mit einer Ganztagsbetreuung, kann das Tischdecken als täglich wiederkehrende Aufgabe und damit abgeschlossene Einzelhandlung angesehen werden, läßt sich aber auch als Teilhandlung in einem größeren Handlungsumfeld, z.B. beim Feiern eines Festes oder beim Zubereiten von Mahlzeiten, verstehen. Unabhängig jedoch davon, ob das Tischdecken als abgeschlossene Einzelhandlung oder als Teilhandlung durchgeführt wird, sind u.a. folgende Orientierungsleistungen über die Wahrnehmung gefordert:

- Teller, Löffel, Gabel, Messer usw. müssen als solche, d.h. in ihrer Bedeutung anhand äußerer Merkmale „als Figur“ erkannt und in der richtigen Größe und Anzahl ausgesucht und abgezählt werden.
- Die erforderlichen Materialien werden auf dem Tisch an bestimmten Stellen in bestimmter Zuordnung und nach vorgegebenem Muster ausgelegt. Zum Erfassen von Form- und Farbmerkmalen wird die visuelle Wahrnehmung angesprochen, beim Aussuchen und Auslegen sind aber

auch haptisch und kinästhetisch gesteuerte Bewegungen einschließlich vielfältiger intermodaler Koordinationsleistungen vonnöten.

Bei Tisch

- Mein Magen knurrt. Ich habe Hunger und werde frühstücken.
- Der Boiler summt. Das Wasser ist heiß und der Tee kann gleich zubereitet werden.
- Mit diesem langen, silbrigen, sich kalt anfühlenden Gegenstand „Messer“ kann man ein Brot oder einen Apfel durchschneiden.
- Der kleine, runde, weiße Gegenstand ist glatt und zerbrechlich; ich muß das Ei vorsichtig in die Hand nehmen; die Schale schmeckt nicht, wohl aber der Inhalt.
- Die dampfende Brühe in dem Teller ist heiß. Ich muß aufpassen, daß ich mir nicht den Mund verbrenne.
- Wenn ich mir (zu) viel Zucker in den Tee schütte, schmeckt dieser (zu) süß.
- Das „Papiertuch“ bzw. die Serviette, die auf dem Tisch liegt, ist nicht zum Malen, sondern man kann sich damit den Mund abwischen.

Beim An- und Ausziehen

- Der rote Gegenstand, der hier am Haken hängt, ist meine Jacke.
- Das ist nicht meine Jacke, denn die ist grün und auch zu klein. Sie paßt mir nicht.
- Ich habe den Haken mit dem Zeichen „blauer Ball“; der Haken mit dem „gelben Stern“ ist für Renate.
- Ich öffne meinen Anorak, indem ich den Reißverschluß von oben nach unten ziehe.
- Meine Unterwäsche ist schmutzig, ich muß sie wechseln.
- Die Füße schmerzen; ich habe die falschen Schuhe (von meinem Nachbarn) angezogen.

Im Straßenverkehr

Die Bewältigung von Verkehrssituationen erfordert – sei es in eigens angesetzten Übungen als Einzelhandlungen oder als Teilhandlungen bei umfassenderen Tätigkeiten des Einkaufens, des Besuchs irgendwelcher Einrichtungen oder ähnlichem – in hohem Maße u.a. folgende Orientierungsleistungen, und zwar in einer wechselseitigen Verbindung von Wahrnehmung und Eigenbewegung:

- Gehweg und Straße müssen als solche erkannt und unterschieden werden.
- Vor dem Überqueren einer Straße muß erkannt werden, ob sich Autos, Motorräder u.a. nähern oder entfernen und in welcher Geschwindigkeit sie sich nähern, wobei die Eigenbewegung mitbedacht werden muß.

- Zebrastreifen müssen als solche erkannt werden. Das Überqueren einer Straße mit Ampelbetrieb erfordert das Erkennen des roten Signals und dessen Bedeutung, das Erfassen der Stelle, an der zu halten ist, wenn die Fußgängerampel „rot“ zeigt, sowie das Erwarten des grünen Signals und das Erkennen seiner Bedeutung.
- Noch schwieriger gestaltet sich das Verhalten an einer Druckampel. Zunächst muß angehalten werden, wenn das Signal auf „rot“ zeigt. Dann muß der Druckknopf als solcher erkannt und betätigt werden, schließlich ist abzuwarten, bis das rote Signal auf „grün“ umspringt, um dann zügig die Straße zu überqueren.
- Manchmal sind andere Verkehrsteilnehmer nur mit dem Gehör wahrzunehmen; dann müssen den akustischen Signalen die entsprechenden Bedeutungen und gegebenenfalls optischen Wahrnehmungen sowie die eigenen Verhaltensweisen zugeordnet bzw. angepaßt werden. Hier hilft es wenig, Verkehrsgeräusche von einer Schallplatte oder Cassette richtig zuordnen zu können, da sie in der Regel verzerrt wiedergegeben sind und das entsprechende optische Wahrnehmungsbild fehlt.
- Verkehrsschilder müssen ausgemacht, unterschieden und in ihrer Bedeutung erfaßt werden. Entsprechende Vorbereitungen im Kindergarten oder im Schulhof sind zwar notwendig und hilfreich, aber nicht ausreichend, um Verkehrsschilder in der Realität vor einem Hintergrund vielfältiger anderer Reize auszumachen.

Beim Basteln, Werken und zeichnerischen Gestalten

Hierbei werden vorrangig folgende Wahrnehmungsleistungen, die hier relativ global beschrieben werden, notwendig:

- Werkzeuge und Geräte müssen identifiziert und unterschieden werden; bei verschiedenen Größen der gleichen Werkzeuge und Geräte müssen die angemessenen im Hinblick auf die geforderte Aufgabe ausgewählt werden. Auch die Kontrolle der Handhabung der Geräte und Werkzeuge erfolgt im wesentlichen über die Wahrnehmung, insbesondere die visuelle und kinästhetische, aber auch über die auditive Wahrnehmung.
- Beim bekanntmachenden und spezifischen Umgang mit Materialien ist die Wahrnehmung wesentliches Instrument zum Erfahrungssammeln und zur bewertenden Kontrolle, indem Materialien voneinander unterschieden und ihre spezifischen Eigenschaften in tätigem Umgang erfaßt werden, ihre gestaltende Bearbeitung und das bearbeitende Zueinander von Materialien und Materialteilen begleitet und kontrolliert wird, Größen- und Farbverhältnisse berücksichtigt und beim Nachgestalten von Originalen oder Modellen deren Eigenschaften aufgefaßt und angemessen umgesetzt werden, u.a.m.

Beim Kochen

Hier könnte, vor allem bei jüngeren Kindern, im Rahmens des Themas „Herbstfrüchte" oder „Zubereitung von Müsli" der Apfel als Frucht im Vordergrund stehen. Dabei geht es weniger um Schneideübungen mit dem Messer mit dem Ziel einer Ausdifferenzierung der Fein- und Handmotorik oder der visuomotorichen Koordination, sondern um die Objekterkundung des Apfels als Wahrnehmungsgegebenheit. Da das Erfassen bzw. das Kennenlernen eines Apfels auch über die Nahsinne wie Tasten, Schmecken und Riechen erfolgen sollte, ergibt sich für die Planung einer Handlungs- und Erlebniseinheit, daß das Kinder einen Apfel zunächst einmal wahrnehmen über seine

- Oberflächen- und Konsistenzeigenschaften (wie Härte, Weich- und Glattheit, Dicke, Rundlichkeit, Klebrigkeit und Feuchtigkeit),
- Geruchsmerkmale und -intensitäten (wie blumig, faulig, fruchtig, würzig) und
- Geschmacksqualitäten (wie süß, sauer, herb, bitter).

Optische Reizqualitäten kommen später bzw. parallel als Hinweismerkmale hinzu. Im handelnden Umgang mit vielen unterschiedlichen Äpfeln in verschiedenen Situationen ergeben sich weitere Möglichkeiten der Sinnstiftung und der Aneignung sinnlicher Erfahrungen wie Äpfel

- pflücken oder einkaufen,
- betasten, anbeißen, schmecken, riechen und essen,
- schälen und klein schneiden,
- zu Müsli oder Apfelkompott verarbeiten,
- zu einem Apfelkuchen verarbeiten oder
- zu Apfelsaft pressen.

Mit der Zeit strukturieren sich dann die oben genannten äußeren, formalen Eigenschaften in einem intermodalen Verbund zu einer Verkörperung des einen Apfel ausmachenden Reizgebildes, und „der Apfel" wird in entsprechenden Situationen – in seiner dinglichen Bedeutung als eine eßbare und wohlschmeckende Frucht – immer wieder erfaßt.

Weitere Beispiele

Bei dem Apfel handelte es sich noch um einen recht einfach strukturierten, natürlichen Gegenstand aus dem alltäglichen Leben. Ähnlich vollziehen sich auch Wahrnehmungsleistungen bei der Auseinandersetzung mit komplexeren technischen Dingen und Zusammenhängen, z.B. mit der Zwecksetzung und Funktionsweise eines Dosenöffners, Fahrkartenautomaten oder elektrischen Motors, mit gesellschaftlichen Phänomenen wie den Dienstleistungen der Feuerwehr oder der Polizei oder mit sozialen Vorgängen wie dem sich aufstellen und warten müssen vor einem Bahnschalter.

In der Erziehungs- und Unterrichtspraxis in Kindergarten und Schule hat es sich bewährt, solche handlungsbezogene Lernmöglichkeiten in übergreifende Handlungseinheiten bzw. in Vorhaben und Projekte einzubetten (vgl. Mühl 1983; Projektwochen 1991; Lernen in Projekten 1992; Mit allen Sinnen lernen 1992; Pädagogik Heft 10, Okt. 1993), nach Möglichkeit im Rahmen einer lebensproblemzentrierten (Westphal 1983) bzw. ökologisch orientierten (Heimlich 1994) didaktischen Gestaltung und im Rahmen einer methodisch offenen Vorgehensweise (Wallrabenstein 1994). Solche Handlungseinheiten bzw. Vorhaben können lauten:

- Ich lerne Fahrrad fahren
- Wir benutzen öffentliche Verkehrsmittel
- Wir telefonieren
- Besuch bei der Polizei und der Feuerwehr
- Wir legen einen Schulgarten an
- Wir ernten und verarbeiten Herbstfrüchte
- Wir backen Brot
- Wir fahren ins Schullandheim
- Wir richten unsere Klasse gemütlich ein
- Wir putzen
- Wir werken mit Holz und gestalten einen „Apfelbaum"
- Wir bauen ein Lehmhaus.

Die aufgeführten Beispiele in diesem Kapitel werden ob ihrer Trivialität verblüffen, und man wird sich fragen, was das Besondere an ihnen sei. Das Besondere an ihnen ist, daß an ihnen eben nichts Besonderes ist, d.h. die Förderung der Wahrnehmung wird dorthin zurückverlagert, wo sie als Instrument der Orientierung im dinglichen und sozialen Bereich hingehört, nämlich in den Rahmen umfassenderer Handlungen.

6.6 Wahrnehmungsförderung bei Kindern und Jugendlichen mit schwerster Behinderung: zur Praxis von Interaktion und Kommunikation

6.6.1 Körper- und mehrfachbehinderte Kinder und Jugendliche

Der Wahrnehmungsförderung von Kindern mit schweren, umfänglichen und mehrfachen Behinderungen wird hier ein eigenes Kapitel gewidmet, da besonders die Multiplikation vielfältiger physischer Belastungszustände und eine extrem eingeschränkte Körpermotorik in der Regel zu anderen Entwicklungsbedingungen führen. So sind z.B. bei cerebralparetischen Kindern die Reflexe von Anfang an pathologisch beeinflußt, gezielte Koordinationen kommen kaum zustande und elementare Bewegungsmuster kön-

nen nur mühsam und längerfristig aufgebaut werden. Das Persistieren des Greifreflexes hat z.B. zur Folge, daß „bei taktiler Stimulation durch einen Gegenstand sich die Hände schließen und einen Gegenstand nur kurz festhalten können. Ein gezieltes Zugreifen, Befühlen, in den Mund stecken und Manipulieren mit einem Gegenstand ist nicht möglich. Das Kind kann oft seinen eigenen Körper nicht befühlen und somit erfahren“ (Beck 1977, 91 f.). Weil es sich nicht hochrichten kann, erlebt es nicht den Überblick über ein Ganzes, sondern immer nur Einzelansichten, und weil es den Kopf nicht heben kann, kommt es an Gegenstände, die es interessiert, nicht heran.
Mit den fehlenden Bewegungserlebnissen wiederum kommen im motivationalen Bereich weniger lustbetonte „Beweggründe“ zustande, die Möglichkeiten des eigenen Körpers und Bewegungsräume zu erkunden. Weiterhin sind grundlegende menschliche Persönlichkeitsspielräume stark eingeengt, wie z.B. die Möglichkeit, sich zu wehren oder in Sicherheit zu bringen, wenn etwas bedrohlich oder unangenehm erscheint oder die Freiheit, sich für ein bestimmtes Nahrungsmittel, einen Spielgegenstand oder einen Gesprächspartner zu entscheiden. Im emotional-sozialen Bereich fehlen in vielen Fällen ein elementares und stabiles Urvertrauen und ein Gefühl von Geborgenheit und Sicherheit, also die Voraussetzung dafür, daß ein Kind Außenreize sucht und sich der Welt zuwendet (Renggli 1974), da abnorme, d.h. andersablaufende Reaktionsmuster z.B. im mimischen Bereich die Kommunikation zwischen Mutter und Kind irritieren und interpersonale Wahrnehmung erschweren. Lange Krankenhausaufenthalte, ungenügende Betreuung und wechselnde Bezugspersonen in der Heimerziehung, verärgertes Reagieren und zeitweilige Gewaltanwendung, wenn das Kind trotz gut gemeinter Hilfen und Förderangebote apathisch bleibt oder aggressiv wird, widersprüchliches Eingehen auf die kindlichen Bedürfnisse aufgrund von Schwierigkeiten im Deuten des kindlichen Signalverhaltens, Verunsicherung und Sprachlosigkeit von Außenstehenden in der Begegnung mit dem Kind sowie Vorenthaltung einer angemessenen Erziehung durch Nichtaufnahme oder Separierung in staatlichen bzw. privaten Bildungsinstitutionen kommen in vielen Fällen als zusätzliche Beeinträchtigungsmomente hinzu.
Die Frage, wie demnach die „Wirklichkeit der Alltagswelt“ (Schütz 1974; Berger/Luckmann 1980) eines schwer geistig behinderten Kindes aussehen kann, d.h., wie seine Umwelt und seine Situation ihm subjektiv sinnhaft erscheinen, wird nicht oder nur in Ansätzen beantwortet werden können. Thalhammer (1980, 547 ff.) vermutet, daß das behinderte Kind ein „für es existentiell bedrohliches Gefühl der Abhängigkeit, der Angewiesenheit, der Verfügtheit permanent erleben muß“ und daß die pädagogische Wirklichkeit sich als taktile bzw. oralsinnliche Welt gestaltet, die „die kognitive Komponente des Menschen aus der Überbewertung herausnimmt“ (549).

Wie im Kap. 3.7 über die Entwicklung der Wahrnehmung deutlich wurde, vollzieht sich diese zunächst über den Körperkontakt und ist abhängig von der Beziehungsqualität zwischen Mutter und Kind. Die Wahrnehmung des Säuglings ist noch relativ bedeutungsarm und undifferenziert, und die auf das Sensorium auftreffende Reizvielfalt erscheint ihm noch fremd bzw. ohne Sinn. Erst durch die Interaktion bzw. Kommunikation mit einer Bezugsperson, d.h. durch den Zyklus von Aktion-Reaktion-Aktion (Dialog) wird das Kind befähigt, Schritt für Schritt bedeutungslose Reize in bedeutungserfüllte Signale umzuwandeln. Dies wird auch durch empirische Untersuchungen gestützt. So konnte Papousek (1975, 135 ff.) anhand von Filmanalysen zeigen, daß die Interaktion zwischen Mutter und Säugling als eine Kette von kurzen Szenen abläuft, in denen sich beide Partner stimulieren und belohnen. Daneben lernen beide Partner, „wie der eine den anderen durch eigenes Verhalten beeinflussen kann. Also nicht nur die quantitativen Aspekte der Stimulation, sondern Struktur, die Sequenz und die kausalen Beziehungen zwischen den einzelnen Verhaltenskomponenten auf beiden Seiten spielen die entscheidende Rolle". Damit stellen soziale Interaktionen, in denen der Säugling unter normalen Umständen aufwächst, elementare Lernsituationen dar. Das Kind sammelt auf der einen Seite eine Menge von Erfahrungen über das mütterliche Verhalten, so daß es bald auch kleine Veränderungen wahrnehmen kann. Auf der anderen Seite gewinnt es auch viele Erfahrungen über das eigene Verhalten und deren Auswirkungen auf das mütterliche Verhalten. Als Voraussetzung bzw. Erleichterung für solche Lernprozesse bezeichnet Papousek ein häufiges Wiederholen und eine gewisse Kontinuität und Konstanz im Verhalten der Mutter. Durch diese Mutter-Kind-Interaktion, die man auch als „interpersonelle Handlungsbeziehung" (Rosenow zit. in Mühl 1980, 75) bezeichnen könnte, werden zunächst ungerichtete Aktivitäten und Reflexe durch die Reaktionen der Mutter zu gerichteten Tätigkeiten, was voraussetzt, daß die Mutter selbst bzw. ihre Reaktionen den Charakter von bedeutungshaltigen Signalen gewinnen und auch als solche wahrnehmend interpretiert werden. Indem eine enge und intensive Beziehung an eine Bezugsperson angestrebt wird, können sich dann vielfältige Interaktionen wie Füttern, Hin- und Herwiegen, Lauschen auf eine Stimme oder Betrachten des Gesichts der Mutter vollziehen. Diese sozialen Abläufe erfordern zum einen die Aktivierung von Perzeptionsleistungen und schaffen zudem die Grundlagen für neue Aktivitäten. Durch diese Bereitstellung von Möglichkeiten des Eingehens auf interaktive Impulse wird Wahrnehmung in Gang gesetzt und werden bedeutungshaltige Ereignisse außerhalb des eigenen Körpers allmählich erfaßt.
Somit ist Pfeffer (1982, 122) zuzustimmen, wenn er die „Qualität des affektiven menschlichen Bezugs der in ihrem Zentralnervensystem schwer geschädigten Kinder ... in Analogie zur Hospitalismusforschung als conditio-

ne sine qua non für eine qualifizierte Begegnung des Kindes mit der Umwelt“ bezeichnet. Entscheidend für den Erziehungswert und den Erfolg auch von Reizangeboten dürfte demnach nicht der Aspekt der Quantität und Intensität im Rahmen einer medizinisch-neurophysiologischen Perspektive, sondern vielmehr der Gesichtspunkt sein, inwieweit es gelingt, die Reizdarbietungen inhaltlich auf einer qualitativen Ebene den spezifischen Bedürfnissen des einzelnen Kindes und seinem kognitiven Lernniveau im Hinblick auf bereits angeeignete Erfahrungs- und Bedeutungsschemata anzupassen und eine angemessene Vermittlung durch einen „einfühlsamen“ Dialog mit dem Kind zu leisten (vgl. auch Fornefeld 1989; 1995; Dreher 1996).

Daraus folgt für eine Wahrnehmungsförderung von Kindern mit schwerster Behinderung, daß eine Zerstückelung der Erziehung in unterschiedliche Förder- und Funktionsbereiche nicht zulässig ist. Vielmehr spricht alles für eine möglichst ganzheitliche, alltagsintegrierte, alle psychischen Funktionen integrierende Vorgehensweise. Dabei allerdings stellt sich die Frage, inwieweit ein solches Vorgehen Kinder mit schwerster Behinderung in ihrem basalen, wenig differenzierten Verhalten ansprechen kann. Die Befürchtung, kommunikationsorientiertes oder handlungsbezogenes Lernen sei für Kinder mit schwerster Behinderung überhöht, trifft nicht zu, wenn man Kommunikation auf einer sehr einfach gehaltenen Stufe definiert als eine Geschehen, bei dem eine Person eine andere Person „auf irgendeiner Stufe wahrnimmt und darauf reagiert“ (Haupt 1982, 26), und wenn Handlungsfähigkeit sehr elementar innerhalb eines von der jeweiligen Person erschlossenen Wirklichkeitsausschnitts gesehen wird.
Auch Cyrus (1991) sieht das Anliegen einer elementarer Wahrnehmungsförderung weniger in einer Funktionsschulung, sondern – eingebettet in einen soziale Kontext – darin, daß das Kind auditive Eindrücke als bedeutungsvoll erlebt, Zusammenhänge entdeckt und beginnt, die Umwelt beeinflussen zu können. Bezüglich Fördermaßnahmen berichtet er von Erfahrungen aus einem Zentrum für hörgeschädigte und taubblinde Kinder in Oslo. Ausgangspunkt ist eine möglichst exakte Einschätzung der Hörfähigkeit, was der Auswertung ärztlicher Befunde vor allem über die Beobachtung und Auswertung von Reaktionen auf (bedeutsame) Laute und Klänge geschieht. Er plädiert dafür, Wahrnehmungsförderung nicht unbedingt als Anregung einzelner modaler Sinnesbereiche zu schulen. Vielmehr könne es für das einzelne Kind sinnvoll sein, zunächst über andere Modalitäten Informationen zur Strukturierung von Umwelt und Wirklichkeit so zu vermitteln, daß akustische Phänomene erst darauf aufbauend als Mittel der Erfahrungstätigkeit eingesetzt werden. Ein wichtiger Ansatzpunkt für Förderangebote ist die Kenntnis des subjektiven „Lebensraumes“ des einzelnen Kindes, der für dieses einen sicheren Anker- und Rückzugspunkt bildet:

„Außerhalb dieser Grenze werden akustische Phänomene bedeutungslos oder bedrohlich. Wir – oder ein Objekt – müssen dem Kind zuverlässig (!) zugänglich sein, damit es in Sicherheit das Neue erforschen kann“ (194).

Auf einen elementaren Ansatzpunkt für eine solch sozial vermittelte und affektiv gefärbte Kommunikations- bzw. Wahrnehmungsförderung soll im folgenden ausführlicher eingegangen werden. Gemeint ist, was häufig etwas abwertend und geringschätzig mit „Pflege“ bezeichnet wird. In der Praxis einer „ganzheitlichen“ Pflege, die nicht routinemäßig und distanziert abläuft, wird nämlich deutlich, daß viele psychische Funktionen angesprochen werden und sich zahlreiche Situationen zur Kontaktaufnahme und Kommunikation bieten.
Zunächst einmal ist der Aspekt der sensorisch-motorischen Stimulation zu nennen, auf den Feuser (1978, 73) hinweist. „Jeder pflegerische Kontakt mit einem schwerbehinderten Kind, sei es, daß es zu säubern, zu füttern oder zu kleiden ist, bedeutet eine Fülle vor allem taktiler und kinästhetischer Stimulationen des Kindes im Sinne interozeptiver Wahrnehmungen, die eine die zentrale Nerventätigkeit anregende Aktivierung bedeuten. Jede passive, d.h. auch ohne Mitwirkung des Kindes vorgenommene Bewegung bewirkt diese Aktivierung, was sich z.B. die Krankengymnastik längst gezielt zunutze macht. Im Bewußtsein der Möglichkeit, das Kind auf diesem Wege sensorisch zu erreichen, kann jede pflegerische Verrichtung voll zur Stimulation des Kindes genutzt werden, indem Bewegungsmuster z.B. beim Ankleiden öfters wiederholt, das Kind beim Waschen frottiert, Hautkontakt beim Schwimmen hergestellt wird usw. Feuser geht sogar soweit festzustellen, daß es kein didaktisches Spiel oder Arbeitsmaterial gibt, das erlaubt, das schwerbehinderte Kind besser und für es selbst wahrnehmbar zu erreichen, als dies durch seine körperliche Pflege der Fall ist. Damit Pflege aber all dies erreichen kann, darf sie nicht reine Versorgung bleiben, sondern muß emotional und erzieherisch durchdrungen werden. Daß eine gewisse Regelmäßigkeit innerhalb räumlicher und zeitlicher Bedingungen sowie eine Konstanz des pädagogischen Personals gewahrt werden muß, versteht sich von selbst.
Wichtiger aber noch als der Gesichtspunkt der sensorisch-motorischen Stimulation ist der der Interaktion und Kommunikation. Gegenüber einem Stimulationstraining, in dem das Kind etwa Intensitätsvariationen von projiziertem Licht ausgesetzt ist, findet Pflege immer in einem sozialen Bezug statt. Sie ist, „kein alltäglicher Vorgang, sondern derjenige, der pflegt, reagiert mit seiner Pflege auf die besonderen Bedürfnisse des Patienten. Er bezieht bei der Pflege Reaktionen des Gegenübers mit ein. Pflege ist also eine ‘Form der Interaktion’“ (Fröhlich 1980, 42; Bienstein/Fröhlich 1991). Das Kind erhält stimmliche Zuwendung, wird angesprochen und angeschaut

und reagiert darauf; seine diffusen Lautäußerungen und gesamtkörperlichen Bewegungen werden vom Erzieher aufgenommen und durch eigene Reaktionen des Zulächelns und der Rücksprache beantwortet, so daß ein Interaktionsablauf entsteht, den Spitz (1973) – in bezug auf Mutter und Säugling – als „Dialog" bezeichnet. Durch die mit der Pflege verbundene Bedürfnisbefriedigung und die darauf folgenden angenehmen Gefühle eröffnet sich dann die Möglichkeit, daß das schwer geistig behinderte Kind mit der Zeit lernt, aus zunächst diffusen Reizeindrücken seiner Umwelt bestimmte charakteristische Details als konstante und invariante Merkmale mit Signalcharakter herauszugliedern und sich Außenreizen bzw. sozialen und dinglichen Gegenstandsbedeutungen zuzuwenden (vgl. Praschak 1991).

Bei Kindern und Jugendlichen mit schwerster Behinderung, die nicht unter der im vorhergehenden Kapitel beschriebenen tiefen seelischen Verstimmtheit und Vereinsamung leiden oder aber, wenn Kinder nach einer Zeit zuverlässiger und konstanter Bedürfnisbefriedigung und körperlicher Zuwendung Vertrauen in ihre Umwelt gewonnen haben und beginnen, sich Außenreizen zuzuwenden, können verstärkt neue Gegenstände angeboten, neue Situationen aufgesucht und komplexere Handlungsschemata aufgebaut werden (vgl. Haupt 1982, 56 f; Haupt/Fröhlich 1983).
Wahrnehmungsförderung „als Praxis der Interaktion und Kommunikation" bezieht sich dann auf materiale Gegenstandserfahrungen, wenn das Kind beispielsweise aufgrund sozial gelenkter oder zufälliger Reaktionen Gegenstände in Bewegung versetzt oder Geräusche erzeugt. Wenn z.B. ein Kind eine Quietsch-Puppe in die Hand bekommt und über genügend Geschicklichkeit verfügt, diese zu greifen, können nach vielen Wiederholungen dieser Tätigkeit spezifische äußere, formale Eigenschaften des Gegenstands erfaßt und gespeichert werden (Merkmale der Form, Farbe, Oberflächenbeschaffenheit, Geräuschqualitäten u.a.), wobei in einem gegenseitigen Bedingungsverhältnis auch die in den figural-qualitativen Merkmalen verkörperten Bedeutungen des Gegenstandes angeeignet werden. Dabei gilt zu berücksichtigen, daß das schwer geistig behindert Kind diesem Gegenstandsschema aufgrund des spezifischen und eingeschränkten Umgangs zunächst eine sehr diffuse, rein subjektive Bedeutung entnehmen wird, z.B. im Sinne eines Dings, das man anfassen oder in den Mund stecken kann. Erst im Laufe zunehmender sinnlich-praktischer Erfahrungen und einer Ausweitung sensomotorischer Schemata wird auch der inhaltliche Aspekt der Wahrnehmungsgegebenheit sich verändern, wenn das Kind die Puppe nicht mehr nur in den Händen hält, sondern mit „Absicht" und gezielt drückt, um ein spezifisches Geräusch zu erzeugen.
Von besonderer Bedeutung sowohl für die inhaltliche wie auch die methodische Gestaltung sind die Untersuchungen und Beschreibungen zur Ent-

wicklung der sensomotorischen Intelligenz (Piaget 1969; Pfeffer 1983; vgl. Kap. 3.7.3), da die dort enthaltenen Hinweise über die qualitativen Zusammenhänge von sensorischen und motorischen Anteilen im Rahmen des Adaptions- bzw. Aneignungsprozesses wesentlich zum Verständnis des Verhaltens schwer geistig behinderter Kinder beitragen. Zahlreiche konkrete Hinweise und anschauliche Beispiele zur Realisierung dazu liefern Breitinger/Fischer (1981), die aus einer interaktionalen Sichtweise die psychische Situation intensivbehinderter Kinder zu beschreiben versuchen und daraus als pädagogische Aufgabe die Zielvorstellung „Leben lernen" begründen. Mit der Methode der „basalen Aktivierung" wollen sie „die Welt und die jeweiligen Weltausschnitte" mit Anregungsqualitäten ausstatten und über ein didaktisches Befragen und Analysieren dem Schüler „die objektiv notwendige Welt subjektiv bedeutsam machen".

Dazu bedarf es einer besonders gestalteten Lern- und Entwicklungsumgebung bzw., wie Fornefeld (1996) dies auf dem Hintergrund der Arbeiten von Hugo Kükelhaus fordert, eines Erfahrungsfeldes „zur Entfaltung der Sinne", in dem der einzelne behinderte Mensch für sich subjektiv Sinn entnehmen kann. Da die sinnliche Tätigkeit jeder „Sinn-Stiftung" vorausgehe, fordert sie, dem schwerstbehinderten Kind in der Schule eine Welt anzubieten, „die das Machen von Erfahrungen zuläßt, damit das Kind in der erfahrenen Auseinandersetzung mit ihr, also mittels seiner Sinne, zur Kenntnis von der Welt und schließlich zur Er-Kenntnis über die Welt gelangen kann" (99 f.). Lernen gelinge nur dann, wenn ein „Um-gang" mit den vielfältigen Erscheinungen des Lebens und der Welt möglich wird. Erforderlich sei also handelndes Lernen, handlungsorientierter Unterricht, bzw. tätiges Mit-sein. Dazu gehöre auch, Grenzen oder Widerstände erfahren zu lassen, so daß sich Fornefeld die Frage stellt: „Brauchen unsere Schüler wirklich eine weitgehend gleichförmige, streng rhythmische Welt oder ein über lange Strecken gleichbleibendes und funktional ausgerichtetes Lernangebot?" (102).

6.6.2 Kinder und Jugendliche mit autistischem Verhalten

Was Kinder und Jugendliche mit autistischem Verhalten betrifft, wird diesen in der Literatur eine Vielzahl auffälliger Verhaltensweisen im Bereich der Wahrnehmung zugeschrieben:

- Paradoxe Reaktionen auf Sinnesreize (z.B. Augen bedecken bei Geräuschen, Ohren zuhalten bei Lichtreizen),
- Bevorzugung des Geruchssinns (z.B. Schnüffeln an Personen/Dingen) und des Geschmackssinnes (z.B. Ab-, Anlecken von Gegenständen) gegenüber dem Gesichts- und Gehörsinn,

- ungewöhnliche und unerklärliche, häufig mit Angst besetzte Reaktionen auf bestimmte Laute und Geräusche; Nichtreagieren auf sehr laute Töne oder Sprache; Faszination durch Raschel- und Rauschtöne; Bevorzugung individuell bedeutsamer Geräusche wie Wasserrauschen, Haushaltsmaschinen, Motorengeräusche oder Klopftöne u.a.,
- Faszination durch spezifische optische Reize wie Glitzern, Flimmern, Reflexe, gleichmäßige Objektbewegungen, Drehbewegungen runder Gegenstände, Blättern in Büchern u.a.,
- Vermeiden des Blickkontakts (Augenschließen, Vorbeisehen bei Ausrichtung des Gesichts auf Personen); scheinbares „Hindurchsehen" durch Personen,
- stereotypes Bewegen von Körperteilen (z.B. Händen, Fingern) und Gegenständen (z.B. Lappen, Fäden) im Blickfeld,
- Unempfindlichkeit gegenüber Kälte-, Hitze-, Schmerz- und Geschmacksreizen,
- ungewöhnliche Reaktionen auf somatische und taktile Berührungen (z.B. Ablehnen von sanften Berührungen, Umarmungen oder Küssen),
- Bevorzugung heftiger, manchmal schmerzhafter Reize; Tendenz, sich selbst Schmerzreize zuzufügen (z.B. Kopf gegen harte Gegenstände schlagen, Augen/Ohren bohren, Wunden aufkratzen).

Unabhängig von möglichen Verursachungsmomenten wie genetischen Faktoren, biochemischen Besonderheiten (Neurotransmitter-Störung in Form einer Serotonin- oder Dopamin-Spiegelerhöhung) oder sozialen Komponenten wird heute in der Literatur in der Erklärung von autistischem Verhalten das Schwergewicht auf eine Störung der Wahrnehmungs- bzw. Informationsverarbeitung gelegt, und zwar infolge bisher nicht bekannter und näher lokalisierter Hirnschädigungen bzw. Hirnfunktionsstörungen (vgl. Feuser 1987; Landesinstitut für Schule und Weiterbildung Nordrhein-Westfalen 1987; Ministerium für Kultus und Sport Baden-Württemberg 1988; Ministerium für Bildung und Kultur Rheinland-Pfalz 1992; Bundesverband Hilfe für das autistische Kind 1993; Fischer 1997a).
Über die Rolle, die dabei der Wahrnehmung als Schnittstelle zum Verständnis des äußerlich sichtbaren und häufig sonderbaren Verhaltens bei Kindern und Jugendlichen mit autistischem Verhalten zukommt, existieren in der Literatur zwar eine Reihe von theoretisch ausgerichteten, aber kaum miteinander zu vereinbarenden Erklärungsversuchen (vgl. zusammenfassend Dzikowski 1993, 121).

Die weiteren Ausführungen sollen kurz an einem Fallbeispiel veranschaulicht werden. Tom ist 15 Jahre alt und besucht eine Oberstufenklasse einer Schule für Geistigbehinderte. Die einzelnen modalen Sinnesfunktionen sind „physisch" nicht beeinträchtigt: Er sieht und erkennt, was er se-

hen möchte, was ihm bedeutsam erscheint, greift sicher danach und erkennt auch Einzelheiten kleinerer Abbildungen von bekannten Gegenständen. Er hört, was er hören möchte, ist in der Lage, taktil bzw. haptisch bekannte Alltagsgegenstände zu identifizieren und auch die kinästhetische und vestibuläre Wahrnehmung sind intakt, denn Tom zeigt sich sehr geschickt im Umgang mit allen Geräten, die Körperbewegungen erlauben: So liebt er es, zu schaukeln, zu wippen, auf einem Trampolin zu hüpfen oder Fahrrad zu fahren.
Emotional äußert er häufig eine übersteigerte große innere Erregung und Unruhe, was sich u.a. durch heftiges, schweres und lautes Atmen und Hyperventilieren bemerkbar macht. Seine Stimmung wechselt, soweit äußerlich wahrnehmbar, von ernstem, apathischem „Dasitzen" bis hin zu lautem, übersteigertem Lachen und Aufspringen oder Kratzen und Kneifen der Mitschüler und Lehrpersonen – ohne daß in der Regel Gründe für diesen Stimmungswandel erkennbar sind. Früher reagierte er mit massiver Ablehnung und Empörung auf Veränderungen der Umwelt; heute äußert er noch Unsicherheit und Angst bis hin zu panikartigen Fluchtreaktionen bei überraschenden, nicht erwarteten Wahrnehmungen oder Verhaltensweisen des Gegenübers. Er wendet sich nicht oder nur selten an andere Personen: nur in elementaren, für ihn bedeutsamen Situationen, wenn er dringend etwas haben möchte oder Hilfe benötigt. Blickkontakt nimmt er nur selten auf, akzeptiert aber immer häufiger Körperkontakt, vor allem in Verbindung mit Bewegungsspielen.
Wenn er allein ist, beschäftigt er sich vorwiegend mit einigen wenigen, ihm vertrauten Gegenständen und äußert gleichförmige Aktivitäten. So hebt er gerne Blätter oder Gräser vom Boden auf, zerreibt diese zwischen den Fingern oder versetzt allerlei Gegenständen durch Blasen in Bewegung. Mit Alltagsgegenständen geht er häufig in einer sachfremden, nicht situationsbezogenen Art und Weise um. Er benutzt diese nicht gemäß ihrer gesellschaftlichen Zweckdienlichkeit, sondern vollführt damit Tätigkeiten, die ihm vertraut sind und ihm Spaß machen: So versteht er es, Eierbecher als Kreisel umzufunktionieren und geschickt in Drehbewegungen zu versetzen oder mit einem Messer Licht- und Glitzereffekte zu erzeugen.
Für eine weitere Entwicklung dieses Jugendlichen, für die Aneignung neuer Fähigkeiten und Fertigkeiten erscheint vor allem eins hinderlich: das Beharren auf vertrauten, eingeschliffenen Verhaltensweisen, die immer wieder nach dem gleichen Muster vollzogen werden. Es stellt sich nun die Frage, wie dieses Beharren zu erklären ist. Suchen Kinder mit autistischem Verhalten auf diese Weise Sicherheit? Warum ist der Aufbau auch komplexerer Handlungsmuster und das Verständnis von viel- und mehrdeutigen Wahrnehmungsgegebenheiten erschwert?

Was bedeutet es überhaupt, wenn behauptet wird, „autistische Kinder“

- könnten Reize der Umwelt nicht angemessen aufnehmen, verarbeiten und speichern,
- nähmen diese nur teilweise, übersteigert, ungewöhnlich oder unerwartet wahr,
- würden diese subjektiv selektieren, nebensächliche Reize als bedeutungsvoll und bedeutungsvolle als nebensächlich auffassen,
- erlebten die Welt bruchstückhaft, chaotisch und bedrohlich oder
- würden in einer anderen bzw. eigenen Welt leben (vgl. Ministerium für Kultus und Sport Baden-Württemberg 1988; Landesinstitut für Schule und Weiterbildung Nordrhein-Westfalen 1987; Ministerium für Bildung und Kultur Rheinland-Pfalz 1992).

Das häufig sonderbare Verhalten von Kindern und Jugendlichen mit autistischem Verhalten soll im folgenden auf zwei wesentliche Momente zurückgeführt werden, die sich wechselseitig durchdringen und beeinflussen:

1. auf eine eingeschränkte Wahrnehmung im Sinne einer verminderten Fähigkeit zur Erfassung von Bedeutungen und Zwecksetzungen von sinnlichen Reizen sowie
2. auf ein Beharren auf einer eingeengten, zirkulären Aneignungstätigkeit innerhalb des sensomotorischen Handelns nach Piaget, in Verbindung mit Angst und Unsicherheit vor nicht-vertrauten, neuen Reizstrukturen.

Wo liegen die Hintergründe für eingeschränktes „Wahr-nehmen“ und Handeln? Auch wenn bei Kindern und Jugendlichen mit autistischem Verhalten eng umgrenzte Hirnschädigungen nicht sicher lokalisiert werden können, ergeben sich dennoch Parallelen zu Menschen mit A- oder Dysgnosien (vgl. Kap. 3.2.2). Trotz intakter und funktionierender Sinnesorgane, obwohl über die Perzeption in allen Wahrnehmungsmodalitäten vielfältige Empfindungen bzw. sinnliche Eindrücke möglich sind, werden Außenreize nicht bzw. nur eingeschränkt und in einer subjektiv anderen bzw. eigenen Art zu Bedeutungsträgern und führen daher – aus der Sicht der nicht behinderten Bezugspersonen – nicht zu adäquaten, sachlich angemessenen Wahrnehmungen. Dies kann „innerlich“ zu Unsicherheiten und Ängsten und „äußerlich“, also auf der Verhaltensebene, zu eigentümlichen und sonderlichen Reaktionen führen. So kann das unerwartet auftretende, nicht einschätzbare laute Geräusch einer laufenden Bohrmaschine beim Werken oder das Bellen eines herbeilaufenen Hundes, der Streicheleinheiten sucht, „Panik“ und Fluchtreaktionen auslösen.
Das extrem autistische Verhalten kann daher als eine Folge von Agnosien bzw. Dysgnosien, und zwar überwiegend im auditiven und visuellen Bereich, gedeutet werden. Die Kinder verhalten sich zuweilen wie taub oder schwerhörig, obgleich sie andererseits durch bestimmte Geräusche wie

Musik oder plätscherndes Wasser fasziniert sein können und auf sie reagieren. Augenbohren sowie das Bewegen von Gegenständen oder der eigenen Hände und Finger dicht vor den Augen lassen eine Wahrnehmungsbeeinträchtigung im visuellen Bereich vermuten, obgleich keine Sehstörung im physiologischen Bereich vorliegt. Die vermutete Agnosie im auditiven und visuellen Bereich führt zum Ausweichen auf andere Sinnesmodalitäten wie Betasten, Beklopfen, Belecken und Beriechen von Menschen und Dingen und zur Beschäftigung mit dem eigenen Körper aufgrund mangelnder Anregungen durch Außenweltreize. Die mangelnde Fähigkeit, Außenweltreize mit Bedeutungen zu versehen bzw. sie als Bedeutungsträger zu interpretieren, hat zur Folge, daß schon im frühen Alter der kommunikative Austausch mit Partnern beeinträchtigt wird. Das Insichverhaftetsein und die eingeschränkte Fähigkeit zur sozialen Zuwendung führt zu einer Fixierung auf die eigene Körperlichkeit, zu einem weitgehenden Ausfall der sozialen Nachahmung und zu einer Beeinträchtigung der Ich-Findung. Aufgrund der eingeschränkten sozialen Interaktionen und des reduzierten Außenwelterlebens wiederum fehlen wesentliche Lernvoraussetzungen für den Spracherwerb (Weber 1970; Wing 1973; Wendeler 1975; Feuser 1987; Ministerium für Bildung und Kultur 1992).

Wie aber kommt es dazu, daß Außenreize nicht oder nur erschwert zu verständlichen Bedeutungsträgern werden und damit die Orientierung in der Umwelt so schwer fällt? Die dingliche und soziale Wirklichkeit ist für das Kind nur dann zu verstehen, wenn es ausreichend Gelegenheit hat, diese sinnlich und vor allem taktil zu erfahren, oder, wie der Begriff bereits deutlich macht, diese im Vollzug irgendwelchen Handelns, im Umgang mit realen Gegenständen und in vielfältigen Situationen des Alltags zu „be-greifen“: Gegenstände berühren, festhalten und loslassen, zusammenbringen und trennen, entsprechend ihrem Gebrauchswert damit hantieren.
Das Verhalten von Kindern und Jugendlichen mit autistischem Verhalten zeichnet sich allerdings streckenweise dadurch aus, daß ihre inneren Handlungspläne und die zu beobachtenden Aktionen einfach strukturiert und sehr „schmalspurig“ sind, wenn sie einen Gegenstand immer wieder in der gleichen Weise „be-handeln“. Dies soll durch ein Beispiel veranschaulicht werden. Tom hat vier Räder aus einer Schachtel mit Duplo-Legos vor sich. Er nimmt eines der Räder in die linke Hand, dreht mit der rechten Hand das Rad so geschickt, daß dies schnell rotiert. Er betrachtet das Geschehen und scheint von dem „Schauspiel“ fasziniert. Er wiederholt diese Aktion immer wieder. Auch als der Erzieher eine Grundplatte (mit Löchern zum Eindrehen von Rädern) und einen passenden Schraubenzieher auf den Tisch legt, verwirklicht er weiterhin seinen inneren Handlungsplan, d.h. er dreht das Rad immer wieder und beobachtet die Rotation.

Ein anderes, jüngeres Kind, das Tom intellektuell keineswegs überlegen ist, nimmt ein anderes Rad, wiederholt die Aktion von Tom – aber nur einmal –, erkundet dann, ob sich das Rad in weitere Bestandteile zerlegen läßt, rollt das Rad auf dem Tisch, rollt ein zweites Rad, nimmt die Grundplatte und versucht dann, die auf dem Tisch liegenden Räder in die Öffnungen zu schrauben, um ein Auto zu bauen und damit weitere interessante Spielaktivitäten auszuführen.

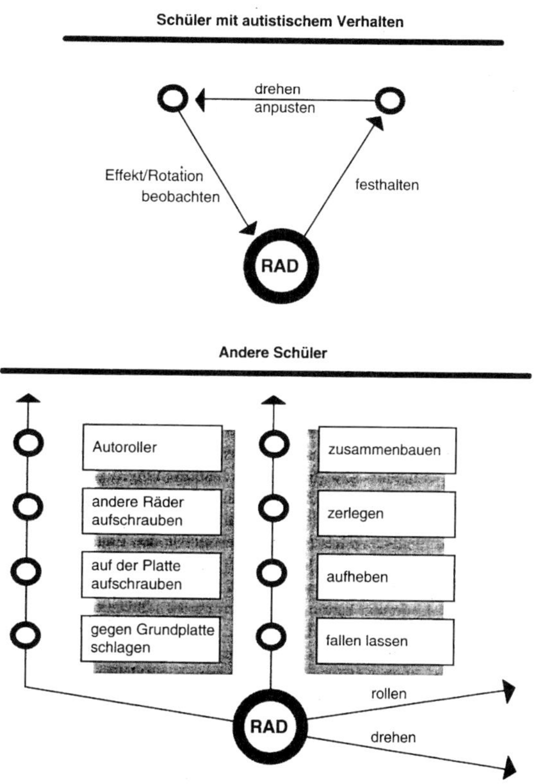

Abb. 34: Beharren auf vertrauten, wenig variablen Handlungsmustern

Dies weist, ausgehend von Piagets Stufung der sensomotorischen Entwicklung, auf das Vorherrschen einer zirkulären Aneignungstätigkeit hin, die der Form nach dem Handlungsniveau der sekundären Kreisreaktionen entspricht, dem Inhalt nach aber stereotyp bleibt (vgl. Rödler 1985, Kutscher 1988). Innerhalb des sensomotorischen Handelns nämlich, das gekennzeichnet ist durch eine starke Gebundenheit der Wahrnehmung an die Ausübung konkreter Tätigkeiten sowie an die sinnliche Präsenz von Gegenständen, werden in der Regel Handlungen immer differenzierter und flexibler, wer-

den zunehmend koordiniert und gegenseitig als „Mittel zum Zweck“ eingesetzt (wenn z.B. an einer Schnur gezogen wird, um ein gewünschtes Spielzeug ergreifen zu können). Zu Beginn der Entwicklung dagegen beschränken sich die Tätigkeiten, ausgehend von angeborenen Reflexen, darauf, interessante Effekte zu erzeugen, z.B. ein Mobile in Schwingung zu versetzen oder einem Quietschtier durch Drücken ein Geräusch zu entlocken.
Eine Analyse der bei Kindern mit autistischen Verhalten dominierenden Tätigkeiten ergibt den Eindruck, als seien sie quasi auf der Ebene der sekundären Kreisreaktionen steckengeblieben. Im Grunde schult das Kind weiterhin die Funktion um der Funktion willen, und obwohl es Handlungen wiederholt und auch Objekte benutzt, ist eine Objektbeziehung häufig unzureichend entwickelt. Sichtbarer Ausdruck dieser Funktionsschulung sind die Stereotypien, d.h. einfache, relativ beständige Handlungen mit geringer inhaltlicher Variation und mit klaren Effekten, die oft bis zur Perfektion beherrscht werden. Diese bieten Sicherheit, enden allerdings in einem Teufelskreis, da neue Wege zur Erlangung von Erfahrungen und Informationen nicht mehr beschritten werden. Es fehlt die Variation und Erweiterung von Handlungen, die Zusammenhänge und neue Aspekte von Dingen und Situationen erschließen können.
Das Grundproblem von Kindern und Jugendlichen mit autistischem Verhalten läßt sich demnach als Unfähigkeit bzw. als eingeschränkte Kompetenz beschreiben, komplexen Wahrnehmungsgegebenheiten, vor allem sich verändernden Bewegungen und Situationen in der äußeren Wirklichkeit, Bedeutung zu verleihen bzw. diese sinnvoll zu verarbeiten. Der Grund dafür liegt vermutlich darin, daß diese immer ein großes Maß an „Neuheit“ beinhalten“, zumal als Tun von Personen und sozialen Interaktionen. Für das betroffene Kind ergeben sich zwei Möglichkeiten, sich vor „Neuem“ zu schützen bzw. Neues zu reduzieren:

1. durch die Beschränkung auf Situationen mit geringem Neuigkeitsgehalt (mit statischer, bildhafter Informationsverarbeitung; „Soziales“ dagegen beinhaltet zuviel Lebendiges und Veränderliches) und
2. durch die gleichmachende und gleichbleibende Behandlung von Objekten mit mechanischen, automatisierten Bewegungsabläufen bzw. Stereotypien.

Veränderungsangst und der stereotype „gute“ Kontakt zu bestimmten, vertrauten Gegenständen erscheinen dann weniger rätselhaft: Das Kind schützt sich vor der Varianz äußerer Bewegung und vor dem Zugriff durch Subjekte, indem es „seinen“ Dingen – wie auch eigenen Körperteilen - mit „seinen“ (gleichbleibenden) Mitteln und Möglichkeiten begegnet.

Ausgehend von der Erfahrung, daß jedes Verhalten für das jeweilige Individuum subjektiv sinnvoll und zweckmäßig ist und man nur das lernen kann, was mit den eigenen, bereits internalisierten Bedeutsamkeiten in Zusammenhang steht, erscheint es notwendig, daß der Erzieher die persönliche Bedürfnislage, die Eigenheiten und Auffassungen eines jeden Kindes ernst nimmt und in seinen Erziehungsbemühungen auch dort ansetzt. Pädagogisch gilt es herauszufinden, wie neue Gegenstände bzw. Inhalte am besten an Wiederholungshandlungen assimiliert werden können, bzw. wie sich durch kleine Veränderungen der Bewegungshandlungen Akkomodationen erreichen lassen. Dies gelingt, wenn Reize in ihrem Neuigkeitsgehalt so dosiert und strukturiert angeboten bzw. eingeführt werden, daß das Kind darin auch Aspekte von Vertrautem wiederfindet und Aspekte von Neuem durch sein aktuelles Handeln mit der Zeit in Vertrautes umwandeln kann. Verallgemeinert: Dem Kind erschließen sich neue Umgangsformen mit der Realität, wenn es darin Vertrautes wiederfindet und auf dieser Grundlage Neues aufzubauen lernt. Aufgabenstellungen, Anregungen und Materialien, die zu oder gar völlig fremd sind, die kaum im Bezug zu den Erfahrungen des Kindes stehen, erscheinen dagegen wenig geeignet.

In der Praxis bietet sich die Möglichkeit an, „stereotype" Verhaltensmuster aufzugreifen und darauf aufbauend erzieherisch zu wirken. Dazu einige Beispiele:

- Einem Kind, das ständig mit den Fingern auf den Tischen oder anderen Unterlagen durch *Klopfen* Geräusche erzeugt, wird durch den Erzieher nahegebracht, bestimmte und neue Rhythmen zu klopfen, und neue Materialien werden ihm zum Klopfen angeboten, z.B. eine Trommel. Später wird beim „Trommeln" als Ersatz für die Hand ein Schlegel angeboten.
- Stereotypes Schaukeln in Schrittstellung wird über musikalisch-rhythmische Angebote so erweitert und umgewandelt, daß der Schüler auch „seitwärts" schaukeln kann und nunmehr auch in Sing- und Kreisspiele der Gruppe einbezogen werden kann.
- Tom, der immer wieder einen Wollfaden oder Gummi in die Hand nimmt und diese Objekte durch Blasen in Schwingung versetzt, werden folgende Angebote gemacht:
  - Gegenstände „zu zweit" gegenseitig zublasen (Wattebausch u.a.),
  - Seifenblasen pusten und beobachten (Variation: kleine und große Blasen erzeugen),
  - Tüten aufblasen und „platzen" lassen (sofern durch den Knall keine Angst erzeugt wird),
  - Luftballons aufblasen, diese umherfliegen lassen und damit spielen oder
  - Pfeifen bzw. Trillern auf einer Pfeife, Flöte oder Melodika (allein und auch in Begleitung).

Diese Zusammenhänge sollen durch das folgende **Strukturmodell** veranschaulicht werden.

Gegenwärtige Aktivitäten	**Angestrebte Qualität (Zielniveau)**	**Modell**	**Mögliche (Lern-) Materialien)**	**Didaktisch-meth. Hilfen**	**Beispiele**
Schüler ist in einer/ seiner Weise aktiv mit *einem* (immer demselben/ ihm vertrauten) Gegenstand	Schüler ist in einer Weise aktiv mit *mehreren/ neuen* Objekten - Anwendung einer Handlung auf andere Objekte (Assimilation)	S → H → O1 S → H → O2 S → H → O3	Gegenstände aus dem tägl. Leben sowie Lern- und Spielmaterialien, die interessant sind/zu Bewegungen auffordern	• Lernsituationen vorbereiten • (Störende) Nebenaktivitäten ausschließen • prozeßorientierte Hilfen erteilen • Verhalten sozial verstärken	**Ausgang**saktivität/-handlung: Schüler bläst an einem Wollfaden **Ziele:** • sich etwas gegens. zublasen (Wattebausch) • Seifenblasen pusten und beobachten • Tüten aufblasen und „platzen“ lassen • Luftballons aufblasen und „fliegen“ lassen • mit Pfeifen/Flöten u.a. Töne/Musik erzeugen
Schüler ist (nur) in *einer/seiner Weise aktiv* mit einem (ihm vertrauten Gegenstand)	Schüler ist in *unterschiedlicher* Weise aktiv mit einem ihm vertrauten Gegenstand Anwendung neuer Handlungsmuster auf einen Gegenstand (Akkomodation)	S → H1 → O S → H2 → O S → H3 → O	Alle Aktivitäten, mit denen eine interessante Wirkung erzielt werden kann	wie oben	**Ausgang**: Sch. wedelt mit der Hand vor dem Gesicht oder schlägt sich auf die Ohren **Ziele**: Mit den Händen • drücken (Spiellied Krenzer)) • klatschen • trommeln • kneten • malen
	Schüler ist in *unterschiedlicher* Weise mit *verschiedenen* Objekten aktiv	S → H1 → O1 S → H2 → O2 S → H3 → O3	Alle Gegenstände mit einem hohen Aufforderungscharakter	wie oben	

Erklärungen: S = Subjekt H = Handlung/Aktivität O = Objekt Sch. = Schüler

Abb. 35: Strukturmodell „Vom Vertrauten zum Neuen“

6.7 Zusammenfassung und Schlußbetrachtung

Vor allem für Kinder und Jugendliche mit Beeinträchtigungen in der Sensorik, Motorik und Kognition ist es notwendig, daß sie sich auf der Grundlage ausreichender Körpererfahrungen als „Brücke zur Welt" in vielfältigen Situationen mit der gegenständlichen und sozialen Wirklichkeit sinnlich auseinandersetzen und die darin verkörperten Gegenstandsbedeutungen aneignen. Dies darf nicht in isolierten programmartigen Übungssituationen mit dem Ziel der Diskrimination figural-qualitativer Merkmale von Gegenständen und Sachverhalten oder als bloßes sensomotorisches Funktionstraining geschehen, da eine auf Sinnerfassung ausgerichtete ganzheitliche Wahrnehmung sich nicht formal vorüben läßt. Vielmehr sollte eine solche Förderung als Sinnstiftung und Bedeutungserschließung praktiziert werden, im tätigen Umgang mit Gegenständen und Materialien, als interessegeleitetes Handeln, in konkreten Situationen des Alltags und in der sozialen Vermittlung und Kooperation.

Ein solch aktives Wahrnehmungsverhalten ermöglicht vor allem das kindliche Spiel, in besonderem Maße aber ein handlungsbezogenes Lernen, bei dem viele der Bedingungen und Voraussetzungen erfüllt sind, wie sie für eine auf Sinnstiftung und Bedeutungserschließung ausgerichtete Wahrnehmung in Kap. 6.2 formuliert wurden.

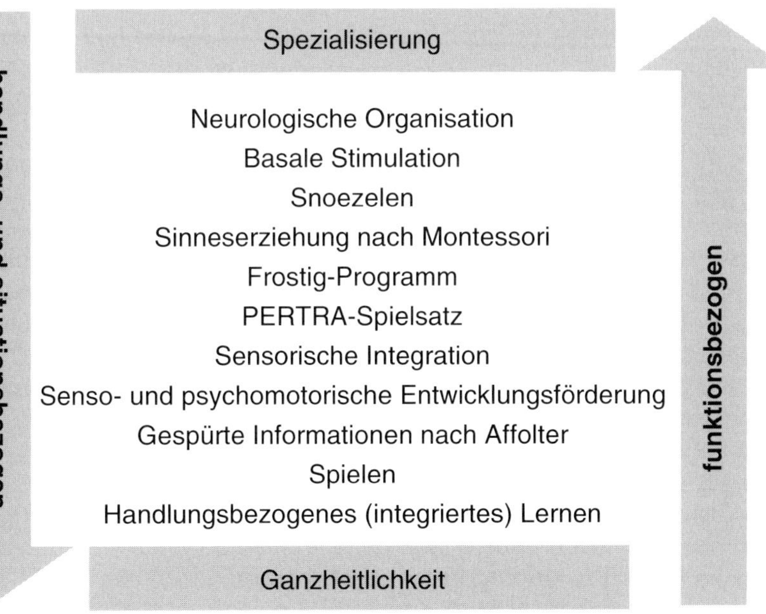

Abb. 36: Übersicht und Vergleich: Ansätze zur Förderung der Wahrnehmung

Im Spiel mit seinem hohen Erfahrungs- und Informationswert ergeben sich zahlreiche und vielfältige Möglichkeiten, mit Gegenständen, Personen und Sachverhalten Erfahrungen zu sammeln und sich eine soziale und gegenständliche Wirklichkeit aufzubauen. Indem das Kind gemeinsam mit anderen Kindern spielend und handelnd Sachprobleme und soziale Konflikte bewältigen muß, lernt es, sich die ihm zugängliche Umwelt in ihrer Vielfalt und komplexen Bedeutungsstruktur Schritt für Schritt sinnlich zu erschließen. Für die Vermittlung von Kompetenzen für eine soziale Wahrnehmung eignen sich in besonderer Weise das Rollenspiel mit der Möglichkeit des Probehandelns und der Simulierung von Realität.
Die Möglichkeiten der Erfahrungsgewinnung im Spiel sind jedoch begrenzt. Nicht alle Gegenstände und Sachverhalte können in ihrer Bedeutungsvielfalt in einem spielenden Umgang erfaßt werden; vielmehr nur solche, die in der jeweiligen Spielweise hervortreten, d.h. die in dem Spielmaterial verkörpert sind.

Weiterhin eignen sich in besonderem Maße handlungs- und situationsorientierte Angebote bzw. Lernarrangements als Methode einer Wahrnehmungserziehung mit dem Ziel der Erschließung sinnlich vermittelter Bedeutungen. Handeln in der Realität und konkreten Alltagswirklichkeit – unter der Aufsicht und Hilfestellung von Erziehern – bietet Kindern und Jugendlichen vielfältige Gelegenheiten, auf der Grundlage individueller Interessen und bereits erworbener sinnlicher Eindrücke das eigene Bild von der Wirklichkeit weiter auszubauen. Der entscheidende Aspekt dabei liegt darin, daß die Wahrnehmung zu einem unverzichtbaren Teilprozeß im Handlungsablauf wird, indem sie über die Sinne Orientierungsdaten aus der hier und jetzt unmittelbar gegebenen Umwelt liefert und so zu einer optimalen Durchführung der Handlung beiträgt.
Daraus folgt nicht, daß eine handlungsbezogene Wahrnehmungsförderung keiner Vorbereitungen und Strukturierungen bedürfe. Da uns Gegenstände und Sachverhalte immer eine Bedeutungsvielfalt, im Sinne Graumanns einen „Horizont möglichen Verhaltens“ eröffnen, ist vielmehr darauf hinzuarbeiten, daß Sachverhalte und Bedeutungsbezüge in möglichst vielen, neuen und abgewandelten Situationen und aus verschiedenen Perspektiven handelnd und sprachlich angeeignet und in Übungssituationen bzw. „didaktischen Schleifen“ vertieft und gefestigt werden.

Zur Erziehung und Förderung von Kindern und Jugendlichen mit schwersten und mehrfachen Behinderungen kann festgehalten werden, daß hier in besonderer Weise grundlegende pädagogische Prinzipien wie Bedürfnis- und Bedarfsbezogenheit, Individualisierung und Differenzierung zum Tragen kommen müssen. Als unabdingbare Aufgabe im Rahmen einer „verstehenden Diagnostik" (vgl. Jantzen 1982b; Probst 1982; Jetter 1985b; 1994a; Fischer 1996; Jantzen/Lanwer-Koppelin 1996) ergibt sich zunächst die Notwendigkeit, über eine bloße Erfassung von Verhaltensdaten analog zur regulären Entwicklungsabfolge des nicht behinderten Kleinkindes hinaus die individuelle Ausgangslage des einzelnen Kindes im Hinblick auf seine gesamtkörperliche und emotional-affektive Befindlichkeit zu ergründen. Ausgehend von der subjektiven Perspektive und Entwicklungslogik der kindlichen Biographie und Lebenserfahrungen gilt es, durch eine gezielte und anteilnehmende Beobachtung der situationsbezogenen Wahrnehmungstätigkeit die Struktur der persönlichen Sinngebung im Sinne der angeeigneten, mit Bedeutungen durchsetzten Abbildstrukturen in den verschiedenen Lebens- und Lernbereichen zu erschließen. Daran schließt sich die Aufgabe an, zunächst eine kommunikative Beziehung aufzubauen und dem Kind ein Gefühl von Sicherheit und Vertrauen in seine Umwelt zu geben. Über diesen sozialen Bezug lassen sich dann später neue sinnliche Erfahrungen vermitteln, nicht über Stimulation und passiv erduldete Reize, sondern über ein Angebot zum gemeinsamen Handeln und Erleben in einer Alltagswelt, so wie sie ist.

Möge es uns gelingen, Kindern und Jugendlichen eine Erfahrungs- und Lebenswelt zu bieten, in der sie über ihre Sinne und über die handelnde Auseinandersetzung mit gegenständlichen und sozialen Wahrnehmungsgegebenheiten Schritt für Schritt Bedeutungen erschließen, Sinn stiften und Wirklichkeit konstruieren können, so daß ihnen die Welt zunehmend vertrauter wird und sie sich in ihr immer erfolgreicher bewegen und orientieren.

Literatur

Affolter, Felicie: Wahrnehmungsstörungen. In: Schweizerischer Taubstummenlehrerverband (Hrsg.): Das mehrfachbehinderte, hörgeschädigte Kind. Bericht der Bodenseeländertagung 1971 in Bern. Berlin: Marhold 1972, 94 – 115

Affolter, Felicie: Wahrnehmungsprozesse, deren Störungen und Auswirkungen auf die Schulleistung, insbesondere Lesen und Schreiben. Zeitschrift für Kinder- und Jugendpsychiatrie (1975) Heft 2, 223-234

Affolter, Felicie / Bischofsberger, Walter: Psychologische Aspekte der Gehörlosigkeit. In: H. Jussen / O. Kröhnert (Hrsg.): Pädagogik der Gehörlosen und Schwerhörigen. Handbuch der Sonderpädagoigk Bd. 3. Berlin: Marhold 1982, 605-630

Affolter, Felicie: Wahrnehumgsstörungen. In: U. Haupt / G.W. Jansen (Hrsg.): Pädagogik der Körperbehinderten. Handbuch der Sonderpädagogik Bd. 8. Berlin: Marhold 1983, 298-307

Affolter, Felicie: Wahrnehmung, Wirklichkeit und Sprache. Villingen-Schwenningen: Neckar 1987

Affolter, Felicie / Bischofsberger, Walter: Lernen im Alltagsgeschehen. In: A. Fröhlich (Hrsg.): Pädagogik bei schwerster Behinderung. Handbuch der Sonderpädagogik Bd. 12. Berlin: Wissenschaftsverlag V. Spiess 1991, 241-247

AG des Rehabilitationszentrums für Schwerst- und Mehrfachbehinderte der Johannes-Anstalten Mosbach: Entwicklungsbogen für Schwerstbehinderte. Schwarzach: Eigenverlag Johannes-Anstalten 1986

Aissen-Crewett, Meike: Sinnliches Wahrnehmen. Musisch-Ästhetische Erziehung in der Grundschule. Die Grundschule 5 / 1990, 46-49

Albrecht, P.: Diagnose und Therapie von Wahrnehmungsstörungen nach A. Jean Ayres. In: A. D. Fröhlich (Hrsg.): Wahrnehmungsstörungen und Wahrnehmungstraining bei Körperbehinderten. Rheinstetten 1979

Allport, F.H.: Theories of Perception and the Concept of Structure. New York 1955

Arnold, Wilhelm / Eysenck, Hans-Jürgen / Meili, Richard (Hrsg.): Lexikon der Psychologie. Freiburg: Herder 1976

Augustin, Anneliese: Sensorische Integration / Sensorische Integrationsstörungen. Diagnostik und Therapie nach Jean Ayres in der Ergotherapie. Beschäftigungstherapie und Rehabilitation 6 / 1986, 347-350

Ayres, Jean: Lernstörungen. Sensorisch-integrative Dysfunktionen. Berlin / Heidelberg / New-York: Springer 1979

Ayres, Jean: Bausteine der kindlichen Entwicklung. Die Bedeutung der Integration der Sinne für die Entwicklung des Kindes. Berlin: Springer 1992

Bach, Heinz: Geistigbehinderte unter pädagogischem Aspekt In: Deutscher Bildungsrat (Hrsg.): Gutachten und Studien der Bildungskommission. Sonderpädagogik Bd. 3. Stuttgart: Klett 1974, 17-115

Bach, Heinz: Personenkreis Geistigbehinderter. In: Bach, H. (Hrsg.): Pädagogik der Geistigbehinderten. Handbuch der Sonderpädagogik Bd. 5. Berlin: Marhold 1979, 3-18

Ball, Thomas S.: Itard, Seguin and Kephart. Sensory Integration – a learning interpretation. Columbus / Ohio: Charles E. Merrill Publishing
Balzer, Brigitte / Rolli, Susanne: Sozialtherapie mit Eltern Behinderter. Orientierungen für eine Konzeption im Rahmen eines psychisch-hygienischen Gemeindeprogramms. Weinheim / Basel: Beltz 1979
Bastian, Johannes: Freie Arbeit und Projektunterricht. Eine didaktische „Wiedervereinigung". Pädagogik Heft 10, Oktober 1993, 6-9
Bayrhuber, Horst u.a.: Linder Biologie. Stuttgart: Metzlersche Verlagsbuchhandlung 1989
Beck, M.: Zur taktilen Wahrnehmung bei Kindern mit zerebralen Bewegungsstörungen. In: A. Fröhlich (Hrsg.): Wahrnehmungsstörungen und Wahrnehmungstraining bei Körperbehinderten. Rheinstetten: Schindele 1977
Begemann, Ernst / Fröhlich, Andreas / Penner, Hartmut: Förderung von schwerstkörperbehinderten Kindern. Zwischenbericht. Mainz: v. Hase & Koehler 1979
Berger, Peter L. / Luckmann, Thomas: Die gesellschaftliche Konstruktion der Wirklichkeit. Eine Theorie der Wissenssoziologie. Frankfurt: Fischer 1980
Bergius, Rudolf: Untersuchungen zur Entwicklung des Wahrnehmens. In: L. Schenk-Danzinger / H. Thomae (Hrsg.): Gegenwartsprobleme der Entwicklungspsychologie. Göttingen 1965
Bienstein, Christel / Fröhlich, Andreas: Basale Stimulation in der Pflege. Pflegerische Möglichkeiten zur Förderung von wahrnehmungsbeeinträchtigten Menschen. Düsseldorf: verlag selbstbestimmtes leben 1991
Biewer, Gottfried: Montessori-Pädagogik mit geistig behinderten Schülern. Bad Heilbronn: Klinkhardt 1992
Biewer, Gottfried: Montessori-Pädagogik in der Schule für geistig Behinderte. Der Entwurf einer praktischen Realisierung. Geistige Behinderung 33 (1994) Heft 2, Einhefter
Binswanger, L.: Grundformen und Erkenntnis menschlichen Daseins. Zürich 1964
Birnbaumer, N. / Schmidt, R. F.: Biologische Psychologie. Berlin 1990
Blechschmidt, Erich: Die Erhaltung der Individualität – Fakten zur Humanembryologie. Neuhausen-Stuttgart: Hänssler 1985
Bleidick, Ulrich: Wissenschaftssystematik der Behindertenpädagogik. In: U. Bleidick (Hrsg.): Theorie der Behindertenpädagogik. Handbuch der Behindertenpädagogik Band 1. Berlin: Marhold 1975
BodyWorks 5.0. Das Multimedia-Lexikon der menschlichen Anatomie. tewi / Softkey o. J.
Bondy, Curt u.a.: Testbatterie für geistig behinderte Kinder. Hrsg.: K. Ingenkamp. Weinheim: Beltz Test Gesellschaft 1975
Borstel, M.: Visuelle Wahrnehmungsförderung sprachlich behinderter retardierter Kinder im Schulkindergarten. Eine Untersuchung mit dem Frostig-Entwicklungstest der visuellen Wahrnehmung und dem Therapieprogramm „Visuelle Wahrnehmungsförderung" von Frostig / Reinartz. In: Reinartz / Reinartz / Reiser (Hrsg.): Wahrnehmungsförderung behinderter Kinder. Berlin: Marhold 1979, 69-82
Bower, Tom: Die Wahrnehmungswelt des Kindes. Stuttgart: Klett-Cotta 1978

Bowlby, John: Bindung – Eine Analyse der Mutter-Kind-Beziehung. München: Kindler 1975

Bracken, Helmut von: Vorurteile gegen behinderte Kinder, ihre Familien und Schulen. Berlin: Marhold 1981 / 2

Brand, Ingelid: Kreatives Spielen. Entwicklungsförderung mit dem PERTRA-Spielsatz. Dortmund: modernes lernen 1988

Brand, Ingelid: Förderung integrationsgestörter Kinder im Schulunterricht. Ist das möglich? In: W. und W. Doering (Hrsg.): Sensorische Integration. Anwendungsbereiche und Vergleich mit anderen Fördermethoden / Konzepten. Dortmund: borgmann 1990a, 49-85

Brand, Ingelid: Lernen braucht alle Sinne. Förderung der Wahrnehmungsfähigkeit. Grundschule 22 (1990b) 4, 20-22

Brehmer, Christian: Snoezelen – Freizeitangebote mit einer therapeutischen Wirkung für Behinderte und Nichtbehinderte. Zeitschrift für Heilpädagogik 45 (1994) Heft 1, 28-31

Breitinger, Manfred / Fischer, Dieter: Intensivbehinderte lernen leben. Würzburg: Vogel 1981

Brezinka, Wolfgang: Metatheorie der Erziehung. München: Reinhardt 1978 / 4

Brunswik, E.: Wahrnehmung und Gegenstandswelt. Leipzig / Wien 1934

Brüggebors, Gela: Einführung in die holistische sensorische Integration (HSI), Teil I: Sensorische Integration (SI) und holistische Evaluation. Dortmund: borgmann 1992

Brüggebors, Gela: Einführung in die Holistische Sensorische Integration (HSI), Teil 2: Von der HSI zur Holistischen Sensorischen Balance. Dortmund: borgmann 1994

Bundesverband „Hilfe für das autistische Kind e.V." (Hrsg.): Diagnose? – Autismus! Was tun? Schulische Förderung. Hamburg: Eigenverlag 1991

Bundesverband Hilfe für das autistische Kind (Hrsg.): Denkschrift. Zur Situation autistischer Menschen in der Bundesrepublik Deutschland. Hamburg: Eigenverlag 1993

Burkhardt, Dietrich / Schleidt, Wolfgang / Altner, Helmut: Signale in der Tierwelt. Vom Vorsprung der Natur. München: dtv 1972

Busch, Carola: Freie Arbeit nach Montessori an der Schule für lernbehinderte Kinder und Jugendliche – Beispiele aus der Praxis. In: Günter Reiß / Gerhard Eberle (Hrsg.): Offener Unterricht – Freie Arbeit mit lernschwachen Schülern. Weinheim: Dt. Studien Verlag 1995, 226-239

Calliess, Elke: Spielendes Lernen. In: Die Eingangsstufe des Primarbereichs, Bd. 2 / 1: Spielen und Gestalten. Gutachten und Studien des Dt. Bildungsrates 48 / 1. Stuttgart: Klett 1975, 15-43

Calliess, Elke: Spielen: ein didaktisches Instrument für soziales Lernen in der Schule? Die Grundschule 8 (1976), 7-11

Church, Joseph: Sprache und Entdeckung der Wirklichkeit. Über den Spracherwerb des Kleinkindes. Frankfurt: Fischer 1971

Clauser, G.: Die vorgeburtliche Entstehung der Sprache als anthropologisches Problem. Der Rhythmus als Organisator der menschlichen Entwicklung. Stuttgart 1971

Cloerkes, Günther: Einstellung und Verhalten gegenüber Behinderten. Eine kritische Bestandsaufnahme internationaler Forschung. Berlin: Marhold 1985
Cloerkes, Günther: Soziologie der Behinderten. Eine Einführung. Heidelberg: Winter, Ed. Schindele, 1997
Corazza, Verena u.a.: Kursbuch Gesundheit. Köln: Kiepenheuer & Witsch 1990
Cruickshank, William M.: Schwierige Kinder und Jugendliche in Schule und Elternhaus. Förderung lern- und wahrnehmungsgestörter Kinder und Jugendlicher. Berlin: Marhold 1981[2]
Cyrulnik, Boris: Das Drehbuch menschlichen Verhaltens. München: dtv 1996
Cyrus, Michael: Theoretisch-praktische Überlegungen zur auditiven Stimulierung von Schwerstbehinderten. In: A. Fröhlich (Hrsg.): Pädagogik bei schwerster Behinderung. Handbuch der Sonderpädagogik Bd. 12. Berlin: Wissenschaftsverlag V. Spiess 1991, 189-198
Dalferth, Michael: Behinderte Menschen mit Autismussyndrom. Probleme der Perzeption und der Affektivität – ein Beitrag zum Verständnis und zur Genese der Behinderung. Heidelberg: Schindele 1987
Delacato, Carl H.: Der unheimliche Fremdling – das autistische Kind. Freiburg: Hyperion 1980
Delay, Jean / Pichot, Pierre: Medizinische Psychologie. Ein Kompendium. Stuttgart: Thieme 1973
Die Biologie der Freiheit. Das Psychologie-Heute-Gespräch mit Francisco Varela. Psychologie heute Sept. 1982, 82-93
Dieckmeyer, U. u.a.: Formino (Farbino) – Wir lernen sehen. Stuttgart 1971
Dietel, Bernd: Sensorische Integration nach Jean Ayres. Einige kritische Anmerkungen. Der Kinderarzt 18 (1987) Nr. 10, 1360-1362
Dietel, Bernd / Kassel, Hildegard: Diagnostik von Teilleistungsstörungen. Neuropsychologisch-psycholinguistisch orientierte Diagnose und Therapie von von Lese-Rechtschreibschwächen. Zeitschrift für Heilpädagogik 44 (1993) Heft 5, 297-316
Dilthey, Wilhelm: Die Entstehung der Hermeneutik. In: S. Oppholzer (Hrsg).: Denkformen und Forschungsmethoden der Erziehungswissenschaften Bd. 1: Hermeneutik, Dialektik, Methodenkritik. München: Ehrenwirth 1966, 13-24
Dirkneite, Helmut / Hunze, Waltraut: Wahrnehmungsstörungen. Lernen konkret 5 (1986) Heft 3, 13-16
Ditfurth, Hoimar von: Der Geist fiel nicht vom Himmel. Die Evolution unseres Bewußtseins. München: dtv 1980
Doering, Waltraut und Winfried (Hrsg.): Sensorische Integration. Anwendungsbereiche und Vergleich mit anderen Fördermethoden / Konzepten. Dortmund: borgmann publishing 1990
Doering, Waltraud und Winfried / Dose, Gude / Stadelmann, Mario (Hrsg.): Sinn und Sinne im Dialog. Der Kongreß zur Wahrnehmung, 2.-4. März 1995 in Marburg. borgmann publishing 1996
Dörr, Barbara: Bülent und Ayda – Schule als ein Weg für schwerstbehinderte Kinder. Unveröffentlichte Examensarbeit. Köln 1978
Doman, Glenn: Was können Sie für ihr hirnverletztes Kind tun? Freiburg: Hyperion 1980

Dreher, Walter: Denkspuren. Bildung von Menschen mit geistiger Behinderung – Basis einer integralen Pädagogik. Aachen: Verlag Mainz 1996

Dreher, Werner / Fornefeld, B.: Die Schule als Erfahrungsfeld zur Entfaltung der Sinne – Die Schule als Erfahrungsfeld zur Entfaltung von Sinn für Menschen mit sogenannter schwerer geistiger Behinderung. In: VDS e.V. Fachverb. für Behindertenpädagogik Landesverband Hamburg (Hrsg.): Entwicklungsförderung schwerstbehinderter Kinder und Jugendlicher. Tagungsbericht. Hamburg 1990, 42-51

Dührssen, Annemarie: Psychogene Erkrankungen bei Kindern und Jugendlichen. Göttingen: Vandenhoeck & Ruprecht 1974

Dzikowski, Stefan: Ursachen des Autismus. Eine Dokumentation. Weinheim: Deutscher Studienverlag 1993

Dzikowski, Stefan / Arens, Christiane (Hrsg.): Autismus heute, Band 2: Neue Aspekte der Förderung autistischer Kinder. Dortmund: modernes lernen 1990

Dzikowski, Stefan / Vogel, Cordula: Störungen der sensorischen Integration bei autistischen Kindern. Probleme von Diagnose, Therapie und Erfolgskontrolle. Weinheim: Deutscher Studienverlag 1988

Ebersole, Marylou / Kephart, Newell / Ebersole, James, B.: Lernen Schritt für Schritt. Wie Kinder wissen erwerben. Unterrichtspraxis bei lernbehinderten Kindern im Elementar- und Primarbereich. München / Basel: Reinhardt 1976

Eggert, Dietrich zus. mit Thomas Peter: DIAS – Diagnostisches Inventar auditiver Alltagshandlungen. Textband mit Musikcassette. Dortmund: borgmann publishing 1992

Empfehlungen für den Unterricht in der Schule für Geistigbehinderte. Hrsg.: Sekretariat der Ständigen Konferenz der Kultusminister der Länder in der BRD. Neuwied: Luchterhand 1980

Engelhardt, W.: Die Validität des Frostig Developmental Test of Visual Perception (DTVP). Zeitschrift für Entwicklungspsychologie und Päd. Psychologie 7 (1975), 100-112

Esser, Marion: Beweg-Gründe. Psychomotorik nach Bernard Aucouturier. München / Basel: Reinhardt 1992

Faller, Adolf: Der Körper des Menschen. Einführung in Bau und Funktion. Stuttgart / New York: dtv/Thieme 1995

Feldkamp, Margret / Danielcik, Inge: Krankengymnastische Behandlung der zerebralen Bewegungsstörung im Kindesalter. München: Pflaum 1976

Feuser, Georg: Zur Realisation des Auftrags der Förderung aller geistig Behinderter in Kindergärten und Schulen. In: Bundesvereinigung Lebenshilfe (Hrsg.): Hilfen für schwer geistig Behinderte – Eingliederung oder Isolation. Marburg: BV Lebenshilfe 1978, 68-77

Feuser, Georg: Schwerstbehinderte in der Schule für Geistigbehinderte. In: W. Dittmann / S. Klöpfer / E. Ruoff (Hrsg.): Zum Problem der pädagogischen Förderung schwerstbehinderter Kinder und Jugendlicher. Rheinstetten: Schindele 1979, 21-41

Feuser, Georg: Zum Verständnis selbstverletzender Verhaltensweisen autistischer Kinder und Möglichkeiten der Beeinflussung. In: BV „Hilfe für das autistische Kind“ e.V. (Hrsg.): Therapeutische Ansätze in Theorie und Praxis. Tagungsbericht 6. Bundestagung. Düsseldorf 1984, 105-127

Feuser, Georg: Autistische Kinder. Gesamtsituation, Persönlichkeitsentwicklung, schulische Förderung. Solms: Oberbiel Jarick 1987[2]

Feuser, Georg: Entwicklungspsychologische Grundlagen und Abweichungen in der Entwicklung. Zur Revision des Verständnisses von Behinderung, Pädagogik und Therapie. Zeitschrift für Heilpädagogik 42 (1991) 7, 425-441

Fischer, Erhard: Wahrnehmungsförderung und Sinnerschließung bei schwer geistig Behinderten. Geistige Behinderung 22 (1983), 282-291

Fischer, Erhard: Wahrnehmungsförderung. Zur Aneignung sinnlicher Erkenntnisse und Bedeutungsstrukturen bei Geistigbehinderten. Bad Honnef: Bock + Herchen 1983

Fischer, Erhard: Förderung sprachlicher Fertigkeiten beim Einkaufen durch Rollenspiel. Lernen konkret 4 (1985a), 12-21

Fischer, Erhard: Ansätze und Tendenzen in der pädagogischen Förderung schwer Geistigbehinderter. Zeitschrift für Heilpädagogik 36 (1985b), 510-524

Fischer, Erhard: Sinneserziehung: Schulung durch didaktische Materialien oder Erschließung sinnlich vermittelter Bedeutungen. Zeitschrift für Heilpädagogik 36 (1985c), 708-718

Fischer, Erhard: Pädagogische Frühförderung schwer geistig behinderter Kinder aus ganzheitlicher Sicht. Frühförderung interdisziplinär 6 (1987), 119-125

Fischer, Erhard: Die schulische Förderung mehrfachgeschädigter Kinder und Jugendlicher mit geistiger Behinderung in der Bundesrepublik Deutschland. Hamburg: Kovac 1992

Fischer, Erhard: Vom Vertrauten zum Neuen. Förderung der Wahrnehmung bei Kindern und Jugendlichen mit autistischem Verhalten. Zeitschrift für Heilpädagogik 46 (1995a) Heft 3, 108-115

Fischer, Erhard: Vorhaben und Unterrichtseinheiten in der Schule für Geistigbehinderte. Dortmund: borgmann publishing 1995b

Fischer, Erhard: „Verhaltensauffälligkeiten“ als Ausdruck subjektiven Erlebens und Befindens. Aspekte des Verstehens und Helfens. Zeitschrift für Heilpädagogik 47 (1996) Heft 2, 59-67

Fischer, Erhard: Förderung der Wahrnehmung. Ministerium für Bildung, Wissenschaft und Weiterbildung (Hrsg.): Handreichungen zu den Empfehlungen zur Förderung von Schülerinnen und Schülern mit autistischem Verhalten. Mainz: MfBWW 1997a, 28-53

Fischer, Erhard: Notwendigkeiten, Möglichkeiten und Grenzen des gemeinsamen Lernens in der Schule. Die neue Sonderschule 42 (1997b) 4, 286-296

Fischer, Erhard: Offener Unterricht in der Schule für Geistigbehinderte: Möglichkeiten und Grenzen Lernen konkret 16 (1997c) Heft 4, 2-10

Foerster, Heinz von: Erkenntnistheorien und Selbstorganisation. In: S. Schmidt (Hrsg.): Der Diskurs des Radikalen Konstruktivismus. Frankfurt: Suhrkamp 1987, 133-158

Foerster, Heinz von: Wahrnehmen oder Falschnehmen? In: W. und W. Doering / G. Dose / M. Stadelmann (Hsrg.): Sinn & Sinne im Dialog. Dortmund: borgmann publishing 1996, 115-130

Fornefeld, Barbara: „Elementare Beziehung“ und Selbstverwirklichung geistig Schwerstbehinderter in sozialer Integration. Reflexionen im Vorfeld einer leiborientierten Pädagogik. Aachen: Mainz 1989

Fornefeld, Barbara: Das schwerstbehinderte Kind und seine Erziehung. Beiträge zu einer Theorie der Erziehung. Heidelberg: edition Schindele, Winter 1995

Fornefeld, Barbara: Die Schule als Erfahrungsfeld zur Entfaltung der Sinne – Die Schule als Erfahrungswelt zur Entfaltung von Sinn für Menschen mit sogenannter schwerer geistiger Behinderung. In: Walther Dreher: Denkspuren. Bildung von Menschen mit geistiger Behinderung – Basis einer integralen Pädagogik. Aachen: Verlag Mainz 1996, 94-104.

Fornefeld, Barbara: „Wahr-nehmen“ und „Sinn-stiften“ des (behinderten) Menschen. Anthropologisch-pädagogische Aspekte kindlicher Erkenntnisgewinnung. Behinderte in Jugend, Familie und Gesellschaft 14 (1997) Heft 3, 25-33

Fröhlich, Andreas: Bestehende Programme zur Förderung der Wahrnehmung im Hinblick auf ihre Verwendbarkeit bei körperbehinderten Kindern. In: A. Fröhlich (Hrsg.): Wahrnehmungsstörungen und Wahrnehmungstraining bei Körperbehinderten. Rheinstetten: Schindele 1977a, 125-131

Fröhlich, Andreas: Förderversuche mit Schwerstbehinderten im Bereich der Körperbehindertenschule. „Basale Stimulations“-Programmentwicklung zur Förderung schwerst-körperbehinderter Kinder. In: A. Fröhlich / U. Tuckermann (Hrsg.): Schwerstbehinderte. Rheinstetten: Schindele 1977b, 91-97

Fröhlich, Andreas: Zur Förderung schwerst-körperbehinderter Kinder. In: A. Fröhlich / U. Tuckermann (Hrsg.): Schwerstbehinderte: Rheinstetten: Schindele 1977c, 16-27

Fröhlich, Andreas: Ansätze zur ganzheitlichen Frühförderung schwer geistig behinderter unter sensumotorischem Aspekt. In: Bundesvereinigung Lebenshilfe für geistig Behinderte (Hrsg.): Hilfen für schwer geistig Behinderte – Eingliederung statt Isolation. Marburg 1978, 42-57

Fröhlich, Andreas: Die Förderung schwerst (körper)-behinderter Kinder – Aspekte einer Kommunikationsförderung. In: W. Dittmann / S. Klöpfer / E. Ruoff (Hrsg.): Zum Problem der pädagogischen Förderung schwerstbehinderter Kinder und Jugendlicher. Rheinstetten: Schindele 1979, 99-119

Fröhlich, Andreas: Die Pflege schwerst Mehrfachbehinderter als integraler Bestandteil einer ganzheitlichen Förderung aus pädagogischer Sicht. Sonderdruck aus Deutsche-Krankenpflegezeitschrift Heft 1/1980

Fröhlich, Andreas: Der somatische Dialog. Behinderte in Schule, Familie und Gesellschaft 4 / 1982, 15-20

Fröhlich, Andreas: Integrierte Entwicklungsförderung für schwer mehrfachbehinderte Kinder. In: U. Haupt / G. W. Jansen (Hrsg.): Pädagogik der Körperbehinderten. Handbuch der Sonderpädagogik Bd. 8. Berlin: Marhold 1983, 205-220

Fröhlich, Andreas: Ganzheitliche Schwerstbehindertenförderung: Kommunikation, Wahrnehmung, Umwelterfahrung. In: Verband Deutscher Sonderschulen (Hrsg.) 1985, 7 – 13

Fröhlich, Andreas (Hrsg.): Pädagogik bei schwerster Behinderung. Handbuch der Sonderpädagogik Band 12. Berlin: Marhold 1991a

Fröhlich, Andreas: Ganzheitliche Entwicklungsförderung. In: A. Fröhlich (Hrsg.): Pädagogik bei schwerster Behinderung. Handbuch der Sonderpädagogik Bd. 12. Berlin: Wissenschaftsverlag V. Spiess 1991b, 155-168

Fröhlich, Andreas: Basale Stimulation. Düsseldorf: Verlag selbstbestimmtes Lernen 1993

Fröhlich, Andreas: Förderung von Kindern und Jugendlichen mit apallischem Syndrom. Geistige Behinderung 33 (1995) Heft 4, 316-322

Fröhlich, Andreas (Hrsg.): Wahrnehmungsstörungen und Wahrnehmungsförderung. Heidelberg: Universitätsverlag Winter (Ed. Schindele) 1996[9]

Fröhlich, Andreas: Behinderte Wahrnehmung. In: A. D. Fröhlich (Hrsg.): Wahrnehmungsstörungen und Wahrnehmungsförderung. Heidelberg: Universitätsverlag Winter (Edition Schindele) 1996a, 39-64

Fröhlich, Andreas: Gestörte Wahrnehmung? Wahrnehmungsstörungen?. In: A. Fröhlich (Hrsg.): Wahrnehmungsstörungen und Wahrnehmungsförderung. Heidelberg: Universitätsverlag Winter (Edition Schindele) 1996b, 9-16

Fröhlich, Andreas: Zu früh auf der Welt? Pädagogische Überlegungen zu einem angemessenen Lebensbeginn frühgeborener Kinder. Zeitschrift für Heilpädagogik 48 (1997) Heft 5, 178-183

Fröhlich, Andreas / Haupt, Ursula: Leitfaden zur Förderdiagnostik mit schwerstbehinderten Kindern. Eine praktische Anleitung zur pädagogisch-therapeutischen Einschätzung. Dortmund: modernes lernen, 6. verb. Aufl. 1993

Fröhlich, Werner D. / Drever, James: dtv-Wörterbuch der Psycholgie. München: dtv 1978

Frostig, Marianne: Bewegungserziehung – Neue Wege der Heilpädagogik. München / Basel: Reinhardt 1973

Frostig, Marianne / Horne, D. / Miller, A.-M.: Wahrnehmungstraining. Für dt. Verhältnisse bearbeitet und herausgegeben von A. und E. Reinartz. Dortmund: Crüwell 1974

Frostig, Marianne: Die Bedeutung der Wahrnehmung für die Integration der psychischen Funktionen. In: Oskar Lockowandt (Hrsg.): Frostig Integrative Therapie. Theorie und Praxis. Dortmund: borgmann publishing 1994a, 12-50

Frostig, Marianne: Grundzüge der Kindertherapie bei Lernstörungen. In: Oskar Lockowandt (Hrsg.): Frostig Integrative Therapie. Theorie und Praxis. Dortmund: borgmann publishing 1994b, 73-118

Frostigs Entwicklungstest der Visuellen Wahrnehmung FEW. Deutsche Form des „Developement Test of Visual Perception" von Marianne Frostig. Deutsche Bearbeitung von Oskar Lockowandt. Beltz: Weinheim 1976[2]

Frostig, Marianne / Maslow, Phyllis: BWL. Bewegen – Wachsen – Lernen. Bewegungserziehung. Deutsche Ausgabe, hrsg. von Anton und Erika Reinartz. Dortmund: Crüwell 1974

Frostig, Marianne / Maslow, Phyllis: Neuropsychologische Beiträge zur Erziehung. In: Oskar Lockowandt (Hrsg.): Frostig Integrative Therapie. Theorie und Praxis. Dormund: borgmann publishing 1994, 51-72

Gaarder, Jostein: Sofies Welt. Ein Roman über die Geschichte der Philosophie. Gütersloh: Bertelsmann 1993

Garlichs, Ariane / Groddeck, Norbert (Hrsg.):; Erfahrungsoffener Unterricht. Beispiele zur Überwindung der lebensfremden Lernschule. Freiburg i. Brsg.: Herder 1978

Gehlen, Arnold: Der Mensch – Seine Natur und seine Stellung in der Welt. Bonn 1950

Gehlen, Arnold: Anthropologische Forschung. Zur Selbstbegegnung und Selbstentdeckung des Menschen. Reinbek bei Hamburg: Rowohlt 1977

Geulen, Dieter: Das vergesellschaftete Subjekt. Zur Grundlage der Sozialisationstheorie. Frankfurt: Suhrkamp 1977

Gibson, Eleanor J.: Principles of Perceptual Learning and Development. New Jersey: Englewood Cliffs 1969

Gibson, James J. / Gibson, Eleanor J: Perceptual Learning: Differentiation or Enrichment? Psychological Review Vol. 62, No. 1, 1955, 32-41

Gibson, James J.: Die Sinne und der Prozeß der Wahrnehmung. Weinheim / Basel: Beltz 1973a

Gibson, James J.: Die Wahrnehmung der visuellen Welt. Weinheim / Basel: Beltz 1973b

Gibson, James J.: Wahrnehmung und Umwelt. Der ökologische Ansatz in der visuellen Wahrnehmung. München / Wien / Baltimore: Urban & Schwarzenberg 1982

Graumann, Carl F.: „Social Perception". Die Motivation der Wahrnehmung in neueren amerikanischen Untersuchungen. Zeitschr. exp. u. angew. Psychologie 3 (1956), 605-661

Graumann, Carl F.: Grundlagen einer Phänomenologie und Psychologie der Perspektivität. Berlin: de Gruyter & Co. 1960

Graumann, Carl F.: Nicht-sinnliche Bedingungen des Wahrnehmens. In: W. Metzger (Hrsg.): Handbuch der Psychologie, Bd. 1, 1. Halbbd., Wahrnehmung und Bewußtsein. Göttingen: Hogrefe 1966, 1031-1096

Graumann, Carl F.: Denken im vorwissenschaftlichen Verständnis. In: C.F. Graumann (Hrsg.): Denken. Köln / Berlin 1971

Grubitsch, Siegfried / Rexilius, Günter: Testtheorie und Testpraxis. Voraussetzungen, Verfahren, Formen und Anwendungsmöglichkeiten psychologischer Tests im kritischen Überblick. Hamburg: Rowohlt Taschenbuch 1978

Gudjons, Herbert: Handlungsorientierter Unterricht. Begriffskürzel mit Theoriedefizit? Pädagogik 1 / 97, 6-10

Hajos, Anton: Wahrnehmungspsychologie. Psychophysik und Wahrnehmungsforschung. Stuttgart: Kohlhammer 1972

Hallahan, D.P. / Cruickshank, W.M.: Lernstörungen bzw. Lernbehinderungen. Pädagogisch-psychologische Grundlagen. München / Basel: Reinhardt 1979

Haupt, Ursula: Grundlinien, Grundstrukturen der Entwicklung in den ersten beiden Lebensjahren und ihre Bedeutung für die Förderung schwerstbehinderter Kinder. In: U. Haupt / A. Fröhlich: Entwicklungsförderung schwerstbehinderter Kinder. Bericht über einen Schulversuch, Teil I. Mainz: v. Hase & Koehler 1982, 25-62

Haupt, Ursula: Körperbehinderte Kinder verstehen lernen. Auf dem Weg zu einer anderen Diagnostik und Förderung. Düsseldorf: verlag selbstbestimmtes leben 1997

Haupt, Ursula / Fröhlich, Andreas D.: Entwicklungsförderung schwerstbehinderter Kinder. Bericht über einen Schulversuch, Teil 1. Mainz: Hase & Koehler 1982

Haupt, Ursula / Fröhlich, Andreas: Integriertes Lernen mit schwerstbehinderten Kindern. Bericht über einen Schulversuch Teil II. Mainz: v. Hase & Köhler 1983

Hausammann, Elisabeth / Moser-Schneider, Annemarie: Geräusche aus dem Alltag. Spiele zur Förderung des Gehörsinns. 5107 Schinznach-Dorf: prospiel o.J.

Hauss, K.: Emotionalität und Wahrnehmung. Göttingen 1970

Hehlmann, Wilhelm: Wörterbuch der Psychologie. Stuttgart: Körner 1968

Heidingsfelder, Martha / Fröhlich, Andreas D.: Materialien zur Förderung wahrnehmungsgestörter körperbehinderter Kinder. In: A. D. Fröhlich (Hrsg.): Wahrnehmungsstörungen und Wahrnehmungstraining bei Körperbehinderten. Rheinstetten: Schindele 1977, 134-143

Heimlich, Ulrich: Der Situationsansatz in seiner Bedeutung für der Lernbehindertenpädagogik. Ökologisch orientierte Förderkonzepte bei erschwerten Lernsituationen. Zeitschrift für Heilpädagogik 45 (1994) Heft 9, 578-602

Hejl, Peter M.: Konstruktion der sozialen Konstruktion: Grundlinien einer konstruktivistischen Sozialtheorie. In: S. J. Schmidt (Hrsg.): Der Diskurs des Radikalen Konstruktivismus. Frankfurt: Suhrkamp 1987, 303-339

Hellbrügge, Theodor: Unser Montessori-Modell. Erfahrungen mit einem neuen Kindergarten und einer neuen Schule. München: Kindler 1977

Hellbrügge, Theodor / Montessori, Mario (Hrsg.): Die Montessori-Pädagogik und das behinderte Kind. Referate und Ergebnisse des 18. internationalen Montessori-Kongresses (München, 4.- 8 Juli 1977 München: Kindler 1978

Hennige, U. / Rüster, K. / Sievers, R. / Wolf, E.: Die Erfassung und Förderung der sensomotorischen Kompetenz geistig Schwerstbehinderter. Neuerkeröder Beiträge 4. Sickte: Neuerkeröder Anstalten 1988

Hilfe für das autistische Kind, Regionalverband Nordbaden-Pfalz e.V.: Autismus. Erscheinungsbild, mögliche Ursachen, Therapieangebote. Walldorf: Integra-Verlag 1990

Hochberg, Julien E.: Einführung in die Psychologie Band 2: Wahrnehmung. Wiesbaden: Akademische Verlagsgesellschaft 1977

Hofmann, Rudolf: „Low Vision Stimulation" im Bereich der schweren Mehrfachbehinderung – ein Fallbericht. Zeitschrift für Heilpädagogik 44 (1993) Heft 10, 674-679

Hofstätter, Peter R. (Hrsg.): Psychologie. Frankfurt: Fischer Taschenbuch 1972

Holtz, K.-L. / Eberle, G. / Hillig, A. / Marker, K.R.: Heidelberger Kompetenz-Inventar für geistig Behinderte. Handbuch. Heidelberg: Ed. Schindele 1986

Holzkamp, Klaus: Sinnliche Erkenntnis – Historischer Ursprung und gesellschaftliche Funktion der Wahrnehmung. Kronberg: Athenäum 1976[3]

Holzkamp, Klaus: Lernen. Forum kritische Psychologie Bd. 38. Hamburg: Argument Verlag 1997

Huber, M.: Babys erkennen die Stimme ihrer Mutter. Psychologie heute Dez. 1979, 7-8

Hulsegge, Jan / Verheul, Ad: Snoezelen – Eine andere Welt. Ein Buch für die Praxis. Marburg: BV Lebenshilfe 1989

Hunze, Waltraud: Die Behandlung von Kindern mit autistischen Symptomen nach der Methode von Delacato. In: Hilfe für das autistische Kind, Regionalverband Nordbaden-Pfalz e.V.: Autismus. Erscheinungsbild, mögliche Ursachen, Therapieangebote. Walldorf: Integra-Verlag 1990, 129-146

Hutchinson, R. (Hrsg.): The Whittington Hall Snoezel Project. North Derbyshire Health. Authority, Community Health Care Service. Whittington Hall Hospital, Old Whittington, Chesterfield, S41 9LJ., England 1991

Irmischer, Tilo: Motopädagogik an der Schule für Geistigbehinderte, Kurseinheit 1: Sportunterricht an der Schule für Geistigbehinderte: Einführung in die Didaktik und Methodik. Hagen: Fernuniversität-Gesamthochschule 1983a

Irmischer, Tilo: Motopädagogik an der Schule für Geistigbehinderte II, Kurseinheit 1. Sportunterricht an der Schule für Geistigbehinderte: Anleitung zur Unterrichtspraxis. Fernuniversität Gesamthochschule Hagen 1983b

Itard, Jean: Victor, das Wildkind von Aveyron. Zürich-Stuttgart 1965

Jahnke, Jürgen: Interpersonelle Wahrnehmung. Stuttgart: Kohlhammer 1975

Jakobs, Heinz-Josef: Förderungskonzepte und psychische Problematik bei schwerstmehrfachbehinderten Kindern und Jugendlichen. Heidelberg: HVA Schindele 1991

Janetzke, Hartmut: Stichwort Autismus. München: Heyne 1993

Jansen, Ulrich: „Barfuß unterwegs" – sinn-volle, natürliche und naturnahe Erfahrungen in der psychomotorischen Praxis. Zeitschrift für Heilpädagogik 44 (1993) Heft 5, 316-326

Jantzen, Wolfgang: Grundriß einer allgemeinen Psychopathologie und Psychotherapie. Studien zur kritischen Psychologie Bd. 19. Köln: Pahl-Rugenstein 1979

Jantzen, Wolfgang: Geistig behinderte Menschen und gesellschaftliche Integration. Bern: Huber 1980

Jantzen, Wolfgang: Der neue Terminus: Ontologisierung. Behindertenpädagogik 4 (1982a), 189-190

Jantzen, Wolfgang: Diagnostik im Interesse der Betroffenen oder Kontrolle von oben? In: Diagnostik im Interesse der Betroffenen. Ansätze zu einer Umorientierung der Förderdiagnostik. Hrsg. v. d. Fachschaftsinitiative Sonderpädagogik Würzburg, Arbeitsgruppe Förderdiagnostik. Würzburg 1982b, 10-51

Jantzen, Wolfgang: Diagnostik, Dialog und Rehistorisierung: Methodologische Bemerkungen zum Zusammenhang von Erklären und Verstehen im diagnostischen Prozeß. In: W. Jantzen / W. Lanwer-Koppelin (Hrsg.): Diagnostik als Rehistorisierung. Methodologie und Praxis einer verstehenden Diagnostik am Beispiel schwer behinderter Menschen. Berlin: edition Marhold (Spiess) 1996, 9-31

Jantzen, Wolfgang / Lanwer-Koppelin, Willehad (Hrsg.): Diagnostik als Rehistorisierug. Methodologie und Praxis einer verstehenden Diagnostik am Beispiel schwer behinderter Menschen. Berlin: edition Marhold (Spiess) 1996

Jetter, Karlheinz: Zur Problematik der Perzeptionsstörungen beim körperbehinderten Kind. In: Heese, G. / Reinartz, A. (Hrsg.): Aktuelle Beiträge zur Körperbehindertenpädagogik. Berlin: Marhold 1974, 21 – 31

Jetter, Karlheinz: Kindliches Handeln und kognitive Entwicklung. Ein Beitrag zur Kognitionspsychologie des körperbehinderten Kindes auf der Grundlage der genetischen Theorie Jean Piagets. Bern / Stuttgart / Wien: Huber 1975

Jetter, Karlheinz: Förderdiagnostik als kooperative Rekonstruktion bedeutsamer Handlungserfahrungen. VHN 54 (1985a), 280-294

Jetter, Karlheinz: Leben und Lernen mit behinderten und gefährdeten Säuglingen und Kleinkindern. Stadthagen: Bernhardt-Pätzold 1985b

Jetter, Karlheinz: Durch Wahrnehmungsarbeit zur Sinnlichkeit. Behinderte in Familie, Schule und Gesellschaft 3 / 91, 4-15

Jetter, Karlheinz: „Verstehende Diagnostik". Geistige Behinderung 33 (1994a) Heft 4, 297-308

Jetter, Karlheinz: Wahrnehmungsstörungen. Frühförderung interdisziplinär 1994b[1], 19-32

Josef, Konrad: Lernen und Lernhilfe bei Geistigbehinderten. Berlin: Marhold 1974

Josef, Konrad / Josef, Katharina: Früherziehung bei geistig behinderten und entwicklungsverzögerten Kindern. Berlin: Marhold 1975[2]

Katz, David: Aufbau der Tastwelt. Leipzig: Barth 1925

Katzenberger, Lothar F.: Auffassung und Gedächtnis. München: Reinhardt 1967

Katzenberger, Lothar F.: Perzeption. In: W. Horney / J.P. Ruppert / W. Schultze (Hrsg.): Pädagogisches Lexikon. Gütersloh 1970, 574 f

Katzenberger, Lothar F.: Wahrnehmung. In: W. Horney / J.P. Ruppert / W. Schultze (Hrsg.): Pädagogisches Lexikon. Gütersloh 1970, 1371-1373

Kauschus-Nazario, Christiane: Snoezelen – mit allen Sinnen leben lernen. Ein niederländischer Ansatz im Rahmen der Förderung Schwerstbehinderter. Geistige Behinderung 28 (1989) Heft 3, 209-213

Kephart, Newell, C.: Das lernbehinderte Kind im Unterricht. München / Basel: Reinhardt 1977

Kesper, Gudrun / Hottinger, Cornelia: Mototherapie bei sensorischen Integrationsstörungen. Eine Anleitung zur Praxis. München, Reinhardt 1993

Kilian, Heiko / Brundrieck-Röhricht, Anette: Sensorische Integration – Sensorische Integrationsstörungen. Zur Rezeption des Konzepts sensorischer Integration von Jean Ayres in der Bundesrepublik Deutschland – eine Stellungnahme zu dem Beitrag von Anneliese Augustin in „der kinderarzt" 5 / 1986. der kinderarzt 18 (1987) Nr. 3, 354-357

Kiphard, Ernst: Sensumotorische Frühdiagnostik und Frühtherapie. In: D. Eggert / E. Kiphard (Hrsg.): Die Bedeutung der Motorik für die Entwicklung normaler und behinderter Kinder. Schorndorf 1973, 12-40

Kiphard, Ernst J.: Wie weit ist ein Kind entwickelt? Eine Anleitung zur Entwicklungsüberprüfung. Dortmund: verlag modernes lernen 1975 / 76

Kiphard, Ernst J.: Sensomotorische Frühdiagnostik und Frühförderung. In: Bundesvereinigung Lebenshilfe für geistig Behinderte e.V. (Hrsg.): Frühe Hilfen – wirksamste Hilfen. Marburg Eigenverlag 1977, 111-121

Kiphard, Ernst: Motopädagogik. Psychomotorische Entwicklungsförderung – Band 1. Dortmund: verlag modernes lernen 1990a

Kiphard, Ernst J.: Mototherapie – Teil I. Psychomotorische Entwicklungsförderung – Bd. 2. Dortmund: verlag modernes lernen 1990b
Kiphard, Ernst J.: Mototherapie – Teil II. Psychomotorische Entwicklungsförderung- Band 3. Dortmund: verlag modernes lernen 1994
Klaus, Georg / Buhr, Manfred (Hrsg.): Wörterbuch der Philosophie. Reinbek bei Hamburg: Rowohlt Taschenbuch 1972
Klauß, Theo: Ist Integration leichter geworden? Zur Veränderung von Einstellungen für die Realisierung von Leitideen. Geistige Behinderung 35 (1996) Heft 1, 56-68
Klein, Gerhard: Montessori-Pädagogik in der Schule für Lernbehinderte. In: Günter Reiß / Gerhard Eberle (Hrsg.): Offener Unterricht – Freie Arbeit mit lernschwachen Schülern. Weinheim: Dt. Studien Verlag 1995, 212-225
Knorn, Peter: Die Southern California Sensory Integration Tests (SCSIT) – empirische Untersuchungen und deren Implikationen. In: W. und W. Doering (Hrsg.): Sensorische Integration. Anwendungsbereiche und Vergleich mit anderen Fördermethoden / Konzepten. Dortmund: borgmann publishing 1990, 86-110
Kochan, Barbara: Rollenspiel als Methode sprachlichen und sozialen Lernens. Kronberg: Fischer Athenäum 1977
Köckenberger, Helmut: Bewegungsräume. Entwicklungs- und kindorientierte Bewegungserziehung. Dortmund: borgmann publishing 1996
Kösel, Edmund: Die Modellierung von Lernwelten. Ein Handbuch zur Subjektiven Didaktik. Eltztal-Dallau: Laub 1993
Kornadt, Hans-Joachim: Experimentelle Untersuchungen über qualitative Änderungen von Reproduktionsinhalten. Psychologische Forschung 25 (1956), 353-423
Kouhil, Susanne: Wir gestalten ein Fühlhaus. Wahrnehmungsförderung in einer sechsten Klasse der Schule für Geistigbehinderte. Zeitschrift für Heilpädagogik 47 (1996) Heft 2, 72-77
Krause, J. / Kossolapow, L.: Die Förderung der visuellen Wahrnehmung bei Vorschulkindern anhand des Frostig-Programms. Welt des Kindes 26 (1973), 233-251
Krawitz, Rudi: Neue Möglichkeiten der sonderpädagogischen Diagnostik (aus individualpädagogischer Sicht). Sonderpädagogik in Rheinland-Pfalz 22 (1992) Heft 3, 21-34
Krech, David / Crutchfield u.a.: Grundlagen der Psychologie Bd. 1. Weinheim: Beltz 1969
Kruse, F.: Erinnerungen an den Mutterleib. Psychologie heute Nov. 1976, 63
Kükelhaus, Hugo / zur Lippe, Rudolf: Entfaltung der Sinne. Ein Erfahrungsfeld zur Bewegung und Besinnung. Frankfurt: fischer alternativ 1982
Kuntz, Stephan: Psychomotorische Förderung bei schwerster Behinderung. In: A. Fröhlich (Hrsg.): Pädagogik bei schwerster Behinderung. Handbuch der Sonderpädagogik Bd. 12. Berlin: Wissenschaftsverlag V. Spiess 1991, 207-218
Kunzmann, Peter / Burkard, Franz-Peter / Wiedmann, Franz: dtv-Atlas zur Philosophie. Tafeln und Texte. München: dtv 1991
Kutscher, Joachim: Autismus – Allgemeine Entwicklung unter besonderen Le-

bensbedingungen. In: Verstehen, Handeln, Gewährenlassen. Möglichkeiten und Grenzen im Umgang mit mehrfachbehinderte Menschen mit autistischen Beziehungsstörungen. Freiburg: Verb. kath. Einrichtungen für Lern- und Geistigbehinderte e.V. u.a. 1988, 44-57

Lamers, Wolfgang u.a. (Hrsg.): Spielräume – Raum für Spiel. Spiel- und Erlebnismöglichkeiten für Menschen mit schweren Behinderungen. Düsseldorf: verlag selbstbestimmtes leben 1993

Landesinstitut für Schule und Weiterbildung Nordrhein-Westfalen (Hrsg.): Kinder mit autistischem Verhalten in Schulen für Geistigbehinderte. Soest: Soester Verlagskontor 1987

Landeszentrale für Umweltaufklärung Rheinland-Pfalz (Hrsg.): Naturspielräume für Kinder. Eine Arbeitshilfe zur Gestaltung naturnaher Spielräume an Kindergärten und anderswo. Mainz: Landeszentrale für Umweltaufklärung, Kaiser-Friedrich-Straße 7, 55116 Mainz 1991

Langmeier, J / Matèjcek, Z: Psychische Deprivation im Kindesalter. München / Wien / Baltimore: Urban & Schwarzenberg 1977

Leboyer, Frédéric: Sanfte Hände. Die traditionelle Kunst der indischen Baby-Massage. München: Kösel 1979

Legewie, Heiner / Ehlers, Wolfram: Knaurs moderne Psychologie. München / Zürich: Droemer 1972

Lehr- und Lernmittel für den Unterricht mit Geistigbehinderten. Grünstadt: Sommer o.J.

Lehrmittelhaus Riedel GmbH: Katalog Behindertenförderung. Schwerstbehindertenförderung, Basale Stimulation, Snoezeltherapie, Früherziehung. Lehrmittelhaus Riedel; Unter den Linden 15, 72762 Reutlingen

Lehrplan für die Sonderschulen für Lernbehinderte, geistig Behinderte, Körperbehinderte, Erziehungsschwierige in Bayern. Deggendorf 1971

Leontjew, Alexej Nikolajewitsch: Probleme der Entwicklung des Psychischen. Mit einer Einführung von Klaus Holzkamp und Volker Schurig. Kronberg / Ts.: Fischer Athenäum 1977

Lernen in Projekten. Informationen zum Standort eines didaktischen Begriffes. Pädagogisches Zentrum Nachrichten 2 / 92

Lettko, Margit: Grundlagen der psychophysiologischen Wahrnehmung . In: A. D. Fröhlich (Hrsg.): Wahrnehmungsstörungen und Wahrnehmungsförderung. Heidelberg: Edition Schindele 1986, 13-29

Lewis, M.M.: Sprache, Denken und Persönlichkeit im Kindesalter. Düsseldorf: Schwan 1970

Leyendecker, Christoph: Wahrnehmungsstörungen. Studienbrief Nr. 3: Behinderungen und Schule. Einführung in behindertenpädagogische Probleme an allgemeinen Schulen. Tübingen: DIFF 1988

Leyhausen, P.: Biologie von Ausdruck und Eindruck. In: K. Lorenz / P. Leyhausen (Hrsg.): Antriebe tierischen und menschlichen Verhaltens. München 1968a, 297-407

Leyhausen, P.: Einführung in die Eindruckskunde. In: K. Lorenz / P. Leyhausen (Hrsg.): Antriebe tierischen und menschlichen Verhaltens. München 1968b, 48-53

Liljeroth, Ingrid / Nimeus, Bengt: Praktische Bildung für geistig Behinderte. Weinheim: Beltz 1973
Lindesmith, Alfred / Strauss, Anselm: Symbolische Bedingungen der Sozialisation, Teil 1. Düsseldorf: Schwann 1974
Ljublinskaja, A.A.: Die psychische Entwicklung des Kindes. Berlin: VEB 1961
Lockowandt, Oskar (Hrsg.): Frostigs Integrative Therapie. Lesen und Lesestörung. Dortmund: borgmann publishing 1994
Löscher, Wolfgang: Hör-Spiele. Sinn-volle Frühpädagogik. München: Don Bosco 1986
Löscher, Wolfgang: Riech- und Schmeckspiele. Sinn-volle Frühpädagogik. München: Don Bosco 1987 / 2
Lotz, Renate: Körperbehinderung und taktil-kinästhetische Wahrnehmungsstörung. In: A. D. Fröhlich (Hrsg.): Wahrnehmungsstörungen und Wahrnehmungsförderung. Heidelberg: Edition Schindele 1986, 82-87
Lotz, Inge / Krenzer, Rolf: Hast du unserem Hund gesehen? Neue Spiellieder für 3-8jährige. München: Kösel 1976
Lotz, Inge / Krenzer, Rolf: Kommt alle her! Neue Spiellieder für 3- bis 8jährige. Staufen: Kemper 1977
Luria, A. R.: Die Entwicklung der Sprache und die Entstehung der psychischen Prozesse. In: K. Hiebsch (Hrsg.): Ergebnisse der sowjetischen Psychologie. Stuttgart 1969, 465-546
Luria, A. R.: Die höheren kortikalen Funktionen des Menschen und ihre Störungen bei örtlichen Hirnschädigungen. Berlin Ost: VEB Verlag der Wissenschaften 1970
Mall, Winfried: Kommunikation mit schwer geistig behinderten Menschen. Ein Werkheft. Heidelberg: HVA / Schindele 1995[3]
Mayrhofer, Hans / Zacharias, Wolfgang: Ästhetische Erziehung. Lernorte für aktive Wahrnehmung und soziale Kreativität. Reinbek bei Hamburg: Rowohlt 1976
Matthes, J.: Einführung in das Studium der Soziologie. Reinbek bei Hamburg: Rowohlt 1973
Mattner, Dieter: Zur Dialektik des gelebten Leibes. Dortmund: verlag modernes lernen 1987
Mattner, Dieter / Gerspach, Manfred: Heilpädagogische Anthropologie. Stuttgart: Kohlhammer 1997
Maturana, Humberto R.: Kognition. In: S. Schmidt (Hrsg.): Der Diskurs des Radikalen Konstruktivismus. Frankfurt: Suhrkamp 1987, 89-118
Maturana, Humberto R. / Varela, Francisco J.: Der Baum der Erkenntnis. Die biologischen Wurzeln des menschlichen Erkennens. Goldmann 1991
McKee, David: Du hast angefangen! Nein Du! Aarau / Frankfurt / Salzburg 1992
Mead, George H.: Geist, Identität und Gesellschaft. Frankfurt: Suhrkamp 1980
Meier, Christine / Richle, Judith: Sinn-voll und alltäglich. Materialsammlung für Kinder mit Wahrnehmungsstörungen. Dortmund: verlag modernes lernen 1997[3]
Merleau-Ponty, Maurice: Phänomenologie der Wahrnehmung. Aus dem Frazösischen übersetzt und eingeführt mit einer Vorrede von Rudolf Boehm. Berlin: de Gruyter 1974

Mertens, Krista: Lernprogramm zur Wahrnehmungsförderung. Dortmund: verlag modernes lernen 1991[4]
Mertens, Krista: Körperwahrnehmung und Körpergeschick. Psychomotorische Entwicklungsförderung Band 4. Dortmund: verlag modernes lernen 1994
Metzger, Wolfgang (Hrsg.): Allgemeine Psychologie I. Der Aufbau der Erkennens, 1. Halbband: Wahrnehmung und Bewußtsein. Göttingen: Hogrefe 1966
Metzger, Wolfgang: Psychologie. Darmstadt 1975
Meyer, Hermann: Zur Psychologie der Geistigbehinderten. Ein kritischer Beitrag zur Theorienbildung. Berlin: Marhold 1981[2]
Miessler, Maria / Bauer, Ingrid: Wir lernen denken. Neues Lernen mit Geistigbehinderten. Würzburg: Vogel 1978
Miessler, Maria / Bauer, Ingrid / Thalmeier, Kurt: Das bin ich. Beiträge zu einer persönlichkeitsorientierten Erziehung. Rheinbreitbach: Dürr & Kessler 1991[8]
Ministerium für Bildung und Kultur Rheinland-Pfalz: Empfehlungen zur Förderung von Schülerinnen und Schülern mit autistischem Verhalten. Grünstadt: Sommer 1992
Ministerium für Kultus und Sport Baden-Württemberg: Empfehlungen zur Förderung von Kindern und Jugendlichen mit autistischem Verhalten. Stuttgart 1988
Miske-Fleming, Dorothee: Theorie und Methode zur Behandlung von perzeptionsgestörten Kindern. Schriftenreihe Ergotherapie. Dortmund: verlag modernes lernen 1980
Mit allen Sinnen lernen. Pädagogik Heft 12 / 1992
Montagu, A.: Körperkontakt. Die Bedeutung der Haut für die Entwicklung des Menschen. Stuttgart: Klett 1974
Montessori, Maria: Die Entdeckung des Kindes. Herausgegeben und eingeleitet von Paul Oswald und Günter Schulz-Benesch. Freiburg: Herder 1969
Montessori, Maria: Kinder sind anders. Frankfurt: Ullstein 1980
Montessori-Vereinigung e.V.: Montessori-Material Teil 1. Handbuch für Lehrgangsteilnehmer. Zelheim: Nienhuis Montessori B.V. 1978
Morton, John: Warum Rainman nicht lügen kann. Psychologie heute Mürz 1991, 38-41
Mühl, Heinz: Notwendigkeit und Möglichkeit der Erziehung geistig behinderter Kinder. Bad Godesberg: Dürr 1971
Mühl, Heinz: Spielförderung. In: Bach, H. (Hrsg.): Pädagogik der Geistigbehinderten. Handbuch der Sonderpädagogik Bd. 5. Berlin: Marhold 1979, 174-179
Mühl, Heinz: Handlungsbezogenes Lernen mit Geistigbehinderten. Zeitschrift Lebenshilfe 19 (1980), 69-79
Mühl, Heinz: Handlungsbezogener Unterricht mit Geistigbehinderten. Bonn- Bad Godesberg: Dürr 1983
Müller-Braunschweig, H.: Die Wirkung der frühen Erfahrung. Das erste Lebensjahr und seine Bedeutung für die psychische Entwicklung. Stuttgart: Klett 1975

Murch, Gerald M. / Woodworth, Gail L.: Wahrnehmung. Stuttgart / Berlin / Köln / Mainz: Kohlhammer 1977

Mussen, P.H. / Conger, J.J. / Kagan, J.: Lehrbuch der Kinderpsychologie. Stuttgart: Klett 1976

Nater, Paul: Sehschädigung und Sehleistung. Zeitschrift für das Blinden- und Sehbehindertenbildungswesen 100 (1980), 105-116; 101 (1981) 8-18; 102 (1982) 147-158 und 205-213; „blind-sehbehinderter" 104 (1984), 63-72

Nazario, Christiane: Snoezelen – een andere Wereld – inhouds opgave. Ein Angebot für Schwerstbehinderte. Zusammen (7) Mai 1987, 24

Neise, Karl: Montessori-Erziehung in der Geistigbehindertenpädagogik. Zeitschrift für Heilpädagogik 24 (1973) Heft 9, 737-754

Neise, Karl: Montessori-Erziehung in der Heilpädagogik. Zeitschrift für Heilpädagogik 25 (1974) Heft 12, 713-726

Nickel, Horst: Die Bedeutung planmäßiger Übung für die Entwicklung einer differenzierenden visuellen Auffassung im Vorschulalter. Zeitschrift für Entwicklungspsychologie und Päd. Psychologie 1969, 103-118

Nickel, Horst: Entwicklungspsychologie des Kindes- und Jugendalters. Bern / Stuttgart / Wien: Huber 2 / 1974

Oerter, Rolf: Moderne Entwicklungspsychologie. Donauwörth: Auer 1973

Oerter, Rolf: Erkennen. Psychologie für Grundstudium und Sekundarstufe II. Donauwörth: Auer 1974

Oerter, Rolf / Montada, Leo (Hrsg.): Entwicklungspsychologie. Weinheim: Psychologie Verlags Union (Beltz) 1995, 167-248

Olbrich, Ingrid: Auditive Wahrnehmung und Sprache. Psychomotorische Entwicklungsförderung Band 6. Dortmund: verlag modernes lernen 1989

Ordinalskalen zur sensomotorischen Entwicklung. Infant Psychological Developement Scales von I. Uzgiris & J. McV. Hunt nach dem Manual von D. J. Dunst. Deutsche Bearbeitung K. Sarimsiki. Weinheim: Beltz 1987

Oy, Clara Maria von / Sagi, Alexander: Lehrbuch der heilpädagogischen Übungsbehandlung: Hilfe für das geistig behinderte Kind. Ravensburg: Otto Maier 1977

Oy, Clara Maria von: Montessori-Material. Material zur Förderung des entwicklungsgestörten und des behinderten Kindes. Heidelberg: edition Schindele 1987

Papousek, Hanus: Soziale Interaktion als Grundlage der kognitiven Frühentwicklung. In: Th. Hellbrügge (Hrsg.): Kindliche Sozialisation und Sozialentwicklung. München / Wien / Baltimore 1975, 117-141

Pechstein, Johannes: Umweltabhängigkeit der frühkindlichen zentralnervösen Entwicklung. Stuttgart: Klett 1974

Penselin, Andreas: Der gezielte Einsatz einer Hängematte im Unterricht einer Diagnose- und Förderklasse. Zeitschrift für Heilpädagogik 48 (1997) Heft 1, 28-36

P.E.P. – Entwicklungs- und Verhaltensprofil. Dt. Bearbeitung: Alfred Horn. Dortmund: verlag modernes lernen 1990

Pfeffer, Wilhelm: Die pädagogische Dimension des Begriffs „schwerste geistige Behinderung". Behindertenpädagogik 21 (1982), 122-134

Pfeffer, Wilhelm: Die Förderung schwerst geistig Behinderter auf der Grundlage der Entwicklung der sensomotorischen Intelligenz nach Jean Piaget. Zeitschrift für Heilpädagogik 34 (1983), 357-369

Pfeffer, Wilhelm: Diagnostik in der Erziehung – aufgezeigt an der Erziehung schwerst geistig Behinderter. Sonderpädagogik 16 (1986) Heft 3, 123-134

Pfeffer, Wilhelm: Förderung schwer Geistigbehinderter. Eine Grundlegung. Würzburg: edition bentheim 1988

Pfluger-Jakob, Maria: Elementare Wahrnehmung der schwerstbehinderten Kinder. Psychoemotionale Aspekte. In: Verb. dt. Sonderschulen, Fachverband für Behindertenpädagogik (Hrsg.): Bewegen – Erleben – Lernen. Beiheft 12 der Zeitschrift für Heilpädagogik 1985, 14-23

Piaget, Jean: Das Erwachen der Intelligenz beim Kinde. Stuttgart: Klett 1969

Piaget, Jean: Erkenntnistheorie der Wissenschaften vom Menschen. Frankfurt / Berlin / Wien: Ullstein 1972

Piaget, Jean: Psychologie der Intelligenz. Olten / Freiburg: Walter 1974

Piaget, Jean / Inhelder, Bärbel: Die Psychologie des Kindes. Frankfurt: Fischer Taschenbuch 1977

Picciolo, P.: Die visuelle Wahrnehmungsentwicklung bei lernbehinderten Kindern. Diss. Bielefeld / Münster 1976

Pohl, Rudolf: Beispiele für die Verwirklichung der „Empfehlung für den Unterricht in der Schule für Geistigbehinderte (Sonderschule)". Handbücherei für die Unterrichtsplanung und Unterrichtsgestaltung in der Schule für Geistigbehinderte (Sonderschule) Bd. 17. Dortmund: Wulff & Co. 1981

Praschak, Wolfgang: Kooperative Pädagogik Schwerstbehinderter – Sensumotorische Kooperation im Alltag. In: A. Fröhlich (Hrsg.): Pädagogik bei schwerster Behinderung. Handbuch der Sonderpädagogik Bd. 12. Berlin: Wissenschaftsverlag V. Spiess 1991, 230-239

Prekop, Jirina: Förderung der Wahrnehmung bei entwicklungsgestörten Kindern. Zeitschrift Lebenshilfe und Geistige Behinderung 19 (1980), 1-60 (Einhefter, Teil 1-4)

Prekop, Jirina: Behandlung von Stereotypien und Zwängen – Versuch einer Integration verschiedener Fachrichtungen zum Verständnis des Autismus und seiner Therapien. In: BV „Hilfe für das autistische Kind" (Hrsg.): Therapeutische Ansätze in Theorie und Praxis. Tagungsbericht der 6. Bundestagung. Düsseldorf 1984

Probst, Holger: Aufgaben und Verfahren qualitativer Diagnostik. In: Diagnostik im Interesse der Betroffenen. Ansätze zu einer Umorientierung der Förderdiagnostik. Hrsg. v. d. Fachschaftsinitiative Sonderpädagogik Würzburg, Arbeitsgruppe Förderdiagnostik. Würzburg 1982

Projekte 1. Lernen konkret 4 (1985) Heft 3

Projektwochen. Lernen konkret 10 (1991) Heft 2

Rahmen, Heike / Lennartz-Pasch, Rolf: Wohnen – wohlfühlen – wachsen. Paktische Ansätze zum sinnlichen Wohnen. Zur Orientierung 1987[2], 26-27

Rauh, Hellgard: Frühe Kindheit. In: Rolf Oerter / Leo Montada (Hrsg.): Entwicklungspsychologie. Weinheim: Psychologie Verlags Union (Beltz) 1995, 167-248

Reinartz, Erika: Förderung der visuellen Wahrnehmung – Verhinderung und Behebung von Lernschwierigkeiten. Die Grundschule 5 (1973), 275-281

Renggli, Franz: Angst und Geborgenheit. Soziokulturelle Folgen der Mutter-Kind-Beziehung im ersten Lebensjahr. Ergebnisse aus der Verhaltensforschung, Psychoanalyse und Ethnologie. Reinbek bei Hamburg: Rowohlt 1974

Rett, Andreas: Das hirngeschädigte Kind. Wien / Zürich 1974

Richards, John / Von Glaserfeld, Ernst: Die Kontrolle der Wahrnehmung und die Konstruktion von Realität. Erkenntnistheoretische Aspekte des Rückkoppelungs-Kontroll-Systems. In: S. Schmidt (Hrsg.): Der Diskurs des Radikalen Konstruktivismus. Frankfurt: Suhrkamp 1987, 192-228

Richtlinien für die Schulen in Niedersachsen. Schulen für Geistigbehinderte. Hannover: Hahnsche Buchhandlung 1975

Rogers, Carl: Die klientenzentrierte Gesprächspsychotherapie. Mit Beiträgen von E. Dorman, T. Gordon und N. Hobbs. München: Kindler 1972

Rogers, Carl: Die Kraft des Guten. Ein Apell zur Selbstverwirklichung München: Kindler 1978

Rohr, Barbara: Ansätze einer materialistisch orientierten Lernbehindertenpädagogik – Grundsätze des „handelnden Unterrichts". Hagen: Fernuniversität-Gesamthochschule 1983

Rohracher, Hubert: Einführung in die Psychologie. Wien / München / Berlin: Urban & Schwarzenberg 1971

Ross, Alan O: Das Sonderkind. Problemkinder in ihrer Umgebung. Stuttgart 1977

Roth, Gerhard: Selbstorganisation – Selbsterhaltung – Selbstreferentialität: Prinzipien der Organisation der Lebewesen und ihre Folgen für die Beziehung zwischen Organismus und Umwelt. In: A. Dress u.a. (Hrsg.): Selbstorganisation. Die Entstehung von Ordnung in Natur und Gesellschaft. München: Piper 1986, 149-180

Roth, Gerhard: Autopoiese und Kognition: Die Theorie H.R. Maturanas und die Notwendigkeit ihrer Weiterentwicklung. In: S. Schmidt (Hrsg.): Der Diskurs des Radikalen Konstruktivismus. Frankfurt: Suhrkamp 1987a, 256-286

Roth, Gerhard: Erkenntnis und Realität: Das reale Gehirn und seine Wirklichkeit. In: S. Schmidt (Hrsg.): Der Diskurs des Radikalen Konstruktivismus. Frankfurt: Suhrkamp 1987b, 229-255

Rothacker, R.: Geschichtsphilosophie. München 1934

Rothacker, E: Probleme der Kulturanthropologie. Bonn 1948

Rubinstein, S.L.: Grundlagen der allgemeinen Psychologie. Übersetzung aus dem Russischen. Berlin: Volk und Wissen 1977

Rudolph, Hilge: Soziale Wahrnehmung und Erziehungsstile. Ein Beitrag zur Theoriebildung und empirischen Erfassung sozialen Lernens bei Kindern im Vorschualter. Weinheim / Basel: Beltz 1976

Saint-Exupéry, Antoine de: Der kleine Prinz. Düsseldorf: Karl Rauch 1956

Sander, Alfred: Handlungsfelder und Maßnahmen der Lernbehindertenpädagogik II, Kurseinheit 4: Überblick über spezielle Entwicklungshilfen. Bereich: Visuelle und audtive Wahrnehmung. Hagen: Fernuniversiät-Gesamthochschule 1979

Sander, Elisabeth: Der Einfluß eines Wahrnehmungstrainings auf die HAWIK-Leistungen 8- und 9-jähriger Schüler einer Sonderschule für Lernbehinderte. In: Reinartz / Reinartz / Reiser (Hrsg.): Wahrnehmungsförderung behinderter und schulschwacher Kinder. Berlin: Marhold 1979, 83-91

Schenk-Danzinger, Lotte: Entwicklungspsychologie. Wien 1975

Schiefele, Hans / Hausser, Karl / Schneider, Gerd: „Interesse" als Ziel und Weg der Erziehung. Zeitschrift für Pädagogik 25 (1979) Heft 1, 1-20

Schilling, Friedhelm: Bereich der Motorik. In: H. Bach (Hrsg.): Pädagogik der Geistigbehinderten. Handbuch der Sonderpädagogik Bd. 5. Berlin: Marhold 1979a, 310-324

Schilling, Friedhelm: Die pädagogische Förderung Behinderter im Aufgabenfeld Bewegung am Beispiel psychomotorischer Förderung. Zeitschrift für Heilpädagogik 30 (1979b), 747-755

Schmidt, Siegfried J.: Der Radikale Konstruktivismus: Ein neues Paradigma im interdisziplinären Diskus. S. Schmidt (Hrsg.): Der Diskurs des Radikalen Konstruktivismus. Frankfurt: Suhrkamp 1987, 11-88

Schmitz, Gudrun: Wahrnehmungstraining mit dem PERTRA-Spielsatz. Dortmund: verlag modernes lernen 1992

Scholtz, W.: Testpsychologishe Untersuchungen bei hirngeschädigten Kindern. Berlin: Marhold 1972

Schönberger, Franz: Körperbehinderungen – Ein Gutachten zur schulischen Situation körperbehinderter Kinder und Jugendlicher in der Bundesrepublik Deutschland. In: Sonderpädagogik 4. Gutachten und Studien der Bildungskommission des Dt. Bildungsrates. Stuttgart: Klett 1974, 199-279

Schönberger, Franz: Menschenbild und Methode. Ein Plädoyer für den bedachtsamen Griff in den Warenkorb pädagogischer und therapeutischer Methoden. Behinderte in Schule, Familie und Gesellschaft 6 / 1991, 5-21

Schönberger, Franz / Jetter, Karlheinz / Praschak, Wolfgang: Bausteine der kooperativen Pädagogik. Teil 1: Grundlagen, Ethik, Therapie, Schwerstbehinderte. Stadthagen: Bernhardt-Pätzold 1987

Schopler, Eric / Reichler, Robert: Förderung autistischer und entwicklungsbehinderter Kinder, Band 1: P.E.P. – Entwicklungs- und Verhaltensprofil. Dt. Bearbeitung: Alfred Horn. Dortmund: verlag modernes lernen 1990[2]

Schuchardt, Erika: Warum gerade ich...? Behinderung und Glaube. Pädagogische Schritte mit Betroffenen und Begleitenden. Offenbach: Burckhardthaus-Laetere 1985

Schulte-Peschel, Dorothee / Tödter, Ralf: Einladung zum Lernen. Geistig behinderte Schüler entwickeln Handlungsfähigkeit in einem offenen Unterrichtskonzept. Dortmund: verlag modernes lernen 1996

Schütz, Alfred: Collected Papers, Vol. I. The Hague 1967

Schütz, Alfred: Der sinnhafte Aufbau der sozialen Welt. Eine Einleitung in die verstehende Soziologie. Frankfurt: Suhrkamp 1974

Schweizer, Christel / Prekop, Jirina: Was unsere Kinder unruhig macht...Ein Elternratgeber über Ursachen der Hyperaktivität. Empfehlungen zur Förderung der normalen Entwicklung. Stuttgart: Thieme 1991

Seidel, Ch. / Biesalski, P.: Psychologische und klinische Erfahrungen mit dem Frostig-Test und der Frostig-Therapie bei sprachbehinderten Kindern. Praxis der Kinderpsychologie und Kinderpsychiatrie 22 (1973), 3-15

Seifert, Monika: Was bedeutet ein geistig behindertes Kind für die Familie? Geistige Behinderung 36 (1997) Heft 3, 237-250

Seitz, Rudolf (Hrsg.): Tast-Spiele. Sinn-volle Frühpädagogik. München: Don Bosco 1989[4]

Senden, M. von: Raum- und Gestaltauffassung bei operierten Blindgeborenen vor und nach der Operation. Leipzig 1932

Sherrington, C.H.: The integrative action of the nervous system. New Haven 1906

Sinnhuber, Helga: Optische Wahrnehmung und Handgeschick. Übungsanleitungen. Dortmund: verlag modernes lernen 1983

Snidjers, J. Th. / Snidjers-Oomen, N.: Snidjers-Oomen nichtverbale Intelligenztestreihe (S.O.N. 2 1 / 2 bis 7). Groningen: Wolters-Noordhoff 1977 (Testzentrale des BDP, Stuttgart 50)

Sowa, Martin: Sport – Spiel – Spannung – Spaß. Praxishandbuch zum Sport für alle in Schulen und Verein. Dortmund: verlag modernes lernen 1997

Speck, Otto: Soziale und personale Integration. Vierteljahresschrift Lebenshilfe 14 (1975), 18-24

Speck, Otto: Psychologische Befunde. In: O. Speck / M. Thalhammer: Die Rehabilitation der geistig Behinderten. München: Reinhardt 1977a

Speck, Otto: Zur Konzeption pädagogischer Frühförderung behinderter und von Behinderung bedrohter Kinder. In: O. Speck: Frühförderung entwicklungsgestörter Kinder. München / Basel: Reinhardt 1977b

Speck, Otto: Geistige Behinderung und Kommunikation. Sonderpädagogik 8 (1978), 99-111

Speck, Otto: Geistige Behinderung und Erziehung. München: Reinhardt 1980

Spiel- und Lernmaterial in der Behindertenarbeit. Examensarbeit Fachhochschule Niederrhein, Fachbereich Design 1984 / 85

Spitz, René A.: Die Urhöhle. Zur Genese der Wahrnehmung und ihrer Rolle in der psychoanalytischen Theorie. Psyche 9 (1956) Heft 11, 641-661

Spitz, René A.: Die Entstehung der ersten Objektbeziehungen. Stuttgart: Klett 1973

Spitz, René A: Vom Säugling zum Kleinkind. Naturgeschichte der Mutter-Kind-Beziehung im ersten Lebensjahr. Stuttgart: Klett 1976

Stadler, Michael / Seeger, Falk / Raeithel, Arne: Psychologie der Wahrnehmung. München: Juventa 1975

Steigmaier, Elke / Tödter, Ralf: Wir lassen uns (nicht) aus dem Gleichgewicht bringen. Lernen konkret 10 (1991) Heft 2, 17-21

Störmer, Norbert: Trivialisierung und Irrationalismen in der pädagogisch-therapeutischen Praxis. Behindertenpädagogik 28 (1989) 2, 157-176

Strothmann, Marina: Basale Stimulation – Sensorische Integration. Einige kritische Anmerkungen zum theoretischen Konzept und zur Anwendung in der Praxis. In: W. und W. Doering (Hrsg.): Sensorische Integration. Anwendungsbereiche und Vergleich mit anderen Fördermethoden / Konzepten. Dortmund: borgmann publishing 1990, 220-230

Strothmann, Marina: Hilfen bei spezifischen Entwicklungsbedürfnissen – visuelle Förderung. In: A. Fröhlich (Hrsg.): Pädagogik bei schwerster Behinderung. Handbuch der Sonderpädagogik Bd. 12. Berlin: Wissenschaftsverlag V. Spiess 1991, 180-188

Stumpfe, Klaus-Dietrich: Der Fall Kaspar Hauser. Praxis der Kinderpsychologie und -psychiatrie 18 (1969) 8, 292-299

Testzentrale des Berufsverbandes Deutscher Psychologen (Hrsg.): Testkatalog 1994 / 95. Göttingen: Hogrefe 1994

Thalhammer, Manfred: Fragmente zur Erziehungswirklichkeit schwer körperlich- und geistigbehinderter Kinder. Zeitschrift für Heilpädagogik 31 (1980), 547-556

Theile, Regina: Frühförderung geistigbehinderter Kinder. Psychomotorische Übungsbehandlung und rhythmische Erziehung. Berlin: Marhold 1974

Thomae, J.: Früh- und Elementarbereich. In: H. Bach (Hrsg.): Pädagogik der Geistigbehinderten. Handbuch der Sonderpädagogik Bd. 5. Berlin: Marhold 1979, 747-755

Thomas, Evan W.: Brain-injured children. With special Reference to Doman-Delacato Methods of Treatment. Sringfield / Illinois: Thomas 1974

Thomas, Peter / Eggert, Dietrich: Die Entwicklung und Erprobung eines diagnostischen Inventars auditiver Alltagssituationen. Ein Beitrag zur interventionsorientierten Diagnostik non-verbaler auditiver Wahrnehmungsstörungen. Zeitschrift für Heilpädagogik 40 (1989) 4, 218-233

Thurmair, Martin: Die Therapie nach Doman-Delacato. Frühförderung interdisziplinär 10 (1991), 67-76

Tuckermann, Ulrike: Kommunikationsförderung mit Schwerstbehinderten. In: Bundesverband für spastisch Gelähmte und andere Körperbehinderte, A. D. Fröhlich (Hrsg.): Dokumentation zur Situation Schwerstbehinderter. Staufen / Brsg.: Kemper 1978, 83-104

Uexküll, Jakob von / Kriszat, G: Streifzüge durch die Umwelten von Tieren und Menschen. Ein Bilderbuch unsichtbarer Welten. Berlin: Springer 1934

Ulmann, Gisela: Sprache und Wahrnehmung. Frankfurt: Campus 1975

Vernon, M.D.: Die Entwicklung der kindlichen Wahrnehmungsfähigkeit. In: G. Bittner / E. Schmid-Cords (Hrsg.): Erziehung in früher Kindheit. München: Piper 1968

Vernon, M.D.: Wahrnehmung und Wahrnehmungslernen. In: E. A. Lunzer / J. F. Morris (Hrsg.): Das menschliche Lernen und seine Entwicklung. Stuttgart 1971, 19-58

Vernon, M. D.: Wahrnehmung und Erfahrung. München: dtv 1977

Verny, Thomas / Kelly, John: Das Seelenleben des Ungeborenen. Wie Mütter und Väter schon vor der Geburt Persönlichkeit und Glück ihres Kindes fördern können. München: Rogner & Bernhard 1981

Vester, Frederic: Denken, Lernen, Vergessen. Gehirnforschung, wie sie jeden angeht. Stuttgart: Deutsche Verlags-Anstalt 1975

Vogel, Berndt: Hör-Räume, Musiktherapeutische Förderung Schwerst- und Mehrfachbehinderter. In: A. Fröhlich (Hrsg.): Pädagogik bei schwerster Behinderung. Handbuch der Sonderpädagogik Bd. 12. Berlin: Wissenschaftsverlag V. Spiess 1991, 199-206

Wagner, W.: Kulturschock Deutschland. Hamburg: Rotbuch Verlag 1996

Wahrnehmungsübungen im Bereich des Tastsinns und Bewegungssinns. Hrsg. v. Verband ev. Einrichtungen für geistig Behinderte e.V. 1980

Walburg, Wolf-Rüdiger: Die Förderung der visuellen Wahrnehmung nach Frostig / Reinartz bei Schülern mit Lernbeeinträchtigungen. Eine Untersuchung lern- und geistigbehinderter Kinder mit curricularen Folgerungen. Dissertation Dortmund 1975

Walburg, Wolf-Rüdiger: Förderung der visuellen Wahrnehmung bei geistig Behinderten und lernbehinderten Schulanfängern. In: Reinartz / Reinartz / Reiser (Hrsg.): Wahrnehmungsförderung behinderter und schulschwacher Kinder. Berlin: Marhold 1979, 93-172

Wallrabenstein, Wulf: Offene Schule – offener Unterricht. Ratgeber für Eltern und Lehrer. Reinbek bei Hamburg: Rowohlt Taschenbuch Verlag 1994

Warweg, Chr.: Heilpädagogische Aktivierung Schwerbehinderter. Zur Orientierung 2 / 1982, 164-182

Watzlawick, Paul: Wie wirklich ist die Wirklichkeit? Wahn, Täuschung, Verstehen. München: Piper 1982

Weber, Doris: Der frühkindliche Autismus unter dem Aspekt der Entwicklung. Bern / Stuttgart / Wien: Huber 1970

Wehr-Herbst, Elisabeth: Die Förderung der visuellen Wahrnehmung – neue Forschungsergebnisse. Zeitschrift für Heilpädagogik 40 (1989) Heft 4, 243-250

Weizsäcker, Carl Friedrich von: Der Garten des Menschlichen. Beiträge zur geschichtlichen Anthropologie. München: Hanser 1977

Wember, Franz: Über Möglichkeiten und Grenzen des Einfühlenden Verstehens als Methode der sonderpädagogischen Forschung I: Versuch einer Explikation. VHN 61 (1992)

Wendeler, Jürgen: Neue Untersuchungen zum frühkindlichen Autismus. Lüdenscheid 1975

Wender, Paul H.: Das hyperaktive Kind. Übersetzt und bearbeitet von Walter Eichsleder. Ravensburg: Otto Maier 1991

Werner, H.: Einführung in die Entwicklungspsychologie. München 3 / 1953

Westphal, Erich: Curriculare Überlegungen zum Unterricht in der Schule für Lernbehinderte II, Kurseinheit 1: Die Konzeption lebensproblemzentrierter Unterrichtsgestaltung an Schulen für Lernbehinderte. Hagen: Fernuniversität-Gesamthochschule 1983

Wieland, Axel Jan: Rezension zu Doering / Doering: Sens. Integration, Anwendungsbereiche und Vergleich mit anderen Fördermethoden / Konzepten. Geistige Behinderung 30 (1991) Heft 2, 179-181

Wilkening, Friedrich / Krist, Horst: Entwicklung der Wahrnehmung und Psychomotorik. In: Rolf Oerter / Leo Montada (Hrsg.): Entwicklungspsychologie. Weinheim: Psychologie Verlags Union (Beltz) 1995, 487-517

Williams, I.: Hirnschäden. Eine Einführung in die klinische Neuropsychologie. Weinheim / Basel: Beltz 1978

Wing, J. K. (Hrsg.): Frühkindlicher Autismus. Klinische, pädagogische und soziale Aspekte. Weinheim / Basel: Beltz 1973

Wischmeyer, Marietta / Nonn, Brigitte: „Zweimal die Woche ist SI!" Lernsituationen zur unterrichtsimmanenten Förderung sensorischer Integration beim Erstlesen und Rechnen mit geistigbehinderten Schülern. Zeitschrift für Heilpädagogik 45 (1994) Heft 12, 877-883

Wolff, Georg: Kindliche Verhaltensstörungen als sinnvolles Signalverhalten. Zeitschrift für Heilpädagogik 3 (1978), 145-155

Zimmer, Renate: Handbuch der Sinneswahrnehmung. Grundlagen einer ganzheitlichen Erziehung. Freiburg: Herder 1996

Zeile, Edith (Hrsg.): Ich habe ein behindertes Kind. Mütter und ein Vater berichten. München: dtv 1989

Zetkin / Schaldach (Hrsg.): Wörterbuch der Medizin, Bd. 1-3. Stuttgart: Thieme 1974

Stichwortverzeichnis

F

G

Z

Raum für Notizen:

Raum für Notizen: